NEIBUKONGZHI YU FENGXIANGUANLI
LILUN YU SHIWU

内部控制与风险管理
理论与实务

主编◎王如燕　陈丽英

立信会计出版社
LIXIN ACCOUNTING PUBLISHING HOUSE

图书在版编目(CIP)数据

内部控制与风险管理理论与实务 / 王如燕,陈丽英
主编. —上海:立信会计出版社,2024.3
ISBN 978 - 7 - 5429 - 7084 - 8

Ⅰ. ①内… Ⅱ. ①王… ②陈… Ⅲ. ①企业内部管理
—风险管理—研究 Ⅳ.①F272.3

中国版本图书馆 CIP 数据核字(2022)第 252127 号

责任编辑 张巧玲
助理编辑 汪玉玲
美术编辑 北京任燕飞工作室

内部控制与风险管理理论与实务

NEIBU KONGZHI YU FENGXIAN GUANLI LILUN YU SHIWU

出版发行	立信会计出版社		
地 址	上海市中山西路 2230 号	邮政编码	200235
电 话	(021)64411389	传 真	(021)64411325
网 址	www.lixinaph.com	电子邮箱	lixinaph2019@126.com
网上书店	http://lixin.jd.com		http://lxkjcbs.tmall.com
经 销	各地新华书店		

印 刷	江苏凤凰数码印务有限公司		
开 本	787 毫米×1092 毫米		1/16
印 张	21.25		
字 数	465 千字		
版 次	2024 年 3 月第 1 版		
印 次	2024 年 3 月第 1 次		
书 号	ISBN 978 - 7 - 5429 - 7084 - 8/F		
定 价	68.00 元		

如有印订差错,请与本社联系调换

前　言

2002 年，由于安然公司等大型企业的财务丑闻彻底打击了美国投资者对美国资本市场的信心，美国通过了《萨班斯-奥克斯利法案》(Sarbanes-Oxley Act)（全称为《2002 年公众企业会计改革和投资者保护法案》），该法案大幅加重对企业管理层违法行为的处罚力度，增加经费拨款，强化美国证券交易委员会(United States Securities and Exchange Commission, SEC)的预算以及职能。

2008 年，我国出台了《企业内部控制基本规范》。2010 年，我国出台了《企业内部控制配套指引》，该配套指引包括 18 项《企业内部控制应用指引》《企业内部控制评价指引》和《企业内部控制审计指引》，加上《企业内部控制基本规范》，标志着适应我国企业实际情况、融合国际先进经验的中国企业内部控制规范体系基本建成。

为确保企业内控规范体系平稳顺利实施，财政部等五部门制定了实施时间表：自 2011 年 1 月 1 日起首先针对在境内外同时上市的企业施行，2012 年 1 月 1 日起扩大至在上海证券交易所、深圳证券交易所主板上市的公司；在此基础上，择机对在中小板和创业板上市企业施行；同时，鼓励非上市大中型企业提前执行。这一套控制规范被称为中国的《萨班斯-奥克斯利法案》，自正式实施之日起，执行企业内控规范体系的企业，必须对本企业内部控制的有效性进行自我评价，披露年度自我评价报告，同时聘请具有证券期货业务资格的会计师事务所对其财务报告内部控制的有效性进行审计，出具审计报告。针对在内部控制审计过程中注意到的企业非财务报告内部控制重大缺陷，注册会计师应当提示投资者、债权人和其他利益相关者关注。企业实施内部控制有助于降低商业欺诈，提高企业财务信息可靠性，杜绝上市公司财务造假行为。

基于理论与实践的价值，我们编写了《内部控制与风险管理理论与实务》。本教材适用于财经类大学的 MpAcc 研究生教育，也适用于企业、行政事业单位的内控培训。

本教材第一篇是企业内部控制基础篇，包括第一、第二章。第一章是企业内部控制发展简介，主要内容为企业内部控制的价值、企业内部控制的历史演进、我国内部控制规范体系、相关案例分析；第二章是企业内部控制概述，主要内容为企业内部控制的定义、企业内部控制的本质与目标、企业内部控制要素、企业内部控制建设的思路和方法、企业内部控制的局限性、相关案例分析。

本教材第二篇是企业内部控制应用篇，包括第三、第四、第五和第六章。第三章是企业内部环境,主要内容为企业内部环境及环境分析概述、企业组织架构、企业发展战略、企业人力资源、企业社会责任、企业文化、相关案例分析;第四章是企业风险评估,主要内容为企业风险概述、企业风险识别、企业风险评估与分析的方法、企业风险分析与应对、相关案例分析;第五章是企业控制活动,主要内容为企业控制活动的概念和类型、企业不相容职务分离控制、企业授权审批控制、企业会计系统控制、企业财产保护控制、企业预算控制、企业运营分析控制、企业绩效考评控制、企业合同控制、相关案例分析;第六章是企业信息与沟通,主要内容为企业的信息概述、企业的沟通概述、企业建立信息与沟通机制、企业信息系统的开发运行与维护、相关案例分析。

本教材第三篇是企业内部控制监督篇,包括第七章。第七章是企业内部监督,主要内容为企业内部监督概述、企业内部审计、企业内部控制评价、相关案例分析。

本教材第四篇是企业内部控制自我设计篇,包括第八章。第八章是企业内部控制设计,主要内容为企业内部控制设计原则、企业内部控制设计机理、企业内部控制设计思路、相关案例分析。

本教材第五篇是企业内部控制实务篇,包括第九、第十和第十一章。第九章是企业资产业务内部控制,主要内容为企业的货币资金业务内部控制、企业的存货业务内部控制、企业的固定资产业务内部控制、企业的无形资产业务内部控制、相关案例分析;第十章是企业的购销及投融资业务内部控制,主要内容为企业的采购业务内部控制、企业的销售业务内部控制、企业的投资业务内部控制、企业的融资业务内部控制、相关案例分析;第十一章是企业的其他业务内部控制,主要内容为企业的担保业务内部控制、企业的工程项目内部控制、企业的财务报告内部控制、企业的信息系统、相关案例分析。

本教材第六篇是企业内部控制评价篇,包括第十二章和第十三章。第十二章是企业内部控制自我评价,主要内容为企业内部控制自我评价概述、企业内部控制自我评价的内容、企业内部控制自我评价的程序与缺陷的认定、企业的内部控制自我评价报告、相关案例分析。第十三章是企业的内部控制审计,主要内容为企业内部控制审计的含义、企业内部控制审计的内容、制订审计计划、实施审计工作、评价控制缺陷、完成审计工作与出具审计报告、相关案例分析。

本教材第七篇是企业内部控制发展篇,包括第十四章和第十五章。第十四章是企业风险管理新发展,主要内容为新框架的目标、组织的风险管理国际标准(ISO 31000)、风险管理特征、风险智能管理框架、"互联网+"内部控制、相关案例分析。第十五章是行政事业单位内部控制与风险管理,主要内容为行政事业单位层面的内部控制概述、行政事业单位风险评估和控制方法、行政事业单位层面内部控制、业务层面内部控制、行政事业单位内部控制的评价与监督、相关案例分析。

本教材在每章后附有练习题以供读者进行自测。

本教材在编写过程中参考了一些中外资料和文件,也参考了一些学术论文的观点,每章后列出参考文献,在此对参考资料的作者表示衷心的感谢。

本教材受到上海对外经贸大学研究生教材资助项目的资金支持。

本教材由上海对外经贸大学会计学院王如燕教授、陈丽英副教授任主编,研究生许嘉志、宫晓霞、董慧杰、闫雯、马旭鹏做了查重、修改、校对工作。

本教材中每章的案例分析主要使用了案例库数据资料,也参阅了一些网上的案例资料,在此对提供资料的数据库平台、资料的作者表示衷心感谢。教材若有不足之处,望读者批评指正。

王如燕　陈丽英

2023 年 1 月 8 日

目　录

第一篇　企业内部控制基础篇

第二篇　企业内部控制应用篇

第五篇　企业内部控制实务篇

第六篇　企业内部控制评价篇

第七篇　企业内部控制发展篇

企业内部控制基础篇

第一章

企业内部控制发展简介

第一节 企业内部控制的价值

一、企业实施内部控制的重要意义

2002年,安然等大企业陷入财务丑闻,使美国投资者对资本市场的信赖显著下降。随后《萨班斯-奥克斯利法案》诞生了。该法案的内容包括:监督对上市企业审计负责的会计师事务所,特别是审计独立性方面;加强企业管理框架,明确企业财务报告责任,大大提高企业财务报告披露义务;大幅度加大对管理层违法违规的处罚力度;强化美国证券交易委员会(SEC)的预算和功能。

此后,我国制定了《企业内部控制基本规范》和《企业内部控制配套指引》,该配套指引包括18项《企业内部控制应用指引》《企业内部控制评价指引》《企业内部控制审计指引》,连同《企业内部控制基本规范》,一起构成了我国内部控制规范体系。

为了保障企业的内部控制标准体系切实实施,财政部等五个部门制订了实施计划,于2011年1月1日起正式实施。从2012年1月1日开始,实施企业逐渐延伸到上海证券交易所(简称上交所)和深交所的主板上市企业。同时,中小板和创业板的企业也一样适用,并鼓励中型非上市企业早日实施。

由《企业内部控制基本规范》等构成的我国内部控制规范体系可以当作我国的《萨班斯-奥克斯利法案》。从正式实施之日起,实施企业内部控制规范体系的企业必须自我评价企业内部控制的有效性。在公布年度自我评价报告的同时,具有证券期货业务资格的会计师事务所,即被雇佣的事务所必须对其财务报告书的内部控制的有效性进行审计,并为此出具相应的报告。在内部控制审计过程中,若察觉所审计的非财务报告的内部控制存在重大缺陷,注册会计师具有提示投资者、债权人和其他利害关系者的责任。

内部控制审计的实施过程中,企业应明确企业内控责任与注册会计师审计责任的关系、企业内控自我评价与注册会计师内控审计的关系、内控审计和财务报表审计的关系、财务报告内控和非财务报告内控的关系、企业层面控制测试与业务层面控制测试的关系、重大缺陷披露与其他缺陷沟通的关系。同时,企业应当深入研究非财务报告内控测试的范围界定和方法技术问题、内控测试评价的样本选取问题、首次执行内控审计与连续实施内控审计的策略问题、内控审计报告的披露形式问题、内控审计信息系统的开发建设问题、内控审计结果的利用问题,推动内控审计扎实有序开展。

二、企业实施内部控制的作用

(一) 有助于提高上市企业财务信息可靠性

基本规范是为了提高中国企业对风险的预防能力。但是,由于应用指引缺乏,很多企业发现基本规范很难实行。新发布的指引涵盖了企业的经营管理方面,为中国企业提供了更明确的指导。德勤中国公司治理中心在 2010 年 2 月和 2010 年 3 月,对近 100 家中国上市企业进行了调查,结果显示,84％的上市企业认为内部控制程序的改善是企业治理提高的最佳途径。企业的管理日益成为企业面临的重要问题。在中国国内对外投资不断增加的背景下,有效的内部控制有助于提高企业财务信息的质量和可靠性,是资本市场参与者决策的重要依据。很多国家要求企业必须遵守一定的财务报告标准,企业面临违反《企业会计准则》的问题。应用指引有助于避免违反企业标准。如果内部控制有效的话,财务信息的可靠性会大大提高。

(二) 有助于杜绝上市公司(企业)的财务伪造行为

国内很多上市企业经常被指出存在财务欺骗,甚至一些新上市的企业在股票募集说明书上也存在虚假陈述。五部委(财政部、证监会、审计署、银监会、保监会,其中,银监会和保监会已合并为银保监会,后同)的内部刊物介绍发布后,上市企业的财务伪装问题是否彻底被杜绝,答案是否定的。所有法规都涉及实施的有效性。美国的财务法律体系非常完善,但也发生了类似安然集团、世通集团等大型企业的财务造假事件。

内部控制作为企业管理的一部分,对公司的管理机构,如董事会、监事会有明确的约束,但如果内部员工相互协商作假,内部控制就会失去应有的作用。经常听到有人说,内部控制应该在各层都有一定的约束力,但是实际操作中,企业管理层的权力也有可能超过控制层。内部控制如果只是监督机构设置的话,内部控制指引最终是无效的。

三、企业内部控制现存的主要问题

(一) 企业内部控制观念薄弱

从现阶段中国企业的风险管理水平来看,还有很多问题没有解决。例如,有些管理者管理观念薄弱,企业控制结构不完善,监管机构力量不足,这些问题直接影响企业的管理效率,阻碍企业的长远发展。特别是随着经济全球化的加速,很多中国企业赶上了国际市场竞争的浪潮,越来越多的外资企业进入了国内市场。现在,中国企业不仅面临着外部的环境竞争,也面临着内部经济问题。一部分中国企业的经营风险高,风险防范意识不足,应将重点放在财务管理环节。

(二) 企业内部控制结构不完备

结合企业内部控制结构的调查发现,我国企业内部控制结构还不健全。如果企业的内部控制结构不完备,企业的权力设置就会变得很脆弱,无法保证企业内部控制的顺利实施,企业内部控制和风险管理相关的程序也无法执行,从而很难充分发挥其应用价值和作用。同时,从现阶段中国企业的内部控制风险管理水平来看,大部分企业的监管机构无法有效地控制内部控制风险,导致内控机构的真正作用在一定程度上无法发挥。一些企业虽然认识到建设监督机构的重要性和必要性,制定了一系列的规则制度,但是在实际应用过程中无法有效地执行相关流程,而且因为企业领导行为约束难度的增强,一定程度上抑制了内部控制的监督作用。

四、企业开展内部控制管理工作的要求

(一)树立"风险无处不在"的理念

在企业的风险管理过程中,每一位员工应树立"风险无处不在"的理念,员工必须理解个人的责任对企业风险的影响,以及内部的作用、责任和与他人的关系。这是企业风险管理非常重要的环节,也是充分有效开展风险管理工作的前提。

(二)确立风险和内部控制责任意识

员工必须具有强烈的风险意识和内部控制责任感。风险管理风险识别被称为是有效风险管理的基础和关键,员工有责任识别企业所面临的各种风险。风险识别的目的是大量地收集与企业风险管理相关的各种信息,从中发现潜在的风险。企业应该对其进行识别、分类,探索风险发生的各种可能性。

(三)确立优化内部控制规范性的决心

企业必须充分利用内部控制规范,不断优化。内部控制规范是根据管理制度和操作程序,在征求相关负责人意见的基础上制定的。使用内部控制规范是岗位负责人的责任。有效执行内部控制规范有利于协调处理各业务,提高企业工作效率,从而有利于企业的可持续发展。近年来,很多企业把工作重点放在提高风险防范能力上,从而适应迅速变化的环境和自身的发展。企业业绩要想不断增长,必须改善并健全内部控制规范,这是企业可持续发展的关键。

第二节 企业内部控制的历史演进

企业内部控制的产生和发展大约经历了五个阶段。

一、内部牵制阶段

内部牵制是指以账目间的相互核对为主要内容并实施岗位分离,以确保所有账目正确无误的一种控制机制,包括业务流程的设计、组织和运营。其目的是防止错误和其他违法业务的发生。通过设计有效的内部牵制,多家企业可以完全正确地遵守规定的处理

程序。在此之中,内部牵制功能是不可或缺的。内部牵制阶段的特点是组织职责分工,员工和部门都不能单独控制任何一个或一部分业务,每个业务都受其他个人和部门的制约和控制。古罗马实行"挂两人记账制度"。经济交易发生后,两名会计同时记入各自的账簿,定期确认彼此的记录。检查控制财务收支是否有错误是典型的内部控制措施。

二、内部控制系统阶段

美国的《证券法》于1934年首次提出"内部会计控制"的概念。审计程序委员会(CAP)中的内部控制特别委员会于1949年首次正式定义了"内部控制"。1953年10月,审计程序委员会(CAP)发表了《审计程序19号公告》(SAP No. 19),将内控分为会计控制和管理控制两部分。1972年,美国审计准则委员会(ASB)在1号公告(SAS No. 1)中对内部会计控制和内部管理控制进行了准确定义。

(1)内部会计控制:包括有关提高会计信息质量,保护资产安全、完整,确保法律、法规、章程贯彻和一系列控制方法、措施与程序。它与资产保护与财务资料的可靠性密切相关。

(2)内部管理控制:包括组织计划,有关管理部门决策的程序与记录。

内部控制系统阶段的特点是资本主义经济的快速发展,以及所有制度和行政部门的更大的分离。

三、内部控制结构阶段

美国注册会计师协会于1988年4月发表的《审计准则公告第55号》(SAS No. 55)指出:"企业的内部控制结构包括为合理保证企业特定目标的实现而建立的各种政策和程序。"内部控制结构不再将内部控制割裂成会计控制和管理控制两部分,并正式将控制环境纳入内部控制范畴。1972年发表的《审计准则公告第1号》必须被1990年1月的公告代替。在内容方面它们有两处不同:第一,是控制环境被编入内部控制范围;第二,是会计控制和管理控制的统一。这个阶段的内部控制是将会计控制和管理控制相结合,到了"三要素构造"的阶段。三要素如下:

(1)控制环境。控制环境是指对建立、加强或削弱特定政策和程序效率发生影响的各种因素,反映董事会、经理层、其他管理人员对内部控制的态度、认识和行动。例如,管理当局的思想和经营作风、企业组织机构、董事会及其所属委员会的作用、确定职权和责任的方法、监控和检查工作时的所有控制方法、人事工作方针及其执行、影响本企业业务的各种外部关系。

(2)会计系统。会计系统是指将财务目标作为出发点,采用一系列的技术、方法和策略,对经营活动、财务活动进行反映、监督、控制、协调的运作体系。

(3)控制程序。控制程序是指管理当局所制定的,用以保证达到一定目标的方针和程序。例如,经济业务和活动的批准和授权、明确各人员的职责分工、凭证和账单的设计和使用应保证经济业务和活动得到正确的职务分离的记载、财产及其记录的接触使用要有保护措施、对已登记的业务及其计价进行复核。

四、内部控制整合框架阶段

内部控制整体结构(internal control overall structure)、专业内部控制研究委员会发起机构委员会(sponsor committee of professional internal control research committee)(专业内部控制研究委员会发起机构委员会是 COSO 委员会的下属机构,负责研究和推广专业内部控制标准和最佳实践。该委员会于 1992 年成立,旨在提高企业内部控制的有效性和效率,促进企业的可持续发展。)于 1992 年根据专业研究结果进行特别报告,也被称为 COSO 报告。参与 COSO 报告的主要包括美国注册会计师协会、美国内部审计师协会、财务经理人协会、美国会计学会、管理会计协会。根据 COSO 报告,内部控制是董事会、管理当局和企业其他员工相互影响的过程,其目的是保证财务信息的可靠性、经营效果和效率,遵守现行法律法规。内部控制框架主要包括控制环境、控制活动、风险评估、信息与沟通、监督五个部分。该框架明确定义了内部控制的内容。

五、风险管理整合框架阶段

2004 年 10 月,COSO 委员会扩充了"内部控制——整体结构(internal control-overall structure)",提出了"企业风险管理——整合框架"(enterprise risk management-consolidation framework)。COSO 指出,企业风险管理是由企业的董事会、管理层和其他人员实施的,应用于战略制定并贯穿整个企业的一个过程,旨在识别可能影响企业的潜在事件,并在企业的风险容量内管理风险,为实现企业的战略目标、经营目标、报告目标、遵循性目标提供合理的保证。综合业务风险管理是在交互内部控制的目标、要素和组织水平之间形成紧密关系的统一有机系统。另外,内部控制要素由五要素变为八要素,内部控制要素进一步地细化和丰富使内部控制和风险管理一体化,扩大了内部控制的范围。

第三节　我国内部控制规范体系

1999 年 10 月 31 日,我国修改后的《会计法》首次以法律形式对内部控制的确立和强化提出了主要要求。其中,第四章《会计监督》第二十七条要求各部门建立本组织的内部会计监督制度。

2001 年 6 月 22 日,财政部发布了《内部会计控制规范——基本规范(试行)》《内部会计控制规范——货币资金(试行)》。

2006 年 5 月 17 日,我国证监会初次对外发表《首次公开发行股票并上市管理方法》。该办法第二十九条规定,发行者的内部控制在所有重大方面都有效,发行了公认会计师的无保留结论的内部控制验证报告书。提出对上市企业内部控制的具体要求尚属首次。

2006 年 6 月 16 日,《中央企业全面风险管理指引》则由国资委出具,其内容包括总则、基本程序、组织制度、风险评估、管理策略、风险管理解决方案、风险管理文化等。该指引叙述了内部控制和全面风险管理的解决方案、监督管理、改善、风险管理文化、风险管理信息系统等。2006 年 7 月 15 日,财政部发起设立企业内部控制规范委员会。中国注册会计师协会成立了会计师事务所内部管理指导委员会。

2007 年 2 月 1 日,中国证监会发表《上市公司信息披露管理办法》,该办法规定了上市公司确立内部信息披露、内部管理制度是势在必行的。2007 年 3 月 2 日,公司内部控制标准委员会发表了《企业内部控制规范——基本规范》及 18 个具体规范的征求意见稿,广泛征求意见。

2008 年 6 月 28 日,财政部、证监会、审计署、银监会、保监会共同发表《企业内部控制基本规范》。同时,还发布了《企业内部控制评价指南》、22 条内部控制执行指引和《企业内部控制鉴证指引草案》,向社会公开征求意见。

一、企业内部控制基本规范

我国《企业内部控制基本规范》于 2008 年公布。《企业内部控制基本规范》不仅与《萨班斯-奥克里斯法案》具有相同的约束力,而且对 COSO 报告的内部控制实践也有同样的规范作用。企业的核心内控标准在所有主要方面都与世界顶尖的内控框架一致,如基于 COSO 报告《企业内部控制整合框架》(1992)的五要素框架。COSO 发布的《内部控制——整合框架》被当作全球企业内部控制的主要依据。其中,内部控制五要素(控制环境、风险评估、控制活动、信息与沟通、监督)对世界各国上市企业的公司治理和监督管理具有深远的影响和意义,同时具备成熟性和稳定性。由此可见,《企业内部控制基本规范》从形式上参考了五要素的框架,从内容上风险管理八要素框架(控制环境、目标设定、事项识别、风险评估、风险反映、控制活动、信息与沟通、监控)的精髓在其中体现得淋漓尽致,体现了企业风险管理框架(2004)八要素框架的先进理念。

二、企业内部控制配套指引

2010 年 4 月 26 日,财政部、中国证券监督管理委员会、审计署、中国银行业监督管理委员会和中国保险监督管理委员会在北京共同发布了《企业内部控制规范配套指引》。该配套指引为 21 条应用指引(本次发布 18 条,关于银行、证券、保险等业务的 3 条指引还未发布)、《企业内部控制评价指引》和《企业内部控制审计指引》(第 2 部分)(以下称评价和审计指引),从 2011 年 1 月 1 日开始在国内外的上市企业实施。

应用指引在配套指引乃至整个内部控制规范体系中占据主体地位;评价指引是为企业管理层对本企业内部控制有效性进行自我评价提供的指引;审计指引对于注册会计师和会计师事务所来说是十分适合的,同时在内部控制审计业务中也被实施。

从 2012 年 1 月 1 日起,实施配套指引企业的范围被扩展到在上海证券交易所和深圳证券交易所主板上市的企业。以上述企业为基础,主管部门计划在中小板和创业板上市企业也推广实施该配套指引。同时,主管部门鼓励没有在证券交易所上市的大中型企业早日实施该配套指引。

《企业内部控制应用指引》(以下简称《应用指引》)可以被视为依据内部控制原则和内部控制的"五要素"建立和改善内部控制的指导,在配套指引以及内部控制规范系统中有着举足轻重的意义与作用。《应用指引》注重组织结构、发展战略、人力资源、社会责任、企业文化、资本活动、采购业务、资产管理、销售业务、研发业务、工程项目、业务外包和财务报告、全面预算、合同管理、信息系统控制,为一个企业或者组织的核心业务的内控手段提供了建议性应用指引,为企业和外部审核人员提供了评价内部控制系统的标准。《应用指引》中的18条指引分为三种,即内部环境类指引、控制活动类指引和控制手段类指引,基本涵盖了企业的资金流、物流、人流、信息流等业务和事项。其中,五个内部环境指引包括组织结构、发展战略、人力资源、企业文化和社会责任;九个控制活动指引包括资金活动、采购业务、资产管理、销售业务、研发业务、工程设计、担保业务、业务外包和财务报告;四个控制方法指引包括全面预算、合同管理、内部信息传递和信息系统。它们是"工具"的性质,涉及一般业务和企业的管理。

《企业内部控制评价指引》(以下简称《评价指引》)全面评价内部控制的有效性,并形成了相关的结论,并且以此指导评价报告的撰写。《评价指引》明确规定内部控制评价应关注内部环境、风险评估、控制活动、信息与交流、内部监督等因素,企业必须确定评价的具体内容,全面评价内部控制的设计和运营。《评价指引》规定了企业内部控制评价的内容、程序、缺陷的识别、评价报告和工作底稿要求等内容。

《企业内部控制审计指引》(以下简称《审计指引》)指导会计师事务所的审计,指导财务报告的内部控制的设计和实施的有效性。《审计指引》明确注册会计师应对财务报告的内部控制的有效性发表意见,并披露在内部控制审计中发现的非财务报告的内部控制的重大缺陷。同时,《审计指引》还规定了评价审计计划的方法、审计实施、控制缺陷、审计后问题、审计报告的内容和方法、审计业务的草稿等。

总的来说,2008年5月发布的《企业内部控制规范配套指引》和《企业内部控制基本规范》(以下简称《基本规范》),于2009年7月1日起在上市公司的框架内以及大中型企业的非上市公司的实施是中国企业内部控制监督管理系统的重要组成部分。若将已实施的《企业内部控制基本规范》视为一个框架结构,其规定了内部控制的内容、目标和要素,并说明内部控制规范的目的、依据和范围,适用于企业内部控制标准,但其操作性不强,主要是方向性指引,那么《企业内部控制规范配套指引》则可以视为企业加强和改善内部控制具体的指引。

三、对中国企业内部控制规范体系的评价

(一) 对《基本规范》的评价

内部控制的基本理论问题,包含内部控制的性质、目标、原则、要素(对象)和方法。

控制要素(对象)基本规范采用1992年COSO报告的五个要素观,不是2004年风险管

理框架的八个要素观,而是实务性的方法。实际上,这与内部控制和风险管理的关系有关。内部控制主要反映在流程管理中,管理内容主要包括两个方面:一是业务流程,二是管理流程。它主要强调的是每个风险管理点的标准是否被严格遵守,管理内容和管理标准两者的结合才是真正的"流程管理"。

关于这五个要素之间的关系,内部控制环境是基础(表示进行控制活动的环境),风险评估是前提(表示应该将重点放在什么样的活动以及活动的什么方面进行控制),控制活动是核心(表示控制活动或控制环节的方法),信息与沟通是桥梁(控制活动和控制环节由风险评估确定,以一定的方式控制,目标的实现离不开信息的支持),监督是保证在内部不出大问题(如果监督不保证,管理就没有好坏,控制目标就无法实现)。控制方法,涉及五个要素,包括评价和改善内部控制环境的方法,风险评价和选择的方法,风险管理战略直接适用于控制活动的方法,信息的生成、交流和监督的方法。

《基本规范》的缺陷主要如下:

(1)在控制要素方面,仅涉及内部监督,难以指导企业内部控制规则和指南,说明基本规范和指引并不完全一致。

(2)控制方法的说明不集中,第 28 条只详细说明了控制活动方法,其他要素的控制方法说明较少,如风险评价方法、信息交流方法、监督管理方法等。

(3)如何建立反舞弊机制问题放在信息与沟通要素部分不恰当,应该是内部监督的内容。

(4)董事会、监事会、管理层、监察委员会、内部审计部门的职责不明确。第 12 条规定董事会负责建立内部控制和有效实施,监事会监督董事会内部控制的建立和实施,经理负责组织内部控制的建立和实施内部控制的日常运营在第 13 条中也有规定。企业必须在董事会下设置审计委员会。审计委员会审查企业内部控制,监督内部控制和自我评价的有效实施。(自我评价规范中没有具体涉及审计委员会。)

(二)对 18 条《应用指引》的评价

《应用指引》是控制内部控制要素时的具体应用指南。从已经发布的众多具体应用指引中可以看出,风险受到重视。已经发布的 18 条应用指引在总则部分说明了企业必须注意的风险评价的基础和指南。本次发布的 18 条应用指引分为三种:第一种是控制环境指引,第二种是控制活动指引,第三种是控制方法指引。关于内部控制环境涉及五条具体指引,即组织结构、发展战略、人力资源、社会责任和企业文化。关于控制活动涉及九条具体指引,即资金活动、采购业务、资产管理、销售业务、研发业务、工程项目、担保业务、业务外包、财务报告。该应用指引的主要问题是没有生产控制。以前的意见征稿中有成本费用规范,现在取消了。过去这个项目没有全面的预算规范,现在追加了全面的预算规范。笔者认为传统企业的成本定额应该和现行的全面预算定额相结合。控制方法指引涉及三条具体指引,即全面预算、合同管理、内部信息传递和信息系统。第三种指引也可以作为方法使用,但与内部控制要素无关。

第四节　案例分析

 案例

《萨班斯-奥克斯利法案》立案的案例分析

一、案例基本概述

《萨班斯-奥克斯利法案》全称为《2002年公众企业会计改革和投资者保护法案》。它是参议院银行委员会主席萨班斯（Paul Sarbanes）和众议院金融服务委员会（Committee on Financial Services）主席奥克斯利（Mike Oxley）联手提出的，又被称作《2002年萨班斯-奥克斯利法案》。该法案对美国《1933年证券法》和《1934年证券交易法》做出大幅修订，在许多方面做出了新的规定，包括企业治理、会计职业监管、证券市场监管等方面。

二、立法背景

2001年12月，美国安然公司突然申请破产。之后，上市公司和股票市场事故频发。2002年6月的世通集团丑闻给投资者对资本市场的信心带来了巨大的打击。美国议会和政府为了改变这种情况，加速通过了该法案。法案第一句为："遵守证券法律以提高公司披露的准确性和可靠性，从而保护投资者及其他目的。"时任美国总统乔治·布什在记者招待会上表示同意在该法案上签名。该方案由众议院金融服务委员会于2002年2月14日首次提出，于7月25日被参议院和众议院商议通过。这个法案有6个版本，分别是2月14日、4月22日、4月24日、7月15日、7月24日、7月25日（最新版本）的版本。

三、主要内容

该法案的最终修订分为11章。第1章至第6章主要涉及会计职业和公司行为的监督管理，包括设立独立的公众公司会计监督委员会（PCA OB），以及监管上市公司的审计。其中，合伙人轮换制度及咨询与审计服务之间不兼容，提高了审计的独立性；限制管理者的行为，充实的管理结构，增加的报告责任，强化财务报告的公开程度；通过增加资金和人员，提高中国证券监会的法律执行能力。

第8章到第11章主要增加高级管理人员和白领的刑事责任。例如，安达信会计师事务所因为销毁安然公司的审计底稿等相关文件而承担法律责任。销毁审计档案的最高刑罚是10年监禁。在联邦调查和破产事件中，销毁档案的最高刑罚是20年监禁。

加强高级管理层对财务报告的责任。高级管理层必须保证财务报告的真实性。虚假财务报告的提供将使其面临10年或20年的刑罚。

该法第7章要求相关部门提供一系列的研究报告，作为相关执行机关的参考，包括会计师事务所、信用等级机构及市场违规者的合并、实施（法律）、投资银行及其他研究报告。

在21世纪初美国发生的各种企业丑闻中，企业的管理应当负有主要责任。因此，法案的主要内容之一是明确企业管理层的作用，如实施企业内部控制进行评估等。我们不能否定企业的会计人员和外部审计人员在这些事件中的负面作用。例如，安然公司利用复杂的特殊手段进行利润的捏造和债务的隐瞒，世通集团为了提高财务报告的可靠性而公开隐瞒

亏损。条例草案的另一个主要内容，该法案要求设立独立机构，监督上市公司的审计、定期更换监察员、全面审查会计基准、制定审计委员会的组成基准、对管理层及时评价内部控制，并进行更直接的财务报告，在审计期间可能会提出咨询服务的限制等。

从各科目的先后顺序来看，这些内容都在前三章中，因为篇幅超过 2/3，所以该法案更像是会计改革法案。

四、案例批评

对《萨班斯-奥克斯利法案》的批评主要来自一些企业和美国金融界的参与者。他们认为，该法案的一些条款过于严格，增加了企业，尤其是小企业的审计成本，降低了其他国家企业在美国开设资本的兴趣。

五、评论启示

《萨班斯-奥克斯利法案》是一个重要的标志，它代表着美国证券法律思想从根本上出现了转变，即从披露转向实质性管制。即使设立的过程略显匆忙，它仍然历经了将近 20 次的公开听证。而且美国国会相关人员对该法案展开了较充分的辩论，尽其所能限制该法案对经济运行的负面影响。例如，针对 Gramm 提出的小型企业问题，该法案保留了由 PCAOB(Public Company Accounting Oversight Board，美国公众公司会计监督委员会)按个案审批豁免的权力(第 201 节)。

——本案例参考 MBA 智库百科全书、迪博数据库案例

课后练习题

一、单项选择题

1. 内部控制的基本概念是从早期( )思想的基础上逐步发展起来的。
   A. 内部审计　　　B. 科学管理　　　C. 内部牵制　　　D. 风险管理
2. 建立健全和有效实施内部控制是( )的责任。
   A. 高级管理层　　B. 注册会计师　　C. 董事会　　　D. 内审部门
3. 关于企业内部控制，以下说法中错误的是( )。
   A. 内部控制系统是企业管理不可或缺的部分
   B. 内部控制可以消除舞弊和差错
   C. 实施内部控制的成本不应超过因风险降低而可能带来的收益
   D. 内部控制能够提高财务信息可靠性
4. 安然等大企业陷入财务丑闻，使美国投资者对资本市场的信赖显著下降。随后《萨班斯-奥克斯利法案》诞生了。该法案诞生的时间是( )。
   A. 2002 年　　　B. 2000 年　　　C. 2004 年　　　D. 2008 年
5. 2007 年 3 月 2 日，公司内部控制标准委员会发表了( )及 18 个具体规范的征求意见稿，广泛征求意见。
   A.《企业内部控制规范——基本规范》

B.《企业内部控制规范——应用指引》

C.《企业内部控制规范——具体规范》

D.《企业内部控制规范——评价指引》

6. 下列有关内部控制的说法中错误的是(　　)。

  A. 内部控制的思想是以风险为导向的控制

  B. 内部控制是控制的一个过程,这个过程是需要全员的参与,包括董事会、管理层、监事会都需要参与,但不包括员工

  C. 内部控制是一种管理,是对风险的管理

  D. 内部控制是一种合理保证

7. 关于《企业内部控制应用指引》,下列说法错误的是(　　)。

  A.《企业内部控制应用指引》由三大类组成,即内部环境指引、控制业务指引和控制手段指引

  B. 内部环境应用指引是企业实施内部控制的基础,包括人力资源、社会责任和企业文化等指引

  C. 控制业务类应用指引是对各项具体业务活动实施的控制,此类指引包括资金活动、采购业务、资产管理

  D. 控制手段类应用指引偏重于"工具"性质,往往涉及企业整体业务或管理,此类指引包括担保业务、业务外包

8. 内部控制结构阶段又称三要素阶段,其中不包括(　　)要素。

  A. 控制环境　　　B. 风险评估　　　C. 会计系统　　　D. 控制程序

9. (　　)明确注册会计师应对财务报告的内部控制的有效性发表意见,并披露在内部控制审计中发现的非财务报告的内部控制的重大缺陷。同时,它还规定了评价审计计划的方法、审计实施、控制缺陷、审计后问题、审计报告的内容和方法、审计业务的草稿等。

  A.《企业内部控制规范——基本规范》

  B.《企业内部控制规范——应用指引》

  C.《企业内部控制规范——审计指引》

  D.《企业内部控制规范——评价指引》

10. (　　)明确规定内部控制评价应关注内部环境、风险评估、控制活动、信息与交流、内部监督等因素,企业必须确定评价的具体内容,全面评价内部控制的设计和运营,它规定了企业内部控制评价的内容、程序、缺陷的识别、评价报告和工作底稿要求等内容。

  A.《企业内部控制规范——基本规范》

  B.《企业内部控制规范——应用指引》

  C.《企业内部控制规范——审计指引》

  D.《企业内部控制规范——评价指引》

二、多项选择题

1. 内部控制是由企业(　　)实施的,旨在实现控制目标的过程。

    A. 董事会   B. 监事会   C. 经理层   D. 全体员工

2. 有关内部控制的历史演进,下列说法正确的有(　　　)。

    A. 内部控制理论与实践的发展大体上经历了内部牵制、内部控制结构、内部控制整合框架等三个不同的阶段,并已初步呈现向企业风险管理整合框架演变的趋势

    B. 内部控制的第二阶段为内部控制系统阶段,该阶段将内部控制一分为二,由此内部控制进入"制度二分法"或"二要素"阶段

    C. 1992 年 9 月,COSO 发布了著名的《内部控制——整合框架》提出了一个概念、三个目标和五个要素

    D. 《企业风险管理——整合框架》晚于《内部控制——整合框架》产生,目前已经替代了后者

3. 对于企业内部控制规范体系尚未规范的领域,企业应(　　　)。

    A. 根据风险评估的结果,制定和执行相应控制措施

    B. 从企业经营目标出发,识别和评估相关风险

    C. 等待内部控制体系逐步完善、覆盖至该业务领域后,再针对该业务实施控制

    D. 梳理关键业务流程

4. 中国内部控制标准体系包括(　　　)。

    A.《企业内部控制应用指引》   B.《企业内部控制评价指引》

    C.《企业内部控制基本规范》   D.《企业内部控制审计指引》

5.《企业风险管理——整合框架》是内部控制发展历程中的一座里程碑,其提出的内部控制目标包括(　　　)。

    A. 战略目标   B. 经营目标   C. 报告目标   D. 遵循目标

三、判断题

1. 内部控制是一种全员控制,实施控制活动的主体包括董事会、管理层、大股东和一般员工等。   (　　　)

2. 内部控制整合阶段中明确了内部控制的三个目标和五个要素,这五个要素分别为内部环境、风险评估、控制活动、信息与沟通和监督。   (　　　)

3. 内部控制的现实意义是有助于企业提升自身管理水平、提高风险防御能力、维护社会公众利益,最终服务于企业价值创造的终极目标。   (　　　)

4. 企业内部控制制度设计的内容一般包括企业层面内部控制制度设计和业务层面内部控制制度设计。   (　　　)

5. 内部控制的基本理念、原则和方法仅适用于企业等营利性组织,不适用于非营利性组织。   (　　　)

四、简答题

1. 企业内部控制经历了哪几个发展阶段? 有什么特点?

2. 企业内部控制整体框架的"五要素"指的是哪五个要素,与风险管理整合框架"八要素"之间存在什么联系?

参 考 文 献

［1］The Committee of Sponsoring Organization of the Treadway Commission. Internal Control-Intergrated Framework，1992.

［2］SEC. Sarbanes Oxley Act of 2002.

［3］COSO. Enterprise Risk Management-Intergrated Framework［M］. The Committee of Sponsoring Organization of the Treadway Commission，2004.

［4］王如燕.基于生命周期的煤炭企业安全成本投资模型探讨［J］.煤炭经济研究,2007(4)：67-70.

［5］王如燕.张家口煤机企业的存货管理内部控制实践及启示［J］.财务与会计,2009(8)：34-35.

［6］刘玉廷,王宏.提升企业内部控制有效性的重要制度安排——关于实施企业内部控制注册会计师审计的有关问题［J］.中国农业会计,2010(9)：4-8.

［7］张筱彦,刘秀霖.浅析基于企业内控系统的全面风险管理机制［J］.财经界,2014(23)：60-61.

［8］薛宝莉.论企业内部控制的发展过程与趋势［J］.经济师,2003(6).

［9］池国华,樊子君.内部控制习题与案例［M］.2版.大连：东北财经大学出版社,2014.

［10］李晚金,龚光明.我国企业内部控制规范体系评价［J］.会计之友,2011(6)：14-15.

［11］谢元萌.内部控制评价:国内外文献综述［J］.会计师,2013,(10)：7-8.

［12］彭君翔.我国企业内部控制制度的研究——以计华公司为例［D］.苏州大学,2008.

［13］吴丹.基于企业内部控制理论的外汇风险管理分析［J］.会计之友(下旬刊),2010,(08)：46-47.

第二章

企业内部控制概述

第一节　企业内部控制的定义与特征

一、企业内部控制的定义

企业内部控制，一般是指企业为了实现高效运营，合理确保经营管理目标的实现而实施的调整、控制、计划和评价方法及技术措施，以确保财务资产的安全和完整，企业的业务战略有秩序推进。

二、企业内部控制的特征

控制，有掌握、支配之意，限制控制对象不要超过一定范围和限度。从现代管理的角度来看，如果控制对象脱离正常路径，为了不失去现有的移位目标，则控制主体需要进行有序、有效、正常的操作。

企业内部控制由董事会、监事会、会计及公司全体员工协同实行。这是实现企业控制目标的过程。

内部控制和外部控制有些方面有相似之处。例如，它们都有控制目标、控制方法、特定的控制主体和控制对象，都具有信息反馈渠道和控制方法。此外，内部控制具有以下明显特征。

（一）全面性

全面性可以解释为，内部控制是全面控制公司的所有经营活动，而不是局部控制。它不仅对财务、会计、权益、人事等政策和计划的执行情况进行监督和评价，还进行各种业务审查和业务调查，并及时提出改善措施。

（二）经常性

经常性表示内部控制不是阶段性的，而是不间断的、持续性的。它涉及各种业务的日常活动以及各种管理功能的定期检查和评价。

（三）潜力性

潜力性是指内部控制行为与日常的经营管理活动无明确的界限。任何管理模式和业务都存在潜在的控制感和控制行为。

(四) 关联性

关联性是指企业的内部控制均是相互关联的。一种控制行为的成功影响其他控制行为。控制行为的建立可能导致其他控制行为的强化、弱化或取消。

(五) 内在性

内在性可以理解为,执行内部控制是企业和事业单位的自觉管理行为,完全是组织内部的情况。内部控制的建立和完善会受到外部控制压力的影响。例如,国家法律法规要求企业和行政事业单位建立规章制度,规范会计和管理行为。企业和行政事业单位也需要追求经济利益,这是市场经营者面对竞争和挑战的理性和明智的选择。其中自我意识和"内需"的成分远大于被动和顺从的成分。

(六) 广域性

广域性可以理解为,内部控制是对组织内的所有生产、经营、管理业务进行评价、监督和控制。它的范围很广,从计划、指挥、调整到鼓励和评价;从生产经营的实物运动到价值运动和信息运动;从宏观方面、中观方面到微观方面;从生产和销售到购买、供应和储存;从人、钱、物到信息,几乎无所不包。内部控制广泛,控制面和控制点多,足以保证企业、事业单位的生产、经营管理业务能够安全、有序运行。

第二节　企业内部控制的本质与目标

一、企业内部控制的本质

企业内部控制的本质是防范风险,可以将各种潜在风险对企业生存和发展的影响降低到最低。内部控制系统的五个要素包括控制环境、风险评估、控制活动、信息和交流及监督,是为了防范风险。如果没有认识到这一点,企业在制定内部控制制度时,就会变得无法抓住重点,即做了很多,但是不知道是否正确,不知道如何评价内部控制系统。

内部控制制度的适用可以规范企业的管理,降低风险发生的概率。但是,它在一定程度上与效率和效果成反比。当然,这不是绝对的。

如果内部控制得很好的话,例外情况下的纠纷也会减少。如果能顺利实施的话,内部控制会带来收益。因此企业要在实施内部控制时把握这个度。内部控制有成本和收益。成本是内部控制人员的成本,是增加阶段,是降低效率的成本;收益是风险发生后的损失的减少。因此,这样的收益是潜在的收益,这是看不到的。如何理解内部控制的本质,可以重点从如何实施内部控制着手。

二、企业内部控制的总体目标

(一) 内部组织结构的构建

内部组织结构,从管理学角度来看,包含决策机构和执行机构,是由各个机构共同形成的一个整体。其中决策机构一般由管理层人员组成,执行机构由各个部门人员组成。建立、健全符合现代管理要求的内部组织结构,形成科学的决策机构与机制、实施机构与机制和监督机构与机制,为企业经营管理目标的实现保驾护航。

(二)风险控制系统的构建

风险控制系统,是指组织管理体系中与管理风险有关的要素集合。它包括风险管理策略、组织职能体系、内部控制系统和风险理财措施。特别是企业要构建有效的风险控制系统,加强风险管理,以确保企业各项业务活动健康进行。

(三)保护财产安全性和完整性

良好的内部控制制度,能够保护财产物资等经济资源的安全完整。完善的内部控制制度是各项财产安全性和完整性的保证,是防止贪污和浪费的重要措施。企业要及时发现和纠正各种欺诈行为,保护企业财产安全和完整。

(四)规范企业会计行为

规范企业会计行为的目的是保证会计信息的真实性和完整性,提高会计信息的质量。大企业和集团公司在实施会计核算时,要做到以下几点:统一计划,统一技术基准、编码规则和系统参数,实现各系统的有机集成,消除信息孤岛。

(五)实施法律法规和内部规章制度

确保国家有关法律法规和企业内部规章制度的实施。影响企业内部控制目标实现的制约因素很复杂。但是,通过系统的研究和总结,我们可以找到实现企业内部控制目标的有效方法:对于外部控制环境,要主动地去适应;对于内部控制环境,则要尽力去改善。控制环境分为两部分,即外部环境和内部环境。为了达成组织的最高目标,管理者必须谨慎设计内部控制以适应环境。对于外部控制环境,如上所述,企业须遵守法律法规、职业道德规则以及不同利益集团之间竞争所提出的一系列要求。外部环境是很难被干涉和改变的,但是为了有效执行内部控制,管理者必须确立内部控制系统,确认和满足组织外部环境要求。

三、企业内部控制的层次结构

企业内部控制的层级结构包括控制环境、会计制度、控制程序三个方面。最重要的是企业的资金管理系统,它可以分为三个环节。

首先,企业必须确立企业的《企业财务管理办法》《企业预算管理暂行办法》《企业资金计划管理办法》《企业资金授权审批管理办法》等与内部控制有关的制度。在资金管理过程中,企业需要合理、合规地设立职能部门,同时,明确各部门的职责,并且建立财务管理和职能分离制度。不相容职务的相互分离的制衡也需要被细细考量,各部门、各岗位相互制约、相互监督。

其次,企业为了减少不必要的费用,必须确立严格的审查程序和授权审查制度。例如:受托人的业务批准方式、权限、程序、职责和控制措施需要明确落实,同时,经办人办理资金业务的职责范围和业务也需要明确敲定和审查。在资金管理过程中,除了事前防范,事后资金的监视也不可或缺。

最后,在会计期间或各重大经济活动截止后,内审监督部门依照既定的监督程序对各经济经营活动开展审计活动,及时发现内部控制的薄弱环节以及相关差错。同时,也需要考虑部门在会计期间或经济活动后的资金信息变化,确认是否需要及时向基金管理部门反馈资金筹措情况。资金结构和指标符合计划和预算的,商品的赊销应严格遵守信用政策,库存管理应符合目标和人员,无论物资使用是否符合计划和预算,是否根据计划和预算合理组织产品生产。

一方面,内部控制系统不仅保证了企业的资金管理目标的充分性和科学性,还可以根据实际企业信息的反馈随时采取调整措施,确保企业的资金管理更加科学、合理、高效。另一方面,把企业各部门的资金管理情况与部门的业绩指标相结合,结合资金管理的职责、权限和收入,调动资金管理部门和员工的积极性,可以更好地管理资金。

四、企业设定内部控制目标应考虑的因素

企业内部控制目标是指内部控制的任务或基准。它用来促进企业的有效运营,确保各部门履行其应有的功能。

(1) 企业在识别内部风险时有如下几个因素需要审慎考量:企业董事会、监事会、高级管理人员所涉及的人员的职业道德;员工专业能力等人力资源因素;组织结构、业务方法、资产管理和业务流程等管理因素;研究开发、技术投入、信息技术应用等自主创新因素;财务状况、经营成果、现金流等财务因素;工作安全、员工健康、环境保护等安全环境因素;其他相关的内部风险因素。

(2) 在识别外部风险时,企业需要审慎考量和注意如下内容:经济形势、产业政策、融资环境、市场竞争、资源供应等经济因素;法律法规、监督管理要求及其他法律因素;安全稳定、文化传统、教育水平、消费行为等社会因素;技术进步、工艺改进等科技因素;自然灾害、环境条件等自然环境因素;其他相关外部风险因素。

因此,企业要构建有效的风险控制系统,强化风险管理,确保企业的各项经营活动的健全运营。面对隐患,要做到防患于未然,及时察觉并且纠正各种欺诈行为,确保企业财产安全性以及完整性。确保国家有关法律法规和企业内部规章制度的实施。

五、企业设立内部控制的原则

企业、行政事业单位的建立和实施,必须遵循全面性、重要性、制衡性和适应性的原则。另外,企业必须遵守成本效益原则。

(一) 全面性原则
全面性原则是指企业内部控制应当覆盖企业的所有业务和事务,全面控制企业的经济活动,并贯穿决策执行和监督的全过程。

（二）重要性原则

重要性原则是指内部控制要在兼顾全面的同时，凸显重点，对重大业务、重大问题、高风险领域和环节实施更加严格的控制措施，将重要的缺陷出现的概率降到最低。例如，实行"三重一大"的集体政策决定制度，企业的连签制度是重要原则的体现。运用重要性原则需要专业性的判断。企业应根据行业环境、行业经营特征、业务性质和参与价值，考虑是否实施重点控制。企业内部控制要在全面控制的基础上，了解重要经济活动和经济活动中的主要风险。

（三）制衡性原则

制衡性原则是指企业的内部控制必须在公司的管理结构、组织结构的定义、权限的分配、业务流程等方面形成相互制约和相互监督，同时考虑操作性。企业和行政事业单位的内部控制必须在部门管理、职责分工、业务流程等方面构成该组织内部的相互制约和相互监督。

（四）适应性原则

适应性原则是指企业的内部控制必须适应企业的业务规模、业务范围、竞争态势、风险水平，根据形势的变化进行调整。符合国家相关规定和自身实际情况，是企业和行政事业单位的内部控制所要遵循的原则，同时，企业的内部控制要伴随外部环境的变化、企业自身的经济活动调整和管理要求的提高而不断修改和改善。

（五）成本效益原则

成本效益原则是指企业内部控制应考虑实施成本和预期收益，以实现合理成本的有效控制。成本效益原则的基本概念来源于经济学，因此，合理的经济人总是以较少的成本获得更大的利益，通常被认为是经济活动的普遍性和限制性的原则。因此，它也适用于本企业的内部控制。

第三节　企业内部控制要素

企业的有效内部控制至少包括内部环境、风险评估、控制活动、信息与沟通、监督检查五个基本要素。

一、内部环境

内部环境是制约企业内部控制系统的构建和实施的各种内部因素的总称，是实施企业内部控制的根据。内部环境的内容包括管理结构、组织结构和权限分配、企业文化、人力资源政策、内部监察机构、防止舞弊机制等。

二、风险评估

风险评估是对影响企业战略和管理目标的各种不确定因素进行及时识别、科学分析和对应的过程。它是实施企业内部控制的重要环节和内容。风险评估的内容包括目标设定、风险识别、风险分析和风险对应。

三、控制活动

控制活动是基于风险评估结果和风险应对策略，确保企业内部控制目标实现的方法和手段。本控制活动是根据具体业务和企业事项的特征和要求制定的，包括职责划分、授权控制、审查和批准控制、预算控制、财产保护控制、会计系统控制、内部报告控制、经济活动分析控制、性能评价控制，包括信息技术控制等。

四、信息与沟通

信息与沟通是及时准确并完整地收集企业经营管理相关的各种信息，在企业的相关层级之间传递。信息的有效交流和准确应用是企业内部控制的重要条件。信息与沟通涉及企业内外信息收集结构和沟通机制，包括各个层面都应广泛地收集相关信息，在源头获取准确数据；有关部门应收集整理信息，以帮助员工和各部门落实其控制职责；通过内部沟通，促进员工相互理解，以便更好地完成控制目标；影响控制目标实现的事项应在一定条件下与外界沟通；需要对信息与沟通的有效性进行评估。

五、监督检查

监督检查是针对企业内部控制制度的健全性、合理性和有效性进行监督、检查和评价，并进行书面报告和相应处理的过程。这是实施内部控制制度的重要保证。内部控制监督检查主要包括持续监督检查内部控制制度的整体确立和实施情况，对内部控制的一个或几个方面进行特别监督检查，提出相应的检查报告和对应的改善措施。另外，企业内部控制的自我评价是对其进行监督检查的重要组成部分。

第四节　企业内部控制建设的思路和方法

强化企业的内部控制，是贯彻《会计法》，提高企业的管理水平、企业竞争力的客观要求。研究和运用各种内部控制方法是企业构建和完善内部控制系统极其重要的内容。

一、企业内部控制建设的思路

企业内部控制建设的思路包括以下几点。

（一）组织规划控制

组织规划是指针对企业的组织结构以及职务分工的合理性和有效性进行的一系列控制。企业的组织结构分为两个方面。第一是企业的治理结构，与董事会、监事会和管理层的设立有关。第二是管理部门的设置及其关系，即如何决定财务管理的广度和深度，形成集权管理、分级管理的组织模式。角色划分主要解决角色分离、不兼容的问题,企业应形成对职务的分离,也就是说这些职务不应被一个人占据了。换句话说,如果发生了错误和不良行为,这个人就可以掩盖他们自身的错误和不良行为。企业内的主要不合格职能包括授权批准、业务经办职责、财产保管、会计记录、审查监督。五种职能必须进行如下区分:①授权批准职能应与执行职能分离;②业务经办职能应和审查监督职能分离;③业务经办职务应和会计记录职务分离;④财产保管职务应和会计记录职务分离;⑤业务经办职务应和财产保管职务相分离。

为了确立和改善组织规划控制,企业必须解决两个问题。

一是使一些上市公司结合实际情况设立审计委员会、价格委员会和报酬委员会。这是改善内部控制机制的有益尝试。机构设置则依据企业的特征和规模来定,所以很难找到共同的模式。设立价格委员会的企业大多是集中采购且采购价格变动较大的大型企业。这些企业设立了价格委员会,可以有效地加强采购过程中的价格监督和控制。例如,对于规模大、技术含量高、人才多、工作型工资的企业,设立报酬委员会研究管理层的参与和股票期权,可以提高报酬计划按劳分配的科学性,加强工资计划实行的透明度和监督。

二是强化职务不相容制度,避免高级管理人员的交叉任职。交叉任职是指董事长和总经理为一人,董事会和总经理团队重叠。不论公司或者企业上市与否,这个问题依然是普遍存在的。这样交叉任命的结果使得董事会和总经理团队之间的权利和责任不明确,制约平衡的作用被削弱。交叉任命违反了内部控制的基本原则,必然造成权利和责任的暧昧,容易造成一个人操作全部业务。事实上,又是资本配置、资产处理、外商投资等存在问题的重要原因之一。究其原因,可以归因于交叉任职和董事会缺乏独立性。因此,构建内部控制结构框架,首先在组织机构和人员结构上,董事长和总经理必须分离,董事会必须与总经理团队分离,避免人员重复。

(二) 授权批准控制

授权批准控制是指在处理经济业务中,必须通过授权和批准来控制企业的经济业务。授权批准按形式可分为一般授权和特殊授权。一般授权是指处理常规业务时的权利、条件、责任的规定,授权的时效性比较长。特殊授权是指处理特殊业务时提供的权利、条件和责任,授权的时效性一般很短。无论采用什么样的授权和批准方式,企业都必须确立明确的授权和批准制度。其中要考虑的因素有以下几点:

(1) 范围因素。一般来说,企业所有经营活动都应纳入其范围。

(2) 层级因素。根据经济活动的重要性和金额确定,为确保各管理层有权亦有责。

(3) 责任因素。企业必须明确授权人在投入原料时应承担的责任。因为如果发生问题的话,很难谴责授权程序。

(4) 授权批准的程序。企业应制定各经济业务的审查程序,按照程序进行审查和批准,避免违反规则和违反规定的审查和批准。企业内的各级管理人员应当在授权范围内行使相应的职权,负责人也应当在授权范围内处理经济事务。

（三）会计系统控制

会计系统控制要求企业遵循《会计法》和国家统一的会计制度,制定适合自身的会计制度、会计凭证、账簿和财务会计报告处理程序,建立会计业务责任制和严格的会计控制制度。

会计系统的控制包括如下方面:

（1）建立内部会计管理规范和监督制度,是明确划分权利和责任、相互制约、内部监察的要求。

（2）统一的会计政策。国家制定了统一的会计制度,其中有一些是可选的。因此,根据企业的内部管理要求,统一执行制定的会计方针,统一进行会计要旨的分析和评价。本企业的会计方针可以以特殊文件的形式发布。

（3）公布统一的会计事项。在实施全国统一的一级会计科目上,各企业必须根据经营管理的需要,特别是根据集团公司的需要,统一确定具体的科目,统一所属企业的会计科目,统一口径。

（4）明确统一的会计凭证、会计账簿、财务会计报告的处理程序和方法。按照会计制度规定的会计原则,会计应真正向国家宏观控制和管理提供信息,提供企业内部经营管理可以向企业以外的各当事人提供信息,方便外部使用者了解财务状况和经营成果。

（四）全面预算控制

全面预算是企业财务管理的重要组成部分,是为实现公司既定目标而制定的运营、资本及财务收支的总体规划。

企业在进行全面预算控制时,需要审慎地对以下方面进行考量。

（1）预算体系的确立,包括预算项目、预算制度和程序。

（2）预算编制和审批。预算编制一般采取自下而上和自上而下相结合,即两上两下、逐级汇编的方法。预算审批是预算草案转化为预算法律文件的必经之路,是预算实施的首要环节。

（3）预算指标的发布。预算指标发布是由预算编制部门草拟,经上级批准下达后,作为编制下一年度预算的主要依据发布。

（4）预算执行授权和相关负责人或部门的执行。预算执行授权是授予相关企业各部门、分公司、分支机构执行预算的权利。

（5）预算执行过程的监督,即全面做好预算统筹布署,进一步明确目标、压实责任、强调落实预算,督促各级预算单位尽快将预算资金细化到具体项目和使用单位。

（6）预算差异分析和调整,即比较预算实际执行结果与预算目标,确定其差异额及其差异原因。如实际成果与预算标准的差异重大,企业管理当局应审慎调查,并判定其发生原因,决定是否调整。

（7）预算业绩的考核,即全面评价预算执行后的经济性、效率性、效果性。

全面预算是一个集体工作,需要企业各部门人员的配合。因此,有资格的企业设立预算委员会,指导企业的全面预算工作,确保预算的实施。

（五）财产保全控制

财产保全是指企业使其拥有或形成的资本保持完整性。企业财产保全控制包括：

（1）限制直接接触。限制直接接触主要是严格限制直接接触与实物资产无关的人，只有授权人才能访问资产。限制直接接触对象包括现金、其他流动资产和库存。

（2）建立定期盘点制度。建立定期盘点制度的目的是确保资产在盘点过程中的安全。其内容为：通常先检查实物项目，然后检查分类账目，避免丢失库存资产；调查库存差异，分析库存损失的原因，明确责任，完善相关制度。

（3）采用记录保护。采用记录保护的目的是妥善保管企业所有文件（特别是资产、财务、会计等），规避记录损坏、被盗、报废的风险。

（4）财产保险控制。财产保险控制的目的是通过对资产的投保（火灾、盗窃、责任保险或一切危险等）增加实物受损赔偿的机会，对冲相关风险。

（5）财产记录监控。财产记录监控要求及时全面记录企业的个人资产档案的制作和资产变动情况，加强所有权凭证管理，改革现行低值消费品的核销模式，减少备查簿形式，将其价值纳入财务报告体系，从而保证账实的一致性。

（六）人力资源控制

企业是经济运行的微观基础。对其来讲，人力资源要素的数量和质量、人力资源的忠诚度、向心力和创造力是企业的生命力和进步的动力。因此，充分发挥企业人力资源的积极性、主动性、创造性，充分发挥人力资源的潜力，是企业管理的中心任务。

企业的人力资源管理应当包括：

（1）建立严格的招聘程序，确保应聘人员符合招聘要求。

（2）制定员工的工作规范，指导和评价员工的行动。

（3）定期培养员工，提高业务质量，帮助员工更好地完成指定任务。

（4）强化奖惩评价，定期评价员工的工作能力，明确奖惩的差别。

（5）推荐为员工购买职业保险，申请商业信用保险。

（6）工作岗位轮换。轮班可以定期进行，也可以不定期进行。轮岗会立即发现错误和缺陷。同时，这样也可以挖掘员工的潜力。

（七）风险防范控制

在市场经济环境下，面对各种风险对企业来说是家常便饭。因此，风险防范控制要求企业确立风险意识，针对每个风险控制点构建有效的风险管理系统。公司（企业）采取风险警告、风险识别、风险评估、风险报告等措施，整体上防范和控制财务风险和经营风险。

企业风险防范的主要内容有：

（1）筹资风险评估。例如，预评估、过程中的监督和后评估、公司财务结构的确定、融资结构的安排、融资货币的价值和期限的设定等是估算融资成本和融资还款计划。

（2）投资风险评估。企业对各种债权、股权投资要进行可行性研究，根据项目和金额确定审批权限。

（3）信用风险评估。企业应制定客户信用评级指标体系，确定信用授予基准，规定客户信用审批程序，实时跟踪信用执行状况。信用活动规模大的企业可以设立独立的信用部门，管理信用活动，控制信用风险。

（4）合同风险评估。企业应当制定科学的合同风险评估程序，进行准备、批准、签名、检查，采取违约措施。如果有必要的话，可以请律师参加。风险控制是企业的基本、经常性的工作。根据需要，企业可以设立风险评估部门，专门进行相关风险的识别、预防、控制。

（八）内部报告控制

企业要建立内部报告制度，以此保障内部管理的针对性与实效性，全面反映经济活动，及时提供相关的重要信息。内部报告制度的构建应反映以下几点：体现部门管理职责，满足异常管理要求，报告方式和内容简洁易懂，统一计划，避免重复。内部报告必须根据管理层的要求来写，报告的频率和内容必须详细而简洁。一方面，高级管理者要求通常有较长的报告间隔，内容从重、从简。另一方面，报告时间短，内容力求全面详尽。

企业常用的内部报告包括：

（1）资金分析报告，包括资金日报、借还款进度表、贷款担保抵押表和支付计划表、银行账户和资产管理表、印章。

（2）业务分析报告，包括一系列短期业务战略与战术的论证活动。

（3）费用分析报告，包括可以找到影响、费用升降的各种因素，从而找到降低费用所采取的措施和途径。

（4）资产分析报告，包括各类资产变动的数额和各种影响因素，从而找到增加资产所采取的措施和途径。

（5）投资分析报告，包括对投资行为、投资方案、技术可行性、管理及市场、投入产出预期进行分析和选择。

（6）财务分析报告，包括经营状况、资金运作的综合概括和高度反映，主要针对资产负债表、利润表、现金流量表及其附注进行分析。

（九）管理信息系统控制

管理信息系统控制包括加强电子信息系统本身的控制和构建控制系统两个方面。一方面，随着电子信息技术的发展，企业一般利用计算机进行经营管理。除了会计电算化和电子商务的发展，企业的生产经营离不开采购、销售、仓库和运输。因此，强化管理信息系统的控制势在必行，包括系统组织和管理控制、系统开发和维护控制、文件控制、系统设备、数据、程序、网络安全控制和日常应用控制。另一方面，利用电子信息技术构建控制系统，降低、除去内部人工控制的影响，确保内部控制的有效实施。

（十）内部监察控制

内部监察控制可被视为内部控制的特殊形式。内部监察部门作为独立机构，评价公司内经济活动和管理系统的合规性、合理性和有效性。内部监察的内容非常广泛，根据监察的目的，分为财务审计、业绩审计、管理审计。内部监察应当在公司内部保持相对独立，并与其他业务管理部门独立。也就是说,无论采用什么样的内部控制方式,无论企业治理结构如何构建,都必须确立董事会内部控制系统的核心地位。从董事会、股东大会和总经理的职权划分来看,中国《公司法》规定董事会在公司管理中处于核心地位。董事会负责企业内部控制的确立、完善和有效运行。

董事会负责企业内部控制的确立、完善、运行的原因主要如下:

(1)对于董事会来说,确立内部控制制度是为了确保企业的有效运营,实现企业的目标,确保控制的有效性。

(2)内部控制是董事会抑制管理者获得短期利润机会中的机会主义倾向,确保法律、企业的政策和董事会决议有效实施的手段。

(3)确保信息质量是董事会的责任,其中内部控制和内部控制的信息流是解决信息的不对称性并确保企业会计信息的真实性和执行性的重要手段。

二、企业内部控制建设的方法

(一)职能分离控制建设

职能分离控制是指一个企业中的几个职位由两个以上部门或员工负责,防止或减少错误和弊端而进行的控制。企业必须建立严格的组织分工和货币资金的岗位责任制,即在制定组织机构方案和向工作人员分配工作时,都应考虑不相容职务的分离。企业应当分离的职务内容较多,一般包括以下几点:

(1)经济业务的授权人和执行人必须分离。

(2)经济业务的审查人和执行人应当分离。

(3)经济业务的记录者和执行者必须分离。

(4)资产、材料、现金的保管人必须与同一资产或关联交易的登记者和报告者分离。

(5)资产管理者必须与关联交易的批准人分离。

(6)交易的批准人必须与同一交易或关联资产的登记者和报告人分离。

(7)总分类账与明细分类账及日记账的记录者应当分离。

从事货币资金业务的企业相关人员,必须具备良好的业务素质,忠于职务,诚实守信,遵守法律法规,不断提高会计业务的质量和企业相关人员的职业道德,定期交替工作。企业必须明确相关部门和岗位的职责和权限,明确分离、限制、监督货币资金交易的不相容职位,实行现金、会计、印章管理责任制。

(二)程序和手续控制建设

企业从事各种业务活动,应该按照业务规则建立管理程序制度。财务内部控制的目的是规范该审查程序,减少不必要的费用,明确与各种业务相关的以及其他业务内部控制的薄弱环节。例如,货币资金收入应取得完全或合法、合理的原始凭证,经审查批准后,作为编制和备案会计凭证的依据。对于现金收入,如果企业配有收银机,收款员应于每天营业结束后,在专门人员监督下,将当天营业额中应有的现钞收入数同收银机自动记录的累计数相核对,并填制收款单,连同现金收银机上自动打印的纸带交记账员登记现金日记账。

如果发现现钞收入数同收银机记录的累计数不一致,收款人员应对差异进行调查。一般单位,应由营业人员开具一式三联的发票或收据,收款人员收款时,应仔细核对营业人员开给顾客的销售发票或收据的金额与交来的现钞金额是否一致,收款并加盖戳记后,将第三联留下,其余两联中,一联交由顾客留存,另一联编制营业日报。收款人员根据留存的第三联编制收款日报,营业日报与收款日报应核对一致,其中营业日报作为记录营业收入的依据,收款日报作为记录现金日记账依据。

(三) 现金收支审批权控制建设

企业应当建立严格的现金收支审批制度,明确货币资金业务审查员的授权审查方式、权限、程序、职责和相关控制措施,明确职责的权限范围、货币资金交易处理人的责任、工作要求。"一支笔审批制度"是我国部分企业在财务费用审查中实施的制度,强调企业的现金支出必须由一个人承认或授权。围绕企业整体经营目标,为了有序实施书面审查和批准制度,对于巨额现金收支,无论在日常生活中还是特殊情况下,一支笔审批的权限亦需进行明确的分割,而后将分割后的权限合理分配至各领导和职能部门。各部门应当分级运用,相互制约,但对于每一细分权限的行使都应有必要的监控。在某种程度上,这起到了相互制约的作用,但是需要监督行使各细分权限。因此,本企业针对各重要货币资金收支业务确立了基本的内部控制程序和控制点,明确了各控制点由三个以上的独立岗位(办理、审查、审查、审查)构成,限制其使用权利和责任。每个控制点在上述三个独立的位置上独立地执行,并且可以移动到下一个控制点。这样,审批权限、额度制度、控制流程和岗位互相牵制作用的控制点相互协调,形成相对严密的企业的货币资金的内部控制系统。

(四) 预算控制建设

控制企业的货币资金预算的目的是帮助企业通过投资或现金利用预算获得最大利益。预算控制的主要方法是预测企业的货币资金收支情况,编制货币资金预算。企业通过编制更详细、相对长期的现金收支和货币资本预算,可以计划预测收入和必要的现金支出。例如,如果企业现有闲置资金投资运营,就可以正确计划。又如,企业贷款,也要充分预算资金的使用和所需的金额多少和使用时间。在实施过程中,调整现金资本预算有利于企业在参加预算前保持现金资本和支出平衡,控制现金资金的来源和使用,使企业在预算期间维持合理的货币资金余额。为了更有效地控制现金业务,现金预算和现金业务会计必须分开。现金预算编制完成后,财务经理必须认真监督预算执行情况,定期比较分析业务过程中的实际现金收支结果和预算。如果有很大差异的话,需要调查实际的现金收入和支出。

第五节 企业内部控制的局限性

一、企业内部控制的固有限制

企业内部控制有固有限制。无论如何,设计和实施只能为企业财务报告的可靠性提供合理的保证。企业内部控制的固有限制包括以下两点。

（一）人的判断因素

企业在决策时会发生人为判断失误，可能由于人为失误导致内部控制失效。例如，被审计单位的信息技术团队不完全理解系统如何处理销售交易。为了让系统处理新产品的销售，他们可以更改系统，或者系统的变更是正确的，但是程序员没能将此修改转换为正确的程序代码。

（二）人的串通因素

两名以上的员工或管理人员相互串通以及管理层凌驾于内部控制之上都会影响内部控制功能的发挥。例如，某企业的管理层可以与客户签订后端协议来变更标准销售合同，导致收入确认可能不正确。又如，软件的编辑控制是为了检测和报告超过销售信用限度的交易，但是这个控制可能被逾越或规避。再如，如果监察机关履行内部控制功能的人员素质不符合业务要求，也会影响内部控制功能的正常履行。被审计单位实施内部控制的成本效果也影响其功能。如果执行控制的成本超过控制效果导致发生损失，则不需要建立控制环节或控制措施。内部控制通常针对频繁的业务进行设定。业务不频繁或例外时，可能不适用原控制。

二、企业内部控制的认知错误

我国参考了美国COSO内部控制和风险管理的框架，结合具体国情，制定了一系列的内部控制和风险管理制度和标准，为内部控制和管理提供了行动指南。但内部控制的实际操作，还有很多值得思考的地方。

（一）将内部控制和风险管理体系简单地理解为立章建制

实际上，企业的内部控制和风险管理不仅是文件法规、技术规范和应用模板等规章制度，也是信息交流审查、监督和风险评估等行为，所以我们不能把企业内部控制和风险管理看作是一成不变的东西，必须融入企业的日常管理活动，形成常规的管理和运行体制。可以说，企业的内部控制和风险管理不仅是一种制度安排，也可以说是管理过程和自律行为。

（二）认为企业的内部控制和风险管理相互独立

企业内部控制与风险管理的内涵有很多重合之处，但要素相同、方法很多，企业内部控制和风险管理的具体应用是根据其特征、实行企业的发展阶段、行业特征、技术条件、外部环境等要求来执行的。例如，某公司在生产医疗设备和药品时，因为涉及的健康和人的生命问题，政府有严格的控制，风险管理的紧迫性很强。这时，企业适合掌握内部控制的风险管理。如果企业想要财务报告和法律信息披露合法，此时，企业需要以内部控制为主，兼具风险管理，这样才更加合理。

（三）过分夸大企业内部控制和风险管理的作用

企业的内部控制和风险管理都是企业的管理活动。不管它们的方法有多先进，制度有多完善，都不是绝对的保证，只能提供相对合理的保证。特别是在企业的品性、信仰、能力、责任不足的情况下，企业的成功不能寄希望于内部控制和风险管理。

（四）内部控制与风险管理理论与企业的实际脱轨

企业的风险管理概念是从欧美引进的，和中国传统的理论观点和制度建设之间存在很多差异和差距，这些概念和框架很难与日常管理活动相结合，难以在语言和行为之间建立直接关系。这样只讲理论，容易产生缺乏实际行动的情况。

（五）内部控制和风险管理体系执行不充分

内部控制和风险管理体系的关键是实施。如果没有实施，则无论哪个先进系统都不会运作。影响企业内部控制和风险管理实施的原因有很多。例如，组织结构不合理、高管素质低、企业文化落后、资源配置不足等。制度的局限性和制度之间的不一致，给企业内部控制和风险管理的实施带来了困难。企业的内部控制对"物"不对"人"，这是"非个人"控制机构。该控制对象不限于受控方，施控方也是内部控制的对象。企业内部控制需要全员参与、同时参加、平等参加。这与我国传统的等级制和官僚制度有很大的不同。

第六节　案例分析

 **案例**

通用电气（GE）内部审计的案例分析

通用电气（GE）是美国最大的产业企业之一，是世界最大的电气企业。该企业拥有家电、传动设备、航空机械、科技新产品开发和销售服务等 12 种产品和服务。

一、通用电气（GE）内部审计的目标和内容

通用电气（GE）为审计部门制定了新的非常规性的目标，不同于一般账簿，而是对业务进行充分深入剖析。这一措施的实施，监督和改善了部下的经营，确保了投资效果符合企业的全球战略目标，在培养企业管理人才等方面确立了非常成功的模式。通用电气（GE）的内部监察有两种类型。一种为对子公司财务部门的审计，重点审查其自身的经营状况和财务活动是否符合母公司的要求。另一种为母公司级别的审计。审计办公室卓越的审计是该企业最有代表性的特征之一。

二、通用电气（GE）内部审计的特色

通用电气（GE）认为，要做好审计工作，有必要解决两个重要问题。一是公认会计原则和准则，二是双重报告原则。总公司财务部门推行国家公布的会计准则和原则，各级财务部门有责任遵守这些原则。这家企业的财务部门提供基本的会计结构，很多子公司围绕着这个结构开展运营。这个结构有助于子公司遵守一般会计准则和原则，也主要依据此审计子公司是否诚实守信。做好审计工作的另一个重要问题是如何实施双重报告原则。各部门、集团财务负责人直接向总公司财务副总裁报告。在监督业务中，监查员首先从普通存款开始，不能停留在普通存款账户中。相反，他们花费更多的时间和精力研究有问题的业

务,包括与业务流程相关的策略和措施,了解企业的业务业绩、内部资源利用情况、产品和服务的内部质量。特别关注风险高、综合利润高的领域,这些领域是审计人员关心的焦点。

三、通用电气(GE)内部审计的人员结构

通用电气公司(GE)的很多内部审计人员都是工作过几年的年轻人,其中约80%有财会专业背景,15%有相关行业的知识和管理经验,5%从事过信息处理相关工作。每年,该公司从数百个候选人中选出几十个人进入审计署,然后从审计署派遣相同人数的人员,充实通用电气(GE)商务集团的管理团队,包括副总裁在内,各级管理人员都有审计经验。60%～70%的中级以上的通用电气(GE)财务管理人员由公司审计署派遣。每年大约有40%的员工离开了审计署,可以直接晋升为中高级管理人员。

四、通用电气(GE)内部审计业务流程

审计前,审计团队的工作是把握情况、研究情况,听取其他经验丰富的成员的意见和建议。他们把这样的调查研究当作对大脑自身的知识和概念的"轰炸",在此之后才确定本次审计的目标。在审计期间,审计团队对所有审计工作都有审计权。他们独立组织活动,例如召开调查会议、一对一的对话,收集数据和信息,然后分析情况,整理线索,查找各种问题的相互关系。为了实现审计的目标,他们可以做任何必要的事情。目的只有一个:找出问题解决办法。具体实施计划的提案通常由审计团队提出。他们总是把新计划变成日常工作,具体实施后停止,这样审计团队离开后计划可以坚持下去。在这个过程中,审计团队必须多次与审计对象领域的领导和管理人员交往。简而言之,通用电气(GE)的内部审计与一般的审计概念存在很大程度上的差异。这种内部审计成为对通用电气(GE)的子公司的强有力的控制。最有效的工具是通用电气(GE)对子公司所有权的具体体现和保证。

五、通用电气(GE)内部审计特征分析

(一)内部审计具有独立性和权威性

企业内部监察部门直接向通用电气(GE)的"第三把手"报告,提高了内部审计机构意见的分量和权威。内部审计人员自己也觉得"说话的声音格外响"。审计工作也往往能得到被审计部门负责人的积极协助。

(二)严格选任内部审计人员,结构合理

在选择内部审计人员时,通用电气(GE)不太考虑审计人员的最初专业,更注重人员素质和才能。他们要求所有的新人都有一个新的贡献和想法。进入审计署的人学术背景不同,意见也很不一样。不同的经验和见解有助于识别和解决问题。很多审查员都想保持这个机构的传统奉献精神。他们努力工作,有很高的自觉性、积极性和创造性。

(三)擅长审计监督业务的组织

审计人员平均每3个月接受一次新的任务。每次都有不同的监察对象和不同种类的业务问题。审计人员互相分享经验,经常在比较中发现问题。设计解决方案时,我们自然会把其他审计事项中好的经验融入计划,这样提高了内部审计的效率和效果,促进了内部审计价值的实现。通用电气(GE)的这些做法使内部审计的内容被创造性地利用。通用电气(GE)的经验表明,不管企业规模如何,还是可以控制的。重要的是找到符合现代企业管理

精神的实用方法。加强内部审计功能、提高内部审计价值是一个好选择。

六、关于我国企业内部审计的想法

参考通用电气(GE)内部审计的经验,我国应在以下几方面加强内部审计功能,以促进内部审计的价值实现。

(一)加强内部监察的独立性

领导必须给内部审计机构和员工提供组织内的独立性或相对独立性。最重要的是引进独立的审计委员会制度,为内部审计发挥管理功能、控制风险建立牢固的组织基础。内部审计机关和人员应吸收国际先进的内部审计理论,努力提高业务质量,探索风险管理审计,加强风险控制功能。

(二)严格执行审计回避制度

审计回避制度是一种事前的预防性保障措施,不论审计人员是否会由于亲属关系等因素影响审计业务,都必须实行回避。如果内部审计人员没有直接参加企业的经营管理活动,被审查方和家庭存在经济利益关系的情况下,应该积极回避。

(三)预防性审计功能的有效履行

现代企业要在激烈的市场竞争中生存和发展,必须建立严格、完善的控制系统,严格、科学的管理系统和有效的无故障运行机制。只有这样,才能确保业务目标的实现。内部审计的重点是研究和评估内部控制系统的严密性和完整性、管理体系的科学性和完整性、方法和措施的适应性和有效性。通过检查分析,审计团队发现企业管理中的薄弱环节和漏洞,提醒企业管理者尽快采取措施改善,采取标本兼治、预防措施。

(四)关注内部审计的效益性

内部审计要重视促进管理效益和提高效率。一方面,开展投资项目可行性评估、经营风险预测审计和生产技术审计,该举措会产生经济效益。另一方面,需要开展成本和内部控制审计。该举措有助于填充漏洞、降低成本、减少损失。

(五)把内部审计定位为"内部服务"

内部审计是面向内部控制系统的评价,它从过去差错防弊到现在从事评价内部控制系统,从私人欺诈风险的验证到投资风险和业务风险评价,从过去的"警察"形象到"顾问"形象。它以监察机关和部门服务为中心,目的是帮助管理者顺利完成生产经营任务,实现经营目标。

(六)更新观念,研究新方法与新技术

内部审计工作也必须在不断变化中发展。经营环境和公司的生存发展条件在不断变化。在观念上,审计对象被视为服务对象;在方法上,审计工作广泛采用复杂的风险评估技术,提高监察效率和效果;在环节方面,审计团队主要重视计划和决策阶段,尽快识别风险;在目标方面,审计团队重视寻找避开风险的方法和途径;在技术上,精通技术,使用电脑监察等现代工具;在素质上,审计团队不仅需要高等教育的专业水平,企业管理的实践经验也是必要的,注册会计师、注册内部审计师等审计职业资格也是必要的。

(七)不断进行审计监督关口前移

内部审计工作薄弱容易造成审计监督盲区大量形成、被审计单位内部廉政风险防控流于形式、腐败易发多发、重点领域和关键环节的源头治理失去控制等问题。当前,内部审计做了大量工作,在规范内部管理、有效防范风险、提高经济效益、促进反腐倡廉等方面发挥了重要作用。之后,内部审计工作还应当将由事后审计转为事前审计和事中审计,发展为以趋势和风险分析为重点的预防审计。

——本案例参考:迪博内部控制案例评价数据库、世界品牌实验室制作的 2018 年世界500 强品牌介绍

课后练习题

一、单项选择题

1. 内部控制因受到先天限制而无法绝对保证达成其目标,这些先天限制并不包括(   )。

   A. 人为疏忽或判断错误　　　　　　B. 内部控制考量其成本与效益

   C. 员工串通舞弊　　　　　　　　　D. 职能分工不当

2. 关于内部控制的适应性原则,下列内容描述正确的是(   )。

   A. 内部控制应当与企业经营规模、业务范围、竞争状况和风险水平等相适应,并随着情况的变化及时加以调整

   B. 内部控制应当在治理结构、机构设置及权责分配、业务流程等方面形成相互制约、相互监督,同时兼顾运营效率

   C. 内部控制应当贯穿决策、执行和监督全过程,覆盖企业及其所属单位的各种业务和事项

   D. 内部控制应当权衡实施成本与预期效益,以适当的成本实现有效控制

3. 关于内部控制只能为控制目标的实现提供"合理保证",而不是"绝对保证"的理解错误的是(   )。

   A. 内部控制对控制目标的实现作用不大

   B. 企业目标的实现除了受制于企业自身限制外,还会受到外部环境的影响

   C. 内部控制无法作用于外部环境

   D. 内部控制本身也存在一定的局限性

4. 内部控制是一种全程控制,从时间顺序上来看不包括(   )。

   A. 事前控制　　　　　　　　　　　B. 制度设计、制度执行与监督评价

   C. 事中控制　　　　　　　　　　　D. 事后控制

5. 下列选项中不属于信息与沟通主要环节的是(   )。

   A. 各个层面都应广泛地收集相关信息,在源头获取准确数据

   B. 有关部门应收集整理信息,以帮助员工和各部门落实其控制职责

   C. 通过内部沟通,促进员工相互理解,以便更好地完成控制目标

   D. 确认、计量、记录有效的经济业务

6. 内部控制在流程上应当渗透到各个环节,避免出现空白和漏洞,这符合内部控制原则中

的( )。

    A. 全面性   B. 重要性   C. 适应性   D. 成本效益

7. 企业内部控制的固有限制表现为( )。

    A. 人的因素   B. 管理因素   C. 制衡因素   D. 监督因素

8. 按照我国《企业内部控制基本规范》的规定,风险评估要素内容中不包括( )。

    A. 风险分析   B. 控制方法   C. 事项识别   D. 风险应对

9. 企业在内部机构设计过程中,应当体现( ),并根据相关的风险评估结果设立内部牵制机制。

    A. 重要性原则   B. 不相容职务相分离原则

    C. 公平透明原则   D. 科学化原则

10. 甲公司的经营,均由其负责人家族所把持。该公司将资金贷予负责人家族所投资的乙企业,甲公司会计处理中将其记载在应收账款项目下;当甲公司知道乙企业无力偿还时,甲公司也未计提坏账准备。甲公司内部控制的组成要素中,最为基本缺失的是( )。

    A. 信息与沟通   B. 内部环境   C. 内部监督   D. 风险评估

二、多项选择题

1. 内部控制的目标包括( )。

    A. 促进企业实现发展战略

    B. 促进企业维护资产安全完整

    C. 促进企业提高经营管理的效果效率

    D. 保证企业信息报告质量

2. 下列选项中,属于具体控制措施的有( )。

    A. 授权审批控制   B. 会计系统控制   C. 财产保护控制   D. 预算控制

3. 下列行为中,不符合内部控制要求的有( )。

    A. 未经开户行批准,坐支现金

    B. 总账与日记账、明细账由不同会计人员登记

    C. 支付款项所需印章由一人保管

    D. 不经过审批付款

4. 下列控制措施中,贯彻了制衡性原则的有( )。

    A. 不相容职务分离控制   B. 轮岗制度

    C. 会计系统控制   D. 财产保护控制

5. 内部控制的局限性可以概括为( )。

    A. 管理人员徇私舞弊   B. 越权操作

    C. 合谋串通   D. 成本限制

三、判断题

1. 重要性原则强调在全面控制的基础上要重点突出,这里的重点是指企业重要的业务事

项和环节以及高风险领域,突出是指对重点要实施更加严格的控制。　　　　　　(　　)

2. 内部控制和风险管理体系的关键是实施。如果没有实施,则无论哪个先进系统都不会
起作用。　　　　　　　　　　　　　　　　　　　　　　　　　　　　(　　)

3. 内部控制制度在促进企业实现发展战略方面具有一定的作用,但内部控制仅仅为目标
的实现提供合理保证,而不是绝对保证。　　　　　　　　　　　　　　　(　　)

4. 内部控制应当兼顾全面,体现了内部控制的全面性原则,所以在实际工作中不需要突出
重点。　　　　　　　　　　　　　　　　　　　　　　　　　　　　　(　　)

5. 内部控制的主要目标是要保证企业财务报告的真实可靠,提高会计信息质量。(　　)

四、简答题

1. 企业内部控制的目标是什么?

2. 企业内部控制的固有限制来源于哪些方面?

参 考 文 献

[1] COSO. 内部控制——整合框架(2013)[M]. 财政部会计司,译. 北京:中国财政经济出版社,2014.

[2] 企业内部控制编委员会. 企业内部控制基本规范及配套指引案例讲解[M]. 上海:立信会计出版社,2021.

[3] 杨雄胜. 内部控制范畴定义探索[J]. 会计研究,2011(8):46-52.

[4] 宋建波. 内部控制与风险管理[M]. 北京:中国人民大学出版社,2017.

[5] 池国华. 内部控制学[M]. 北京:北京大学出版社,2017.

[6] 王如燕. 瓶颈企业成本控制问题研究[J]. 山东工商学院学报,2004(6):15-17.

[7] 王如燕. 煤炭企业财务报告内部控制的研究——基于山西汾西矿业新裕煤矿有限责任公司的案例[J]. 煤炭经济研究,2012(6):49-51.

[8] 王如燕. 作业成本管理系统在煤炭企业的应用研究[J]. 山东工商学院学报,2012(8):78-80.

[9] 高志妩. 基于公司治理结构的内部会计控制[J]. 现代营销(学苑版),2012(2):30-31.

[10] 赵凤娟. 事业单位内控管理中的问题及完善建议[J]. 中国总会计师,2017(3):102-104.

[11] 示嫣红. 企业内部控制[M]. 杭州:浙江大学出版社,2010.

[12] 张惠忠. 公司财务管理基础[M]. 上海:上海财经大学出版社,2007.

[13] 孙永尧. 企业内部会计控制:关键控制点设计[M]. 北京:经济管理出版社,2007.

[14] 朱荣恩. 建立和完善内部控制的思考[J]. 会计研究,2001(1),24-31.

[15] 曲远洋. 会计制度设计[M]. 上海:上海财经大学出版社,2013.

[16] 刘华. 审计案例[M]. 上海:上海财经大学出版社,2013.

[17] 杨洪涛. 企业内部控制操作实务与案例分析[M]. 成都:西南财经大学出版社,2014.

[18] 黄秋菊. 基于信息经济学视角的内部审计发展变化分析[J]. 财会通讯(学术版),2006(4):116-118.

[19] 池国华,樊子君. 内部控制习题与案例[M]. 2版. 大连:东北财经大学出版社,2014.

[20] SEC. Sarbanes Oxley Act of 2002.

[21] 孙青山. 美国通用电气公司(GE)的内部审计[J]. 当代审计,1997,(03):42.

第二篇

企业内部控制应用篇

第三章

企业内部环境

第一节　企业内部环境及环境分析概述

企业内部环境为一个综合体,即企业内部物质、文化环境的总和,包括企业资源、企业能力、企业文化等因素,又被称为企业内部的条件。也就是说,组织内共享的价值体系包括企业的指导思想、经营理念和工作方式。企业的内部环境是为了保证企业的正常经营活动有序推进、实现企业的利益目标而形成的内部条件和内部氛围的结合,包含企业家精神、企业物质基础、企业组织结构和企业文化四点。这四点相互联系、互相影响,形成了有机的整体。其中,企业家精神是内部环境生发器,物质基础和组织结构构成了企业内部硬环境。企业文化是企业内部的软环境。企业内部环境的形成是从低水平到高级,简单到复杂的进化过程。企业内部环境管理的目标是创造良好的内部条件和内部氛围,提高企业的竞争力,实现企业的终极利益目标。内部战略环境是关系到企业战略的重要内部因素,是企业经营的基础,是建立战略的起点、基础和条件,是胜利的基础。《孙子兵法》中说:"知己知彼,百战不殆;不知彼而知己,一胜一负;不知彼,不知己,每战必殆。""知己"是指分析企业的内部环境和状况,分析企业的内部优势和劣势。分析企业内部环境和状况的目的是了解企业的历史和现状,明确企业的优势和劣势。制定针对企业的战略,有效利用自身资源,帮助充分发挥企业的优势。同时,避免企业的不利因素,以积极的态度改善企业的不利因素,发扬优势,避免劣势,百战百胜。企业内部环境分析包括组织结构、企业文化、企业资源、组织结构条件、价值链、核心竞争力分析、SWOT 分析等。

一、按企业成长过程分析

根据企业的成长过程,企业的内部环境分析分为企业的成长阶段分析、企业的历史分析和企业的现状分析。

(一)企业的成长阶段分析

在成长分析中,先分析企业的成长模式处于哪一个阶段,然后制定企业的发展战略,对症下药。根据企业的生命周期理论,一个企业的发展通常经历创业、成长、成熟、可持续发展(或衰退)四个阶段。在创业期,企业的组织和流程不正式,但是高度统一。创业的核心人物是影响每个人的。企业的主要问题是开拓市场和革新产品。在成长期内,企业的业务急速发展,从单一产品到多个产品线。随着大量人员的增加,部门间的调整越来越复杂,越来越困难。企业面临的主要问题是组织的均衡发展和部门间的合作。在成熟期,由于革新创业能力的弱化,组织和业务流程的刚性越来越强,流程难以操作,效率也降低了。在第四个阶段,很多企业处于衰退阶段,业务骤变后能进入可持续发展期的企业很少,实现追求可持续管理的目标比较困难。

(二) 企业的历史分析

历史分析是一种具体的分析方法,是从发展变化的角度分析客观事物和社会现象的方法。客观事物是发展的,分析事物要结合事物发展的不同阶段进行比较,从而弄清事物的本质,明确事物发展的趋势。历史分析的内容包括企业的经营战略和目标、组织结构、最近五年的财务状况、人力资源战略和近年的人力资源状况(包括员工数量和素质等)。一些矛盾和问题总是有它的历史根源。要分析和解决这些问题,只有追根溯源,明确问题的复杂性,才能得到切实可行的解决办法。

(三) 企业的现状分析

现状分析包括企业目前的经营战略和目标、企业文化、企业各种规章制度、人力资源状况、财务状况、企业研发能力、设备状况、产品的市场竞争地位、营销能力等。企业的内部环境分析方法亦有诸多可以选择,包括企业资源的竞争价值分析、比较分析、企业经营能力分析、企业经营状况分析、企业内部管理分析、企业内部要素确认、企业能力分析、企业潜力挖掘、企业质量分析、企业性能分析、企业资源分析、企业评价表、企业价格分析、企业竞争地位分析、企业战略问题分析、企业战略运营效果分析、核心竞争力分析、成本优势渠道、利害相关者分析、内部因素矩阵和灵活性分析、企业生命周期矩阵分析、企业特定能力分析、SWOT 分析、价值链结构和分析企业内外综合分析。一般来讲,上述各种分析方法可分为纵向分析和横向比较分析两种。纵向分析是指分析企业各种功能的历史变化,找出企业强化和发展的方面,调查被弱化的方面。使用纵向分析结果,根据历史分析预测企业的发展趋势。横向比较分析是指企业状况和行业平均水平的比较,可以发现企业相对行业平均水平的优势和劣势。这个分析对企业的经营具有很大的现实意义。对于特定的企业来说,可以与业界的行业平均指标相比,这些指标有资本利税税率、销售利税率、流动资金周转率、劳动生产率等。

二、按企业内部环境分析

企业的内部环境分析也可以从企业内部管理分析、企业市场营销能力分析、企业财务分析、企业其他内部因素分析方面进行。

(一) 企业内部管理分析

企业内部管理分析包括计划、组织、激励、任用和控制五个职能。它们相互依存,相互影响。

计划是其他四项职能的基础。计划是指企业在发展过程中对目标、方式和时间的选择和调整。其关注的点在未来,因此,计划又被称为企业走向未来的桥梁。一个企业的计划能力也在很大程度上决定了它能否有效实施企业的战略管理。一方面,计划是制定战略的基础;另一方面,它亦可被视为成功实施和评价企业战略的基础。自上而下进行工作的计划决定了企业计划工作是否有效。计划工作是否自上而下进行,有无依据正式的规划程序进行,是否能通过计划工作实现"协同"效应,也取决于企业对环境变化的理解和响应能力。

组织是指在实现公司目标的过程中,有序、协调地使用企业的各种资源。组织的目标是按照一定的合理结构组织企业的各种活动和岗位,提高企业的有效性和效率。组织工作的有效性取决于企业是否在计划中合理分配各岗位的各项活动和任务,是否根据岗位的相似性对各部门各岗位进行组合,并将完成任务所需的权限和职责分配给不同的职位。只有明确工作任务、工作要求和各岗位分工协作,才能保证企业战略的实施和对企业战略的评价有依据。组织工作的有效性不仅需要尊重组织的一般原则,还需要根据企业的实际情况处理好广义和狭义的分工与合作、管理集中与分散的关系。

激励是一个影响员工根据公司需要努力工作的过程。激励职能包括领导力、团队激励、信息沟通和组织变革四个方面。一个企业的领导水平与对员工的有效激励和企业各方面的协调息息相关。企业内部非正式或正式团队的集体激励行为,对企业战略的实施有积极的影响。企业经理可以使用和管理好这些团队,以实现企业的战略目标。企业战略管理的成功与公司内部信息沟通密切相关。有了企业员工的理解和支持,战略的制定、实施和评估才能做得更好。企业战略是通过适应变化而产生的,企业发生巨大的变化,是实施相关的企业战略带来的结果。企业员工对组织变革的态度和适应性可以成为企业的优势或劣势。

任用作为一种管理职能,又被称为人力资源管理或人事管理,主要涉及员工的招聘、录用、培训、调配、考核、奖惩等人事管理。企业战略管理的成败在一定程度上会受到员工自身素质的影响。

控制是指旨在使计划与实际活动保持一致的所有活动。企业管理层应对项目活动进行评估,并采取必要的纠正措施,以确保项目计划和目标的有效实现,减少可能的偏差造成的损失。对于一个企业来说,有效的控制职能在保障战略评估和控制的有效性方面发挥着不可或缺的作用。

(二) 企业市场营销能力分析

企业市场营销能力分析主要从市场定位和公司营销组合两个方面分析了企业在营销方面的优势、企业文化的劣势。市场定位是企业高级管理层在制定新战略之前必须回答的"谁是我们的客户"问题。企业必须为其产品和服务确定目标市场,并从产品、地理位置、客户类型和市场等方面进行澄清和表述。只有市场定位清晰合理,企业才能集中资源在目标市场中创造"位置优势",从而在竞争中获得优势地位。企业市场定位的准确性取决于企业的市场研究能力、评估和确定目标市场的能力以及在市场中占有和维持一席之地的能力。营销组合,又被视作足以影响市场需求、获取竞争优势的各种营销方式的组合,主要包括产品、价格、分销、促销等变量。如果想要有效地运用营销组合,设计一个满足目标市场需求的营销组合,并根据产品生命周期的变化及时调整营销组合就是势在必行的。

（三）企业财务分析

企业财务分析可以从企业财务管理水平分析和公司财务状况分析两个方面进行。企业财务管理分析是观察企业财务经理如何管理企业资金,或根据企业战略要求确定融资方式和资金分配,监督资金运作,确定利润分配。企业的财务决策可分为以下三种。

（1）融资决策,它决定了企业的最佳融资组合或资本结构。企业财务管理人员必须按照企业目标、战略和政策的要求,及时从企业获取大量信息。以适当的方式从内部和外部筹集必要的资金。

（2）投资决策,为了做出投资决策,企业财务经理利用资本预算技术,根据新销售额、新收入、投资回收期、投资回报和盈亏平衡时间,将资金分配到多个地点。

（3）股利分配决策是指企业对有关股利分配事项的决策。企业取得的利润按照国家规定作相应的调整,依法缴纳所得税后,才能对税后净利润进行分配。股利分配决策也称作利润分配决策。它涉及股利比例和收益留存问题。企业在进行股利分配时,既要考虑到股东对近期利益的要求,也要考虑到企业的长远发展。企业股利分配决策主要考虑的因素有股利分配与留存利润的关系、股利分配政策及其影响因素、股利分配的时间和方式。

分析企业的财务状况是判断企业实力及其对投资者吸引力的最佳方式,包括企业的偿付能力、负债/资本比率、营运资本、利润率、资产利用率、现金产出、股市表现等。这种分析可能会排除许多其他可行的战略选择。企业不断恶化的财务状况,也可能导致暂停实施战略和改变现有企业的战略。分析一家企业财务状况的常用方法是财务比率分析,可用偿债比率、资产负债比率、营运比率、利润比率和增长率五种指标。显然,财务比率是根据企业财务报表中提供的数据以及通货膨胀、行业商业周期和季节性因素计算的。解释和分析的能力有一定的局限性,但它仍然是内部分析和分析优缺点的有效工具。

（四）企业其他内部因素分析

此分析的出发点是企业文化。企业文化是企业成员共享的、代代相传的一套信念、期望和价值观。企业文化为员工提供身份认同感,鼓励员工为集体利益而工作,增强了企业作为社会系统的稳定性,可以作为员工了解企业结构、活动和行为的原则。企业文化规定了企业成员的行为准则,对企业战略的实施有着非常重要的影响。企业内部因素分析的结果,以企业内部因素评价的形式,作为战略分析工具,反映企业的管理、营销、财务、生产、研发,总结和评价企业的优势和劣势,为制定有效的企业战略提供必要的信息依据。

第二节　企业组织架构

为了促进企业的发展战略的实施,优化企业的治理结构、管理体制和运营机制,确立现代企业制度,根据《中华人民共和国公司法》等相关法律法规和《企业内部控制基本规范》

《企业内部控制应用指引第1号——组织架构》的规定,组织架构,是指企业按照国家有关法律法规、股东(大)会决议和企业章程,结合本企业实际,明确股东(大)会、董事会、监事会、经理层和企业内部各层级机构设置、职责权限、人员编制、工作程序和相关要求的制度安排。

组织结构设计和运营至少应注意以下两点风险。

(1)治理结构形同虚设,无科学决策、良性运行机制和执行力,由此导致经营失败,发展战略也无法实现。

(2)内部制度设计不科学,权限分配不合理,制度重复,功能重复、缺失,玩忽职守,运行效率低下。

一、组织架构设计的主要风险及其控制

根据有关法律法规,董事会、监事会和管理层的职责、资格、议事规则和业务程序应明确,目的是做到决策、执行和监督的分离。董事会负责股东大会,依法行使企业的经营决定权的相关决议,可以设置战略、审计、雇佣、报酬和评价等专门委员会,实施专门决议。专门委员会明确其职责、资格、议事规则和业务程序,并向专门委员会提供支持。董事会决定科学的方案,监事会对股东大会负责,监督公司董事、经理和其他高级管理人员,依法履行职责,董事会、监事会和管理层的成立程序合法规定,人员构成、知识技能结构和素质必须符合履行职责的要求。

企业对重大决策、重大事项、重大人员的任免和重大价值资金的支付,必须按照规定的权限和程序执行集体决定批准或联署制度,任何个人不得自行决定,不得擅自改变集体决定意见。重大决策、重大事项、重大人员任免和大额支付交易的具体标准由企业制定。

企业遵循科学、简单、高效、透明、平衡的原则,并进行综合考虑,合理制定性质、发展战略、文化观念、内部功能组织和管理要求,制定管理要求,明确各组织的职责和权限,避免重复、角色缺失和权限过度集中主管,形成承担各自责任、互相制约、调整的工作机制。

企业在科学合理分解各组织的功能,确定具体的岗位名称、职责和工作要求,明确各职务的权力关系,确定权限和分工的过程中,企业必须反映不适合的职务分离要求。

不相容的职务功能通常包括可行性研究和决策审批、批准和执行决定、实施、监督检查等,企业制定包括组织图、业务流程图、职位说明书(岗位)等内部管理制度或相关文件,使员工了解组织结构设计、配电和职责,正确履行职能。

二、组织架构运行的主要风险及其控制

根据《组织结构设计规范》,企业对现有治理结构和内部组织的设置进行全面审查,完善企业的治理结构,确保内部组织的设置和运营机制符合要求,应关注董事、监事、经理和其他高级管理人员的职务资格和业绩,以及董事会、监事会和管理层的经营效果,如管理结构有问题,应采取有效措施。在对组织内部环境进行分类时,企业必须关注内部环境的合理性和运营效率。如果角色重叠、角色缺失、运行效率低下,那么就必须尽快解决这些

问题。

企业设立子公司要建立科学的投资管理系统,依法有效履行投资者责任,保护投资者权益,重点关注子公司的发展战略和年度财务预测,特别要建立远程和海外子公司。

企业必须定期综合评估组织结构的设计和运营效率和有效性。如果发现组织结构的设计和运营有缺陷,应当进行优化和调整并且充分听取董事、监事、高级管理人员和其他员工的意见,这也是不可或缺的一环。同时,企业决定和组织结构更改的批准也要认真依照规定的权限和程序进行。

第三节　企业发展战略

根据相关法律法规和《企业内部控制基本规范》,发展战略是指企业综合分析当前形势和未来趋势,在科学预测的基础上制定和实施长期发展目标和战略计划。

企业在制定和实施发展战略时,至少应注意以下三点风险。

(1)缺乏明确的发展战略或发展战略实施不到位,可能导致盲目发展,难以取得竞争优势,丧失发展机遇和动力。

(2)战略过于激进,没有结合实际情况,严重与实际能力不符或偏离主业,由此导致企业无序扩张,或者经营失败。

(3)主观原因导致发展战略频繁变化、资源浪费,可能危及企业的生存和可持续发展。

一、企业发展战略的制定

企业只有基于调查研究、科学地分析预测和广泛地收集意见,才能规划出合理的发展目标。在制定发展目标的过程中,宏观经济政策、国内外市场需求变化、技术发展趋势、行业竞争对手、可用资源水平和企业自身的优缺点,均为企业需要审慎考量的重要因素。根据发展目标制定战略计划也是企业务必要遵循的准则。战略规划需明确发展阶段和程度,确定各发展阶段的具体目标、任务和实施路径。企业应当在董事会下设战略委员会,或者指定相关机构的管理发展战略,履行相应的职能。企业明确战略委员会的职责和议事规则,规定战略委员会会议的召开顺序、表决方式、提案审议、保密要求和会议记录等,确保战略委员会会议的审议透明化、科学民主的政策决定程序规范化。该委员会组织相关部门对发展目标和战略计划进行可行性研究和科学论证,并依据论证结果形成发展战略建议书。必要时,该委员会可以在中介机构和外部专家的帮助下为他们提供专业建议,履行其职能。较高的综合素质和充足的实践经验对于战略委员会成员是不可或缺的。董事会应依据有关法律法规和企业章程的规定对其进行选拔并赋予相应的资格。董事会应严格审查战略委员会提出的发展战略计划,注意全球化、长期性和可行性。董事会审议发展战略计划时如发生重大问题,必须指示战略委员会调整发展战略计划。企业的发展战略计划经董事会审议批准后实施。

二、企业发展战略的实施

企业根据发展战略,制订年度工作计划,编制全面预算,分解实施年度目标,同时,完善发展战略管理体系,以此作为发展战略得以实施的有力保障。企业应重视发展战略宣传,通过各级内部会议、教育培训等有效方式,将发展战略分解、实施和传达给内部各级管理层和全体员工。监测发展战略实施情况,对战略部委员会来说是必不可少的关键环节,需定期收集和分析有关信息,及时报告明显脱离发展战略的情况。由于经济形势、产业政策、技术进步、产业条件等发生重大变化,如果需要调整发展战略,企业应当按照规定的权限和程序调整发展战略。

三、企业发展战略制定中的主要风险及其控制

企业发展战略的制定与企业自身的条件和企业发展相关的外部环境分不开。另外,企业的发展战略制定后,需要根据战略的实施情况和反馈结果持续调整,更加合理地改善。对于企业来说,发展战略是提高核心竞争力的最重要手段,企业可以在日益激烈的市场竞争中占有地位。

企业发展战略和决策管理的重要性如下。

(一)为了生存和发展,企业必须实施战略决策管理

目前,企业在激烈的市场竞争中表现得不太理想。为了使中国企业适应市场发展,提高竞争力,中国企业必须进行体制改革。在市场经济的竞争环境中,所有企业都有平等的地位。中国企业也面临着很多风险,需要克服很多困难。因此,要想在竞争中占有优势地位,中国企业必须从战略高度考虑,制定切实可行的发展战略计划,提高战略管理能力。

(二)中国企业实施发展战略管理是适应国内外竞争的必然要求

随着全球经济一体化的进展,中国市场和国际市场的联系越来越紧密,双方的融合越来越深。中国企业的市场竞争也逐渐白热化。随着竞争日益激烈,竞争力是市场发展的最重要特点。而竞争是国内外市场永恒不变的主题。要在激烈的市场竞争中发展,企业要加强技术革新,提高产品质量和服务质量。

中国企业制定发展战略时所面临的主要风险如下。

(1)企业的发展需要以战略目标为导向。如果企业没有认识到战略管理的重要作用而忽略这项工作,会对企业的发展和进步产生不利影响,从而无法维持竞争优势。

(2)企业发展战略与时俱进,调动员工积极性,保证战略目标的科学性和可行性,切实执行战略管理各项,在实际工作中为自身的发展注入持续动力,使更多的资金面临风险和挑战。

(3)企业发展战略不科学,对市场变化的认识不全面,盲目追求暂时利益,脱离企业实际能力,导致企业过度扩张,无法适应残酷的市场竞争,甚至导致商业失败。

(4)企业发展战略管理目标无法真正实施,使以企业发展战略目标为保障的项目无法

获得既定效益,影响企业的健康发展。

(5)由于各种因素的影响,企业发展战略计划变动频繁,不利于资源的最大化利用,对企业的可持续发展极其不利。

四、企业发展战略实施和实施失败的原因

发展战略实施是企业战略管理的重要组成部分。很多企业通过有效的发展战略实施,为企业建立持续的竞争优势,提高市场占有率,使企业获得了巨大的利润空间。很多企业虽然制定了发展战略,明确了企业的发展方向,但是由于缺乏有力的实施,企业的期待目标没有实现。

发展战略实施失败的原因有很多。发展战略目标不明确的话,相关部门的实施就不知道从哪里着手。例如,有些企业发展实施战略的意志不够,虽然这些企业都有良好的思考、严格的计划和合理的理念,但因为缺乏实施发展战略的意志,同时又缺乏有效的后续措施等,所以战略实施失败,执行是发展战略实施的基础,从设计到实施执行决定了战略的成败。在发展战略实施的过程中,需要改变员工的观念。只有这样,我们才能确保最终战略被执行,而不是空谈。企业应该召开各种形式、各种阶段的内部沟通会,员工畅所欲言,领导答疑解惑,通过持续的沟通为战略的实施营造良好的氛围。在发展战略实施过程中,企业要做好政策制定、年度目标、资源配置、组织结构优化等管理工作。只有不懈地实施这些工作,才能实现这个战略。

五、企业发展战略实施中的控制及主要风险

发展战略控制是指在企业实施战略后,确认各生产经营活动的进展情况,评价企业的业绩,分析发现战略偏差,分析偏差发生的原因,采取正确措施立即纠正,进一步优化企业战略。影响企业战略控制的因素主要有文化、组织、技能、资源、市场和需求等。企业的发展战略控制过程中主要存在以下两种风险。

(1)没有及时反馈和沟通战略执行后产生的效果,因此,很多部门和员工不知道战略方向是否正确。

(2)市场环境和国家政策发生变化,未及时纠正的,仍按原计划执行。

发展战略控制的实施分为四个步骤:制定效益标准、测定实际效益、评价实际效益、评价应急对策和实施纠正措施。

在实施发展战略控制过程中,做好预算和审计工作对财务部门来说是重中之重。为了更好地实施战略控制,事前控制和事中控制均为不错的选择。事前控制包含严格的审查发展战略的制定,发展战略目标易于分解和实施,发展战略目标和企业的实际情况一致,目标不高。事中控制是策略执行中的控制,依据正在执行的实际情况,修正偏差,调整发展战略,使企业发展始终符合市场要求,达到控制市场的目的。

总而言之,在实施发展战略控制过程中,财务部门要做好预算和审计工作。为了落实战略控制,企业可以采用事前、事中控制等方法,通过事前控制和事中控制,或事前事中相

结合,为企业的稳健快速发展提供保障。

第四节　企业人力资源

为了加强企业的人力资源建设,充分发挥实现企业发展战略中的人力资源的重要作用,依据相关法律法规和《企业内部控制基本规范》实施人力资源建设。人力资源可以被视为企业为组织生产经营活动所采用的各种人员,包括董事、监事、高级管理人员和全体员工。

企业人力资源管理至少要注意以下三点风险。

(1) 人力资源缺乏或过剩、结构不合理、开发机制不健全,可能导致企业发展战略难以实现。

(2) 人力资源激励制度不合理,关键岗位人员管理不完善,可能导致人才流失、运营效率低下或关键技术、商业秘密和国家秘密外流。

(3) 人力资源撤退机制不当,引发诉讼,使企业声誉受损。

总之,企业必须重视人力资源的建设。确立人力资源开发目标,制定人力资源总体规划和能力框架体系,优化人力资源总体布局,明确引入、开发、使用、教育、考核管理要求,根据发展战略结合人力资源现状和未来需求预测,对人力资源进行激励和退出,实现人力资源合理配置,提升企业整体的核心竞争力。

一、企业人力资源的录用与培养

企业根据人力资源总体规划以及生产经营的实际需要,制订全年人力资源需求计划,完善人力资源引进制度,规范工作流程,录用和引进人才。根据人才能力结构要求,明确各岗位的职责、职务资格和工作要求,遵循德才兼备、公开、公正、公平的原则,采用公开竞争的方式,以多种方式选拔人才,重视价值的提高和应聘者的责任感。在选拔高级管理人员、录用中层员工时,应有效创造职位,选择专业人员,避免因个人原因创造职位或职务,确保选定人员和雇佣合同符合职责要求。企业在确定录用人员后,应当依法订立劳动合同,建立劳动关系。企业有义务在产品技术、市场和管理方面具有主导地位,或者签订重要技术、知识产权、商业秘密或国家秘密相关职位的保密合同,明确保密事项。

企业应当建立选拔人员试用期和车间培训制度,严格审查选拔人员,让选拔人员充分认识职责,掌握基本工作技能,满足岗位要求。企业应重视人才资源的开发,建立员工培养的长效机制,尊重知识、尊重人才,营造关心员工职业发展的文化氛围,加强人才银行的建设。

二、企业人力资源的使用与退出

企业人力资源的使用应当建立激励机制,建立科学绩效评估指标体系,对各级管理人员和全体职工进行严格上岗审查,确定好岗位,允许人力资源在使用中适度调整岗位、审查岗位责任制的履行情况等。企业应当制定各级管理人员和重要岗位职工的定期岗位制度,明确岗位范围、上岗期限和方式,形成有序流动和相关岗位人员轮岗,全面提高职工素质。劳动合同的分类和结束是劳动力持续优化的重要依据。公司必须制定与每年业绩审查联动的工资体系,有效调整薪酬体系,重视效率与公平。企业应定期评估年度人力资源计划的实施情况,总结人力资源管理经验,分析主要缺陷和不足,完善人力资源政策,提高企业全体团队的活力。

企业应根据相关法律法规,结合企业的实际情况,建立员工退出机制。例如,解雇、解职、离职等,明确条件和程序,确保员工退出机制的有效实施。企业员工如果不满足某一在岗条件的要求,必须立即停止工作,安排再训练或调整工作岗位,对不满足工作要求的员工进行转岗培训。对尚未履行职责的员工,企业按照规定的权限和程序解除劳动合同。企业应当依法聘用遵守主要技术、商业秘密、国家秘密和竞争条件的职工。对于重要职位的员工,在离开企业之前,必须按照相关法律法规进行交接或离任审查。

三、企业人力资源的风险与控制

(一) 企业人力资源招募风险

企业人力资源招募的风险主要如下:

(1) 招聘过程不规范。招聘人员的个人意识太强,在招聘过程中不遵循科学合理的招聘流程,而是选择缺乏科学规范的候选人。

(2) 招募人员不合格。招聘人员在不能评价应聘者的情况下,如果应聘者不符合招聘要求,或者由于个人利益损害了企业的招聘公平性,那么很难保证录用者合格。

(二) 企业人力资源核查风险

企业人力资源核查风险主要如下:

(1) 核查政策不清楚。检查政策是绩效核查的核心内容,是适用于绩效核查的标准。如果核查制度不科学,核查政策不量化,核查标准不重要,核查效果不完全客观,则难以说服公众。

(2) 企业没有形成健康文明的业绩审查文明。员工片面地将业绩审查的应用等同于审查的目的,认为审查是减薪。检查员在实施审查时,往往给所有员工高分,优秀员工得不到有益的鼓励,落后员工无法理解自己的缺点,企业失去活力,业绩审查也失去了原来的意义。

(三) 企业人力资源结构风险

企业人力资源结构不合理、开发机制不健全,可能导致企业发展战略难以实现。因为这一风险侧重于企业决策层和执行层的高管人员,企业人力资源管理应当关注人力结构这一重要风险领域,只有这样,才能抓住"牛鼻子"。也就是说,在企业发展过程中,应当通过发展战略的制定与实施,不断验证决策层和执行层的人力结构。如果人力结构对经营不利,企业应当及时调整决策层和执行层的高管人员人力结构。

（四）企业构成人力资源风险处理机制

防范人力资源风险的方法是建立完整的企业人力资源评估和处理系统,根据企业的长期计划,结合当时员工的数量和素质的实际情况,展开预测,对企业的开业情况和今后几年的整体就业情况进行推测,并与现状相比较;进一步提出立体化、具体化的人员招聘或解聘方案,终止人力资源整体平衡;每年公开关于计划实施情况的意见,及时调整外部因素造成的错误和变化,确保计划的合理性。

旧的风险被消除,新的风险再次发生。因此,企业要及时、持续地重复风险因素分析、风险分类识别、风险控制、持续改善,构成有用的管理和风险,对风险和执行中的问题及时进行重新评估,通过确保风险控制计划,使控制获得实际效果。同时,共同维持这些记录,科学分析,为未来的风险处理提供依据。

为了应对人力资源的风险,企业必须首先建立预防和保障机制,加强人力资源风险管理和控制,防止事故发生。企业必须确立事故预防和监视体制。过程监视是预防的延长手段。企业应对在职人员,尤其是重要职位的员工进行彻底的验证或检查,加强对员工个人工作实质的练习与培训,并完善相关核查机制。

第五节　企业社会责任

为了促进企业的社会责任的履行,实现企业和社会的和谐发展,根据国家的相关法律法规和《企业内部控制业务基本规范》,《企业内部控制应用指引第4号——社会责任》发布。该指引所称的社会责任,是指企业在业务发展中必须履行的社会责任和义务,其中包含安全生产、产品质量(包括服务)、环境保护、资源节约、促进就业,保护员工的权益等方面。

企业在履行社会责任时,至少要注意以下几点风险。

（1）产品质量差,有可能损害消费者利益,招致巨额赔偿,损害公司形象,导致破产。

（2）环保投资不足,环境污染和资源消耗大,发生巨额补偿发展动力不足。

（3）促进就业和保护员工权益不足,损害员工积极性,影响企业的发展和社会的稳定。

企业应重视履行社会责任,有效协调经济效益和社会效益、短期利益和长期利益、自我发展和社会发展,在实现企业和员工、企业和社会健康和谐发展的同时必须实现环境保护。

一、企业安全生产

企业应当建立严格的安全生产管理制度、操作规程和应急措施,根据国家安全生产规定和企业的实际情况,加强安全生产责任制,认真落实安全生产责任。设立安全管理部门和安全监督机构对企业来说也是必不可少的,其职责是对企业安全生产进行相应的监督管理。

（1）企业重视安全生产投入,在人力、物力、资金、技术等方面提供必要的保障,健全检查监督机制,以此保障各项措施妥善执行,保证标准和要求不能随便降低。

(2)企业首先贯彻预防为主的原则,以多种方式提高员工的安全意识,重视专业教育,对特殊岗位实施资格认证制度。

(3)企业应加强生产设备的定期维护管理,及时消除安全隐患。

(4)企业发生安全生产事故,应当按照安全生产管理制度妥善处理,排除故障,减少损失,追究责任。

(5)重大生产安全事故应当按照国家有关规定启动应急预案,及时报告。严禁晚报、虚报。

二、企业产品质量

企业必须按照国家和行业产品质量要求从事生产经营活动,切实提高产品质量和服务水平,努力为社会提供优质、安全、健康、最大化的产品和服务。消费者、社会公众都有责任监督企业的产品质量,企业要接受社会监督,承担社会责任。

(1)企业必须规范生产过程,建立严格的产品质量管理和检查制度,严格控制产品质量,禁止威胁人民生命健康的产品流入社会。

(2)企业应该加强产品的售后服务。对于存在重大质量缺陷和潜在风险的产品,应立即采取召回或其他有效措施,尽量减少或消除造成的社会危害。

(3)企业应当妥善处理消费者的投诉和建议,保护消费者的权益。

三、企业环境保护与资源节约

企业应当按照国家有关环境保护和资源节约的规定,结合企业的实际情况,建立环境保护和资源节约制度,认真履行节能责任,积极开发、使用节能产品,发展循环经济,减少污染物排放,提高资源综合利用效率。

(1)企业必须通过广告、教育等有效手段不断提高员工的环境意识和资源节约意识。

(2)企业要重视生态保护,增加人力、物力、财力和技术支持对环境保护的投入,不断改进工艺流程,降低能耗和污染物排放水平,实现清洁生产。

(3)企业要强化废气、废水、废弃物的综合治理,构建废弃物回收利用系统。

(4)企业要重视资源节约和保护,可再生资源的开发和利用,防止掠夺性或破坏性的不可再生资源的开发。

(5)企业要注意国家的产业结构政策,特别是产业结构调整的发展要求,加快传统产业和高新技术产业的发展,切实转变发展方式,实现低投资、低消费、低排放、高效率。

(6)企业要确立环境保护和资源节约监测制度,定期进行监督检查,发现问题应立即采取纠正措施。

(7)污染物排放超过国家有关规定的,企业应当承担治理或相关法律责任。

(8)发生突发事件或重大环境污染事件时,企业应启动应急机制,及时报告处理,依法追究相关责任。

四、企业促进就业与员工权益保护

企业应依法保护职工的合法权益,实行劳动资源政策,依法保护职工权益,履行劳动义务,维护相对稳定的工作岗位,积极促进充分就业,切实履行社会责任。

(1) 企业应避免大规模裁员,在正常经营条件下增加社会成本。

(2) 企业必须与员工签订劳动合同并执行。按照劳动分配、同酬原则,建立科学的职工工资体系和激励机制,不得擅自扣除或者拖延职工工资。

(3) 企业应当及时为职工办理社会保险,充分缴纳社会保险费,保障职工依法享受社会保险待遇。

(4) 企业必须按照有关规定进行健康管理,预防、控制、消除职业病的危害,及时对员工进行非职业健康监护,对有职业病危害的员工进行职业健康监护。

(5) 企业应当尊重劳动时间、休息、休假的法律制度,保护职工休息和休假的权利。

(6) 企业应当加强职工代表大会和工会组织的建设,维护职工的合法权益,积极开展职工教育和职业训练,创造平等发展机会。

(7) 企业应尊重员工的人格,维护员工尊严,排除性别、国籍、宗教、年龄等一切歧视,保护员工身心健康。

(8) 企业应当按照产学研用相结合的社会需求,积极创建实习基地,大力支持社会有关方面培养,锻炼社会需要的应用型人才。企业应当积极履行社会公益方面的责任和义务,关心帮助社会弱势群体,支持慈善事业。

五、企业社会责任的主要风险与控制

(一) 企业承担社会责任

企业应当关注以下三点风险。

(1) 安全生产措施不到位。如果不履行责任,企业就容易发生安全事故。

(2) 产品质量低劣。这样会损害消费者利益,导致企业产生巨额赔偿,形象受损,缺乏发展,甚至破产。

(3) 对员工权益的提升和保护不够。这样员工的积极性会受到挫败,影响企业的发展和社会的安定。

(二) 企业的双重责任

企业的双重责任包括经济责任和道德责任。

(1) 经济责任。随着人民物质生活的显著提高和国民经济的快速发展,企业应当履行经济责任发挥作用,以身作则,依法遵守《环境保护法》《消费者权益法》《劳动保护法》等法律法规,履行一切合同义务,率先诚信经营、依法经营,承诺保证企业员工和企业社区共同遵守法律法规,鼓励维护法治社会。

(2) 道德责任。道德责任是对企业的期待。企业要努力防止自己的经营、产品、服务对社会造成负面影响,加快产业技术升级和产业结构优化,着力发展绿色企业,提高就业能

力,履行保护环境和维护社会稳定的功能。

第六节　企业文化

为了加强企业文化建设,发挥企业文化在企业发展中的重要作用,根据《企业内部控制基本规范》,《企业内部控制应用指引第 5 号——企业文化》发布。企业文化是指企业在生产经营实践中逐步形成的、为整体团队所认同并遵守的价值观、经营理念和企业精神,以及在此基础上形成的行为规范的总称。加强企业文化建设需关注以下几点风险。

(1)缺乏积极向上的企业文化,可能导致员工丧失对企业的信心和认同感,企业缺乏凝聚力和竞争力。

(2)缺乏开拓创新、团队协作和风险意识,可能导致企业发展目标难以实现,影响可持续发展。

(3)缺乏诚实守信的经营理念,可能导致舞弊事件的发生,造成企业损失,影响企业信誉。

(4)忽视企业间的文化差异和理念冲突,可能导致并购重组失败。

一、企业文化的建设

(1)企业应当采取切实有效的措施,积极培育具有自身特色的企业文化,引导和规范员工行为,打造以主业为核心的企业品牌,形成整体团队的向心力,促进企业长远发展。

(2)企业应当培育体现企业特色的发展愿景、积极向上的价值观、诚实守信的经营理念、履行社会责任和开拓创新的企业精神,以及团队协作和风险防范意识。

(3)企业应当重视并购重组后的企业文化建设,平等对待被并购方的员工,促进并购双方的文化融合。

(4)企业应当根据发展战略和实际情况,总结优良传统,挖掘文化底蕴,提炼核心价值,确定文化建设的目标和内容,形成企业文化规范,使其成为员工行为守则的重要组成部分。

(5)董事、监事、经理和其他高级管理人员应当在企业文化建设中发挥主导和垂范作用,以自身的优秀品格和脚踏实地的工作作风,带动影响整个团队,共同营造积极向上的企业文化环境。

(6)企业应当促进文化建设在内部各层级的有效沟通,加强企业文化的宣传贯彻,确保全体员工共同遵守。

(7)企业文化建设应当融入生产经营全过程,切实做到文化建设与发展战略的有机结合,增强员工的责任感和使命感,规范员工行为方式,使员工自身价值在企业发展中得到充分体现。

(8)企业应当加强对员工的文化教育和熏陶,全面提升员工的文化修养和内在素质。

二、企业文化的评估

企业应当建立企业文化评估制度,明确评估的内容、程序和方法,落实评估责任制,避免企业文化建设流于形式。企业文化评估,应当重点关注以下几点。

(1) 董事、监事、经理和其他高级管理人员在企业文化建设中的责任履行情况。

(2) 全体员工对企业核心价值观的认同感。

(3) 企业经营管理行为与企业文化的一致性。

(4) 企业品牌的社会影响力。

(5) 参与企业并购重组各方文化的融合度,以及员工对企业未来发展的信心。

总之,企业应当重视文化评估结果,巩固和发扬文化建设成果,针对评估过程中发现的问题,研究企业文化建设的不利因素,分析深层次原因,及时采取措施加以改进。

第七节　案例分析

**案例 1**

华为公司案例——低调的商业伦理与企业文化的实践者典范

从最初的路由器和交换机到今天的通信领导者,民营企业华为的成长不仅是机遇的结果,也是企业实力的结果。在世界 500 强中,华为最重要的、比其他企业出色的是文化的魅力。

基于我们所学的商业道德知识,我们衷心佩服华为这个伟大的企业。华为本身没有表现出任何高水平、简单、霸道的企业形象,却成为一家备受关注的世界级企业。本案例希望通过社会责任、员工待遇、狼性文化三个方面来了解华为文化的魅力。

(1) 社会责任。社会责任感是企业与社会之间辩证哲学的核心。在中国企业身上,这种辩证关系体现得尤为明显。如今身为世界第一大电信设备服务供应商的华为,正是一家极具社会责任感的企业。华为在关爱员工、绿色环保、社会公益等方面承担着自己的社会责任,体现了华为促进经济、环境和社会的长期和谐健康发展的社会责任感。例如,作为全球企业公民,华为把与当地社区共同发展作为重要的社会责任。华为充分结合 ICT 技术优势和经验,与各国政府、客户和非营利组织共同开展公益活动,包括支持 ICT 创新和初创企业、支持社区环保活动、文体活动和传统活动、支持人才培养和教育事业、向公益组织提供支持,以及关爱弱势群体等。

(2) 员工待遇。华为员工待遇很好。华为推行有竞争力的薪酬制度,实施物质激励与非物质激励并行的员工激励政策,使奋斗者得到及时、合理的回报;关注员工的职业发展,为员工提供各种培训,并为他们提供多种价值实现通道;重视员工的健康安全保障,建立了完善的员工保障体系,除了社会保险外,还为全球员工购买商业保险。

董事长任正非对员工提出了很多要求。例如,相互学习,实事求是,鼓励员工规划更好的职业道路。因此,他工作上提出的要求不仅仅是对企业的发展有帮助,而且也会对员工的个人成长产生巨大影响。提到雇主的义务时,其出于职业道德会考虑提供促进员工成长的条件。和其他企业一样,华为在这里帮助员工进步,但最特别的是"你长大后使用的不是我"这句话。从这样的观点来看,华为已经完成了雇主的义务。

(3)狼性文化。在竞争激烈的电信行业中,华为通过缩短项目周期,为企业创造了大量的利益,在与国际大型企业的竞争中不断取得业绩。这主要是因为华为的狼性文化。华为的狼性文化虽然给企业带来了利益,但也给员工的健康带来了消极影响。

华为以狼性文化鼓励员工的斗志,一方面帮助企业履行"企业经济责任"。另一方面企业社会责任、企业的伦理责任也要求企业至少不要伤害他人。但根据调查,华为将员工的加班作为业绩审查的一部分。也就是说企业的文化是鼓励全体加班。这种变相要求员工加班,甚至在办公室过夜,这对员工的健康有负面的影响。华为的狼性文化本质上违反"伤害他人"和"企业的道德责任"。另外,狼性文化是一把"双刃剑"。"狼性文化"充分体现了企业的对竞争力的渴望,但其界限和负面影响正在逐步扩大,"狼"的权威很容易招致独断专行。高强度工作使华为员工的流动率非常高。很多人留在华为只是为了高收入,有些人留在华为为了将华为做其他公司的跳板。从激励理论的观点来看,早期的物质激励非常重要,但是随着人们的需求的增加,人们的精神需求也越来越重要。虽然高工资吸引了很多人加入华为,但是高工作压力也让一些追求生活的人离开华为。通过这次的争论,华为不是神,需要在很多方面进行改善。华为是慎重的执行者,华为已经走上了变革的道路,正在采取理性行动。

要说慈善,不得不说企业慈善的态度往往能看到一个企业对商业道德的认知态度。低调的华为在慈善事业上做了很多事情。

从对员工的基本义务到社会责任,华为在短短几年内在手机行业地位急速上升,不能忽视的是这个企业的能力。华为在中国人看来,之所以有如此高的地位,是因为产品质量和企业的社会地位是分不开的。华为——低调的商业伦理实践者,它的商业之路不仅是一门学科,也是一门艺术。

——本案例资料参考:迪博案例数据库信息《国际管理:文化战略与行为》

**案例2**

美国西南航空公司案例——伦理、道德与内控相结合典范

美国西南航空公司成立于1971年,是美国第四大航空公司,是从在达拉斯、休斯敦、圣安东尼奥经营短途路线的当地小企业发展起来的。当年其"运营成本"为56万美元,如今发展为有300多架波音737客机,每天有2 700多个航班,有35 000人以上员工的大型企业。1973年以来,该公司创造了40年连续盈利的业界奇迹。这是一家知名的"幸运"公司,是世界有名的企业。相比之下,中国国际航空、中国东方航空、中国南方航空、海运集团和上海航空等公司过去每年都出现赤字,需要国家注入资本。据国际航空公司发布的报告,2008年,中国五大航空企业中没有一家航空企业有盈利,亏损占全球航空企业损失总额的56%,影响力极大。

通过考察这些差异,我们可以发现,西南航空非常重视企业文化、职业道德和内部控制

管理。这是其取得可持续成果的经验。其企业文化简介如下。

西南航空的企业文化是：第一，员工第一，顾客第二。只有快乐的员工才能满足顾客。在此基础上，形成了企业的基本经营理念。第二，工作很重要，请不要把工作搞砸了。第三，人是很重要的，每个人都应该受到应有的尊重。

西南航空公司在纽约证券交易所的股票代码是"luv"，被认为是"爱"的象征。为了让企业找到真正需要的人，他们会实施同行招募，让员工自己挑选未来可以愉快合作的工作伙伴。慷慨优厚的员工待遇、高职工选择持股率也是有效的激励机制。西南航空的员工不仅是企业的员工，实际上也是企业的持股人。录用半年以上的员工有奖金制度。与此同时，西南航空公司的员工持有该企业约 10% 的公开交易股份，是整个航空行业最大的投资者。员工的持股比例达到 90%。

西南航空公司主张裁员行为是形成对企业文化的最大风险因素。无论是"9·11"事件还是海湾战争，西南航空每天损失 3 400 万美元，即便如此，西南航空还是坚持不裁员。西南航空公司的年内员工转换流失率不到 5%，是美国最低的。南西航空作为一家大企业，实施扁平的组织结构，最大限度降低集权风险，以"打破政治制度，打破官僚主义"作为自己的口号。西南航空内部结构为倒金字塔结构。西南航空一直遵循干部要听取员工的意见的原则。例如，西南航空公司规定，如果从业人员提出建议，相关部门的负责人必须尽快研究并迅速作出反应，如果公司不接受该建议，必须向员工明确说明，并出示拒绝的充分理由。几乎所有的员工都可以随时拨打电话和副总裁以上的领导直接沟通。总裁也会在周末的凌晨，和地勤人员一起清洁飞机。

——本案例资料参考：迪博数据库信息、美国西南航空公司案例分析，2017 案例资料

课后练习题

一、单项选择题

1. 企业在确定职权和岗位分工过程中，应当体现不相容职务相互分离的要求。不相容职务通常包括（　　）。

A. 可行性研究与决策审批、决策审批与执行、执行与监督检查、计划制订与决策执行

B. 决策审批与执行、执行与监督检查等、计划制订与决策执行

C. 决策审批与执行、计划制订与决策执行

D. 可行性研究与决策审批、决策审批与执行、执行与监督检查等

2. 企业应当依据（　　）制定战略规划。

A. 企业现实情况　　　　　　　　　B. 企业发展目标

C. 同业发展前景　　　　　　　　　D. 社会经济发展趋势

3. 企业将发展战略及其分解情况、落实情况传递到内部各管理层级和全体员工，体现了企业对（　　）的重视。

A. 发展战略有效实施　　　　　　　B. 发展战略的宣传工作

C. 发展战略实施情况的监控   D. 发展战略的变化

4. 企业发展战略因主观原因频繁变动会引起的结果是(　　)。

    A. 脱离企业实际能力   B. 企业过度扩张,甚至经营失败

    C. 导致资源浪费   D. 偏离主业

5. 企业应当制定与业绩考核挂钩的薪酬制度,切实做到薪酬安排与员工贡献相协调,体现(　　)优先,兼顾公平。

    A. 质量   B. 数量

    C. 速度   D. 效率

6. 企业人力资源管理应当关注的风险是(　　)。

    A. 人力资源缺乏或过剩、结构不合理、开发机制不健全,可能导致企业发展战略难以实现

    B. 人力资源激励约束制度不合理、关键岗位人员管理不完善,可能导致人才流失、经营效率低下或关键技术、商业秘密和国家机密泄露

    C. 人力资源推出机制不当,可能导致法律诉讼或企业声誉受损

    D. 以上都正确

7. 企业应当贯彻(　　)为主的原则,采用多种形式增强员工安全意识,重视岗位培训,对于特殊岗位实行资格认证制度。

    A. 预防   B. 监督   C. 检查   D. 追查

8. 企业应当重视履行社会责任,切实做到经济效益与社会效益、短期利益与长远利益、自身发展与社会发展相互协调,实现(　　)、企业与社会、企业与环境的健康和谐发展。

    A. 企业与消费者   B. 企业与员工

    C. 企业与政府   D. 企业与合作企业

9. 为企业提供精神支柱,提升企业的核心竞争力,还可以为内部控制有效性提供有力保证的是(　　)。

    A. 企业的规章制度   B. 企业文化

    C. 管理层的管理理念   D. 管理者与员工的关系

10. 为了实现发展目标而制定的具体规划,表明企业在每个发展阶段的具体目标、工作任务和实施路径,这指的是(　　)。

    A. 发展目标   B. 战略规划

    C. 企业规划   D. 企业战略

二、多项选择题

1. 甲企业按照国家相关部门要求,开始建设自身的内部控制体系。该企业在编制相关制度的同时,决定下大力气改善企业的内控基础设施,重视企业内部环境的建设和改善。根据以上信息可以判断,下列各项中,该企业应注意的内部环境因素包括(　　)。

    A. 组织结构   B. 风险监察体系

    C. 权力和责任的分配   D. 人力资源政策和实务

2. 企业的重大决策、重大事项、重要人事任免及大额资金支付业务等,应当按照规定的权限和程序实行( )。

    A. 回避制度

    B. 集体决策审批

    C. 联签制度

    D. 投资管控制度

3. 企业制定与实施发展战略至少应当关注的风险有( )。

    A. 缺乏明确的发展战略

    B. 发展战略过于激进

    C. 发展战略主观原因频繁变动

    D. 发展战略实施不到位

4. 企业社会责任包括( )。

    A. 安全生产、产品质量(含服务)

    B. 环境保护

    C. 促进就业

    D. 员工权益保护

5. 下列各项中,表明内部控制环境存在缺陷的有( )。

    A. 甲企业为上市公司,其关键管理人员在母公司兼职,在该人员的指令下,上市公司承担了本应由母公司承担的捐款任务

    B. 乙企业为降低生产成本,减少环保投入,致使大量污水排入周边水域,造成环境污染

    C. 丙企业设立审计委员会,负责监督公司内部控制的有效实施和内部控制自我评价情况

    D. 丁企业的企业文化是"不惜一切代价做大市场"

三、判断题

1. 企业治理结构是构成内部环境的因素之一,包括股东(大)会、董事会、监事会、审计委员会、经理层、内部机构及权责划分,发挥了基础性作用。   ( )

2. 完善的内部环境对内部控制运行至关重要,同时通过内部控制的深入和创新,可以改善和优化内部环境。   ( )

3. 要确保发展战略有效实施,加强组织领导是关键。企业董事会作为发展战略制定的直接参与者,往往比一般员工掌握更多的战略信息,对企业发展目标、战略规划和战略实施路径的理解和体会也更加全面深刻,应当担当发展战略实施的领导者。   ( )

4. 社会责任只会增加企业的负担不会给企业带来任何经济利益。   ( )

5. 企业制定与实施发展战略只要明确发展战略,稳健地执行就可以避免所有风险。

    ( )

四、简答题

1. 企业应当关注的履行社会责任方面的风险是什么?

2. 中国的企业在战略制定方面面临的主要风险有哪些?

参 考 文 献

[1] 财政部,证监会,审计署,银监会,保监会. 企业内部控制基本规范,2008.

[2] 财政部,证监会,审计署,银监会,保监会. 企业内部控制应用指引,2010.

［3］宋建波.内部控制与风险管理［M］.北京：中国人民大学出版社,2017.

［4］池国华.内部控制学［M］.北京：北京大学出版社,2017.

［5］胡为民等.内部控制与企业风险管理：实务操作指南［M］.北京：电子工业出版社,2007.

［6］王如燕.企业成本管理新模式探讨［J］.内蒙古财经学院学报,1995(3)：55-57.

［7］王如燕.刍议从目标成本出发的成本管理具体模式［J］.内蒙古财经学院学报,1997(4)：89-91.

［8］王如燕.强化企业成本管理,提高企业经济效益［J］.内蒙古财经学院学报,2000(3)：45-47.

［9］财政部会计司.企业内部控制规范讲解,2010.

［10］李凤鸣.内部控制设计与评价［M］.上海：复旦大学出版社,2015.

［11］企业内部控制编审委员会.企业内部控制配套指引解读与案例分析［M］.上海：立信会计出版社,2010.

［12］全国人大常委会法制工作委员会审定.中华人民共和国现行会计法律法规汇编：2012年最新版［M］.上海：立信会计出版社,2012.

［13］高立法.现代企业内部控制实务［M］.北京：经济管理出版社,2013.

［14］企业内部控制编审委员会.企业内部控制基本规范及配套指引案例讲解［M］.上海：立信会计出版社,2011.

［15］张俊民.内部控制理论与实务［M］.大连：东北财经大学出版社,2016.

［16］黄庆波,冯琳.跨国公司竞争战略［M］.北京：清华大学出版社,2008.

［17］刘华.内部控制案例研究［M］.上海：上海财经大学出版社,2012.

［18］COSO. Enterprise Risk Management-Intergrated Framework［M］. The Committee of Sponsoring Organization of the Treadway Commission, 2004.

［19］汪振.中集集团内部会计控制优化研究［D］.兰州大学,2011.

第四章

企业风险评估

第一节　企业风险概述

一、企业风险的概念

我们若对风险进行分类,大致可分为广义风险和狭义风险。广义风险强调风险的不确定性,狭义风险强调了损失的不确定性。风险是指特定危险事件(事故或事故)的可能性及其结果的组合。根据风险的定义,风险由两个要素构成:一是危险发生的可能性,即危险发生的概率;二是危险事件的结果。国资委 2006 年发布的《中央企业全面风险管理指引》将企业风险定义为"未来的不确定性对企业实现其经营目标的影响"。风险往往会被企业评估。风险评估是指对风险事件对人类生命、财产等的影响进行定量评估,以及评估风险事件结束之前发生损失的可能性。

二、企业风险的特征

特征是一个客体或一组客体特性的抽象结果。特征是用来描述概念的。任一客体或一组客体都具有众多特性,人们根据客体所共有的特性抽象出某一概念,该概念便成了特征。

企业风险的特征有以下几点。

(一) 客观性

风险是一种客观存在,是不以人的意志为转移的,即风险是无法完全控制和排除的。风险的发生具有规律性,这种规律性为我们提供了认识、评估风险和进行风险管理的条件和可能性。

(二) 损害性

风险发生往往会给人们在各方面带来很多损失。物质上的损失往往是可以用货币来衡量的,但有些风险一旦发生,造成的损失是无法估量的。

(三) 不确定性

不确定性主要指空间和时间上的不确定性。空间上的不确定性是指其发生的具体地点是不确定的；时间上的不确定性是指何时发生是不确定的。

（四）可测定性

人们利用概率论与数理统计的方法可对风险事故发生的概率及其损失进行一定程度上的量化与测算，其中，可利用一些模型，为测算提供帮助。例如，在人寿保险中，根据精算原理，利用对各年龄段人群的长期观察得到大量死亡记录，就可以测算各个年龄段的人的死亡率，进而用死亡率计算人寿保险的保险费率。

三、企业风险的类别

风险分类可以在风险分析和进一步风险管理方面起到促进作用。根据风险分析的范围、风险的性质、风险产生的环境、风险的对策可分为以下内容。

（一）根据风险分析的范围分类

根据风险分析的范围分类，企业风险可以分为自然风险、经济风险、政治风险和技术风险。

1. 自然风险

自然风险是指由于洪水、风暴、地震等自然因素造成的不确定性给企业带来的风险。这种风险通常是灾害性的，大多数情况下是不可避免的。

2. 经济风险

经济风险是指由于企业生产经营活动相关的各种经济因素的不确定性，给企业带来的风险。这种风险是企业经常遇到的，它不仅给企业创造利益机会，也给企业带来损失。

3. 政治风险

政治风险是指政治因素的变化给企业带来的风险，包括国际政治形势的变化和国内政治和政策的变化。

4. 技术风险

技术风险是指科学技术的发展给企业带来的风险。这种风险总是很积极，可以给企业的发展提供机会。但是，如果企业不能及时抓住机会，坚持老办法，就可能会遭受损失。

（二）根据风险的性质分类

根据风险的性质分类，风险可以分为纯粹风险与投机风险。

1. 纯粹风险

纯粹风险是指只有损失机会而无获利可能的风险，例如，各种自然灾害、意外事故都属于纯粹风险。

2. 投机风险

投机风险是指既有损失可能又有获利机会的风险，例如，企业投资股票、基金就存在投机风险。

（三）根据风险产生的环境分类

根据风险产生的环境分类，风险可以分为静态风险与动态风险。

1. 静态风险

静态风险是指在社会经济正常的情况下,自然力的不规则变化所产生的风险。比如,暴风雨等自然原因所致的损失或损害就属于静态风险。

2. 动态风险

动态风险是指由于社会经济、政治、技术以及组织等方面发生变动所致损失或损害的风险。例如,生产技术的改进等就属于动态风险。

(四) 根据风险的对象分类

根据风险的对象分类,风险可以分为财产风险、责任风险、信用风险、人身风险等。

1. 财产风险

财产风险是指导致一切有形财产有损失的风险。

2. 责任风险

责任风险是指个人或团体行为的疏忽导致他人财产损失的风险。

3. 信用风险

信用风险是指在经济交往中,一方违约给对方造成经济损失的风险。

4. 人身风险

人身风险是指可能导致人的伤残、死亡、损失劳动力的风险。

第二节　企业风险识别

一、企业风险识别的含义

企业风险识别是企业风险管理的第一步,也是企业风险管理的基础。企业唯有正确识别出自身所面临的风险,人们才能主动选择适当有效的方法进行处理。

企业风险识别的过程分为感知风险和分析风险两部分。一是感知风险,即了解存在的风险,它是风险识别的基础。企业只有感知了风险,才能进一步进行分析,寻找导致企业风险事故发生的条件因素,拟定风险处理方案,进行风险管理决策服务。二是分析风险,即分析引起风险事故的各种因素。它是企业风险识别的关键。

二、企业风险识别的注意事项

企业风险识别的注意事项有以下三点。

(1) 风险识别是用感知、判断或归类的方式对现实的和潜在的风险性质进行鉴别的过程。

(2) 风险是多样的:既有当前的,也有潜在于未来的;既有内部的,也有外部的;既有静态的,也有动态的。企业风险识别的任务就是要从错综复杂的环境中找出经济主体(企业)所面临的主要风险。

（3）一方面,风险识别可以通过感性知识和历史经验来判断;另一方面,风险识别也可以通过各种客观数据和风险事故记录,以及必要的专家走访,对企业风险进行分析、总结和归类,从而发现各种明显和潜在的风险及其损失规律。企业风险是可变的,因此,企业风险识别是一项具有持续性和系统性的工作。企业风险管理人员必须密切关注原有风险的变化,随时发现新的风险。

三、企业风险识别的方法和技术

目前,风险识别方法和技术可分为宏观领域的决策分析和微观领域的具体分析。综合上述领域,企业风险识别方法和技术主要有以下几种。

（一）生产流程分析法

生产流程分析法,又称流程图法。生产过程,也称工艺流程或加工流程,是指企业通过一定设备从原料进口到成品出口的连续加工过程。该方法将各阶段的调查分析放在第一位,根据各个过程逐一叙述,确定风险发生的原因。

（二）风险调查列举法

风险调查列举法是指企业风险管理者将企业可能面临的风险逐个列出,并按不同的标准进行排序。有关专家应尽量全面,加强代表性。一般的分类标准是按直接或间接、金融或非金融、政治或经济等。

（三）资产状况分析法

资产状况分析法是指企业风险管理者根据企业的资产负债表、损益表、财产目录和其他财务数据,通过对企业财务状况进行实际调查、研究和分析,发现潜在的风险。

（四）分解分析法

分解分析法是指将复杂的事物分解成一系列相对简单的事物,或把庞大的整体分解成具体的组成要素,企业风险管理者可以分析组成要素可能的风险和潜在的损失威胁,进而对复杂的事物风险加以认识。

（五）失误树分析

失误树分析法通过图表来调查之前各种错误事件的损失,分解分析各种事故的原因,确认什么样的错误是最能带来损失的风险。另外,企业在认识风险的时候,应该使用各种各样的方法,如环境分析、保险调查、事故分析等。

四、企业风险识别的基本原则

（一）全面周到

为了识别风险,必须全面、系统地调查和理解各种风险事件的存在和发生概率、损失的严重性、风险因素及因风险出现而导致的其他问题。损失的概率和后果的严重性直接影响了受害的评估,最终决定了风险政策和措施的选择和管理的效果。因此,企业风险评估人员需要充分理解各种风险的存在和发生及其可能导致的损失的详细结果,为企业决策者及时、明确地作出决策提供更完整的信息。

（二）综合考察

风险是一个复杂的系统,依据不同的标准可分为诸多不同类型、不同性质和不同损失的程度。由于存在复杂的风险系统,单一的分析方法并非对所有风险都有效。因此,必须综合运用多个分析方法。根据风险清单,企业的风险损失通常分为直接损失、间接损失和责任损失三类。

（三）量力而行

风险识别的目的是提供风险管理的前提和决定依据,确保企业、单位和个人在最小成本下的最大安全,减少风险损失。企业根据实际情况和自身的财务承受能力,必须选择效果最好、成本最低的评价方法。在识别和测量风险时,企业应在财务报表中列出活动产生的成本,并进行全面的调查和分析,以确保以较少的费用获得更大的利益。

（四）科学计算

风险识别过程也是定量计算生产经营条件和环境的具体过程。数学理论可以被用来作为风险识别和计量分析工具,在一般推定的基础上进行统计和计算,获得更科学合理、更具备说服力的分析结果。

（五）系统化进程

风险识别是风险管理的前提和基础。识别精度决定了风险管理的有效性。为确保初步分析的准确性,企业应进行深入、系统的调查分析,对风险进行综合分类,明确风险的性质、类型和结果。如果没有科学、系统的识别和测定方法,就无法对风险有全面的认识,难以确定会发生什么样的风险,无法选择更合理的控制和处理方法。另外,企业的生产经营活动(包括资本贷款和经营)随时都有风险,所以风险的识别和计量也必须是持续的、制度化的过程。

第三节　企业风险评估与分析的方法

企业风险评估与分析的方法有风险因素分析法、内部控制评价法、分析性复核法、定性风险评价法、风险率风险评价法、模糊综合评价法。

一、风险因素分析法

风险因素分析法是指评估者为了了解风险的发生概率,对可能引起风险的因素进行评价和分析的方法。

风险评估方法过程为:调查风险源→确定风险转换条件→确定是否满足转换条件→估算风险结果→风险评估。

例如,被监察企业的内外部环境是固有风险的来源,风险的来源、风险的条件是激烈的市场竞争、有效的需求或生产不足等外部环境的恶化、国家政策等限制的产品造成的。如果监察的外部环境恶化，企业就有可能进行欺诈、造假，以掩饰财务报表的错误，企业固有的风险也会增加。现在，使用风险因素分析法来评价固有风险的一般方法是，在详细考虑上述因素的基础上，在所有因素都良好、误差可能性低的情况下，判断固有风险等级在50%左右是适当的。但如果出现重大错误的征兆，注册会计师必须直接将固有风险等级设定为100%。

二、内部控制评价法

内部控制评价法是指通过评价企业的内部控制结构来确定审计风险的方法。内部控制框架与控制风险直接相关，因此，该方法主要用来控制风险评估。内部控制评价的主要组织是董事会或者类似组织，负责内部控制设计和运营。董事会可以将内部控制评价的组织、指导和监督职责指定给监察委员会，授权内部监察部门或独立的内部控制评价机构进行具体的内部控制评价，但董事会的董事仍然负责内部控制的最终评价及内部控制评价报告的真实性。展示自我评价和内部控制设计和运营的有效性是管理层减少受托责任的方法。董事会可以聘请会计师事务所来监督内部控制的有效性，但董事会责任不能因为会计师事务的帮助而减轻或消除。

三、分析性复核法

分析性复核法是指注册会计师分析被审计企业的主要指标或趋势，调查这些重要指标或趋势、预测值和相关信息的异常变化和差异，并推测财务报表有可能发生误报或误报。经常使用的方法有比较分析、比率分析、趋势分析三种。分析审查的关键在于分析和比较。在货币资金审计中，审计人员应运用合理的标准和过去积累的经验，实施并完善货币资金管理和审计过的企业上一年度的会计状况、单位现金、银行存款等内部控制制度，对提供的数据和信息进行比较分析，以发现异常的变化、趋势并以控制审计风险为目标。

四、定性风险评价法

定性风险评价法是指通过观察、调查、分析审计风险，根据注册会计师的经验、专业基准、判断进行定性评价的方法。其方便有效的优点，适合各种审计风险的评价。主要方法有观察法、调查理解法、逻辑分析法和类似推算法。定性风险分析通常是决定风险对应计划优先权的快速且有效的方法，为定量风险分析奠定了基础（如果需要）。在整个项目生命周期中，进行定性风险分析，可以跟踪项目风险的变化。定性风险分析要求使用风险管理计划的结果来识别风险。在该过程之后，可以连接定量风险分析过程或直接连接风险应对计划流程。

五、风险率风险评价法

风险率风险评价法是定量风险评估法之一。其基本想法是计算风险率，然后将风险率与风险安全指数进行比较。风险率大于风险安全指数时,系统处于风险中。两个数据的差异越大,表明风险越大。风险率等于风险安全指数时,会造成一定风险损失。风险损失有时是无形损失,无形损失可以按一定的标准换算或价值计算。风险安全指数在大量经验积累和统计计算的基础上,综合考虑科技水平、社会经济条件、法律因素和人们的心理因素,确定普遍可接受的最低风险率。风险率风险评价方法又可以被会计师事务所和注册会计师运用到风险管理领域。

六、模糊综合评价法

模糊综合评价法是非常有效的多要素决定方法,能够综合评价受到各种要素影响的事物。其特征评价结果不是绝对的正或负,而是用"模糊数据"的一组表现。此概念已经有了一套属于其自己的说明,人们可以使用概念来进行解释判断、评价、推理、决定和控制。模糊聚类分析、模糊模式识别、模糊综合评价、模糊决定和模糊预测、模糊控制、成型信息处理等方法构成了一个模糊的系统理论,构成了一种思辨数学的雏形。

第四节　企业风险分析与应对

一、企业风险分析

企业风险分析在项目生命周期的任何阶段都是可能的,是持续的过程。企业风险分析是项目风险管理的主要任务,是实施项目风险管理的重要组成部分。它包括风险识别、风险估计、风险管理战略、风险解决和风险监督。企业风险分析包括发现行动计划的不确定因素,分析其对环境条件和计划的敏感性。相关数据的估算包括行动计划的成本、在不同情况下获得的利益和不确定性。企业要基于所面临的各种机会,并计算出相应的机会风险所带来的经济影响,从利益最大化的角度做出正确决策。

企业风险分析需要考虑很多因素。这些因素是可变的,主要包括:

(1)用于技术和经济分析的数据源和准确度。

(2)企业的类型和稳定性。例如,由于地质条件的变化,矿业企业必须承担更大的风险。

(3)企业的工厂和设备的种类。例如,一些建筑物和设备具有明确的经济寿命和转卖价值,另一些其他建筑物和设备具有不明确的经济寿命和较低的转卖价值。这种情况下,在分析阶段的持续期间,对第一类企业投资的风险比在第二类企业。

(4)企业的投资回收期。风险的大小与投资的时间长度有关系。例如,延长投资回收期的话,投资风险就会增加。

二、企业风险计量

企业风险计量是企业有效实施全面风险管理、资本监督管理和经济资本配置的基础。

正确的企业的风险计量结果是基于优秀的风险模型。今后,很难在一定时间内开发出准确的量化模型来满足商业银行的风险管理需求。

三、企业风险应对的内容

企业风险应对包括以下几点内容。

(一) 对触发事件的通知做出反应

针对触发事件,相关负责人需要做出适当反应,包括但不限于回顾当前现实以及更新行动时间框架、执行风险行动计划等行为。

(二) 执行风险行动计划

应对风险应该按照书面的风险行动计划进行,按照风险分析报告分析对现有企业面临的情况,制订进一步的行动计划,考虑过去,立足未来,以期可以解决风险带来的问题。

(三) 对照计划和报告进展

确定、交流和对照风险行动计划,指出所取得的进展或进步,加强小组内部的交流,定期回顾风险状态。

(四) 校正偏离计划的情况

风险行动计划实际执行时偏离计划的情况时有发生,有时结果不能令人满意,就必须换用其他途径校正,执行校正偏离风险行动计划时需要将相关内容记录下来。

四、企业风险应对的种类

(一) 企业环境风险

企业环境风险是指外部环境发生意外变化,中断了生产经营计划而造成的经济风险。产生企业环境风险的主要原因有:
(1) 国家宏观经济政策变化导致意外风险损失。
(2) 企业生产经营活动中因违反外部环境要求而受到处罚。
(3) 社会文化和道德风尚的变化,阻碍了生产经营,给企业经营带来了困难。

(二) 企业市场风险

企业市场风险是指市场结构发生意外变化,使企业无法按照既定战略完成经营目标而引起经济风险。企业产生市场风险的主要原因有:
(1) 企业在预测市场需求时出错,无法准确捕捉消费者偏好的变化。
(2) 竞争格局的新变化,如新竞争对手的进入。
(3) 市场供求关系发生变化。

(三) 企业技术风险

企业技术风险是指技术创新过程中因技术、业务或市场因素发生意外变化而导致创新失败的风险。企业产生技术风险的主要原因有:

（1）技术工艺有了根本性的改进。

（2）新技术或替代产品的出现。

（3）技术不能有效营销。

（四）企业生产风险

企业生产风险是指企业无法按预定成本完成生产计划的风险。产生企业生产风险的主要原因有：

（1）生产过程意外中断。

（2）生产计划错误，造成生产过程紊乱。

（五）企业财务风险

企业财务风险是指企业的损益表发生意外变化，从而给企业带来财务困难的风险。企业产生财务风险的主要原因有：

（1）企业财务管理宏观环境的复杂性。

（2）企业财务管理人员对财务风险的客观性认识不足。

（六）企业人事风险

企业人事风险是指与企业人事管理相关的风险。企业产生人事风险的主要原因有：

（1）针对企业的违法犯罪行为。常用手法包括：内外勾结，合伙坑害企业；在正常的业务活动中，个人索要、收受好处费。

（2）官僚主义。这属于从业者的行为，受当事人主观意志的支配，发生在企业内部；它的存在极大地削弱了企业抵御风险的能力，为风险的侵袭提供了可乘之机。

（3）虚报、浮夸、截留、扭曲信息。

（4）部门利益至上的小团体主义。

（5）争权夺利的内部斗争。

（6）违反客观规律的行为，比如，当事人盲目进入不熟悉的业务领域，造成风险，使企业为此付出沉重的代价。

（7）任人唯亲，拉帮结派，排斥异己，嫉贤妒能。

五、企业风险应对的策略

企业风险应对策略有风险规避、风险转移、风险缓解、风险承受四种基本类型。

（一）风险规避

为了消除特定风险事件的威胁，企业必须考虑更改项目计划。一般来说，有很多回避风险的方法可以考虑。例如，对于开发软件项目的技术风险，可以使用成熟的技术、团队成员熟悉的技术或反复开发过程来规避风险。对项目管理风险，采用成熟的项目管理方法和战略，可以避免由于未成熟的项目管理而产生的风险。对于进度风险，可以使用增量开发来避免项目和产品延迟的风险。对于软件项目中不确定需求的风险，可以使用原型法律法规来规避风险。

（二）风险转移

风险转移是指通过合同或非合同的方式将风险转嫁给另一个人或单位的一种风险处理方式。风险转移是对风险造成损失的承担的转移。风险转移是损失转给第三方的结果，品质保证政策或者供应商可以根据合同来保证。例如，软件项目通常有由离岸转移软件开发带来的风险，雇主可能会在完全不知道的领域外包项目。承包商必须签订明确的合同，以保证承包商对软件的质量、进度、维护的方面的要求，否则，风险转移很难成功。

（三）风险缓解

风险缓解将不利风险事件的结果和可能性降低到可接受的程度。风险缓解政策通常是项目早期最有效的。例如，在软件开发中，人员流动对软件项目的影响很大。企业可以通过改进人工制品和设备储备人员来减少人员流动的影响。

（四）风险承受

在应对风险事件方面，风险承受可大致分为如下两类：即积极制订应急计划和被动接受风险的后果。在以下三种情况下接受风险：不可预见的风险，如不可抗力；或风险的规避、转移或缓解均不可行；又或上述活动的执行成本超过接受风险。

第五节　案例分析

 案例

三鹿集团公司内部控制与风险管理案例

三鹿集团有限公司（以下简称三鹿集团）是中国最大的奶粉制造商，在中国乳制品加工企业中排名第三。三鹿集团是国家农业产业化的龙头企业，是河北省、石家庄市重点扶持企业，是全国十大轻工业企业、全国质量管理先进企业、创新型龙头企业、全国先进技术企业、中国科学技术优秀企业等食品行业 200 多个省级以上荣誉称号，被评为优秀诚信企业。

其主要产品三鹿奶粉被国家技术监督局列为首批 13 个重点保护品牌之一。产量连续 15 年位居全国第一，酸牛奶产量居全国第二，液态奶产量稳居全国第三。年销售额是 100 亿元。

三鹿集团的前身是幸福乳业生产合作社，成立于 1956 年，1983 年在乳业界率先开发了婴儿用奶粉，"三鹿品牌"的母乳化奶粉荣获"全国轻工业优秀新产品奖"。1993 年，它在乳制品行业率先实施了品牌运营和集团战略。以低成本扩张和资金运输为突破口，先后与北京、河北、天津、河南、甘肃、广东、江苏、山东、安徽等省份合作。在中国有很多公司参与股份制、合资、合作。1996 年，石家庄乳业公司作为主要股东成立三鹿集团。田文华任三鹿集团总裁、总经理、党委书记。她荣获全国先进质量管理人员、第一届中国企业家、全国优秀企业家等 100 项荣誉称号。

2002 年，三鹿奶粉、液体奶被认定为国家免检商品，荣获"中国名牌产品"荣誉称号。三

鹿品牌被认定为"中国名牌"。2005 年,三鹿品牌被世界品牌实验室评为中国 500 个最有价值的品牌之一。2006 年,三鹿集团引进新西兰恒天然集团,该集团是世界上最大的原材料出口国和第一个强大的股东。在国际知名杂志《福布斯》评选的"中国百强企业"中,三鹿集团位居乳制品行业的首位。2007 年,三鹿集团被河北省工商联、河北省企业家协会评为最具社会责任感的企业。它也是中国唯一一家登上科学技术宝座的国家乳制品企业。

2008 年 9 月 11 日,三鹿集团的状况恶化。由于三鹿的乳儿用奶粉中混入了有毒化学物质——三聚氰胺,三鹿集团濒临破产,引发"中国乳业地震",田文华成为"中国乳业犯罪者"。2009 年 1 月 22 日,"三鹿事件"的一审判决宣判,田文华被判处无期徒刑。2009 年 2 月 12 日,法院正式宣布三鹿集团破产。

三鹿集团的破产人们不禁要问,三鹿集团的内部控制在整个"三鹿集团事件"中扮演了什么角色?

《企业内部控制基本规范》反映了国内最新的内部控制理念,因此《基本规范》的目标和要素对企业发展至关重要。以下我们来分析一下三鹿集团内部控制的情况。

一、内部控制目标分析

(一)合法与合规性

合法与合规性是内部控制的最低目标或底线。一方面,三鹿集团未能履行在涉及国计民生的食品领域开展业务,向社会提供优质乳制品,为人民体质改善做出贡献的承诺。另一方面,面对市场和利益的诱惑,三鹿乳儿用奶粉无视法律,混入大量有毒化学品"三聚氰胺",造成 4 名婴儿死亡。截至 2008 年 12 月底,共有 29.6 万名儿童因食用三鹿奶粉及其他问题奶粉而在泌尿系统中发生异常。这种忘恩和背道而驰的做法是三鹿集团悲剧的元凶。

(二)资产安全性

资产安全性是内部控制的传统目标,或是警戒线。三鹿集团曾是本业的行业领导和优良的客户。2007 年年底,总资产为 16.19 亿元,总负债为 3.95 亿元,净资产为 12.24 亿元,资产负债率仅为 24%。三鹿奶粉事件曝光,三鹿集团拥有的无形资产近 150 亿元瞬间消失。同时,国务院立即对全国食品安全事件启动"一级响应",三鹿奶粉在全国范围内全部下铺,接受全国消费者和工厂的退货要求,要求暂停生产、改正。作为主要负责人,三鹿集团必须支付儿童用三鹿奶粉、问题商品退货费、销售店的对应金额、牛奶厂家的牛奶费等。截至 2008 年 12 月 31 日,三鹿集团经财务审计和资产评估后的净资产为－113.万元(不包括 2008 年 10 月 31 日以后发生的所有新费用),三鹿集团已出资超额。这表明违反合法与合规底线的资产安全非常脆弱,不可信。

(三)信息真实性和完整性

内部控制绝不可变动的目标或控制主线是信息的真实性和完整性。田文华强调:"对企业诚实和信任就像个人的生命,应该时刻保持冷静的头脑,诚实地去行动。三鹿最大的对手不是别人,而是我们自己"。

2007 年 12 月,三鹿集团收到了许多患者的家人的抱怨;2008 年 6 月,三鹿集团确认了三聚氰胺的确不是捕风捉影的谣言;新西兰恒天然集团也了解了三鹿集团的乳源污染,要求三鹿集团采取相应措施。但是,三鹿集团的管理层并不听取这些反映,而是故意拖延或隐瞒报告,意图瞒天过海。恒天然此后意识到无法向石家庄报告情况,必须通过新西兰总理直接向中国政府报告情况。

假如,如果信息没有及时公开,三鹿集团的信息目标是否会违反内部控制要求,显然不会的。

(四)经营效率和效果性

什么是内部控制的核心或生命线呢?根据普遍认同的观点——是经营效率和效果性。内部控制是一种常识,又可以被视为利润动机的自然产物。三鹿集团意识到采取"品牌(三鹿集团)+乳源(当地的乳制品业)"的经营战略,会大量收购当地的加工工厂,增加资金和生产量,开展 OEM 生产,关键的经济指标急速增长 30% 以上,令人惊异的"三鹿速度"也由此而来。但是,急速扩大的三鹿集团面临着众多子公司、合资企业和合营企业工厂老化、设备落后、资本投资、机械设备和内部管理等问题。乳源的健康安全管理也存在问题,产品质量管理水平显著下降,经济效益、社会效益和生态效益分离,相关商业风险不断积累,使内部控制变成一句空话。

(五)战略实现性

战略实现性是内部控制的最高目标或最好理想。三鹿集团制定了积极的企业发展战略,力争成为中国奶粉、功能性食品、酸奶生产销售排行榜的第一位,液体奶、乳饮料的生产和销售保持全国第三位。但是,在世界性的原奶危机的背景下,奶源短缺和激烈的竞争成为近年来乳业企业发展的最大特征和瓶颈。1998 年至 2006 年,中国的乳制品产量从 60 万吨增加到 1 622 万吨,增长了近 28 倍,导致原料奶供应不足,原奶的市场已经从买方市场变成了卖方市场,优秀的乳源严重不足,发展战略的实现必然会落后。三鹿集团盲目推广的结果就是欲速则不达。

二、内部控制要素分析

(一)内部环境问题

有效的内部控制是建立在适当的内部环境基础上的。三鹿集团的主要股东是三鹿乳业,三鹿乳业持有 56% 的股份,第二大股东是新西兰恒天然集团,该集团拥有三鹿集团的 43% 的股份,剩下的 1% 的股份由少数股东持有。表面上,三鹿集团的股票结构管理良好。但是,大股东三鹿乳业所持有的股份被其员工及运营商瓜分,运营商持有主要股份,股权分散。96% 的股份由 900 多名老员工持有,其余的股份由石家庄国投资委员会持有。因此,三鹿集团目前的支配者或股份相对分散,又存在强势的管理层,使得三鹿集团的管理结构发生了内部控制的变化。

(二)风险评估问题

风险评估是建立和实施有效内部控制的重要组成部分。食品行业是国际公认的高风险领域,对于乳制品企业来说,原料奶的采购质量是最重要的风险之一。中国农民的牛奶产量小,而且分散,乳制品工厂通常没有自己的奶源。乳制品是新鲜程度要求极高的产品,是乳制品生产站的中间阶段。中国乳制品业界主要采用的原料乳的采购模式是"乳制品厂"，三鹿集团也不例外。来自零售牛奶制造商的牛奶最终通过牛奶站被集合到三鹿集团的工厂。这个模型的优点是不需要建农场，而是迅速扩大牛奶的供给源。缺点是这样做会增加了与中间商的联系，乳制品企业无法直接广泛控制乳源和乳制品。中国奶站的建设基本上没有限制，缺乏具体的管理方法和监督管理部门。为了确保食品安全，乳制品企业有必要防止食品添加剂的不当使用和滥用。只有在风险评估中证明需要安全、可靠性和技术的情况下，才能纳入许可食品添加剂的范围。但是，在蒙牛、伊利等标准企业的竞争压力下，曾经是全国乳制品生产和建设模范单位的三鹿集团增加了资本和产量。在激烈的原奶竞争中，购买过程中的品质管理变弱了，终于引起了毒奶粉这个事件。

（三）控制活动问题

控制活动是建立与实施有效内部控制的重要手段。在食品行业，质量控制是重中之重。按照业务流程进行生产经营管理，是保证产品质量最基本的控制活动之一。乳品企业应建立直管奶站，从食品种植、科学养殖、挤奶、储运、严格质量检验等环节实施全面、全过程监控。三鹿奶粉号称有1 100道检验程序，为什么三鹿奶粉中的三聚氰胺含量特别高？一个简单的检测过程是，由于奶粉必须撒上鲜奶，如果鲜奶中含有三聚氰胺，就会堵塞喷嘴。另外，三聚氰胺微溶于水，与鲜奶混合时，会暂时变成浆状，放置后肯定会有大量沉淀。三鹿集团并无直接控制奶源。不计成本地大范围扩张和争夺奶源，自然伴随着质检的放松，如设施差、管理落后、卫生条件差等。建立重大风险预警机制和应急响应机制，确保突发事件得到及时、充分处理，是防控活动的专项措施。

在此次事件中，预警机制的失灵，是"三鹿事件"暴露出的重大问题之一。三鹿集团知道其产品中含有三聚氰胺，可能会造成损害，但没有采取积极的整改措施，反而心存侥幸地继续对外生产销售，导致事态扩大。与此同时，三鹿集团的应急机制几乎失效。三鹿集团采取对媒体隐瞒否认的强烈危机公关方式，经历了从坚决拒绝掩盖，到推卸责任再到被迫道歉，只有走投无路的情况下，才开始全面撤出产品。

（四）信息与沟通问题

实施有效内部控制的重要条件之一，就是信息与沟通。在企业高速发展的过程中，三鹿集团的业务范围不断扩大。不能有效管理企业是制约三鹿集团发展的大问题。三鹿集团是传统产业的制造企业。存在储备不太丰富，各部门的数据无法有效收集、保管的问题。只有构建简单的企业内部信息网络，才能迅速且高效地管理好企业。此外，根据《食品安全法》，引起食品安全事故的患者必须立即向事故现场的区卫生部门报告。但是，三鹿集团的"长期隐瞒"没有收集、处理、传达相关信息，没有及时向政府相关部门报告情况，也没有向公众公开信息。

（五）内部监督问题

内部监督是内部控制的有效性的重要保障之一，就是拥有。包括持续的日常监督和针对性的专项监督。常规的监督检查是三鹿集团日常内部控制的重要组成部分，可以从源头保证产品质量。

三鹿集团在养殖区设立技术服务站，派出驻站员，监督检查饲养环境、挤奶设施卫生、挤奶工艺程序的落实。但是,三鹿集团对站务员的监督检查不在现场,也没有专门的内部控制和监察机关,控制着站务员的工作。在这方面,蒙牛的做法值得参考。

分配到牛奶站的员工定期更换,并添加"牛奶清单"链接。到了工厂后会定期进行例行检查。为了迅速发现内部控制不足,纠正和改善内部控制制度,需要特别监督。2004年,在跟进"散装牛奶"的低调奶粉的过程中,三鹿奶粉被列入不合格奶粉和低档奶粉的"黑名单"。此后,三鹿乳儿用奶粉和婴儿用奶粉在全国被禁止,每天损失超过1 000万元。三鹿集团在危机中幸免于难。通过紧急、灵活、高效的公共关系,三鹿集团解决了突发危机。并且,在2007—2009年获得了危机管理优秀企业奖。遗憾的是,奶粉事件没有引起三鹿集团的警戒。三鹿集团只看到农村奶粉市场的外部成长机会,不重视内部控制机构的整顿。2005年,三鹿"早产"事件中,销售部和工厂仓库的人员故意切线进入试验阶段,缩短交货时间,提前出货了违反业务流程及相关法律法规规定的"三鹿原本味道酸酸牛奶"。三鹿集团需要对业务流程的各个项目进行特别检查,除了由销售部更换相关人员,还直接从销售三鹿酸奶的负责人那里扣去20%的年薪,也没能从消除内控隐患的角度去解决问题。

三、内部控制的启示与反思

(一)战略思维决定内部控制的高度

在乳制品同质化不断发展的今天,乳制品企业之间的竞争不仅仅是品种和价格竞争,而且还是资源的质量和产业链的竞争。牛奶生产是一个长期的行业,建立牛奶供应基地是战略投资。乳制品加工工业首先应该遵循发展乳源、进一步发展市场的思想,而不是盲目扩大和建设轻乳源基地。产业整体价值链的各个阶段只有保持合理利益,才能共享产业链整体的利益,实现可持续健康的发展。这需要建立中国牛奶制造商和乳制品加工企业之间必要的价格传导、风险分担和市场监督机制。从世界性乳制品企业的发展趋势来看,乳农多以股东和合作社的形式形成乳业和利益联盟,家庭农场和乳制品企业成为利益共同体。这是提高产品质量的有效途径。大型乳制品加工企业参考北京的三元模型,将自己的养牛场建设为奶源基地,直接将原料乳送到加工厂,直接派车喂奶。流通环节这种乳源来自大型牧场,饲养和管理容易,乳源质量通常最好。

(二)品牌经营决定内部控制的竞争优势

全球市场营销巨匠米尔顿·科特勒表示,"世界上没有比品牌更能影响企业核心的东西了",从产品质量、市场营销、人力资源、企业文化到内部控制,"三鹿"的名牌和声誉需要时间,而品牌价值的维持一刻也不会减弱的,而三鹿集团未能保护品牌管理和产品质量问题,品牌价值损失近150亿元。那么,如何重建民族乳制品品牌的信用,重建国内乳制品消费者的信赖,是中国乳制品行业应该探讨的重要问题。乳制品企业要认真做好优质乳源基础设施建设和生产阶段的质量监督,用"爱"建设良知产业。在品牌管理过程中,真正具有社会责任感的龙头企业将被选出,形成真正的核心竞争力。

(三)实质而不是形式决定内部控制的效果

三鹿集团进行了全面的质量管理,先后进口德国乳业成分分析仪、美国fast微生物分析器、英国马色斯生物快速分析器、抗生素等国际先进的乳制品检查设备。很多专业机构不能检查所有指标,包括维生素和微量元素,三鹿集团却有实施严格检查和品质管理的硬件和软件。三鹿集团还通过了 ISO(国际标准化组织)9001 质量系统、ISO14001 环境系统、HACCP(危害分析和关键控制)食品安全和质量体系认证以及先进生产管理方法审查生产规范(GMP)获得国家实验室批准证书和国家认可商业技术中心称号。但是,从三鹿奶粉事件来看,很多中国企业通过类似认证被视为形象项目。有关方案文件往往存档,在实际生产经营管理过程中功能利用较少。因此,内部控制建设必须坚持实质重于形式的这一重要原则,重视基于科学设计有效实施。

（四）质量效益决定内部控制的深度：外部控制

在三鹿奶粉发生重大质量安全事故后,国务院立即取消了食品免检制度。中国的产品检查免除制度从1999年开始执行,目的是减轻企业的负担。但是,"三鹿事件"告诉我们,免检并不意味着安全,不合格的检查方法会带来重大的后果。"三鹿事件"的重要原因之一是对非法使用添加剂和非法添加物质的监管不完备。考虑到食品特殊性和引起食品安全事故的复杂性,管理部门需要建立第三方检查机制和跟踪系统,加强报告检查、风险评估和召回制度的无缝连接。

另外,中国乳制品行业的鼎盛时期有2 000多家加工企业,平均各省市有60～70家企业,生产项目的重复很严重。为了促进我国乳制品业从数量扩张型向品质效率型转变,必须充实宏观计划,提高参与门槛,实现乳制品加工和生产协调发展。

——本案例资料参考：迪博案例数据资料、百度百科

课后练习题

一、单项选择题

1. 企业在进行目标设定时,需要考虑的因素不包括(　　)。
   A. 风险容限
   B. 风险偏好
   C. 成本效益原则
   D. 风险组合观

2. 企业在海外拓展业务时应特别关注(　　)。
   A. 自然风险　　　B. 经营风险　　　C. 政治风险　　　D. 市场风险

3. 下列各项中,属于风险识别环节的是(　　)。
   A. 感知风险和检测风险
   B. 计量风险和分析风险
   C. 感知风险和分析风险
   D. 计量风险和监控风险

4. 在各种风险发生前,对风险的类型及其产生的根源进行分析判断,以便对风险进行估算和控制,这是(　　)。
   A. 风险识别　　　B. 风险计量　　　C. 风险检测　　　D. 风险控制

5. 并不消灭风险源,只是风险承担主体发生改变的风险应对策略是(　　)。
   A. 风险转移　　　B. 风险规避　　　C. 风险降低　　　D. 风险承受

6. 在风险发生之前,风险管理者因发现从事某种经营活动可能带来风险损失,因而有意识

地采取规避措施,主动放弃或拒绝承担该风险。这种风险应对策略是(   )。

    A. 风险承受　　　　　　　　　　B. 风险转移

    C. 风险降低　　　　　　　　　　D. 风险规避

7. 下列各项中,属于企业内部风险的是(   )。

    A. 供应链风险　　　　　　　　　B. 社会政治风险

    C. 财务风险　　　　　　　　　　D. 技术革新风险

8. 企业为应收账款建立坏账准备金的做法反映了企业采取了(   )。

    A. 风险降低策略　　　　　　　　B. 风险承受策略

    C. 风险分担策略　　　　　　　　D. 风险规避策略

9. 企业为降低汇率变动对企业出口收益的影响,而采取相应的套期保值交易,这种策略属于(   )。

    A. 风险规避　　　　　　　　　　B. 风险降低

    C. 风险分担　　　　　　　　　　D. 风险承受

10. 下列各选项中,不属于风险承受方法优点的是(   )。

    A. 成本较低　　　　　　　　　　B. 操作手法灵活多样

    C. 控制理赔进程　　　　　　　　D. 有利于货币的运作

二、多项选择题

1. 企业所面临的内部风险主要包括(   )。

    A. 政策风险　　　　B. 财务风险　　　　C. 经营风险　　　　D. 战略风险

2. 企业风险评估流程一般包括(   )。

    A. 风险识别　　　　B. 风险分析　　　　C. 目标设定　　　　D. 风险应对

3. 根据《企业内部控制基本规范》,企业可以选择的风险应对策略包括(   )。

    A. 风险降低　　　　B. 风险对冲　　　　C. 风险分担　　　　D. 风险规避

4. 某集团公司管理层做出了风险应对措施决策。下列各项中,正确的包括(   )。

    A. 为了获得更加灵活、质量更高的信息技术资源,将集团全部信息技术业务外包以转移风险

    B. 通过与某国内企业联合进行境外投资项目转移投资风险

    C. 在本国和其他国家和地区进行投资,以便缓解和分散集中投资的风险

    D. 基于成本效益考虑,管理层认为不利事件发生的可能性低而且即使发生对企业影响也很小,决定接受风险

5. 在商业活动中,企业面临的市场风险有(   )。

    A. 信用风险　　　　　　　　　　B. 股票价格风险

    C. 商品价格风险　　　　　　　　D. 项目风险

三、判断题

1. 风险是影响目标实现的不确定性,是未来事件最有可能发生的结果。　　　　(   )

2. 风险承受是企业在权衡成本效益之后,准备采取适当的控制措施降低风险或减轻损失,

　　将风险控制在风险承受度之内的策略。　　　　　　　　　　　　　　（　　）

3. 目标设定是企业风险评估的起点,是风险识别、风险分析和风险应对的前提。　（　　）

4. 风险分析主要是分析企业风险产生的可能性大小和影响程度的高低。　　　（　　）

5. 企业在选择风险应对策略时除了考虑企业的风险可承受水平,还需要遵循成本效益原则。　　　　　　　　　　　　　　　　　　　　　　　　　　　　（　　）

四、简答题

1. 进行风险分析时,企业需要考虑哪些因素?

2. 什么是风险应对? 企业风险应对的策略有哪些?

参 考 文 献

［1］财政部,证监会,审计署,银监会,保监会. 企业内部控制基本规范,2008.

［2］财政部,证监会,审计署,银监会,保监会. 企业内部控制应用指引,2010.

［3］谢志华. 内部控制、公司治理、风险管理:关系与整合[J]. 会计研究,2007(10):37-45.

［4］董月超. 从 COSO 框架报告看内部控制与风险管理的异同[J]. 审计研究,2009(04):94-96.

［5］程新生. 内部控制理论与实务[M]. 北京:清华大学出版社,2008.

［6］王如燕. 论小企业内部控制[J]. 北京工商大学学报,2002(12):67-68.

［7］王如燕. 大数据时代股权结构对企业绩效的影响[J]. 会计之友,2015(2):77-79.

［8］王如燕. 杜邦分析体系的局限性及其改进研究——以保利地产为例[J]. 国际商务财会,2019(5):82-84.

［9］企业内部控制编审委员会. 企业内部控制:主要风险点,关键控制点与案例解析. 2013[M]. 上海:立信会计出版社,2015.

［10］池国华,樊子君. 内部控制习题与案例[M]. 2 版. 大连:东北财经大学出版社,2014.

［11］许婧文. 企业的内部会计控制与内部控制审计关系刍议[J]. 当代会计,2014(04):45-46.

［12］汪文文. 论新形势下的风险导向审计[J]. 经济研究导刊,2009(42):78-79.

［13］俞素平,洪炼治,孙莉萍. 工程项目风险管理[M]. 北京:科学出版社,2015.

［14］刘永泽,池国华. 企业内部控制[M]. 北京:清华大学出版社,2019.

［15］陈维青,胡本源. 企业内部控制学[M]. 大连:东北财经大学出版社,2016.

［16］徐玉德,孙永尧. 企业内部控制与风险管理[M]. 北京:经济科学出版社,2016.

［17］左美云,余力,李倩. 信息系统项目管理[M]. 北京:电子工业出版社,2014.

［18］刘华. 审计案例研究[M]. 上海:上海财经大学出版社,2009.

［19］黄会英,王金栋. 从三鹿事件浅析我国上市公司内部控制存在的问题[J]. 企业技术开发,2010,29(07):75-76.

第五章

企业控制活动

第一节 企业控制活动的概述

企业控制活动是指有助于确保管理层的指令得以执行的政策和程序,包括与授权、业绩评价、信息处理、实物控制和职责分离等相关的活动。

企业控制活动按其目标可分为战略类、经营类、报告类和遵守类四种类型。有时,特定的控制活动,如经营类控制活动,对报告的可靠性具有显著提升的作用。报告类的控制活动也会影响遵守法律和法规的问题。

为了确定企业控制活动,适当地考虑控制活动之间的联系也是不可或缺的。在一些条件下,一个控制活动可以用来针对多个风险。其他情况下,应对风险需要很多风险控制活动。通常建立企业控制活动是为了实现风险响应,但是有时风险响应本身是控制活动。例如,在保障交易顺利进行时,风险响应本身就是控制活动,需要职责分离和监督者的承认。

特别需要注意的是,控制活动是企业实现目标过程中非常重要的部分。若为了控制而控制,则最终将不能控制。企业管理者必须结合控制活动和控制目标去完成应有控制的设计。

控制活动可以从不同的角度进行分类,它们有的是执行预防性功能的控制,有的是交易之前的控制,有的控制是检查错误和防止欺诈,也就是说要及时审查和控制交易活动等。企业控制活动要结合手动控制和计算机控制,准确收集信息,建立许可,批准给定投资决策的日常过程等。企业控制活动可以分为以下几种活动。

一、最高管理层的审阅

最高管理层审阅是将实际的执行效果与预算、预测、去年同期以及竞争对手进行比较,追踪和验证几个活动的效果,测定是否达成预定目标。例如,企业列出措施、过程、生产计划、成本降低和控制计划等。

二、活动管理的业绩报告

活动管理的业绩报告则由职业经理进行审阅。每个企业的活动管理的业绩都是企业运营的核心,关注员工的态度是企业生存的必要条件。企业对业绩的重视将会把活动管理业绩报告的审查作为重要问题。良好的业绩需要良好的活动管理业绩报告。

三、交易活动的信息处理

交易活动的信息处理过程是由输入、输出、处理三部分组成，或者说由硬件、系统软件、应用程序和数据库所组成。信息处理时要注意对交易的准确性、完整性以及授权的适当性要进行控制。例如，企业在处理客户订单方面，只有工作人员查询相关已批准的客户文档、信用限额后才能被认可等。

四、资产管理的物理控制

资产管理的物理控制要保证企业的设备、存货、证券、现金和其他资产的实物安全，并定期进行核对。做到物、账核对后一致，没有差错，也就是做到账实一致。

五、绩效指标的相关分析

企业要进行数据相关分析，如企业经营性和财务性数据的绩效分析，并采取相应的纠正措施，即执行控制活动。例如，绩效指标中要分析员工的流动性，因为若流动性过高，一些关键岗位会人员不够，因而达成目标的可能性就会降低。

六、职责分离的内控目的

职责分离的内控目的是防止舞弊和欺诈。例如，企业交易的批准、注册和相关资产的处理应分开。企业规定批准信用销售的经理不负责处理应收账款和现金收入。企业要坚决杜绝销售人员修改产品的定价政策和佣金率的情况。

第二节　企业不相容职务分离控制

一、不相容职务分离的概述

不相容职务是指如果职务由同一个人担任，那么发生错误和舞弊行为的可能性会大大提升，同时，又会掩盖其错误和弊端行为的职务。例如，会计、出纳、保管三者的职务。因此，不相容职务分离是指企业为了降低以上情况出现的可能性，一些职务应做到由两个或两个以上的人或部门分别负责，如此一来，无意识犯错的可能性会大大降低，合伙舞弊也得到有效地遏制。

不相容职务分离核心是"内部牵制"，合理设置相关岗位，形成制衡机制。不相容职务分离具体包括如下几项：授权和执行的职务要分离、执行和审核和职务要分离，执行和记录的职务要分离，保管和记录的职务要分离等。

二、不相容职务分离的内容

内部控制中必须贯彻不相容职务分离的原则，其内容包括：

（1）对每一项业务不能完全由一人经办。

（2）钱、账、物分管原则，即出纳、会计、保管分离。例如，企业的仓库保管员负责实物材料的收、发、存和管理工作，而相关的账务则交给会计人员负责。

（3）建立健全严格的凭证制度并实施。

通常来讲，企业经济业务活动通常可以划分为授权、签发、核准、执行和记录五个步骤。若每一步都有相对独立的人员或部门负责，不相容职务分离则可以得到相应的保证，使内部控制发挥应有的作用。

总而言之，在企业内部存在的不相容职务内容如下。

（1）授权某项经济业务和开展该业务的义务必须分开。

（2）开展一定的经济业务，并对这些经济业务进行审查的职责必须分开。例如，企业中填写销售发票的人不能同时担任审核员。

（3）从事经济业务与登记业务的职责应分开，例如，卖方不能同时进行会计和簿记工作。

（4）保管与登记某些货物和材料的任务应分开。例如，企业的出纳和簿记员由不同人员担任。

（5）维护某些财产和材料以及核实实际存款和账户存款的职责应分开。

（6）明细账和总账的记录职责应当分开。

（7）保管存货的职责与总账记录职责必须是分开的。

第三节　企业授权审批控制

授权审批控制是指企业在从事经济业务时，必须获得控制权的授权和承认。在企业，股东通常授权董事会，董事会将大部分权力委托给企业的董事长和相关经理。企业各级管理人员由上一级或上几级管理人员授权，管理控制对象是下级管理人员。

授权审批控制有一般授权和特殊授权两种类型。一般授权是指授权给有关人员在正常范围内处理经济业务的权利。特殊授权是指在一般授权范围外处理特殊业务的权利。例如，企业在进行物资的筹措业务时，有权根据实际情况对物资的筹措人员进行 1 万元以下的物资的筹措，决定是否有购买的权利。金额超过 1 万元的，应当在得到监理人的批准后才能购买。前者是一般的授权事例，后者是特殊授权事例。

必须严格界定一般授权和特殊授权的范围。一方面，一般的授权范围不能太大或太小。一般权限范围太大的话，企业的领导会失去对重要业务的控制，承担更大的业务风险。另一方面，一般的授权范围太小的话容易突破权限，需要凡事全部请示。这样一般的授权会削弱管理团队的积极性和责任感，造成不利影响。

授权审批控制主要内容包括凭证和文件的检查和现场观察。

一、凭证和文件的检查

在进行经济业务时，需要准备一系列的凭证或文件进行审查。这些凭证或文件是授权和批准的证明。审查可以反映许可证和批准程序的执行程度。

例如,检查购买发票和购买订单,检验购买业务是否符合授权标准。在发票数量和价值与采购订单不一致的情况下,如果按照购买发票付款的话,则表示购买和支付的授权审批过程将无法控制。

二、现场工作的观察

只有去授权批准工作现场观察,才有可能对授权批准的质量进行评价。例如,某企业规定,在购买商品时,在订购之前,必须向不同供应商要求 3 个报价。为了确认负责人是否执行上述授权和批准条件,只能在现场观察。

第四节　企业会计系统控制

一、会计系统控制的含义

会计系统控制是指控制主体利用会计信息控制资金的流动。具体而言,会计系统控制是指会计师(部门)通过对照财务法规、财务制度、财务指标、财务计划及财务目标,而进行的资本流动控制;或者指导、组织、监督日常财务活动(现金流),限制某些管理活动,确保财务计划(目标)实现的控制活动。

会计系统控制是企业通过会计核算和会计监督进行的控制,包括会计凭证的控制、复式簿记的控制、财务报表的控制。企业必须按照《会计法》和国家统一的会计管理规定,对会计主体的经济活动进行记录、汇总、分类和报告,完善会计业务处理流程,全面开展会计业务。会计系统控制功能是财务管理的重要环节或基本功能。它与财务预测、财务决定、财务分析、财务评估一起,已经成为财务管理的系统或全部功能。

二、会计系统控制的内容

会计系统控制的对象是企业的资金运动。会计系统控制主体是利用会计信息控制企业资本流动的会计部门和其他相关政策决定部门。企业组织会计控制系统,是以会计部门为网络系统中心,贯穿企业的所有其他部门。企业会计系统向企业提供成本信息、经营信息、生产信息、库存信息等。因此,企业必须强化会计制度的控制效果。

企业的会计系统控制主要体现如下几个方面:

(1) 建立内部会计管理规范和监督制度,明确权利和责任,相互制约。

(2) 统一企业内部会计政策。

(3) 统一企业内部会计科目。

(4) 规范企业会计凭证、账簿和财务报告的处理程序和方法。

第五节　企业财产保护控制

一、财产保护控制的含义

财产保护控制是指企业为了确保财产和数据的安全性和完整性而采取的各种方法和措施。企业制定的资产登记、资产保管、财产检查制度都是财产保护的控制制度。

实物保护和财产管理主要包括企业采用的一些限制性规定、限制直接接触资产、资产处置、现货保管、定期盘点、验证、财产保险等各项措施。

建立财务会计档案保存系统，包括保存数据、保存相关业务信息后由专人制作、发布、维护列表、防止会计数据的篡改、更换，以便业务审查。

财产和材料的科学编号和贮藏要做到容易接受，便于运输，便于验证和维护。现在，企业在经济交易后必须马上登记，特别是有现金、银行存款等业务，必须按照要求进行管理，实现每天的结算，防止资金的挪用，确保现金的计划使用和资金周转。

财产物资的管理为了反映财产物资在任何特定时间内的收入、发出、余额，必须采用永续的盘点法。实施存货法威胁企业财产和物资安全。建立定期和不定期财产的盘点制度，确保财产和材料处于一致的会计状态。不管存货是否发生损溢，都可以追究原因，追究对财产、物资管理的责任，按照规定的程序，经过监理人的批准后，进行会计调整。

二、财产保护控制的内容

企业财产安全控制包括限制直接接触资产、财产处置控制、实物保管控制、定期盘点控制、财产保险控制。

（一）限制直接接触资产

除了企业财产实物保管部门或人员可以接触财产实物之外，企业其他部门或人员一般不可以直接接触实物。

（二）财产处置控制

企业财产增减应当严格按照审核审批控制要求办理手续，通常情况下，由企业的保管部门经办、由财务部门审核和企业负责人审批后，才能处置。

（三）实物保管控制

现金只由企业的出纳保管，其他人员未经批准不得代收现金；机器设备由企业的生产部门负责管理；房屋、家具和电子设备由行政部门负责管理，同时，其接受各部门的协助；存货由仓库负责管理，出入库程序必须符合规定的流程与手续。

（四）定期盘点控制

账账相符的管理是重中之重，其可以避免出现无效盘点。盘点可以依据实际需要分为定期和不定期两类,但无论是哪一种,建立合适的盘点制度和流程是不可或缺的。盘点的形式有如下两种:即先盘点实物再核对账,以及先对账再确认实物的形式。盘点中,如若出现账实不符,要查明原因并进行妥善的处置。

(五) 财产保险控制

企业的主要财产应当投保(如火灾险、盗窃险、责任险等),降低企业经营风险,确保企业财产安全、保值、增值。

第六节　企业预算控制

为了促进企业实现发展战略,发挥企业全面预算管理作用,依据有关法律法规和《企业内部控制基本规范》制定《企业内部控制应用指引第 15 号——全面预算》。所谓的全面预算是指企业对一定期间经营活动、投资活动、财务活动等做出的预算安排。企业实行全面预算管理,有以下三点风险需要审慎对待:

(1) 企业不编制预算或预算不健全,可能导致企业经营缺乏约束或盲目经营。

(2) 企业预算目标不合理、编制不科学,可能导致企业资源浪费或发展战略难以实现。

(3) 企业预算缺乏刚性、执行不力、考核不严,可能导致企业预算管理流于形式。

企业要加强对其全面预算工作的领导,明确预算管理体制和各预算执行单位的职责权限、授权审批程序和工作协调机制。企业应当设立预算管理委员会,负责全面预算管理方面的工作,其成员由企业负责人及内部相关部门负责人组成。预算管理委员会主要负责制定预算目标、政策,管理的具体措施和方法;组织并且编制预算草案,协调解决预算编制和执行问题,并且对预算执行情况进行评估,除此之外,还具有监控预算目标的职责。预算管理委员会下设预算管理工作机构,负责日常管理工作。该机构通常设在财务和会计部门。总会计师或者主管会计工作的负责人协助企业负责人组织领导企业全面预算管理工作。

一、企业预算编制

企业应建立健全预算编制制度,明确预算编制的依据、编制程序和编制方法,以预算编制合理、程序充足、方法科学为基础,避免过度预算编制或低编预算指标。

企业在预算年度开始前必须完成企业全面的预算草案的制作。企业应当根据发展战略和年度生产经营计划,编制综合年度预算,全面考虑预算期间的经济政策、市场环境等因素,遵守上级和上级的支持程序。各层级必须按层级编排,按层组织执行。企业可以用固定预算、弹性预算、滚动预算等方式将预算组合起来编制。企业预算管理委员会对预算管理机构提出的预算草案进行全面均衡的研究和说明,从企业的发展总体提出建议,制定出预算草案,并提交给董事会审议。

企业董事会在审议全面预算项目时,要注意预算的科学性和可行性,确保全面预算、公司发展战略和年度生产经营计划的协调。企业的全面预算应当按照有关法律法规和企业规章的规定得到批准。被承认后,必须以文件形式公开实施。

全面预算是企业在一定时期内的经营、资本和财务的整体计划,企业的所有经济活动都是用当地货币来表示的。全面预算的最终反映是一系列预测财务报表和其他附表,主要应用于规划企业计划期间内的所有经济活动和相关财务成果。

全面预算是由企业的经营预算、资本预算、资金预算和财务预算构成的全面、一贯的预算体系。其内容涵盖企业的所有经济活动。

(一)经营预算

经营预算反映企业在预算期内的经营业务发展目标及其各项构成要素的预算,是财务预算的形成依据,也是财务预算编制的基础。经营预算主要包括与企业日常业务直接相关的收入预算、成本预算、期间费用预算、其他损益预算等,其中收入预算是业务预算的编制起点。

(二)资本预算

资本预算是指企业在预算期内与资本性投资有关的业务安排。例如,固定资产购置预算、基建项目全生命周期和年度预算、技改项目全生命周期和年度预算等。

(三)资金预算

资金预算是反映企业在预算期内的资金运作安排,主要包括应收与应付款预算、应交税费预算、筹资预算、还款明细预算等。

(四)财务预算

财务预算是按照规定的格式和内容,企业编制的预算报表,主要包括预计资产负债表、预计损益表、预计现金流量表等。

二、企业预算执行

企业要加强预算执行管理,明确预算指标的分解方法、预算执行权限及审查许可等要求;严格审核预算执行报告,实行预算执行责任制,确保预算的刚性,严格执行预算的安排。企业的总预算董事会批准发布后,各预算执行单位要切实落实,并将预算指标分层,在内部各部门、各环节、各岗位的横向、纵向实施,形成完整的体系,企业以年度预算为基础,调整各生产经营活动,将年度预算分为季度预算和月度预算,实行阶段性预算控制,实现年度预算目标,追究预算执行的相关责任。

企业必须遵从全面预算管理的要求,组织各生产经营活动,进行融资活动,严格管理预算。加强针对资金收支业务的预算控制,及时组织资金收支,严把支付关卡的审批。调整资金收支余额,防止支付风险,特别是预算外的资金支付需要严格的审查制度。企业在处理采购、支付、销售、入账、成本、工程项目、外商投资和融资、研发、信息系统、人力资源、安全环境保护、资产购买和维护等业务以及问题时,必须满足预算的刚性要求。如果涉及生产过程和成本,就必须实行相关费率计划、报价和标准。对于工程项目、外商投资融资等大的预算项目,企业应密切关注其实施进度和完成情况,并实施严格监控。

企业应当加强预算管理机构与相关执行机关的沟通与协调,以此对预算执行情况进行监督,用适当的方法报告预算执行的进度,并立即向政策决定机关和预算执行机关提供支持。预算差异会对预算目标产生影响,"好"的差异促进了企业预算目标的实现。

企业预算管理机构和预算执行机关必须确立预算执行分析制度,定期召开预算执行分析会,提出预算执行报告,针对发现或可能存在的问题提出改善措施。企业在分析预算执行情况时,收集完整的财务、业务、市场、技术、政策、法律等信息,从不同情况充分反映预算执行单位的现状、发展趋势和潜力,用比例分析、比较分析和因素分析等方法从定量和定性两个方面进行分析。

企业批准的预算必须稳定,不能随意调整。由于市场环境、国家政策、不可抗力等客观因素,执行预算差异较大,需要调整预算的,必须实行严格的审查程序。

三、企业预算考核

预算考核是指企业对各级预算责任单位或责任中心执行结果进行评价的审查和评价。预算考核制度是对预算执行者的有效激励和约束形式。

预算考核有两个阶段。一个阶段是整个预算管理体系的审查,是对企业经营成绩的审查和各指标的审查,包括生产能力指标、销售能力指标、市场开发能力指标,以及各种需求指标的评价,如资本运营能力指标和资本运营能力指标的评价。另一个阶段是对预算执行者的评价,即对人的评价,其重要性在于实现更好的预算约束和激励。员工激励制度是对表现不好的人进行的处罚。预算评价贯穿实行预算的整个过程,实行预算后的预算评价是动态评价,也是综合评价。

企业必须确立严格的预算考核制度,对预算执行机关和个人进行审查,明确奖惩。企业预算管理委员会定期评估预算执行情况,确认预算执行机关的负责人签署的预算执行报告书和动态监测信息,确认各单位的预算执行情况。

对企业预算执行情况的评估,必须遵守目标性原则、可控性原则、时效性原则、例外性原则、公平公开原则、总体优化原则,全面记录评价过程和结果。

(一)目标性原则

企业预算评价的目标是更好地实现企业预算战略和目标。因此,在设计企业预算评价体系时,应遵循客观原则评估、指导预算执行情况。只考虑局部利益而忽略整体利益是不可取的,委员会的责任是避免损害各中心整体利益的行为。

(二)可控性原则

企业的预算考核必须公开、公平、公正。企业内的各预算执行单位限于其职责范围,对其可控制的预算差异负责。利益的分配也以此为基础,实现"责任、权利、利益"的统一。

(三)时效性原则

企业内控的时效性,对预算考核来说,是必须要考虑的要素。考核时点的选择需要保持审慎的态度,并根据管理基础、内外部环境变化以及经营需要来确定,如季度考核、半年度考核、年度考核。如果等年度预算期结束后再进行考核，就无法发挥预算考核的作用，且与初衷相违背。

（四）例外性原则

在管理企业预算时，市场变化、行业环境变化、相关政策变化、重大自然灾害、意外损失等无法控制的异常情况可能会出现。要评价特殊待遇，必须考虑这些特殊情况。企业在受到这些因素影响后，必须按照程序调整预算，根据调整后的预算指标进行评价。

（五）公平公开原则

公平性是企业预算评价的重中之重，即同样的业绩必须得到同样的评价。评估公开透明，包括标准制定过程，向评估人员公开，评估标准将在实施前公布，并在必要时公布评估结果。

（六）总体优化原则

预算管理的目的是通过调动预算责任主体的积极性和主动性，以此推动预算管理的总体目标的实施。企业责任预算主体的主要目标是自身利益的最大化，这会造成局部利益和整体利益，或个人与企业，因为各自立场问题，产生冲突。预算考核应有利于企业总体目标的实现和价值的最大化。

第七节　企业运营分析控制

一、运营分析控制的含义

运营分析控制是指企业建立运营情况分析制度，企业管理层与治理层应合理运用购销、生产、投资、筹资、财务等方面的信息，通过因素分析、对比分析、趋势分析等方法，进行相关情况的分析，发现企业存在的各种问题，及时查明原因并加以改进。

企业运营分析控制中的目标管理就是一个典型案例。20世纪60年代，金刚砂空中货物公司最先使用坚固耐用、规格统一、可重复使用的集装箱运输货物，开创了集装箱运输货物的先河。然而，负责集装箱运输业务的副总裁爱德华·费尼发现只有45％的集装箱是完全填满的。为了保证装货质量，副总裁爱德华·费尼开始组织工人接受关于装满集装箱的专业培训，并经常派人实地督促检查集装箱是否装满，但是收效甚微。这时一位管理学专家提出建议，他说在每个集装箱内部画上一条"填满至此处"的横线，此后，完全填满集装箱的比例竟然由45％上升到了95％。那么一条简单的横线，为什么会有如此大的控制作用呢？管理学专家回答说："画上一条横线，就有了专一的目标；有了专一的目标，就有了专一的行动；有了专一的行动，就有了实现目标的可靠保证。这就是目标管理的作用。"

二、运营分析控制的内容

企业运营控制需要考虑以下几个方面的内容。

（一）资金链

资金是运营最重要的一点。企业开始一个项目需要多少资金,能用多少资金,这些基金的核心功能是如何通过自己的操作向投资者提供最大限度的回报。因此,企业的经营者应在资金链中考虑的因素包括项目投资金额、资金回收时间、周转周期和运营开支(固定资本和运营资金)等。

（二）产品

产品即你要卖什么,该产品的市场容量如何,研发或引入一个产品,运营者首先要考虑的是这个产品的前景以及市场的需求量,然后再考虑为消费者提供什么样的产品。

（三）目标消费者

目标消费者有两种:一种是销售单位,另一种是直接消费单位。销售单位是指产品销售中转平台,一般指渠道业务。直接消费单位是指产品的最终消费者。产品的最终消费者可以分为两类:一类是有组织地购买,另一类是个人消费。组织采购可以被认为是团体采购,如政府单位、工程项目或团体采购。只有明确区分目标消费者,才能做好营销工作。

（四）产品包装与定价体系

产品包装由外包装和内包装两部分组成。外包装是指传统的实物包装,主要起保护产品,运输方便的作用。内包装是指对产品的有益卖点、产品功能和价值描述、产品定位、广告语的包装。产品定价体系是根据目标消费者、竞争对手、成本和市场定位建立的。不同的目标消费者有不同的定价体系,这体现在渠道商和终端客户之间的价格差异上。竞争对手和市场定位是制定有竞争力的定价策略的参考标准。从利润的角度考虑成本,通常情况下,高端产品以品牌为驱动,会实行高价高促销,实现利润最大化。如果通过渠道销售时,销售利润则会被渠道供应商分走一部分,采用扁平化运作则可以发挥价格的优势。

（五）渠道

渠道指产品卖出去的方式。渠道既可指信息传播通道,也可指产品销售通道。有了产品之后,如何让目标人群知道该产品,是通过广告方式传播还是通过铺货,还是通过直销(电子商务、电话推销等);通过建立自营店还是通过代理或经销模式进行;一个产品要达到利润最大化,有几个关键的影响因素,如单品成本和市场价之间的利润空间、单位时间内销售的数量,即销售规模、渠道的数量。因此,为了扩大整体利润的总量,我们需要从上述几个方面考虑选择渠道、刺激消费,管理渠道。

（六）管理

管理是一个运营支撑系统,即由人和结构组成的流程系统。作为运营管理者,企业需要考虑以下三个方面来支持整体运营目标:

（1）结构化管理,即建立组织结构。经营的前提是要有组织架构。这些结构下的成员与领导要明确在什么样的组织内。成员与领导各自的功能都像齿轮,相互联系,相辅相成。组织架构设计时,建议企业先列出职责,再按职责划分岗位,这样才能有效利用人力资源,组织结构才不会臃肿、不会重复。

（2）营销管理，即产品、渠道、定价、促销、销售任务、竞争策略、客户数据、培训、组织绩效体系的建立和管理。

（3）关系管理，即建立组织的外部关系管理、内部关系管理。

（七）售后

企业在产品售出后将提供的服务，基本上遵循如下流程：首先拿钱做产品，然后以某种方式销售产品，管理这些环节，最后计算成本回收时间。这句话概括了商业活动的性质，这是当今大多数企业的基本运作模式。所以，只要考虑好、做好这些方面，企业基本上就能做好运营工作。运营经理需要具备以下几点能力：

（1）学习能力。学习能力可以使高管管理的团队持续改进。

（2）执行能力。执行能力直接影响网站的发展和团队工作的效率。

（3）分析能力。竞争对手分析、市场分析、运营数据分析等都需要很强的分析能力。

（4）管理能力。团队再好，无法有效管理就无法体现它的真实价值。

（5）决策能力。一个可以改变一个企业命运的决策。

作为运营管理者，以下几点内容需要格外重视：

（1）团队建设。在企业销售发展的不同阶段，组织不同岗位，充分发挥岗位作用，建设一个强大有效的团队。团队设立目标，制定执行方向及计划，注重团队学习及发展的空间。

（2）销售活动。销售发展指导与计划、企业销售分析网络、竞争对手分析、企业销售发展方向、盈利模式与重点、目标和经营发展计划，直接影响企业健康发展的销售活动。

（3）运营监控。监控运营和运营过程、目标设定、有效的推广计划、推广方式，实时活动数据监控，及时调整运营策略和推广方式措施。有效的运营监控，可以发现运营过程中的问题，并及时纠正和处理。

（4）市场的拓展。企业拓展销售市场、树立品牌、重视合作、整合资源，提高对市场的分析和理解能力，有效提升公司的发展和长期销售增长。同时，网站的发展需要市场的磨合，需要资源的利用，要有效地利用资源，开展网站市场拓展工作，建立网站品牌及影响力。

第八节 企业绩效考评控制

绩效考评控制是指企业通过审查，规范企业各级管理人员和员工的经济目标和经济行为，强调目标而不是控制过程，实现各级管理目标，实现企业战略目标。绩效评价系统主要包括评价指标和程序的建立、评价方法的选择、评价结果的分析、偏差的纠正和激励措施。

一、企业绩效考评控制的系统分类

按企业考评对象可分为经营者绩效考评控制和员工绩效考评控制两大系统。经营者绩效考评。评估主体是股东或股东大会和董事会，评估对象是经营者。经营者工作具有特殊性，企业自身的绩效是企业工作成果的重要反映，因此经营者绩效考评控制系统又包含如下两个内容：企业的整体业绩和经营者的个人业绩。员工绩效考评控制是由管理层按照一定的标准和方法对员工的工作完成程度进行考核。无论审查的对象是谁，都会影响经营者绩效考评控制系统的绩效。

绩效考评的工作可分为以下三部分。

（一）绩效考评前，应制定合理而详细的考评标准

只有制定出扎实、详细的考评标准并予以公布，为成员设定目标，明确方向，评价者才能清楚地了解正在发生的事情、要达到的目标和标准。考评标准越详细，对被考评方情况的反映就越全面，组织将能够更好地了解被考评方的优势和劣势。

（二）绩效考评中，考评者必须秉持诚实真心的态度及保持内部沟通的畅通

考评者必须保持诚实、诚恳的态度，立足于组织的总体目标和具体目标，对被考评人的各个方面进行综合评价。当然，聘用合适的人才比聘用杰出的人才更经济，而聘用杰出的人才需要付出更高的成本。在考评过程中，为了尽可能公平合理，组织应提倡民主，建立畅通的沟通渠道，使最重要的问题得到及时回应，避免影响考评公平性的情况出现。

（三）绩效考评后，要有奖惩措施及前程规划方案

对考评结果要认真对待，按照考评前制订的计划进行奖惩，并将结果进行公示，保证公开透明，使被考评方不会对评估感到不安全或产生冷漠、不赞成的心态。

二、企业绩效考评的方法

国内许多企业意识到了绩效考评的重要性，对国外先进的绩效考评理论和方法进行了分析和学习。例如，引入目标管理等考核方法。在引入考评方法的同时，企业还应结合我国特有的文化背景以及企业具体情况，遵循一切从实际出发的原则，努力探索出一套科学、合理和完善的绩效考评体系，这样才能使绩效管理取得令人满意的成效，打造一批有竞争力的团队，以期在激烈的市场竞争中，让企业脱颖而出，获得长期发展优势。下面将介绍几个绩效考评的方法。

（一）360度反馈系统

360度反馈也称为全景或多评估反馈，是指企业各级了解和熟悉被考评方的人员（如直属上司、同事和下属），以及他们通常打交道的内部人员、外部客户，其就工作绩效、关键绩效以及具体的工作行为和技能提供公正和诚实的反馈，以帮助个人或组织满足自身需求。一项调查曾得出如下结论，在《财富》杂志评选出的1 000家企业中，90%以上的企业采用了360度反馈审查系统的某些功能与部分来开展专业活动，如IBM、摩托罗拉、诺基亚、福特、迪斯尼、西屋、麦当劳等。360度反馈系统的目的是通过收集和使用质量反馈的信息来支持和鼓励员工不断改进他们的工作绩效、行为绩效，最终实现企业的目标。

（二）目标管理体系

著名管理学家彼得·德鲁克在《管理的实践》一书中提出了目标管理的概念。在该著作中，他提供了一种将组织的整体目标转化为组织单位和每个成员目标的有效方式。起初

目标管理的思想只被用于企业管理中工作计划的制订。随着管理不断地发展,这种方法逐渐成为一种有效的绩效评估手段,是管理者和专业人士的首选绩效考评方法。该方法基于员工已实现与经理一起设定的目标这一事实。具体来说,员工与上司协商,形成个人目标(如生产成本、销售收入、质量标准、利润等)对员工进行考核。目标管理评价体系本质上是一个循环系统,从公司的总体目标,到各部门的具体目标,最后到个人目标。实验研究表明,这种方法可以帮助企业提高工作效率,也可以让企业的管理者根据环境,轻松引导员工。

(三)关键绩效指标(KPI)评价法

关键绩效指标(key performance indicator,KPI)是指通过对组织内部某一流程的输入端、输出端的关键参数进行设置、取样、计算、分析,衡量流程绩效的一种目标式量化管理指标,是将企业的战略目标化为具有可操作性的目标的工具,是建立一套完善的绩效体系的基础,是管理中"计划—执行—评价"中的"评价"不可分割的一部分,是反映个体与组织KPI的评价依据和指标。

关键绩效指标是用来衡量个人活动绩效的定量或定性标准体系。定量的关键绩效指标可以通过数据来表达,而定性的关键绩效指标需要通过行为描述来表达。关键绩效指标反映了绩效对组织目标的附加价值。换言之,关键绩效指标是连接个人绩效和组织目标的桥梁。为增加组织目标价值的工作产品建立关键绩效指标,基于这些关键绩效指标的绩效评估可以使真正做出贡献的人得到应有的奖励。

(四)图尺度评价法

图尺度评价法是最简单、最常用的绩效考核方法之一。它列出了各种绩效组成部分,例如,工作质量、工作量以及工作绩效因素,并以优秀、良好、一般、差和劣进行绩效评估。进行绩效评估的程序如下:先将每个评估因素与每个员工的绩效状态匹配,得出一个合理的分数,然后将每个员工获得的所有分数相加,得到最终的绩效考评结果。

很多企业并未简单停留在评估"工作质量""工作量"等一般绩效因素上,还进一步明确了职责,以工作职责为评价标准形成更加细致全面的绩效评估考核表。一般职责标准从工资说明书上获得,职责的重要性以百分比形式反映。在图表等级评级中,每个评级因素后面通常有一个空格,供考评者进行一般性解释。这种方法在考评被评估者整体表现的一部分时很有用。

(五)平衡计分卡评价法

该方法的中心思想是通过财务、客户、内部业务流程、学习和成长四个指标之间相互驱动的因果关系来展示组织的战略轨迹,实现绩效衡量的目标—绩效的提升和战略的实施—战略审查。平衡计分卡的绩效衡量与评价指标不仅包括财务指标,还包括客户满意度、内部运营流程、组织学习与成长等非财务评价指标来整合财务指标,它们共同作为公司未来的"驱动力"财务绩效。这些财务和非财务评价指标来源于企业的战略,为其自上而下分解的结果,从而形成战略与目标之间的双向培训和改进循环。平衡计分卡不仅为企业提供了绩效考评体系的创新问题,也为建立企业战略管理与绩效考评体系之间的系统联系提供了思路和方法。绩效考评使系统绩效考评成为企业战略管理的一个组成部分。然而,任何体系都没有完美一说,平衡计分卡亦有不足:一是没有提出支持集团战略与集团战略业务单元战略动态调整的理论框架;二是无法解决企业内部个人绩效考评问题。

(六)行为锚定等级评价法

行为锚定等级评价法是近年来越来越受到重视的一种绩效考评方法。它结合了绩效指标评价法和图尺度评价法的主要元素,评分者根据一定的顺序数字尺度分配不同的指标,但评分项目是某人从事特定工作的具体行为,而不是对个人资料的一般描述。

行为锚定等级评价法侧重于特定的、可衡量的工作行为。它先将工作的关键要素分解为各种绩效因素,然后为第一个绩效因素确定一些有效或无效行为的具体示例。结果可用"预期""计划""实施""解决眼前问题""执行命令""处理突发事件"等行为来进行描述。例如,对于如"按资历公平分配加班任务"和"告诉工人有问题来找他们"这样的叙述,经理可以使用 5 分制的基本打分法监督团队,一般 0 分制几乎从不使用,4 分制几乎习惯用来做评估。

绩效考评控制的重要性在于,绩效考评控制要求企业科学建立绩效考评指标体系,验证预算绩效指标、盈利能力、投资回报指标、安全生产目标等,对各项当前绩效进行考评。对部门和员工进行考评,兑现奖惩,加强对部门和员工的激励和约束。绩效考评制度是解决企业内部股权的必要条件。激励的一个重要因素是个人是否对薪酬结构感到公平。亚当斯的正义理论认为,个人会主观地将自己的贡献,包括努力、经济、教育等诸多因素与他人进行比较,以评估是否获得了公平或公平的报酬。

公平问题对企业来说是需要审慎考量的。要解决公平问题,建立一套行之有效的绩效考评制度是势在必行的。企业的综合绩效考评体系能够有效识别员工的贡献度并提供相应的激励,从根源上解决不公平,员工积极、充分地发挥主人翁的作用,履行责任和义务。在员工通过自己的努力使自身利益最大化的同时,也促进企业最大化效用,形成双赢的局面:即员工与企业之间的双赢,上级与下属之间的双赢。

第九节　企业合同控制

一、企业合同的概述

合同是有意向双方在一定条件下约定的事件的书面记录。只要不违反法律,不存在矛盾的合同条款,合同是双方自愿签订的,不影响第三方的利益。订立合同的让与人对该标的物享有处分权,且订立合同的一方或双方均无欺诈意图,合同有效,受法律保护。

合同也是平等主体的自然人、法人、其他组织之间设立、变更、终止民事权利义务关系的协议。它是平等主体的个人、法人和其他组织之间建立、变更和终止民事权利和义务的协议和协议。合同作为民事法律行为的一种,是当事人同意的产物,是两种或两种以上的意思表示一致的协议。合同只有在当事人的意图表达合法的情况下才具有法律约束力。

法国关于合同法的含义:《法国民法典》第 1101 条规定:"合同为一种合意,依此合意,一人或数人对于其他一人或数人负担给付某物、作为或不作为的债务。"这是大陆法系关于合同的经典定义。

德国关于合同法的定义:《德国民法典》第 305 条规定:"以法律行为发生债的关系或改变债的关系的内容者除法律另有规定者,必须有当事人双方之间的合同。"

美国关于合同法的定义:《法律重述:合同(第 2 版)》规定:"合同是一个允诺或一系列允诺,违反该允诺将由法律给予救济;履行该允诺是法律所确认的义务。"

依法成立的合同自企业成立之日起生效,具有法律约束力。作为一个法律概念,合同可以分为广义的合同和狭义的合同。广义的合同是指两个以上的民事主体之间设立、变更、终止民事权利义务关系的协议。广义的合同除了民法中债权合同之外,还包括物权合同、身份合同,以及行政法中的行政合同和劳动法中的劳动合同等。狭义的合同是指债权合同,即两个以上的民事主体之间设立、变更、终止债权关系的协议。

这里所说的合同,是指受合同法管辖的合同,具有以下法律特征:

(1)合同是具有同等法人资格的两个或者两个以上当事人的意思表示一致同意的。

(2)合同的目的是创设、变更或者终止债权债务关系。

(3)合同是民事法律行为。

合同实施控制的主要工作包括合同交底、合同跟踪与诊断、合同变更管理和合同索赔等。

(1)合同交底。在合同实施前,合同谈判人员应进行合同交底。合同交底应包括合同的主要内容、合同实施的主要风险、合同签订过程中的特殊问题、合同实施计划和合同实施责任分配等内容。组织管理层应监督项目经理部的合同执行行为,并协调各分包人的合同实施工作。

(2)合同跟踪与诊断。全面收集并分析合同实施的信息,将合同实施情况与合同实施计划进行对比分析,找出其中的偏差。应定期诊断合同履行情况,诊断内容应包括合同执行差异的原因分析、责任分析以及实施趋向预测。应及时通报合同实施情况及存在问题,提出合有关意见和建议,并采取相应措施。

(3)合同变更管理。包括变更协商、变更处理程序、制定并落实变更措施、修改与变更相关的资料以及结果检查等工作。

(4)合同索赔。合同索赔是指合同一方违背了合同中相关约定或者没有履行合同义务而需要向另一方支付金钱。例如,企业委托方、分包人、供应单位之间的索赔管理工作应包括预测、寻找和发现索赔机会;收集投诉证据和理由,调查分析干扰事件的影响,计算投诉金额,提出投诉意向并报告。处理委托方、分包方和供应商之间的承包商反诉的工作包括对收到的投诉报告进行审查和分析,收集反诉的证据,审查投诉金额,撰写和提交反索赔报告;通过合理的管理,防止反索赔事件的发生。

二、企业合同的管理

为了为促进企业加强合同管理,维护自身合法权益,依据《合同法》等法律法规,《企业内部控制基本规则》进行企业合同的控制。所谓合同,是指企业与自然人、法人和其他组织等平等设立得到,为变更、终止民事权利与义务的关系或事项达成的协议。该合同概念不适用于企业与员工之间签订的雇佣劳务合同。同时,合同管理有如下风险,需要企业审慎考量:

(1)未签订合同、擅自签订合同、未履行合同对方资质、严重遗漏和在合同内容中有欺诈行为,可能导致侵犯企业合法权益的。

(2)合同未能做到充分履行或者出现检查纰漏均增大了导致企业破产、诉讼和经济利益受损的可能性。

(3)合同纠纷处理不当,可能损害企业的利益、声誉和形象。

加强合同管理对企业是重中之重。企业应设立合同管理部门,明确合同制定、审批和执行的程序和要求,定期核查和评估合同管理薄弱环节,采取相应的控制措施,以维护企业的合法权益。

三、企业合同的订立

企业对外发生经济行为,应当订立书面合同(即时清算除外)。在订立合同前,要充分了解对方的资格和资信状况,以确保对方有履行合同的能力。对于影响重大、技术要求能力或法律关系复杂的合同,企业必须组织法律、技术、财务、会计等专业人士参与谈判,必要时可以聘请外部专家参与相关工作。谈判过程中的重要问题和谈判参与者的主要意见必须妥善记录和保存。

企业拟定合同文本,必须遵循双方协商过的结果,并且依据自愿、公正的原则,明确双方的权利义务和违约责任,保障条款内容完整,且表述严谨准确,相关程序完备,以此将遗漏出现的概率降到最低。合同文本通常由公司商务部门编写,并由法律部门审核。法律关系复杂的重大或特殊合同,由法务部门拟定。如果国家或部门有示范合同,可以先用,但涉及权利义务比例的条款必须仔细分析,根据实际情况适当修改。合同文本经国家主管部门审查或备案的,必须按照相应程序办理。

严格审查合同文本对企业来说,是不可或缺的,重点审查合同的标的、内容和形式是否合法,合同内容是否符合企业的经济利益,另一方具有履行合同的能力、合同的权利义务和违约责任以及争议解决条款是否明确等。企业须整理相关合同文件,若影响重大或法律关系复杂,则需要相关部门进行审核,如果其提出不同的意见,且需要认真分析研究,慎重对待,并准确记录;必要时应对合同条款做出修改。内部相关部门需要在这方面认真履行其应有的职责。企业依据规定的权限和程序与对方签订合同。与第三方正式签订的合同时,需要企业的法定代表人或其代理人签字或者盖章。若签署是授权的形式进行,则必须签署授权书。属于上级管理机构的合同不需要下级单位授权书。下级单位认为涉及上级管理机构的合同的,必须提出申请,经上级合同管理机构批准后管理。上级单位应加强对下级单位合同订立和履约情况的监督检查。

合同专用章的制度的建立与维护,是不可或缺的。合同经企业法定代表人或其代理人编号、批准、签字后,加盖合同专用章。企业必须重视合同信息的安全保密,未经批准不得以任何方式泄露合同签订和执行过程中涉及的商业秘密和国家秘密。

四、企业合同的履行

企业需要以诚实信用的态度,严格地履行合同,对合同执行情况实施有效监督,加强对合同执行情况和效果的检查、分析和验收,确保合同得到充分、有效执行。合同生效后,检查发现自身与对方在质量、价格、履行地点等方面没有约定,或者约定不明确的,可以协议补充;如果不能达成附加协议,则可依据相关国家法律法规、合同条款或相关商业惯例确定。

在合同履行过程中发现有显失公平、条款有误或对方有欺诈行为等情形,或因政策调整、市场变化等客观因素,已经或可能导致企业利益受损,可遵循相关程序及时报告,并经双方协商一致,按照规定权限和程序办理合同变更或解除事宜。

企业要加强合同纠纷管理。在履约的过程中发生争议的,必须在规定期限内与对方协商,并按照国家有关标准法律法规规定的权限和程序及时报告。协商解决合同纠纷的,双方必须签订书面协议;协商不成的,按照合同约定通过仲裁或诉讼解决。企业如获授权在内部处理合同纠纷,必须签署委托书。在争议解决过程中,未经授权和批准,相关人员不得就事由向对方提供实质性的答复或承诺。

企业财务会计部门将在审核合同条款后处理结算活动。不按照合同约定履行合同,或者未经签字就签订书面合同的,会计部门有权拒绝付款,并及时向相关主管负责人报告。

合同管理部门需要加强合同登记管理,充分利用信息技术,定期进行合同统计、分类归档,详细记录合同的完成、执行和变更情况,对合同全过程实行封闭式管理。

建立合同绩效考核制度也是不可或缺的一环,企业至少应在每年年底,对合同总体履行情况和主合同的具体履行情况进行审查和评价。若发现合同存在相关缺陷,企业应及时改进。

企业应完善合同管理考核和责任追究制度。在合同订立和执行过程中,有关机构或雇员将因违反法律法规而承担责任。

第十节 案例分析

 **案例**

法国兴业银行案例

法国兴业银行(以下简称法兴银行)创建于 1864 年 5 月,是有着近 150 年历史的老牌欧洲银行和世界上最大的银行集团之一,1997 年其总资产达到 4 411 亿美元,在法国跃居第一,在全球银行业排第 7 位。法兴银行分别在巴黎、东京、纽约的证券市场挂牌上市,拥有雇员 55 000 名、国内网点 2 600 个、世界上多达 80 个国家和地区的分支机构 500 家,以及 500 万私人和企业客户。它提供从传统商业银行到投资银行的全面、专业的金融服务,被视为世界上最大的衍生交易市场领导者,也一度被认为是世界上风险控制最出色的银行之一。2008 年 1 月,因期货交易员杰罗姆·凯维埃尔(Jerome Kerviel)在未经授权情况下大量购买欧洲股指期货,形成 49 亿欧元(约 71 亿美元)的巨额亏空,创下世界银行业迄今为止因员工违规操作而蒙受的单笔最大金额损失,触发了法国乃至整个欧洲的金融震荡,并波及全球股市导致暴跌。

从各方面来说,法兴银行的交易欺诈案都堪称史上最大的金融悲剧。巴塞尔银行监管委员会曾指出,著名商业银行失败事件的原因,除了内部控制失效,很难再找到其他因素。法兴银行的内部控制成为众矢之,与之相关的三大核心问题是:

(1) 内部控制"雷达"是如何被绕开的?

(2) 内部控制功能真的落空了吗?

(3) 对我国商业银行的内控建设有何启示?

一、绕开内部控制"雷达"的路径分析

自 2007 开始,在往后长达一年多的时间中,凯维埃尔在欧洲各大股市上投资股指期货的头寸高达 500 亿欧元,超过法兴银行 359 亿欧元的市值。其中:道琼斯欧洲 Stoxx 指数期货头寸 300 亿欧元,德国法兰克福股市 DAX 指数期货头寸 180 亿欧元,英国伦敦股市《金融时报》100 种股票平均价格指数期货头寸 20 亿欧元。

法兴银行作为一家"百年老店",拥有丰富的金融风险管理经验,工作权限级别森严。但问题是,一个普通的交易员是如何连过 5 道电脑关卡,获得使用巨额资金的权限并且违规操作长达 1 年多而没有被内部监控及时发现的这才是我们需要考虑的核心问题。凯维埃尔于 2000 年进入法兴银行,在监管交易的中台部门(middle office)工作 5 年,负责信贷分析、审批、风险管理、计算交易盈亏,积累了关于控制流程的丰富经验。2005 年调入前台(front office),供职于全球股权衍生品方案部(Global Equities Derivatives Solutions),所做的是与客户非直接相关、用银行自有资金进行套利的业务。凯维埃尔负责最基本的对冲欧洲股市的股指期货交易,即在购买一种股指期货产品的同时,卖出一个设计相近的股指期货产品,实现套利或对冲目的。由于这是一种短线交易,且相似金融工具的价值相差无几,体现出来的仅是非常低的余值风险。但有着"电脑天才"名号的凯维埃尔进行了一系列精心策划的虚拟交易,采用真买假卖的手法,把短线交易做成了长线交易。在银行的风险经理看来,买入金融产品的风险已经通过卖出得到对冲,但实际上那些头寸成了长期投机。纵观凯维埃尔绕开内部控制"雷达"的过程,可以概括为侵入数据信息系统、滥用信用、伪造及使用虚假文书等多种欺诈手段联合实施的立体作案。为了确保虚假的操作不被及时发现,凯维埃尔利用多年来处理和控制市场交易的经验,连续屏蔽了法兴银行对交易操作的性质进行的检验、监控,其中包括是否真实存在这些交易的监控。在买入金融产品时,凯维埃尔刻意选择那些没有保证金补充警示、不带有现金流动和保证金追缴要求,以及不需要得到及时确认的操作行为,巧妙地规避了资金需求和账面不符的问题,大大限制了虚假交易被检测到的可能性。尽管风险经理曾数次注意到投资组合的异常操作,但每次凯维埃尔称这只是交易中常见的一个"失误",随即取消了这笔投资,而实际上他只是换了一种金融工具,以另一笔交易替代那笔被取消的交易,以规避相关审查。更绝的是,凯维埃尔还盗用他人电脑账号,编造来自法兴银行内部和交易对手的虚假邮件,对交易进行授权、确认或者发出具体指令,以掩盖越权、违规行为。

二、内部控制功能的落空

健全、有效的内部控制对欺诈、舞弊和非法行为,具有"防止""发现"和"纠正"三大功能。

(一)"防止"功能的评价

法兴银行内部控制之所以不能防止令人震惊的交易欺诈的发生,严重的设计缺陷是最主要的原因。在科技飞速发展和交易系统日益复杂的趋势下,仅凭过往经验的风控方法无法及时、前瞻性地展现适应性和环境合规性银行很难做到。法兴银行的内控体系在交易员盘面资金监管、资金流向监控、中台与前台完全隔离地遵守规则、保护系统信息和密码的安全等多个环节存在漏洞。但法兴银行的注意力集中在欧洲证券交易所提供的汇总数据,不会对每个运营商的商业头寸进行细分。

此外,它将监控点放在特定时间段内交易者的净头寸和交易风险上,不限制"单边"套利交易的总头寸,然而忽略了所有交易的全面规模。让长期沉浸在风控系统中的员工直接参与交易,违反了不相容职务的最基本原则。当前的财务监督和交易系统完全是电子化的,信息系统和技术开发人员必须对内部控制设计失败负责。要保证有交易员"发明"的为避免跟踪的技术无法再被取巧使用,而要以防欺诈技术专家的思维来设计严格的监控程序。(注:2008年5月,法兴银行宣布,将在两年内拨出1亿欧元引进和设计新的反欺诈和控制系统,解决内控系统和监督管理上的薄弱环节。)

(二)"发现"功能的评价

2008年5月,法兴银行发布了一份内部调查报告,该报告指出内部管理失误是无法及时发现"大额舞弊"的主要原因。凯维埃尔的直接上司对其可疑行为的监督能力明显薄弱,经理则缺乏商业经验,对凯维埃尔的非法交易表现出"容忍度不足"。此外,法兴银行的另一位高级经理也存在风险管理问题。该报告还怀疑凯维埃尔的一名助手可能帮助他掩盖了非法交易。但有一点我们不能忽略,法兴银行的内部控制系统在其"发现"功能方面并非毫无用处。

2008年2月,根据法兴银行特别委员会出具的中期调查报告,从2006年6月到2008年1月,法兴银行的运营部门、股权衍生品部门、柜台交易、中央系统管理部门等28个部门的11种风险控制系统,自动针对凯维埃尔的各种交易发出了75次报警。从时间来看,2007年最为频繁,高达67次,这是相当触目惊心的频率,即每月有5次以上。2008年1月案发前,又有警报3次。从细节上看,这11个风控系统几乎都是法兴银行的后台监控系统,涉及经纪、交易、流量、传输、授权、分析收益、市场风险等风控的各个流程和环节。数据操作功能和衍生品交易功能发出多达 35 条警报。监控系统发现在一个不可能交易的星期六，有一笔交易没有交易对手和中间人的名字，这对于一个拥有成熟运作体系的老牌银行是相当不可思议的。

　　风险控制部门负责调查的人员轻信了凯维埃尔的谎言，导致有些警报在风险控制系统中转来转去，却没有得到有效解决。2008 年 1 月，相关管理人员针对一笔金额涉及 300 亿欧元的德国股指期货的交易对手巴德尔银行(Baader Bank)产生了警觉，因为巴德尔银行作为一个规模中等的德国做市商，数额巨大的交易超出了其能力范围。在对巴德尔银行实施一系列措施调查后，包括收紧贷款、核查其历史交易并开展全面调查之后，惊天大案才得以被法兴银行发觉，不幸的是为时已晚。

　　（三）"纠正"功能的评价

　　法兴银行的交易欺诈案表明，其内部控制制度无法"避免"，虽然可以"发现"，但无法及时"纠正"。"纠正"功能缺失的深层原因，其实是内部控制薄弱的基础——控制环境不足。凯维埃尔在 2005 年就开始非法交易并赚取了 14 亿欧元的账面利润，他说："我认为我的上级不可能没有意识到我交易存在问题。因为我用少量的钱就能赚到这么大的利润，这是不符合常理的。但当我为公司创造利润的时候，我的上级假装没有看到我使用的不当的方法和不合常理交易金额。在我看来，任何正确的控制都可能将这些交易及时发现。""管理层对利润的渴望和对风险管理监管的缺失，是显而易见的，这就是法兴银行内控功能失灵的根本原因。"

——本案例资料参考：案例数据资料、法国兴业银行的网上资料

课后练习题

一、单项选择题

1. 企业各级管理人员应当在授权范围内行使职权和承担责任，下列部门经理有越权行为的是(　　)。

A. 采购部门制定采购预算　　　　　B. 会计部门经理进行账簿核查

C. 人力资源部门聘请员工　　　　　D. 法律部门签订销售合同

2. 下列各项中，符合不相容职务相分离规定的是(　　)。

A. 甲负责保管银行印鉴和企业财务专用章

B. 乙负责客户信用调查评估和销售合同审批

C. 丙负责工程项目概预算编制和概预算审核

D. 丁负责看管仓库及定期盘点存货

3. 下列选项中，属于授权审批控制的是(　　)。

A. 甲企业建立举报投诉制度和举报人保护制度，设置举报专线

B. 乙企业规定金额在 5 万～30 万元的采购必须取得总经理批准

  C. 丙企业定期进行固定资产盘查

  D. 丁企业规定出纳专职负责货币资金的收支业务,不兼记总账和债权债务等明细账

4. 不相容职务分离控制的核心是(　　)。

  A. 各司其职　　　　B. 各负其责　　　　C. 内部牵制　　　　D. 协调合作

5. 下列选项中,不属于会计系统控制内容的是(　　)。

  A. 甲企业规定凭证必须连续编号,并按编号顺序使用

  B. 乙企业建立内部审计制度

  C. 丙企业建立会计稽核岗

  D. 丁企业要求记账凭证的内容必须与原始凭证的内容保持一致

6. 下列选项中,不属于财产保护控制的是(　　)。

  A. 妥善保管涉及资产的各种文件资料

  B. 明确会计凭证的装订和保管手续责任

  C. 定期对实物资产进行盘点

  D. 为大楼或其内的区域设立门禁系统

7. 下列环节中,不属于预算执行阶段的是(　　)。

  A. 预算下达　　　　　　　　　　　B. 预算分析

  C. 预算调整　　　　　　　　　　　D. 预算分解落实

8. 下列方法中,不属于绩效考评的主要方法类型的是(　　)。

  A. 德尔菲法　　　　　　　　　　　B. 关键绩效指标法

  C. 平衡计分卡法　　　　　　　　　D. 经济增加值法

9. 下列有关授权审批控制的说法,错误的是(　　)。

  A. 审批要有界限,即不得越权审批　　B. 审批要有依据,即不得随意审批

  C. 审批要有程序,但可以越级报批　　D. 授权应有保障,即需要加强监督

10. 下列不属于合同控制措施的是(　　)。

  A. 统一归口管理　　　　　　　　　B. 建立分级授权管理制度

  C. 限制接近　　　　　　　　　　　D. 明确职责分工

二、多项选择题

1. 需要分离的不相容职务主要有(　　)。

  A. 业务执行与决策审批　　　　　　B. 业务执行与财产保管

  C. 可行性研究与决策审批　　　　　D. 财产保管与会计记录

2. 授权审批控制中,通常授权的种类一般可分为(　　)。

  A. 长期授权　　　　B. 短期授权　　　　C. 常规授权　　　　D. 特别授权

3. 会计系统控制的方法有(　　)。

  A. 会计凭证控制　　　　　　　　　B. 会计账簿控制

  C. 财务报告控制　　　　　　　　　D. 会计人员控制

4. 财产保护控制的措施有(　　)。

A. 财产档案的建立和保管　　　　　B. 预算控制

C. 限制接近　　　　　　　　　　　D. 盘点清查

5. 合同业务的一般流程分为的两个阶段包括(　　)。

A. 合同订立　　B. 合同审批　　C. 合同履行　　D. 合同结算

三、判断题

1. 对于审批人超越授权范围审批的货币资金业务,经办人员可先帮其办理,并同时向审批人的上级授权部门报告。　　　　　　　　　　　　　　　　(　　)

2. 科学设置考核指标体系是有效进行绩效考评控制的关键。　　　　　(　　)

3. 小型企业因业务量较少,应适当合并减少部分岗位。出纳人员可适当兼任收入、费用、债权债务账目的登记工作。　　　　　　　　　　　　　　　　(　　)

4. 限制接触包括限制对资产本身的接触和通过文件批准方式对资产使用或分配的间接接触。　　　　　　　　　　　　　　　　　　　　　　　　　　(　　)

5. 合同控制就是企业在梳理合同管理的整个流程中,分析其中的关键风险点,采取一定的措施,将合同风险控制在企业可接受范围以内的整个过程。　　　　(　　)

四、简答题

1. 什么是企业不相容职务? 请举例说明。

2. 企业财产安全控制措施有哪些?

参 考 文 献

[1] 财政部,证监会,审计署,银监会,保监会. 企业内部控制基本规范,2008.

[2] 财政部,证监会,审计署,银监会,保监会. 企业内部控制应用指引,2010.

[3] 池国华. 内部控制学[M]. 北京:北京大学出版社,2017.

[4] 财政部会计司. 企业内部控制规范讲解 2010[M]. 北京:经济科学出版社,2010.

[5] 程新生. 内部控制理论与实务[M]. 北京:清华大学出版社,2008.

[6] 王如燕,王勇.《内部控制与风险管理》课程中案例教学法的应用研究[J]. 中国多媒体与网络教学学报,2019(05). 87-89.

[7] 王如燕,王勇,易阳. 政府审计介入与国企经营表现关联度研究[J]. 财会通讯,2019(8):93-95.

[8] 杨小舟. 公司治理、内部控制与企业风险管理[M]. 北京:中国财政经济出版社,2006.

[9] 孙琰镇. 企业内部控制和业绩考核在管理中的应用[J]. 中外企业家,2013(12):153-155.

[10] 黄益建. 企业风险管理:制度与流程设计[M]. 北京:机械工业出版社,2011.

[11] 财政部会计司. 企业内部控制规范讲解,2010.

[12] 企业内部控制编审委员会. 企业内部控制配套指引解读与案例分析[M]. 上海:立信会计出版社,2010.

[13] 池国华,樊子君. 内部控制习题与案例[M]. 2版. 大连:东北财经大学出版社,2014.

[14] 曾国华. 企业全面预算管理实践案例[J]. 财政监督,2018(21):41-44.

[15] 李三喜,徐荣才. 基于风险管理的内部控制设计流程、设计实务、设计模板[M]. 北京:中国市场出版社,2013.

［16］财政部会计资格评价中心.高级会计实务［M］.北京：经济科学出版社,2015.

［17］刘华.证券市场制度建设与案例研究［M］.上海：上海财经大学出版社,2010.

［18］陈维青,胡本源.企业内部控制学［M］.大连：东北财经大学出版社,2016.

［19］吴伟定.电商运营之道：策略,方法与实践［M］.北京：机械工业出版社,2015.

［20］张俊民.内部控制理论与实务［M］.大连：东北财经大学出版社,2016.

［21］叶陈刚,郑洪涛.内部控制与风险管理［M］.北京：对外经济贸易大学出版社,2011.

［22］桑培东,亓霞.建筑工程项目管理［M］.北京：中国电力出版社,2007.

［23］段世霞,王丽,全新顺,等.项目管理［M］.南京：南京大学出版社,2007.

［24］刘华.审计案例研究［M］.上海：上海财经大学出版社,2009.

［25］何玉.职务舞弊与内部控制、内部审计——兼评法国兴业银行职务舞弊案例［J］.审计研究,2009,
（02）:91-96.

第六章

企业信息与沟通

第一节　企业的信息概述

　　为提高经济的市场化程度,企业应加强信息的采集、存储、加工和应用等信息管理。信息在企业里按特定的程序和规则流通十分重要,这能使所有的员工能够快速获取他们所需要的信息,更有效地履行其风险管理的职责。

一、企业的信息

　　拥有一套行之有效的信息识别、评估和应对风险的策略,对一个企业来说是至关重要的,因为信息贯穿企业风险管理全过程,如图1所示。

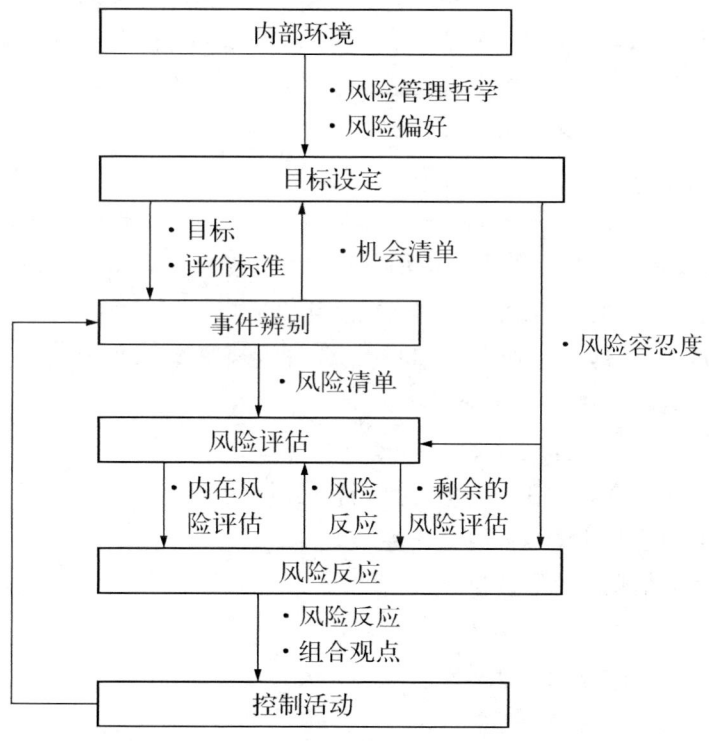

图1　企业风险管理中的信息流动

从内部或外部来源获得的运营信息，包括财务和非财务信息。其中财务信息一方面用于企业实现报告目标和编制财务报表，另一方面用于满足跟踪企业业绩和分配资源等业务决策需要。保障财务信息的可靠性就等同于保障了企业规划、评估供应商绩效、合资企业和战略合作伙伴以及其他管理活动的基础。

同样的，业务信息也称非财务信息。它是企业编制财务报告和其他报告的前提，包括企业的采购交易、销售交易等、竞争对手的新产品发布以及经济环境的变化的日常信息等，这些信息都会影响企业存货和应收账款的估价。一些企业与目标合规性相关的信息，如废物排放和个人信息，也可能有助于企业的财务报告目标。

企业的信息来源有多种渠道，包括内部渠道、外部渠道、定量渠道和非定量渠道。将大量数据转换为有用的决策信息是企业管理者面临的一项重大挑战。为了迎接这一挑战，企业必须建立相应的信息系统。信息系统可以是正式的或非正式的。识别风险和机遇的关键信息通常来自客户、供应商、监管机构和企业员工的沟通。

二、企业的战略与集成系统

与企业风险管理相关的信息有关的技术，在组织内信息的顺畅流动方面担任重要角色。支持企业风险管理的具体技术的选择，综合反映了企业的以下几个方面：企业如何处理风险、风险复杂性、与风险相关的不同事件的性质、企业的 IT 架构以及各种支撑技术的集中度。

在一部分企业中，其信息的管理是交付于单独的机构或组织来进行的，而另一部分企业则倾向于采用集成系统。许多企业拥有复杂的信息技术体系结构，以支持实现企业的经营性目标、报告性目标和合规性目标。一般来讲，在常规的业务流程中，这些系统生成的信息与企业风险管理流程保持着基本的一致。

三、企业的信息的深度与及时性

信息收集、处理和存储技术的发展使信息总量呈指数级般增长。随着人们可以获得越来越多的、实时的信息，如何确保信息的准确性，并以适当的形式将详细和及时的信息发送给需要这些信息的员工，即如何避免"信息过载"，是企业管理层面临的另一重大挑战。企业在确定信息需求时应考虑以下几个问题：

（1）企业的主要绩效指标是什么？

（2）自上而下检查企业潜在风险的主要指标是什么？

（3）衡量企业的经营业绩需要哪些信息？

（4）一个企业的信息应该有多准确？

（5）收集信息的时间间隔是多久？

（6）衡量信息收集的标准是什么？

（7）在哪里以及如何获得信息？

（8）企业采用什么样的信息存储结构？数据备份机制应该是什么？

四、企业的信息质量

随着人们越来越依赖日益复杂的信息系统、信息驱动的自动化决策系统和流程,企业信息的可靠性变得至关重要。不准确的信息会导致对企业风险的未经证实和错误评估以及管理决策不当。

以下几个方面体现一个企业的信息质量:

(1) 信息内容是否合适?

(2) 信息是否及时?

(3) 有最新的信息吗?

(4) 信息是否正确?

(5) 这些信息是否容易被需要的人访问呢?

为了提高企业的数据质量,组织需要建立企业水平的数据管理项目,包括获取、维护和分配相关信息。如果企业没有这些项目,信息系统将无法向企业经理或其他员工提供必要的信息。

企业在提高信息质量方面存在很多困难,包括与功能部门的要求矛盾、系统制约和非整合处理阻碍信息的获取和有效利用等。企业为了应对该挑战,企业的经营者应该开发明确的数据整合战略计划,明确责任,定期评估信息的质量。

第二节　企业的沟通概述

企业的沟通是信息系统的又一重要部分,包括内部沟通与外部沟通两部分。

一、企业内部沟通

内部沟通包括企业风险管理理念和方法的明确声明和授权。与活动过程和程序相关的沟通需要与企业文化相匹配。企业的有效沟通应包括:企业风险管理的重要性和相关性、企业的目标、企业的风险偏好和风险承受能力、共同风险语言、每个员工均在企业风险管理中承担相应的角色和职责。特别是负责运营或财务管理的经理,必须得到企业最高管理层的明确指令,认真对待企业的风险管理的明确指示。

例如,作为企业首席执行官,要不断向下级强调企业风险管理的重要性。企业的总体目标是实现股东价值的最大化。为此,要以优秀的风险管理能力的各级管理者相互沟通和配合应对经营中的风险。应对风险的结构性、原则性的方法将使企业的战略努力或许不可避免地受到损害,或许不受永久性变化或不确定性的阻碍。

另外,企业必须加强在竞争日益激烈的环境中出现的风险和机会应对的能力,所有员工都必须勤奋于企业风险的管理,有助于理解企业的风险和机会,采取有效措施,保持或增加企业的价值。

企业要建立一个风险管理框架来管理风险、不确定性和机会,支持企业实现目标,最大化股东价值。所有员工都能积极利用建立的风险管理框架来实现企业的目标。员工还需在沟通中了解活动之间的关系,这种交流有助于他们发现工作中的问题、找出原因并采取改进措施。企业还应明确告知员工哪些行为是不可接受的。

内部信息传递是指以内部报告的形式在企业各级管理人员之间转移生产和经营管理信息的过程。企业内部信息传递可以促进企业生产经营管理信息在内部管理层之间的有效沟通和充分利用,根据《企业内部控制基本规范》《企业内部控制应用指引第 17 号——内部信息传递》指导企业行为。

企业内部信息传递至少要注意以下三点风险:

(1) 缺乏内部报告制度、内部报告系统缺失、功能不完备、内容不完整,可能影响生产经营的有序运行。

(2) 内部信息传达不当,造成决策失误,使有关政策和措施被阻挠实施。

(3) 传递过程中商业秘密被泄露,削弱企业的核心能力。

加强对企业内部报告的管理,为提升企业内部报告的有效性,企业需要全面梳理内部信息传递过程中的薄弱环节,建立科学的内部信息传递机制,明确企业内部信息传输的内容、保密条件、分类、传输方法、传输范围、各管理层的责任和权限等,充分发挥企业内部报告的作用。

二、企业外部沟通

企业不仅要有适当的内部沟通,还要建立开放的外部沟通的场所。企业与顾客或供应者的交流有助于理解企业的产品或服务的设计和质量,促进企业满足变化的要求或喜好度。例如,客户或者供应商的在传达不满意交货业务、收款业务、付款业务等交易活动的信号时,管理人员往往关注企业的运营上问题,甚至欺骗或其他不道德的行为,此时应立即正视问题,调查及采取有效纠正措施,消除或减少这些问题对企业目标的不利影响。与供应链中的其他企业及电子商务企业有着密切关系的企业的风险承受能力或偏好的外部沟通也非常重要,通过与商业伙伴的沟通,保证商业伙伴带来的风险不会由企业承担。与股东、监管机构、金融分析师和其他外部利益相关者沟通对了解企业面临的环境和风险有很大的帮助,并可以促使企业更好地遵守法律和监管要求。

三、企业沟通中主要障碍

企业沟通中的主要障碍有三个方面,一般包括发送者、接收者和沟通通道的障碍。

(一) 发送者

在交流中,信息发送者的情绪、倾向、个人感觉、表达和判断会影响信息的完整传递。主要障碍是:表达能力低,信息传递不完整,信息传递超时或超时,知识局限性,信息的过滤。

（二）接收者

从信息接收者的角度来看，影响信息传播的主要因素有五个：信息解码不准确、信息筛选、信息承受度、心理障碍和情绪评估过早。

（三）沟通通道的障碍

沟通渠道的问题也会影响沟通的有效性。一般有以下几点问题：

（1）媒介选择不当。例如，对于重要的事情，口头交流是无效的，因为接受者会意识到沟通渠道的问题也会影响沟通的有效性。

（2）口头交流不当。例如，口头交流是无效的，因为接受者会意识到口说无凭。

（3）媒介相互冲突。当信息以多种方式传递时，由于信息之间缺乏协调，接受者很难理解所传递的信息的内容。如果领导者说话很严肃，甚至皱眉，他可能会让下属感到困惑。

（4）沟通层级太长。组织结构庞大，内部层次众多，中间链路太多，无法将信息从最高层传递到最底层、从最底层传递到最高层，会导致信息的巨大损失。

（5）外部干扰较大。在信息传输过程中，他们经常受到各种自然的物理噪声、机器故障或其他干扰的影响，也会由于双方之间的距离造成通信不便，影响沟通的有效性。

四、企业沟通措施

企业沟通措施主要有五个方面，一般包括设定沟通计划、采用问题驱动、不要打断对方思路、控制措辞和情绪以及可视化思维。

（一）设定沟通计划

沟通的发起者一定要有一份沟通计划。包括沟通的时间和场所、沟通对象与计划沟通的内容和期待。其中沟通内容和期待指的是你应该知道的或让你学习的，对方应该知道的或让对方学习的，还有验证你要学习的诸多内容。沟通结束后，不要忘记向对方确认自己在对话中理解的内容。

（1）沟通的时间。在沟通计划中设置开始和结束时间。因为人们的注意力保持时间有限，所以没有必要长时间交流。因此，要根据沟通内容控制时间。一般沟通时间不超过 30 分钟，大部分最好在 15 分钟内。

（2）沟通的场所。在沟通过程中情绪是不可避免的。因此，为了提高沟通的有效性，应该考虑根据内容选择一个舒适的沟通场所，如走廊、咖啡馆、会议室等。

（3）沟通对象与计划。当你想开始沟通时，提前告知你的沟通对象以及沟通计划，这样其他人就可以做好准备。如果没有准备，很多事情当场思考，时间往往会被浪费，会降低沟通的有效性。

（二）采用问题驱动

因为交流的本质是学习，学习的两个方向是：向对方学习，让对方学习。通过向对方学习，对方正在产出内容时，应该避免打断对方而引起不连贯的想法，有问题先写下来，等讲完后再讨论。当你让对方学习时，你是在为自己导出内容，可以设置一些确认和停顿，让对方跟随你的想法,这样对方的想法和你的想法之间就不会有进一步的分歧。此外,无论是向对方学习还是让对方学习,我们应该以开放的心态进行沟通。这里的一种技巧是用开放式问题提问,问更多关于 Why、What 和 How 的问题,这将引出正确的问题和想法,避免发表意见和陷入偏见,影响彼此信息的输入和理解。

(三)不要打断对方思路

由于沟通中断而导致的沟通不足是最常见的沟通问题。因为打断别人会导致两个问题:讲话者的想法停止,讲话者想法停止并影响情绪。两者都会影响讲话者表达的完整性。当沟通交流的时候,你可以带上笔记本写下想法,在别人完全表达出来后,问一些问题,这样效果最佳。

(四)控制措辞和情绪

沟通过程不可避免地会产生情绪,但是沟通不是意味着情绪宣泄。沟通常常成为"个人宣泄情绪"的同义词。情绪会干扰思考和彼此之间的良好关系。因此,需要减少情绪的负面影响。当有情绪时候,不要互相交流,当然,交流的内容一定会影响情绪。情绪是很难控制的,所以要尊重此时交流的人的情绪表达和分歧。让彼此累积情绪往往会伤害信任。

(五)可视化思维

语言交流通常没有逻辑结构,想到的一切都可以讲。此外,另一个人的理解可能与你的理解不一致。许多人准备了 A4 大小的纸张,在相互交流中以可视化的方式表达彼此的概念。一方面,它可以是一个很好的总结,另一方面,它也是一个备忘录,以回忆沟通。

第三节　企业信息与沟通机制的建立

一、企业有效沟通机制建立的方法

(一)用"机制"解决问题

让专业人员有足够的空间做专业的事情,明确职责分工,尽量简化环节。建议项目尽快建立清晰的沟通协议和更可靠的决策过程。即使长期的产品团队开始新的子项目,我们仍然鼓励简短的"启动会议"。该"启动会议"可以帮助指明新项目的目标、优先级、分工和沟通方法。"启动会议"确定的基本沟通和分工是有效沟通的基本前提,这是对每个关键成果的决策和审批程序达成共识的好方法。虽然团队会议可以充分交换意见,让大家知晓方案,但我们仍然需要一个最终方案作为后续工作的基准。

(二)用"透明"解决问题

"透明"就是让项目进展及时、公开地展现在团队面前,这有着惊人的威力,其效果包括但不限于:及时发现进度偏差及纠正,及时预知项目风险,调动团队对全局把控的主观能动性,促进互动等。

"透明"有许多不同的方式。周会、周报＋电子化进度报表＋仪表盘是最普遍的方式；每日站会和物理白板又可以开启一扇新的沟通之门；常用的邮件模板，也可以帮助大家统一重要信息的沟通方式，如沟通样例。当各种项目信息有着固定而方便的展示时，信息就变得随时随需可知，也就不再会有"上哪儿了解想知道的信息"的问题存在。

（三）用"随需改进"保持活力

在沟通机制中，清晰和效率是必不可少的，因此，理解"流程"和"灵活性"之间的平衡尤为必要。过分严谨的流程会固守成见和拒绝流程外的沟通。而过度灵活的沟通导致沟通失控，缺乏统一的目标和标准，出现很多返工与争论。无论如何完善沟通机制，也要注意团队的氛围和活力。

二、企业有效沟通机制实施的举措

管理艺术的精髓是建立有效的企业沟通机制。一个企业的成败在于沟通管理。有效的沟通能够使员工和谐地工作，形成强大的合力，促进企业的发展。反之，无效的沟通会造成员工人际关系紧张甚至对立，导致人才潜力有限，松懈分散。有效的沟通不仅能为企业带来信息的畅通，而且能为决策和执行提供保障。沟通的有效依赖好的机制，如何建立有效的沟通机制？有以下几点建议。

（一）搭建沟通"桥梁"，无阻力沟通

企业发展强调团队的真诚团结，沟通的行为和过程在团队管理中起着不容小觑的作用。一些管理者担心别人比自己强，不让员工知道决策是由领导者做出的，下属只需执行上级决策，不需要相互沟通。事实上，沟通是双向的。企业员工知道得越多，他们对企业的了解就越深，关心也就越多。一旦他们关心企业，他们就会爆发出比平时高出数倍的热情，形成一股不可抗拒的力量克服任何困难，这是沟通的本质。因此，有效的企业激励机制建立在沟通机制的基础上，阻碍企业内部沟通的障碍应尽快消除。企业有效沟通的途径在于建立广泛的沟通渠道，包括正式和非正式沟通渠道，企业要加强纵向和横向沟通，了解各种沟通方式的优缺点，用灵活的手段针对不同的对象采取不同的方式，使沟通机制的有效运行。

1. 必须有正式的沟通方式

例如，书记办公室会议、月、周、午餐和晚餐会议、各种分析等，这些沟通方式适合讨论确定企业方针目标、工作安排、总结和任务要求。其中，非正式讨论是一种广泛的沟通形式，它需要高级管理层就一些企业问题与一些员工进行非正式的、多层次的沟通，以寻求解决方案。这种沟通的优势在于参与讨论的员工数量。能够克服心理弱势群体的想法，畅所欲言地交流。实施过程中的小问题可以立即解决。对于较大的问题，企业应通过收集适当的信息并对重大问题进行详细分析来选择行动计划。另外，企业必须对此形式进行规范。

2. 偶尔会见或与员工面谈

企业高级员工与基层员工面对面工作，积极一对一沟通，了解他们的需求。但是，所获

得信息的准确性取决于受访者的心理状态。企业重要信息由主管直接传递，员工对自己负责。员工必须了解最新趋势、企业目标和其他信息。因此，员工与高级管理人员之间的距离变得越短，员工对企业产生忠诚和信任感就越强。

3. 非正式沟通方式

非正式沟通方式，如电话、E-mail 和信函等。这是一种适合决策层和管理层，运营层、管理层和运营层的沟通方式，以加强沟通，增进理解。只有通过没有阻力的沟通，企业才能拥有没有阻力的未来。传统沟通方式有时难以用一两句话清晰地进行表达，尤其是在远程管理中沟通已经成为一件困难的事情。在网络时代，通过互联网解决这个问题对于企业来说是一种有效的沟通方式也是建议，企业应了解员工的想法，分析企业经营过程中存在的问题的原因，提倡求同存异。因为如果企业管理层平时不注重员工的意见，员工本可以给企业提供一个很好的意见，也就不会向管理层提起。

4. 定期开展员工聚餐、素质拓展等项目

企业举办各种类似的活动，可以增加员工之间相互联系与合作的机会。在活动中，企业还可以测试员工对一些热点话题的看法和意见，分析问题和表达能力、逻辑思维能力等。企业可以通过分析显性行为、基础的知识和深层人格特征了解能力、素质、个性和行为动机。企业行为动机是企业的自觉和追求。管理领域有这样一句著名的话：一个人的知识不如他的智力，智力不如素质，素质不如觉悟。

（二）一定要多沟通，善疏导

人们只有接触了才能了解，只有了解了才能沟通，只有沟通了才能互动。多与对象沟通，不仅可以借助丰富的表达方式使表达更加准确，大大减少信息失真，还可以增强一定的情感等。因此，要建立这种情感关系，就要时常串门，抓住机会寻找更多接触的原因，找到合适的沟通对象培养感情。以串门为基础，培育企业一切情感和一切交易。特别是如果一个企业能够找到一些能够让对方需要沟通的东西，距离感就会随着这些事情的发生而逐渐消失。

这里说的不是你问对方，而是对方需要你。想象一下，当我们希望别人帮我们事情和别人希望我们做事情时，心态是不同的。当然需要帮助的人首先会在心理上投降。这是沟通本质。

建立沟通谈话制度。借助丰富的表达方式，表达更加准确，可以大大减少信息的失真，增进彼此之间的感情和理解，达到想要的效果。

1. 掌握谈话时间

当企业员工表现良好时，需要及时给予奖励和口头表扬。当企业员工犯错时，需要及时了解原因，进行工作偏差纠正和改进。企业员工晋升时，谈话听取员工意见，明确更高目标。企业员工之间发生冲突时，必须及时了解情况，释疑解惑。企业员工出现思想问题时，必须及时指导改进。

2. 清晰的沟通层次

为了克服阻碍企业内部沟通的障碍，有必要从员工的角度进行思考。如果你不能在

组织内有效地沟通,管理就是天方夜谭,就没有激励措施,也没有良好的合作。敞开心扉,改变领导观念,关注每一个员工,最大化每一个员工创造力,使员工真正成为企业的主人,参与建言献策,共同承担起企业发展的任务。例如,一些基层管理者出于职权考量对上级在工作中犯下的明显错误视而不见。企业员工要懂得合理协调,基层主管要懂得耐心引导。

3. 跟踪检查沟通效果

跟踪检查沟通效果看检查存在的问题是否得到解决,思想疑虑和矛盾是否得到解决,工作偏差是否得到纠正,执行的工作是否达到预期,执行能力是否得到提高……沟通的有效性在于结果,如果一个企业的组织绩效不高,问题也可能是"巢穴":即不适应工作、工作方法、同事和上级的习惯,此时就需要企业可适当调整"巢穴"。

(三) 人岗匹配,"酝酿"良马

加快企业品牌产品的开发、培育,调整组织的造血功能,帮助加强内部沟通、促进血液循环和新陈代谢,有效地驱逐"病毒性"地区,降低协调成本。企业根据工作的特点,合理组合不同的人,通过特点和年龄的互补,实现工作的巧妙组合。企业的良好组合可以产生奇迹,使整体效率大于各种人才作用的总和,即产生协同效应。企业的不良组合会限制各类人才的作用。从企业沟通的角度来看,一匹好马不是天生的,而是后天获得的。

企业应从发展趋势中寻找良马,避免失去其貌不扬的良马。在相关的马中,有许多种马,如千里马、良马、瘦马、野马和毒马。千里马有,但不容易找到,好马也只有伯乐被精心驯化,它们也可以成为千里马。综上所述,企业可以通过建立以下管理制度来建立有效的激励机制:

(1) 企业利益机制——完善三位一体的责任制、考核制度和奖惩制度。

(2) 企业监督机制——建立有效的防错纠错机制。

(3) 企业思想机制——注重组织文化和职业道德建设,引导和提高人们的需求水平。因此,在组织可持续发展的过程中,组织应调整和协调其行为,与相关人员广泛收集和分析信息,客观公正地处理企业出现的问题。

第四节　企业信息系统的概述

一、企业信息系统的含义

为了促进企业有效进行内部控制,提高企业现代化管理水平,降低人为因素的干扰,根据有关法律法规和《企业内部控制基本规范》,制定企业的信息系统控制。

企业信息系统是指企业使用计算机和通信技术,对内部控制进行集成、转化和提升所形成的信息化管理平台。企业利用信息系统进行内部控制,需要注意如下风险:

(1) 信息系统缺乏或规划不合理,可能造成企业信息孤岛或重复建设,导致企业经营管理效率低下。

（2）系统开发不符合内部控制要求，授权管理不当，可能导致企业无法利用信息技术实施有效控制。

（3）系统运行维护和安全措施不到位，可能导致企业信息泄漏或毁损，系统无法正常运行。

企业对信息系统在内部控制中的作用应给予足够重视，根据内部控制要求，结合组织架构、业务范围、地域分布、技术能力等因素，制定信息系统建设总体规划。加大投入力度，有序组织信息系统的开发、运行和维护，优化管理流程，防范经营风险，全面提升企业现代管理水平。企业必须指定专门机构对信息系统建设实施集中管理，明确有关单位的职责和权限，建立有效的工作机制。企业可委托专业机构专门从事信息系统的开发、运行和维护。企业负责人负责信息系统建设。

二、企业信息系统的开发

企业应提出一项根据信息系统的总体规划，确定建设目标、工作人员配备、责任划分、保护资金和进程安排的建设计划，然后按规定实施。信息系统的管理事务部、组织各单位提出关键控制点和开发需求，确定整个过程管理系统要求，全面严格按照建筑布局、发展进程和相关要求开发。企业可以通过业务外包、自身开发等方式来开发信息系统。如果选择业务外包模式，则应通过公开招标的方式选择供应商。

对于企业的信息系统，应结合企业的业务流程管理、生产业务管理临界控制点管理、规则管理实现控制功能，该控制功能难以在人工环境中实现，需要在信息系统中完成。在系统开发过程中，企业需要通过操作权限管理功能控制用户，根据不同的业务需求，避免统一用户担任不相容职位。企业应考虑对不同输入模式的数据进行检查和验证，对于必要的后台操作要改进管理，必须建立标准化的流程系统，对企业操作情况进行监控或者审计。企业必须在信息系统中建立日志功能，以确保业务的可审计性。对于异常交易和数据或违反内部控制要求的交易和数据，企业应设计系统以提供自动报告并建立跟踪和处理机制。

企业信息系统归口管理部门应改进对信息系统开发的跟踪管理，组织开发单位与企业相关单位沟通协调，督促开发单位根据计划的方案、质量完成规划工作，验收配备的系统软件和硬件设备，组织系统上线运行等。企业应组织独立的专业机构验收测试信息系统，确保其在各方面能满足开发需要。企业要培训业务运作和系统管理人员，制定新旧系统科学的新旧计划和转换方案，并考虑紧急方案，确保平稳切换和连接。新系统转换时涉及数据迁移时，还需要制定迁移计划。

三、企业信息系统的运行与维护

做好信息系统运行与维护管理工作，明确具体操作流程，做好信息管理系统内控，及时发现和解决问题，确保维持信息系统可靠地运行。企业必须严格按照管理流程建立信息系统变更管理流程，系统经营者不得擅自删除、修改系统软件、更新或变更软件版本或更改软件系统环境设置。

　　企业根据业务的性质、保密性和重要性确定安全信息系统,并建立信息授权使用制度和相应技术手段以保证安全信息系统的有序运行。企业必须建立信息系统安全保密制度,委托专门机构进行系统运行维护,对受托机构审查资质,签订保密服务合同。企业必须采取措施确保其信息系统不会受到病毒的危害。

　　企业应建立用户管理制度,加强重要业务系统的权限管理,定期审核系统账户,避免出现未授权的账户,禁止用户账户交叉操作。

　　企业应充分利用防火墙等网络设备、漏洞扫描等软件技术、远程访问安全策略,提高网络安全,防范网络攻击。对于通过网络传输的敏感数据,企业必须采取加密措施,确保信息传输的机密性、准确性和完整性。

　　企业应建立可定期备份系统数据的制度,明确范围、频率、形式、负责人、存储地点等。

　　企业要加强对服务器等重要信息设备的管理,营造良好的环境,指定专人负责巡查,对异常情况和对关键设备未经授权访问的人员,要及时处理。

第五节　案 例 分 析

案例

万科股份企业的信息与沟通案例

　　最近一年,万科股份企业(以下简称万科)在房地产市场实现销售额1 081.6亿元,同比增长70.5％,成为国内首家实现年销售额1 000亿元的国有企业。北京、深圳子公司的年销售额也超过100亿美元。这打破了全国房屋销售企业的年销售额纪录。

　　万科也是全球最大的专业住宅开发项目,2007年8月市值为2 022万亿元,超过同期美国帕尔迪(Paldi)、霍顿房屋(Houghton Housing)、莱纳(Lena)和桑达克斯(Sandax Corporation)的四家总市值。最值得称道的是,万科始终保持透明的企业文化和可靠、专注的发展模式。万科连续七次荣获"中国最受尊敬企业"称号。内部控制在万科的商业成功中扮演什么角色? 万科独特的内部控制教会了我们什么?

一、万科股份公司的控制活动

（一）投资管理与控制

　　万科的投资业务,主要由企业的战略与投资管理部负责管控,重大投资项目使用新的管理决策平台,坚持"精挑细选、抓住机遇",由规模速度型向质量型转变,基于风险的可控性和合理的价格,严格评估项目的收益,通过严格的分层授权,实现在重大投资方面进行控制。

　　模式相比总部过去决策、操作模型,设立了三级管理结构——战略总部、专业领域和战略前线,打破了瓶颈管理区域间发展。集团总部负责土地储备战略、资金筹措和高层人事

变动等重大问题,相当于"仲裁者"。区域有一定的独立性,承担一些原集团总部承担职能,例如,如何购买土地、在哪个城市发展、产品开发结构等,相当于一个"教练"。负责具体项目开发的是剩余的一线"运动员"。总部专业部门应制定统一的制度,通过内部审计、专业检查和巡查,指导一线企业,监督企业各级职能责任的有效履行。

(二)销售管理与控制

万科完善了市场部对销售相关业务的控制职责。万科遵循授权审批、不兼容位置分离、合同明确性的原则,利用销售平台对项目价格、折扣和合同签订进行监控。

万科改进了对高风险步骤(如收集)的控制流程,并加强了它对销售费用的控制,在实际业务控制中,所有业务操作都必须遵循企业建立的审批流程。重要和关键的业务操作必须在子公司管理层批准后实施。该流程还设计了审查、检查和监督机制,以改进对业务运作的控制。

万科的销售控制策略有三个特点:领先的定位、快速的周转和战略深度。首先,关注主流普通住房。万科为购房者提供的普通中小型商品房比例较高,接近90%的商品是140 m² 以下普通住宅,60 m² 住宅比例近60%。万科遵循快速投入产出的营销策略。它通过60% 以上的销售在开盘日,保证稳定的销售率,并且"出售的房屋价格依据接受买方的价格",因此,库存周转率在行业中名列前茅。最终形成了多层次的战略布局,万科坚持以长三角、珠三角、渤海、中西部经济圈为核心的战略。万科集团在现有城市的基础上,选择其他城市和大都市作为经济中心(4+x),并采用更加协同的发展方式,帮助企业分散部分市场过热的风险。

(三)采购成本管理与控制

万科工程造价与采购部主要负责成本相关流程和采购业务的控制。万科通过加强集中采购,以战略合作等采购方式推进招标、竞争性谈判等采购方式,利用采购管理平台,提高了采购效率、透明度。

例如,该企业通过招标,严把经济技术标准,保证采购成本和质量的科学性,通过集中采购,最大限度地发挥采购效益和规模效益,通过战略合作与优秀合作伙伴建立紧密稳定的合作,并在综合评价合作伙伴中取得最佳采购效果。在采购付款阶段,企业加强付款阶段对供应商的验证、审核和评价,确保付款的准确性。万科实施成本基准、行业比较基准和持续成本优化,利用成本管理软件对项目运营成本进行规划、管理和跟踪记录。子公司以总部要求制定项目目标成本,经公司管理层和区域成本管理部门批准后实施。在开发过程中,成本管理部门定期对发生的成本进行预测和调整,形成项目成本的动态跟踪。总部和地区通过成本验证来监督成本信息的及时性和准确性。

(四)资金管理与控制

万科总部设立了资金管理中心,统一管理企业及其子公司的融资结算业务:子公司的银行账户开销由管理中心审核确认;子公司对外融资由资金管理中心安排;主营业务的支付也由管理中心结算;管理中心定期编制月度和年度资金计划,加强资金管理规划,跟踪子公司资金计划完成情况并实时调整。万科为房地产业的快速发展筹集充足的资金,运用 A

股和 B 股 IPO、配股、公开和非公开发行、可转换债券、公司债券、银行贷款等多种融资手段，做到企业的资本运作与发展的完美配合。

万科在 1988 年为涉足房地产行业，募集 2 800 万元社会股；万科 1991 年在 A 股登陆深圳证券交易所，成为万科实业腾飞的重要平台；万科于 1993 年发行 B 股，经营管理发展朝着国际投资者认可的方向；万科于 1997 年以配股方式筹集资金 3.83 亿元，摆脱了主营业务增长乏力的窘境；万科于 2000 年引入华润股份有限公司为战略大股东，再次增资扩股 6.25 亿元，迅速完成了土地储备、市场开发等重大扩张战略项目；万科于 2002 年和 2004 年发行可转换债券 34.5 亿元，其中大部分成功转换成股票，并度过了房地产市场的低谷；万科于 2006 年非公开发行 A 股股份筹资 42 亿元，在快速增长的房地产市场上积累了"弹药"；2007 年，万科在当 A 股市场接近历史最高点时以发行价格每股 31.53 元发行 3.17 亿股，这次融资被称为"在最合适的时间最合适的资本融资"；万科于 2008 年为度过金融危机期间低迷期发行 59 亿元债券。在 2009 年招股说明书公告日（待批准），A 股的新公开发行数量不超过总股本的 8%。3 000 亿元新销售目标显然与资本运营、资金管理与控制的手段的合作密不可分。

二、万科股份公司的信息与沟通

（一）信息报告与信息化平台

万科在重大事项的审议和报告中规定了规范的报告方法和渠道。子公司向总部按时报告各种业务信息，及时向总部区域或相关职能部门报告临时性重大事件。在期末，按总部财务管理部发布的通知要求，各控股公司提交财务报表，总部财务部对各控股公司的会计质量核查。企业建立了定期和不定期的信息沟通制度，如业务和管理信函、专题报告等，方便全面、及时了解企业的业务信息，又如商业管理会议和总裁办公室会议，方便促进集团大学的整体运营，确保企业的运营。企业采用统一的信息平台，在信息平台上对日常审批业务自动控制，及时实现内部信息传递，确保授权审批控制的效果、效率。过程与信息管理部是信息工作的实施和管理机构，负责企业财务体系、业务运行体系和办公管理体系的规划、开发和管理，组织企业各类信息系统的开发和维护，在全企业提供信息系统共享服务，另外企业还建立了信息安全管理体系，设立信息安全政策、制度和策略，实现信息资产的保护并有效防范安全事故。

（二）完整透明的沟通渠道

万科实现信息沟通的一种方式是会议，会议可以帮助员工和管理者共享信息。万科集团周刊、月刊、十日报、商业简报和知名的万科周刊形成了一个文化和体系。在外部论坛上，每一位参与者都可以自由交谈并指出万科的优势和劣势，甚至在没有辩护的情况下举报万科，这对行为管理至关重要，《万科周刊》和《万科论坛》在中国商界同样有效。万科与合作投资者、伙伴、客户及员工建立了完整、透明的沟通渠道。

首先，基于"与客户一起成长，在投诉中取胜"的价理念和价值观，万科建立了五个投诉沟通渠道：一是房地产客户中心、物业管理、投诉表格、投诉论坛和万科集团客户中心，积极与客户互动。二是倡导合作、共生、共赢，通过定期沟通、第三方调查等渠道与合作伙伴维持良好的关系。三是及时在门户网站和公共网站发布业务信息,建立投资者访问栏和公众联系方式,确保投资者及时了解企业业务动态,通过互动提高对企业的理解和信任。四是投资者通过访问公司网站、直接访问企业、电话、电子邮件等方法了解公司。五是建立经理的网上论坛、员工满意度调查、"我与总经理有个约会"、E-MAIL 给其他人等 12 个沟通渠道确保员工之间顺畅地沟通。

(三)完整透明的沟通渠道的成效

企业内部控制正常运行的前提条件是良好的信息沟通。万科建立了完整、透明的沟通渠道,确保企业健康稳定发展。1994 年的"君万之战"可以说是史上最激动人心的控制权之战。这也是资本市场上董事会与投资者之间的首次直接对抗。作为财务顾问,证券行业最受欢迎的君安证券公司短时间内与万科四大公司的股东签署了一份授权书,打算对万科商业战略投不信任票,要求万科应尽一切努力发展和丰富房地产业,并提议重组董事会。最后,万科采用了君安证券公司提出的专业运营方案。在经历了一系列风风雨雨后,万科集团对上市公司和资本的关系有了更为独到和深刻的理解,成长为一家善于与机构投资者博弈与合作的公司。倘若没有完整、透明的沟通,万科集团可能仍然是一家平常的多元化公司,无法在房地产行业占据领先地位。

——本案例资料参考:案例资料数据库、万科股份公司的网上资料

课后练习题

一、单项选择题

1. 下列有关信息与沟通的叙述,错误的是( )。
   A. 信息价值不仅是数量的多寡,同时也要考虑信息的质量
   B. 信息应具相关性、正确性、时效性等原则
   C. 高质量的信息不嫌多,因为越多高质量的信息,对决策订定越有帮助
   D. 信息系统除了正式系统,也可将非正式系统纳入

2. 内部传递的信息能否满足使用者的需要,取决于信息是否( )。
   A. 安全可靠　　　 B. 及时相关　　　 C. 有高价值　　　 D. 真实准确

3. 信息系统的( )是信息系统生命周期中技术难度最大的环节,直接影响信息系统的成败。
   A. 开发建设阶段 　　　　　　　 B. 规划阶段
   C. 运行阶段 　　　　　　　　　 D. 维护阶段

4. 信息系统自行开发的缺点是( )。
   A. 开发周期较短、技术水平和规范程度有较好保证,成功率相对较高
   B. 可以培养锻炼自己的开发队伍,便于后期的运行和维护
   C. 成熟的商品化软件质量稳定,可靠性高
   D. 开发周期较长、技术水平和规范程度较难保证,成功率相对较低

5. 沟通按照其方式可以分为( )。

A. 自下而上沟通、自上而下沟通   B. 单向沟通、双向沟通

C. 内部沟通、外部沟通   D. 正式沟通、非正式沟通

6. 内部信息沟通是指( )。

A. 在企业正式结构、层次系统进行的沟通

B. 通过正式系统以外的途径进行的沟通

C. 企业经营、管理所需的内部信息、外部信息在企业内部的传递与共享

D. 企业与利益相关者之间信息的沟通

7. 企业在管理控制系统中为企业内部各级管理层以定期或者非定期的形式记录和反映企业内部管理信息的各种图表和文字资料的报告是( )。

A. 财务报告   B. 内部报告   C. 外部报告   D. 内部审计报告

8. 关于内部报告的传递过程,下列说法正确的是( )。

A. 内部报告的传递过程需要有严密流程和安全的渠道

B. 内部报告的传递过程要有公众监督

C. 内部报告的传递要公开透明

D. 内部报告的传递不需要设置专门的保密措施

9. 下列( )主要应该考虑实现企业发展战略向信息化流程的转变。

A. 信息系统开发阶段   B. 信息系统战略规划阶段

C. 信息系统运行阶段   D. 信息系统维护阶段

10. 信息系统自行开发方式在项目计划环节的主要风险是( )。

A. 信息系统建设缺乏项目计划或者计划不当,导致项目进度滞后、费用超支、质量低下

B. 技术上不可行、经济上成本效益倒挂,或与国家有关法规制度存在冲突

C. 设计方案不能完全满足用户需求,不能实现需求文档规定的目标

D. 设计方案不全面,导致后续变更频繁

二、多项选择题

1. 信息系统的使用会给企业的管理和会计核算带来的重要变化包括( )。

A. 计算机显示屏和电子影像代替了纸质凭证

B. 计算机文档代替了纸质日记账和分类账

C. 系统问题的存在比偶然性误差减少

D. 固定的定期报告代替了灵活多样的报告

2. 企业获取内部信息的渠道有( )。

A. 办公网络   B. 调研报告   C. 专项信息   D. 财务会计资料

3. 信息系统的基本流程阶段包括( )。

A. 系统开发   B. 系统运行   C. 系统维护   D. 系统规划

4. 沟通障碍主要来自( )。

A. 发送者的障碍   B. 接受者的障碍

C. 认知障碍　　　　　　　　　D. 信息传播通道的障碍

5. 书面沟通的缺点有( )。

A. 形式不规范

B. 信息传递准确度较低、信息传递范围小、无据可查、不便于保护

C. 可能会为了形式规范而耗用较长的时间导致成本效益不对等

D. 缺少反馈或反馈机制不灵敏

三、判断题

1. 企业应当根据业务性质、重要性程度、保密性等确定信息系统的安全等级,建立不同等级信息的授权使用制度。　　　　　　　　　　　　　　　( )

2. 内部信息传递的方式包括自上而下、自下而上、平行传递三种方式。 ( )

3. 开发人员在运行阶段不能操作使用信息系统,否则就可能掌握其中的涉密数据,进行非法利用。　　　　　　　　　　　　　　　　　　　　　( )

4. 沟通是信息产生、传递与利用的方式。　　　　　　　　　　　( )

5. 利用信息技术固化内部控制,不仅可以提高控制效率,还可以最大程度地减少人为因素的破坏。　　　　　　　　　　　　　　　　　　　　　( )

四、简答题

1. 企业内部信息传递应当关注哪些风险?

2. 企业如何建立有效的沟通机制?

参 考 文 献

[1] 财政部,证监会,审计署,银监会,保监会.企业内部控制基本规范,2008.

[2] 财政部,证监会,审计署,银监会,保监会.企业内部控制应用指引,2010.

[3] 财政部会计司.企业内部控制应用指引第17号(内部信息传递)解读,2010.

[4] 财政部会计司.企业内部控制应用指引第18号(信息系统)解读,2010.

[5] 程新生.内部控制理论与实务[M].北京:清华大学出版社,2008.

[6] 王如燕,吴丽梅,邬展霞,等.对交通运输行业"营改增"试点问题的思考[J].税务研究,2013(4):78-80.

[7] 王如燕.中国(上海)自贸试验区财税制度创新研究——基于租赁性投资效应分析[J].国际商务财会,2015(03):34-36.

[8] 王如燕.基于DEA的部分城市保障性安居工程绩效审计实证研究[J].上海审计,2016(4):36-38.

[9] 杨小舟.公司治理、内部控制与企业风险管理[M].北京:中国财政经济出版社,2006.

[10] 张俊民.内部控制理论与实务[M].大连:东北财经大学出版社,2016.

[11] 财政部会计司.企业内部控制规范讲解,2010.

[12] 张玉,邱胜利.企业内部控制规范性操作实务[M].北京:企业管理出版社,2013.

[13] 刘华.审计案例[M].上海:上海财经大学出版社,2013.

[14] 池国华,樊子君.内部控制习题与案例[M].2版.大连:东北财经大学出版社,2014.

[15] 企业内部控制编审委员会.企业内部控制配套指引解读与案例分析[M].上海:立信会计出版社,2010.

第三篇

企业内部控制监督篇

第七章

企业内部监督

第一节 企业内部监督概述

一、企业内部监督的含义

企业内部监督一般被定义为企业的相关机构和有关人员对本单位实行的监督行为包括内部会计监督和非会计监督。

企业内部监督以会计监督为主,通常企业内部监督就指企业内部会计监督。

企业的会计机构和会计人员就是内部监督的机构与人员。也包括单位的内审部门与内审人员根据法律规定,企业内部监督有以下几点要求:

(1)会计人员和经济商务、审计人员、人事管理和财务保管的职责和权限必须明确,必须彼此分离和限制。

(2)对外投资中大额投资、资产撤资、资本规划等重大经贸问题的决策和实施的相互监督和控制必须明确。

(3)资产盘点的范围、期限和组织程序必须明确。

(4)定期内部数据审计的方法和程序应当明确。

为了落实各项规章制度,确保企业资产的安全性与完整性,以及经营活动中产生的财会与非财会信息的准确性,企业建立了内部控制监督制度,制定了内部控制缺陷认定标准。企业审计委员会审查内部控制,监督内控制度是否得到彻底的执行以及该制度的自我评估情况,协调内控审计与其他相关事宜等;定期或不定期审查销售、收购等重要业务环节的状态,并提交书面审计报告;并且对监督过程中发现的内部控制缺陷的性质和原因进行分析,提出整改方案,采取适当形式及时向董事会、监事会或管理层报告,以便及时处理。

企业行政系统的内部监督系统可以划分为非专门内部监督与专门监督等子系统。具体包括以下几个方面:

非专门内部监督包括上级监督和下级监督,即各级行政机关及其工作人员根据行政报告比例,自上而下或自下而上进行线性监督。

部门平行监督,即政府职能部门负责其管辖的事项,在各自的权限和职责范围内对其他相关部门进行监督。

专门监督主要是指政府特别监督机构实施的行政监督和各类专业行政监督,包括对企业行政监督、审计监督、价格监督等。

根据法律规定,企业内部监督的程序包括制定监督检查工作方案、实施监督检查、对内部控制的自我评价、完成内控的相关自我评价报告并提交,以及内控自我评价结果应用。

二、企业风险导向型内部监督模式

企业风险导向型内部监督模式是针对企业内部审计的生存和发展提出的,内部审计即是经济活动的监督者,也就是“经济人”,在维护会计信息使用者利益的同时,使其收益最大化,这也是企业内部审计的目标所在。

当今世界,风险无时不在、无处不在,各种各样的因素的存在均是诱发企业管理层舞弊的动因。总的来说,企业内部审计人员在做出审计判断的过程中,不可避免地要承担判断错误的风险。

审计实践的不确定性和风险要求企业内部审计必须站在高于内部控制体系的高度,充分考虑企业内外部环境因素,科学导向地运用审计风险。尤其是在综合分析企业业务环境和经营活动的基础上,制定审计策略,运用审计风险模型,积极有效地采用分析性审计程序,规避风险,提高审计效率。

按照 Jensen 与 Meckling(1976)的论述,企业内部审计是为了降低企业代理成本而产生的。罗斯·L. 瓦茨(Ross L. Watts)和杰罗尔德·L. 齐默尔曼(Jerold L. Zimmerman)(1983)的证据表明,早在公元 14 世纪前后英国商人行会(merchant guilds)时期,就有利用企业内部审计的现象。从技术角度来看,审计从 20 世纪 40 年代和 20 世纪 50 年代最初的基于账户的审计发展到基于系统的审计,并在 20 世纪 60 年代和 20 世纪 70 年代逐步从基于制度基础的审计演变为基于风险导向的审计。而此改变与日益增加的法律风险密切相关。

美国于 1933 年发布《证券法》,该法重新定义了审计人员的责任对象,即从直接委托人扩大到间接委托人(任何推定的财务报表使用者),且规定了审计师(作为被告)负有举证责任。受此影响,美国会计界面临的审计诉讼压力逐渐增大,在 20 世纪 70 年代初年达到顶峰。相关审计准则,客户的财务报表也符合相应的《公认会计准则》,法院也认定审计师必须承担相应的审计责任,并同时需要遵循企业会计行业本身制定的一套程序,对自己的工作负责。

美国的惩罚性赔偿制度使审计人员面临败诉的风险,当他们无法证明自己的清白,不仅要承担巨额的责任,还可能面临巨额的惩罚性赔偿和巨额的损失,而且赔偿金额也在逐年上升。因此,日益增长的法律风险迫使美国会计界改变对审计的看法,逐步建立以风险为导向的审计。

三、企业风险导向审计的特性

风险导向审计是一种现代审计模式,它以审计风险评估为一切审计工作的出发点,贯穿整个审计过程,其根本目标是将审计风险降低到可接受的水平。其内部思想是:任何审计活动都必须将审计风险控制在可接受的风险水平内。或者,通过企业内部控制测试等方法,确定风险最大的环节和部门进行关键审计。但是,考虑到有关"经济人"和道德风险的假设,因此风险导向审计很容易成为一种极端的应用,即只要审计师在测试后认为风险是可以接受的,即使被审计单位在财务报表中存在一些不符合会计准则的现象,这种情况也为审计师所熟知,审计师也可能会出具无保留意见的审计报告。

风险导向审计的本质是企业的经营管理,而发生的舞弊和欺诈案件大多是管理层舞弊,归咎于内部控制无效。这也对审计人员的综合素质提出了更高的要求,即审计人员需要了解企业的方方面面。

四、企业风险导向审计的程序及特点

企业风险导向审计注重审计策略的选择,既注重降低审计风险,又注重节约审计成本。在选择审计策略时,重点是在审计有效性和效率之间找到平衡。该模型的主要程序是:

（1）执行分析程序。

（2）确定重要性标准。

（3）对可接受的审计风险和固有风险进行初步评估。

（4）了解内部控制框架和控制风险评估。

（5）基于审计风险模型确定检查风险等级。

（6）制定审计总体规划和具体计划。

如果初步评估的控制风险水平较低,则实施控制测试,并根据控制测试的结果,确定任何扩大经营的验证测试;如果对控制风险水平的初步评估较高,则应直接转入运营有效性测试,以评估预算可能性,对账户余额实施分析程序和验证测试。这种模式除了面向账户审计和面向系统审计的审计方法,还使用了大量的分析方法,如趋势分析法、比率分析法、绝对比较法、纵向分析法等。

风险导向审计的特点:审计目标为验证财务报表的公允性,同时审慎考量审计的风险,将其降低至可接受水平。以评价审计风险为导向性目标并指导审计的全过程,审计风险模式不等于风险导向审计,只有在其贯穿整个审计流程时,才是风险导向审计;其中的审计测试包括了解企业内部控制结构、控制测试、交易业务的实质性测试、企业分析性程序、企业余额详细测试。

五、企业风险导向审计的条件

以风险为导向的审计,是对执业观念的一种"质"的改变。风险导向审计模型是在基于账项审计模型和基于系统的审计模型的基础上发展起来的。新的审计模型的出现并不意味着以前审计模型的删除和消失,而是意味着有更多的审计模型可供选择。

风险导向审计的内容比其他审计模型应用更广泛。风险导向审计要求我们不仅要了解客户的内部情况,如业务规模和财务状况,还要了解行业风险、相关法律等外部环境,更

要全面地考虑风险因素。会计师事务所可以根据客户对环境、运营和财务风险的评估考虑决定是否接受委托人的委托申请。

风险导向审计并不完全否定基于制度的审计。良好的制度审计基础,可以促进企业遵守独立的审计标准和职业道德,是降低审计风险的先决条件。

事务所必须注意对宏观环境的研究,协调各方面之间的关系。目前,我们必须面对这样一个现实,即由于时间和审计费用的限制,一些审计无法按照审计独立性的标准进行,因此,从一开始就考虑审计风险是非常重要的,特别是在特殊审计的情况下。风险导向审计提醒审计人员注意组织面临的风险。在对内部控制进行评估时,遵循风险评估的思路,对审计人员来说是必不可少的。审计报告应将当前控制和战略计划与风险评估联系起来。这样一来,审计人员不仅可以将审计资源集中在高风险领域,还可以提高审计效率、节约审计成本。

风险导向审计的理论和实践虽然还不成熟,但已引起国际审计界的广泛关注。许多专业组织,包括国际审计和可信性保证准则理事会,也已经研究了该问题,并取得了初步成果。事实上,外国会计师事务所已经采用以风险为导向的审计模式,尽管独立审计准则考虑了许多风险因素,但它们仍然是基于制度的审计模式。因此,必须进行基于风险导向的审计。

下面我们来比较一下基于风险导向的审计与基于制度基础审计:

基于制度基础的审计的明显缺陷是审计资源在不同审计风险领域的分配不合理。这将导致对低风险项目的审计过多,对高风险领域的审计不足,难以保证审计的效率和有效性。

基于风险导向的审计提供了一种可以保持审计的有效性,又可以大幅提高促进审计效率的新思路。

有必要首先对客户的控制环境进行评价,确定会计报表的重要组成部分并发生重大错报的风险,以此为基础,来制定相应的审计目标,再依据确定好的审计目标,来制定相应的审计程序的性质、时间和范围。

基于制度基础的审计主要涉及控制环境、会计制度和控制程序。然而,报告缺乏对控制环境、会计制度及其对审计计划的影响的描述。它要求注册会计师了解与交易过程相关的控制环境和会计制度的一般知识,并且不要求注册会计师依据自身对控制环境或会计制度的了解来识别各种可能的错报。

事实上,一旦企业面临重大舞弊风险,内部控制系统将失去作用,控制功能评价将失去其意义。相比之下,基于风险导向的审计侧重于控制系统的五个要素:控制环境、风险评估、控制活动、信息和沟通以及监督。在内部控制评估的帮助下,注册会计师掌握应注意的风险,然后重点测试高风险的领域,以确定所收集证据的数量和性质。

从审计目标来看,基于制度基础的审计的方向是一元论,即企业会计报表在审计期间是否公允反映了客户的财务状况、经营成果和现金流量。风险导向审计不仅包含公平性,而且还颇具可信度,即揭露企业是否存在影响财务报表预期使用者分析和决策过程的重大舞弊。换言之,基于风险导向的审计的目标实际上是一种双重披露模式。

基于制度基础的审计对风险的评估旨在确定对内部控制的信任程度,从而减少实质性测试的工作量。对固有风险的评估通常是模糊的。基于风险导向的审计是将固有风险与控制风险相结合,对企业环境、发展战略、历史演变进行评估,制定规避、转移、减少、接受和利用的策略,将审计风险降低到可接受的水平。

尽管审计界长期以来一直认可审计风险模型的理论价值,然而,对于将其应用于审计项目是无能为力的。例如,基于制度基础的审计没有将风险与样本量有机地联系起来,而基于风险导向的审计利用审计风险模型以可理解和定量的方式表达系统的风险判断过程,并最终估计其对审计意见的影响。

第二节　企业内部审计

对于企业来说,审计可以分为内部审计和外部审计,共同促进企业稳定有序的运行和发展。

那么,什么是企业内部审计? 企业内部审计的主要内容是什么? 一般来说,内部审计是指企业内部各部门、各单位的专职内审人员进行的审计。其目的是帮助企业各部门、各单位的管理者实施最有效的管理,为外部审计提供可靠的依据和数据。企业内部审计的内容主要包括以下几个方面。

一、财务收支审计

财务收支审计是对企业资产、负债和损益的真实性、合法性和效益进行审计和监督,并依法对企业会计报表所反映的会计信息作出客观、公正的评价。其目的是揭露和反映企业资产、负债和损益的真实情况,发现并采取措施,去解决企业财务收支中的各种违法问题。

二、业务经营审计

业务经营审计是企业对整体合理性的审查,包括企业生产经营的全流程、各种生产要素的开发利用、经济、效率和效益的实现程度,帮助企业挖掘人力、财力、物力资源潜力,改善经营状况。审计内容主要包括物资供应评审、生产组织评审、工艺评审、资源利用评审、成本评审、库存资金评审、产品销售评审。

三、内部管理审计

内部管理审计通常是指企业对管理体系和管理工作的审计。审计内容一般包括考核企业的管理职能和考核企业各项管理职能的工作两个方面。

四、风险管理程序审计

风险管理程序审计是指审核企业识别、测量和分析潜在事故或损失,有效控制这些事故或损失,以最合理的成本,来解决风险,最大程度上保障安全的风险管理过程的有效性。

一般来说,内部审计师参与的风险管理审计主要是监督和评价企业风险管理体系的有效性,评估与企业相关的管理、运营和信息系统的风险敞口。

第三节　企业内部控制评估

一、内部控制评估的对象

内部控制评估的对象是一个企业内部控制的有效性。内部控制的有效性一般被定义为:内部控制的建立和实施可以在何种程度上为实现控制目标提供了合理的保证。内部控制目标,则可以概括为合规性目标、资产保值目标、报告目标、经营目标和战略目标五点。因此,一个企业内部控制评估的内容必须是对上述五个内部控制目标有效性的全面评估。

二、内部控制评估的内容

具体来说,对企业内部控制的评估应注意五个方面:即企业内部环境评估、企业风险控制评估、企业控制活动评估、企业信息与沟通评估和内部监督评估。

(一) 企业内部环境评估

企业内部环境评估应基于组织结构、发展战略、人力资源、企业文化和社会责任的评估。

(1) 组织结构评估可以集中于其设计和运作。

(2) 发展战略的评估可以集中于其制定的合理性、有效执行和适当调整。

(3) 人力资源评估应侧重于企业人力资源引进结构的合理性、开发机制、激励机制等。

(4) 文化评估应集中于建设和评价;社会责任评估集中在安全生产、产品质量、环境保护和资源节约、促进就业和保护员工权益等方面。

(二) 企业风险控制评估

企业开展风险控制评估应根据《企业内部控制基本规范》及应用指引有关要求和本企业的内控制度,对目标设定、风险识别、风险分析、应对策略等进行认定和评价。

风险控制评估的具体内容需要依据设计内部控制风险评估指标体系来确定。评估指标本质是进一步细化了风险控制的相关要素。评估指标可分为几个层次,可分为两大类:核心评估指标和具体评估指标。企业可以根据实际情况进行细分。一旦确定具体内容的评估,应将其记录于工作底稿,包括评估要素、评估指标、评估标准、评估方法和测试、主要采取的风险控制措施、相关材料等,工作底稿通过评估表格可以加以实现,通过分别评估每个核心指标,最终汇总。

(三) 企业控制活动评估

控制活动的评估需要依据《企业内部控制基本规范》和各项应用指引来进行,并且结合企业自身内部控制制度,以此对相关供产销、人财物等控制措施的设计和运行情况进行认定和评价。

(四) 企业信息与沟通评估

对企业信息和沟通的评估是基于相关指引和内部控制制度,如内部信息的传递、财务报告、信息系统等,提供有关企业信息的及时性信息,适当的评估反舞弊机制的强度和财务报告的真实性、评估信息系统的安全性和利用信息系统实施内部控制的有效性。

(五) 企业内部监督评估

企业内部监督评价应根据《企业内部控制基本规范》及应用指引有关规定和内部控制制度,并重点放在监事会、审计委员会等是否发挥监督作用对内部监督机制的有效性进行评价。

第四节 案例分析

 **案例 1**

某公司后勤管理的审计——以某企业食堂内部控制评估为例

某企业的食堂由老板的一位同学负责经营。像所有的私营公司通常有更多的家庭成员一样,这家公司有两到三千人。食堂一年支出的工资和社保费用,高达 1 000 万元,食堂的食物来自批发市场,使用外包方式,即几个供应商根据食物的种类分别供应。

该企业设立了台账,收货人、采购人也符合不相容职务分离内控要求,企业每月随机组织一次财务事项的盘点。人们对食堂的满意度非常高。企业负责人制定规则,每顿饭的价格都是按照当地平均水平给出的。食堂柜台还进行月度统计报告分析。总之,成本控制和内部管理都在企业控制之下,该体系看起来比较完美。

审计部每年组织食堂例行审计。通常,这些食堂审计委托给项目负责人。项目负责人不亲自参与食堂盘点的基本任务,通常委托给刚加入审计这一行的新审计人员去执行。新审计人员因为是初学者,刚刚从审计基础开始,没有较多的审计业务经验,所以他们的工作对整体审计结果的影响并不显著。而食堂经营初期出现餐厅员工偷食材的事情很多,也多没有查出来。

该企业还是采取了各种内部防范措施,每年均安排例行食堂审计,但都是例行公事,就结果而言,企业上下对食堂还是满意的。审计负责人有次心血来潮亲自参与食堂物资盘点,发现一切都符合账实相符的要求。但审计负责人凭借职业直觉,抽取货物仔细查看了,发现货架上干货日期看起来快到期了,该干货保质期一年。一般食堂物资周转快,不可能像产品或物料一样出现呆滞料,故这种干货不可能放在食堂如此之久,就随口询问食堂保管人员,这种干货什么时候进来的,食堂保管人员脸色不自然,作为有丰富反舞弊经验的审计负责人,察言观色,知道其中有猫腻。其实不用食堂保管说,从账上一查就知道,最近入的库。为不引起食堂保管警觉,审计负责人安排项目负责人去批发市场打听目前这种即将过期的食品如何处理,价格如何。项目负责人员即意识到此处有问题,也不负期望,到市场以一家新开业公司食堂采购负责人名义,将打听获得的信息回来汇报,价差相差百分之几十。

项目负责人询问采购人员目前食堂各项物资的交易流程。因为公司采购量大,采购人员针对干货、冷冻食品、调料均采用招标处理,供应商每月或每两周送货一次,其他生鲜用品,部分每天,部分隔三天现场采购,所以这种干货的采购只是通知送货,并不参与现场采购。

食堂仓库人员得知审计人员在进行调查,到处打听审计人员都在外说了什么,透露了什么,公司也是个小社会,很难做到密不透风,所以审计人员内部"扎紧篱笆"很重要。审计人员谨慎说话,不能透露调查内容。这需要在平常审计纪律中多加宣导,否则如果被调查对象知悉调查进展,会采取应对措施,这样很容易让调查陷入困境。

好在这项审计工作不难,将食堂仓库进行全面盘点后,发现几个消耗量大的物资有接近到期现象,这种事不是仓库管理人员一人能做的,食堂厨师、主厨也脱不了干系,最终和盘托出,食堂管理员和主厨,厨师均收受供应商好处。最后,食堂管理员、厨师受到了处理。

——本案例资料参考:案例数据资料、某公司后勤管理内部审计的网上资料

案例2

美国通用电气公司内部审计

美国通用电气公司实施内部审计时,该企业内部审计具有直接报告、内部审计师多元化、人才输送、注重沟通、明确审计目标、注重管理等特点,对提高我国企业内部审计质量具有重要参考价值。美国通用电气公司是世界上最大的电气企业之一,美国通用电气公司审计部门的目标是超越分类账,深入业务内部的深层次审计,这一目标甚至在美国企业中也是独一无二的,在经营状况的相关审查时,要确保投资效果与企业的总体战略目标保持一致,同时,通用电气公司也在培养管理人才方面树立了非常成功榜样。

一、美国通用电气公司审计工作关键点

1. 会计标准和原则

审计工作主要监督下属企业是否遵守了会计准则和原则,有无违背会计准则和原则的行为。

2. 双重报告系统

各产业集团的财务总监既向本企业的负责人报告,同时又向总公司的财务副总裁进行相应汇报。

二、美国通用电气公司审计工作内容

在美国通用电气公司,审计人员首先从审计开始,而不是停留在简单的查账上。首先,是要花更多的时间和精力研究可能存在问题的业务,包括业务流程和相关的战略和措施。其次,要了解业务效果、内部资源开发利用、产品质量、服务等方面是否有提升空间。最后,注意在面临风险时企业是否有自我保护,并关注效率低下、浪费、缺乏进步等问题给企业带来的损失。

三、美国通用电气公司审计人员结构

1. 专业结构

约80%的美国通用电气内部审计师受过财务和会计教育,15%美国通用电气内部审计师具有相关行业知识背景和管理经验,5%美国通用电气内部审计师专门从事信息处理。

2. 人员输出输入

美国通用电气公司每年精心挑选几十人进入审计署,并从审计署派出同样数量的人充实美国通用电气公司的企业集团的管理团队,并且包括副总裁在内的相当多的各级管理人员都有审计经验。美国通用电气公司中级以上会计师60%~70%都是由审计署向公司派出的。

四、美国通用电气公司审计工作流程

1. 确定审计目标

在进行内部审计之前,审计团队应首先了解和研究情况,听取各种意见和建议,然后确定审计目标。

2. 采取审计方式

审计期间,审计团队对整个审计工作全面负责,先独立安排调查会议、个人对话、信息和数据收集等活动,然后分析情况,澄清想法,衡量各种问题之间的相互作用,并找到问题的解决方案。

五、美国通用电气公司内部审计特点

1. 直接向财务副总裁报告

企业内部审计部门直接向美国通用电气财务副总裁报告,增加了内部审计机构意见的权重和权威性,体现了企业内部审计的独立性和权威性,并能得到被审计部门领导的积极配合。

2. 选用内部审计人员专业多样化

在选择内部审计师时,绝大多数是有工作经验的年轻人。他们的专业是财务,但也包括其他专业人士。这反映了美国通用电气公司内部审计的聘用要求:

(1) 工作经验。这意味着内部审计不能脱离企业的实际情况。熟悉内部管理流程、现有管理模式和可能存在的问题。

(2) 年轻有为。这意味着内部审计师应该精力充沛,这也表明了企业的内部审计工作的复杂性和强度。

(3) 专业包括非财务专业。内部审计不仅限于财务数据,还需要从数字中找到问题和解决方案,这需要其他学科的补充。

3. 向各业务集团输送人才

将人才输送到各个企业集团,分配重要任务,表明企业的通过人才交流将内部审计的理念,主要是大局管理观念纳入整个管理。每个业务系统中可能都有具有内部审计经验的经理。他们将更好地理解企业的各项指示的意图,更好地执行指示,使整个企业的具有凝聚力,向心力明显,执行政策更加有效。

4. 注重经验交流

注重经验交流体现了内部成员业务水平的相互提升,同时也是为了准确把握审计目标。

5. 明确审计的目的是找到解决问题方案

美国通用电气公司的内部审计不仅要发现问题,更要注意解决问题。应用审计结果不需要烦琐的程序。美国通用电气公司赋予内部审计这些权力,使内部审计的结果能够迅速应用于企业管理,效果立竿见影。像美国通用电气公司这样的大公司虽然在规模上是庞大的,但在管理上也难免有弊端。

6. 关注管理者的风险偏好对企业产生的影响

美国通用电气公司更关注管理者行为对企业的影响,而不是腐败。美国通用电气公司内控制度的管理系统几乎可以避免腐败。因此,企业的亏损更多地来自管理者的不同决策。这些决策具有的消极和隐蔽行为,会给企业带来损失。

——本案例资料参考:案例数据资料、美国通用电气公司内部审计的网上资料

课后练习题

一、单项选择题

1. 我国企业内部监督体系的构成不包括( )。

   A. 审计委员会　　　B. 监事会　　　　C. 股东大会　　　　D. 内部审计委员会

2. 内部监督的意义不包括( )。

   A. 内部监督有助于企业节约运营成本

   B. 内部监督以内部环境为基础,并与内部环境有较强的互动关系

   C. 内部监督与风险评估、控制活动形成了三位一体的闭环控制系统

   D. 内部监督离不开信息与沟通的支持

3. 基于风险导向的审计关注的控制制度不包括( )。

   A. 控制环境　　　B. 风险评估　　　C. 控制活动　　　D. 会计系统

4. 对内部控制无效性理解错误的是( )。

   A. 内部控制政策和措施有与法律法规相抵触的地方

   B. 内部控制制度设计不够完整合理

   C. 在企业生产过程中没有得到有效的贯彻执行

   D. 因设计和执行内部控制的成本过高而无法实施

5. 企业内部控制评价的对象是( )。

   A. 内部控制规章制度　　　　　　B. 内部控制有效性

   C. 财务报告的公允性　　　　　　D. 内部控制环境

6. 企业内部控制评价工作的起点是( )。

   A. 明确内部控制目标　　　　　　B. 制定内部控制评价方案

   C. 组成评价工作组　　　　　　　D. 确定评价方法

7. 内部控制评价工作的最终表现为(　　)。

　　A. 财务报告　　　　　　　　　　B. 审计报告

　　C. 内部控制评价工作底稿　　　　D. 内部控制评价报告

8. 下列有关内部控制评估的说法中错误的是(　　)。

　　A. 内部控制评估应紧紧围绕内部环境评估、风险控制评估、控制活动评估、信息与沟通评估、内部监督评估五要素进行

　　B. 内部控制的有效性是指企业建立与实施内部控制对实现控制目标提供合理保证的程度

　　C. 企业实施内部控制评估,仅包括对内部控制设计有效性的评估,不包括运行有效性的评估

　　D. 董事会可以通过审计委员会来承担对内部控制评估的组织、领导、监督职责

9. 内部监督时需要关注关键控制点,其中不包括(　　)。

　　A. 复杂程度高的控制和需要高度判断力的控制

　　B. 已知的控制失效的控制且无法及时识别的控制

　　C. 相关人员缺少实施某一控制所需的资质或经验

　　D. 某项实施成本过高的控制

10. 注册会计师测试控制有效性实施的程序,提供的证据效力最强的是(　　)。

　　A. 询问　　　　　B. 检查　　　　　C. 重新执行　　　　D. 观察

二、多项选择题

1. 内部监督的基本要求包括(　　)。

　　A. 监督人员具有胜任能力　　　　B. 关注关键控制

　　C. 监督人员的独立性　　　　　　D. 监督人员应评估相应的风险水平

2. 依据控制目标,内部控制的有效性可以分为(　　)。

　　A. 合规目标内部控制的有效性　　B. 资产目标内部控制的有效性

　　C. 报告目标内部控制的有效性　　D. 经营目标内部控制的有效性

3. 在内部控制体系框架内,企业各层级监督主体需要遵循的原则有(　　)。

　　A. 风险导向　　　　　　　　　　B. 成本效益

　　C. 资源优化　　　　　　　　　　D. 不相容职务分离

4. 内部控制评价的作用有(　　)。

　　A. 内部控制评价有助于企业完善内控体系

　　B. 内部控制评价有助于提升企业市场形象和公众认可度

　　C. 内部控制评价有助于实现政府监管的协调互动

　　D. 内部控制评价有助于企业的市场竞争力

5. 内部监督的程序包括(　　)。

　　A. 制定监督检查工作方案、实施监督检查

　　B. 对内部控制的自我评价

　　C. 完成内部控制自我评价报告、提交内部控制自我评价报告

D. 内部控制自我评价结果应用。

三、判断题

1. 基于风险导向的审计是以对审计风险的评价作为一切审计工作的出发点并贯穿于审计全过程的现代审计模式,其根本目标是将审计风险降低至可接受水平。　　（　　）

2. 审计风险模式等于风险导向审计。　　（　　）

3. 内部监督是企业对内部控制建立与实施情况进行监督检查,评价内部控制的有效性,发现内部控制缺陷,并及时加以改进。　　（　　）

4. 董事会可以聘请会计师事务所对其内部控制的有效性进行审计,但其承担的责任不能因此减轻或消除。　　（　　）

5. 为保证内部监督的客观性,内部监督应由独立于内部控制执行的机构进行内部监督。　　（　　）

四、简答题

1. 基于风险导向的审计都有哪些程序?

2. 内部控制评价的内容主要有哪几个方面?

参考文献

［1］财政部,证监会,审计署,银监会,保监会.企业内部控制基本规范,2008.

［2］财政部,证监会,审计署,银监会,保监会.企业内部控制应用指引,2010.

［3］宋建波.内部控制与风险管理［M］.北京:中国人民大学出版社,2017.

［4］池国华.内部控制学［M］.北京:北京大学出版社,2017.

［5］胡为民,等.内部控制与企业风险管理:实务操作指南［M］.北京:电子工业出版社,2007.

［6］王如燕,等.政府腐败审计对保障性安居工程的建设绩效影响研究［J］.国际商务财会,2017(4):26-27.

［7］王如燕,等.保障性安居工程追踪问效审计创新客观需求性与独特性研究［J］.中国国际财经,2017(4):79-81.

［8］财政部会计司.企业内部控制规范讲解,2010.

［9］史月清.风险导向审计模式的发展及在我国的应用［J］.内蒙古科技与经济,2011(2):28-29.

［10］陈力生.现代审计基础与实务［M］.上海:立信会计出版社,2005.

［11］谢志华,崔学刚.风险导向审计:机理与运用［J］.会计研究,2006(7):15-20.

［12］刘桂春,郭兰英.风险导向审计模式下的舞弊审计研究［J］.会计之友,2007(8):54-55.

［13］冯淑萍.把握新形势完善独立审计准则体系［J］.商业会计,2002(7):3-5.

［14］胡春元.风险基础审计［J］.审计研究,1996(10):7-16.

［15］张俊民.内部控制理论与实务［M］.大连:东北财经大学出版社,2016.

［16］刘华.审计案例［M］.上海:上海财经大学出版社,2013.

［17］池国华,樊子君.内部控制习题与案例［M］.2版.大连:东北财经大学出版社,2014.

［18］孙青山.美国通用电气公司(GE)的内部审计［J］.当代审计,1997,(03):42.

［19］企业内部控制编审委员会.企业内部控制配套指引解读与案例分析［M］.上海:立信会计出版社,2010.

第四篇

企业内部控制设计篇

第八章

企业内部控制设计

第一节　企业内部控制设计原则

一、企业内部控制设计原则的含义

内部控制制度设计是将内部控制原则应用于企业的会计制度设计工作。例如,每个经济业务的记录在办理手续时必须由两人以上进行处理,以便每个经济业务的记录可以相互核对。

内部控制制度的设计原则是指企业在内部控制制度的定义和设计中必须遵循的客观规律和基本规则。在设计内部控制制度时,企业应从整体有效性的角度构建科学、合理、动态的内部控制制度,学习先进的内部控制经验,并结合企业的实际情况。健全的企业内部控制系统的设计需要定期评估,并根据企业业务变化随时进行修改。因此,企业在设计内部控制制度时也应遵循如下原则。

二、企业内部控制设计具体原则

企业内部控制制度设计主要原则如下。

(一) 系统完整性原则

内部控制是一个整体,它存在于企业的整个运营过程中。系统完整性原则要求企业在内部控制内容设计、会计控制限制上,从更广泛的角度构建内部控制管理,确保管理活动的有效性,有效利用企业资源,员工们可以有效执行具体业务,用户可以获取可靠的企业信息。就设计对象而言,企业内部控制系统应包括对人员的限制和激励以及对企业的各种业务活动的控制。在设计过程中,企业需要考虑风险控制点和每个控制单元和控制进程之间的相关性,形成一个科学的管理系统,保证经营活动在正确的轨道运行。

在设计内部控制体系时,企业也要注意体系的严谨性和完善性,注意企业控制的有效性,了解企业控制的重点,全面准确地控制企业的整个运行过程。

(二) 相互制约性原则

相互制约性原则是指一个企业的一项完整的经济业务活动必须分配到两个或两个以

上相互制约的岗位上,并分别完成。换言之,在横向关系中,应至少由两个独立的部门或人员处理,以便该部门或人员的工作可以由另一部门或人员检查和限制。在垂直关系中,必须有两个或两个以上的位置和链接互不隶属,以便较低级别受较高级别的监督,较高级别受较低级别的约束。其理论基础是,在企业的相互约束下,几个人有相同的错误和欺诈行为未被发现的概率是每个人的错误和欺诈概率的连续乘积,这将降低错误率。企业的职责需要分离,主要包括授权、执行、记录、存储和验证。

(三)协调配合性原则

协调配合性原则是指在企业的一切经营管理活动中,各部门或人员必须相互配合,各岗位、各环节必须协调同步,所有业务流程和处理流程应紧密相连,避免争吵和脱节,减少矛盾和内部消耗,确保企业业务和管理活动的连续性和有效性。企业协调配合性原则是相互制约原则的深化和补充。

(四)成本效益性原则

企业实行成本效益性原则,即要求企业科学经营管理,努力降低成本,实现经济效益最大化。效益是反映企业经营成果和竞争力的主要目标。

(五)整体结构性原则

企业的内部控制体系必须包括控制环境、风险评估、控制活动、信息沟通和监督五个要素,覆盖企业的所有业务和部门,也就是说,在子控制系统的每个控制要素、业务周期或部门中,这五个要素必须成为企业内部控制的整体性结构。这要求每个子系统的具体控制目标必须与整个控制系统的总体目标相对应。

(六)目标导向性原则

目标是控制的起点和终点,控制的最高目的是实现预定的目标。企业内部控制体系的最终目标是确保企业体系的整体有效性。目标导向性原则是指企业根据控制目标设计内部控制流程。基于企业整体效率的内部控制目标分为两个层次:企业内部治理控制目标——确保董事会在企业中的作用及其对企业和股东的受托责任,管理控制目标——提高企业的经营效率。股东会和监事会对董事会和总经理的监督控制机制主要用于实现治理控制的目标。

(七)有效控制风险原则

有效控制风险原则是指企业在建立内部控制制度时,对完成主要任务和具体目标过程中存在的各种风险保持应有的关注和职业怀疑,并有针对性地设计内部控制措施,将风险降低到企业能够承受的合理水平。

为了有效进行风险控制,管理当局必须在采取适当程序的同时保持审慎的态度,并有规划地制定主要任务的目标,并识别和评估目标实现过程中有可能出现的各种风险,采取风险应对措施,规避、承担和控制风险,并根据企业愿意承担的风险水平和与目标可接受的偏差,降低和分担风险,使企业目标得以顺利实现。

（八）合规性原则

合规性原则是指企业在设计内部控制制度时，必须遵守国家有关法律法规和政府有关监管部门的监管要求。合规是企业从事经营活动、创造价值、实现内部控制目标的前提，这是一个限制。合规性原则要求企业在构建内部控制体系时，不仅要遵循公司法、税法、合同法、会计法、企业会计准则、内部会计控制准则等一般法律法规，同时还要根据自身行业特点和性质遵循行业内部控制标准，如上市企业治理标准、证券投资基金管理企业内部控制指引、商业银行内部控制指引等。

（九）灵活性原则

灵活性原则是指在设计内部控制时，企业应根据不同的控制类型灵活地采取不同的策略。根据事件和风险是否有可遵循的规则，控制可分为结构化控制、半结构化控制和非结构化控制。

按照控制顺序来分类的话，控制一般被分为事前控制、事中控制和事后控制。事前控制是指企业在行为发生前为防止人力、物力、财力的偏离而实施的内部控制。事前控制多数都是非结构化的。事中控制是指企业对业务流程中正在进行的行为的控制。事中控制是半结构化控制。事后控制是指企业对业务流程完成后实施的检查与监督，事后控制的控制通常是结构化控制。

第二节　企业内部控制设计机理

一、企业内部控制设计应考虑的划分方式

企业的总体控制系统设计通常适合按照业务周期划分为若干子控制系统。在内部控制的例子中，展示了几个组合的业务周期。在企业的实际工作中，业务周期的划分和选择主要取决于企业的业务特点和需求。通常，控制系统的设计应包括以下内容。

（一）企业信息处理控制系统设计

1. 手工信息控制系统设计

手工信息控制系统设计是指以人工为手段，对企业的信息活动过程中的关键点进行人为监控，促使企业战略规划，组织、领导和控制功能得以实现。

2. 计算机信息控制系统设计

计算机信息控制系统设计是指以先进的计算机信息技术为手段，对信息进行采集、整理、加工、传播、存贮和利用的过程，对企业的信息活动过程进行战略规划，对信息活动中的要素进行计划、组织、领导和控制的决策过程，力求资源有效配置、共享管理、协调运作，以最少的消耗创造最大的企业价值。

（二）企业货币资金控制系统设计

1. 现金控制系统设计

现金控制系统设计是指针对企业的现金收款与付款循环而建立起来的现金监督机制和控制现金欺诈的手段。行之有效的现金内部控制系统要根据企业的管理要求，确定控制目标。

2. 银行存款控制系统设计

银行存款控制系统设计是指针对企业的银行存款收款与付款循环而建立起来的银行存款监督机制和控制银行存款欺诈的手段。银行存款控制系统是防范银行存款管理不规范给企业带来资金损失，确保企业银行存款的安全与有效使用的手段。

（三）企业存货控制系统设计

1. 采购控制系统设计

采购控制系统设计是指针对企业所实施的采购过程和活动以及相关的供应方进行的设计，目的是确保所采原辅材料、标准件和配套件满足企业的相关物资外购的要求。

2. 存储控制系统设计

存储控制系统设计是指针对企业的物资送到仓库、仓管员清点单物、检查签名、办理进仓手续、资料送财务核算、存放管理等一系列有效控制的手段。目的是确保所存原辅材料、标准件和配套件满足企业的相关物资库房管理的要求。

3. 领发控制系统设计

领发控制系统设计是指针对原辅材料、标准件和配套件领发料的控制要求，形成的一系列有效控制的手段。其控制的程度根据经营规模而定，小型企业应建立进销存明细分类管理，而大中型企业除建立进销存明细分类账外，还要制定严格的领料、发料制度。

（四）企业固定资产控制系统设计

1. 固定资产购置控制系统设计

固定资产购置控制系统设计是指针对从企业的固定资产购买或建造开始，直到固定资产交付使用为止的全过程的一系列有效控制的手段。对固定资产购置业务过程进行组织、实施与控制，其目的是企业提供及时准确的基于固定资产购置数量和价格的合理计划和执行路线。

2. 固定资产折旧控制系统设计

固定资产折旧控制系统设计是指针对企业的固定资产提取折旧的范围，计算、提取折旧的依据和方法，折旧率和单位折旧额，折旧基金的使用，折旧基金的管理和监督一系列有效控制的手段。其目的是企业提供及时准确的固定资产折旧信息。

3. 固定资产退出控制系统设计

固定资产退出控制系统设计是指针对企业的固定资产出售、毁损、报废，对外投资，对外捐赠，抵债，盘亏等原因引起的申请、鉴定、审核、记录、保管一系列有效控制的手段。其目的是为企业固定资产正常退出提供保障，防止退出不当，引起固定资产流失。

（五）企业成本费用控制系统设计

1. 工资费用控制系统设计

工资费用控制系统设计是指针对企业人力资源消耗的控制，包括单位产品工时消耗的控制、有效生产工时控制和工资总额的控制等一系列有效控制的手段。其目的是企业有效控制工资费用，降低人工成本做出贡献。

2. 生产费用控制系统设计

生产费用控制系统设计是指针对企业生产资料消耗的物化劳动和活劳动的控制等一系列有效控制的手段。包括进行商品生产发生的费用和企业自制设备和各项劳务作业所发生的费用。其目的是提高企业经济效益、提高竞争力，确保可持续发展具有重大意义。

3. 产品成本控制系统设计

产品成本控制系统设计是指针对企业保证产品成本在预算估计范围内的一项工作，根据估算对实际成本进行检测，标记实际或潜在偏差，进行预测准备并给出保持产品成本与目标相符的一系列有效控制手段。包括监督成本执行情况及发现实际成本与计划的偏离，将一些合理改变包括在基准成本中，防止不正确、不合理、未经许可的改变包括在基准成本中，将合理改变通知项目涉及方。在产品成本控制时，还必须和其范围控制、进度控制、质量控制等相结合。

（六）企业销售控制系统设计

1. 销售（托收承付）控制系统设计

销售（托收承付）控制系统设计是指企业为了减少存货积压和维持长期购销合作关系，销货方仍然发出存货，并延期收款的一系列有效控制手段。包括收款人发货后根据购销合同由委托银行向异地购货单位收取货款，购货单位根据合同对单或对证验货后，向银行承认付款两个环节的控制。其目的是为企业扩大销售提供前提条件。

2. 销售（非托收承付）控制系统设计

销售（非托收承付）控制系统设计是指企业在直接收款方式下，以货款已经收到或取得收取货款的凭据、发票账单和提货单已经交给买方，作为营业收入的实现，而不论商品、产品是否发出的一系列有效控制手段。其目的是为企业扩大销售提供条件。

（七）企业投资控制系统设计

1. 短期投资控制系统设计

短期投资控制系统设计是指针对企业实施的短期有价证券投资的一系列有效控制手段。包括各种股票和债券等，如购买其他股份公司发行的各种股票，政府或其他企业发行的各种债券（国库券、国家重点建设债券、地方政府债券和企业融资债券等）。其目的是为企业扩大投资，获得投资效益提供约束条件。

2. 长期投资控制系统设计

长期投资控制系统设计是指企业针对投资取得被投资单位的股份所实施的一系列有效控制手段。企业对其他单位的股权投资，通常视为长期持有，以及通过股权投资达到控制被投资单位,或对被投资单位施加重大影响,或为了与被投资单位建立密切关系,以分散经营风险。

(八) 企业财务成果控制系统设计

1. 销售利润控制系统设计

销售利润控制系统设计是指来自企业生产经营活动的经营成果的系统设计,销售利润由主营业务利润、其他业务利润和期间费用构成,主营业务利润是指企业经营活动中主营业务所产生的利润。其他业务利润是指企业经营主营业务以外的其他业务活动所产生的利润。主营业务利润与其他业务利润之和再减去期间费用为销售利润。销售利润控制系统设计目的在于综合反映企业管理当局的经营管理水平。

2. 营业外收支控制系统设计

营业外收支控制系统设计是指来自企业与生产经营活动无直接关系的各项收支控制。营业外收入包括包装物押金收入、收回调入职工欠款、罚款净收入等,营业外支出包括罚款支出,捐赠支出,非常损失等。营业外收支控制系统设计目的在于综合反映企业管理当局的利润总额管理水平。

3. 利润分配控制系统设计

利润分配控制系统设计是指企业在一定时期(通常为年度)内对所实现的利润总额以及从联营单位分得的利润,按规定在国家与企业、企业与企业之间的分配的一系列有效控制手段。利润分配控制系统设计目的在于对宏观经济进行调节和控制,对微观经济进行激励和约束。

管理层认为企业应该设计预算控制、物流管理和人力资源政策作为子控制系统。这种加强管理控制的办法是可取的。必须强调的是,各行业或企业的业务特点决定了内部控制的划分。

二、企业内部控制的设计步骤

内部控制的设计步骤包括确定控制目标、整合控制流程、识别控制环节、确定控制措施,最终体现在流程图或问卷的形成上。

(一) 确定控制目标

确定控制目标是企业管理经济活动的基本要求,是企业实施内部控制的最终目标,也是企业评价内部控制的最高水平。在实践中,管理人员和审核员总是根据企业控制目标建立和评估内部控制系统。因此,制定企业内部控制时,应先根据内部控制经济活动内容的特点和要求改进控制目标,然后选择管理职能相关的内部控制要素,以组成控制系统。

在国外,内部控制目标通常用内部控制的定义来表达。例如,《内部控制导论》写到,美国注册会计师协会审计程序委员会在内部控制的定义中提出了四个控制目标,COSO委员会提出了三个控制目标。

本教材有六个内部控制目标:①维持企业资产完整性。②确保企业的会计信息的准确性。③保证企业财务活动的合法性。④确保企业决策的贯彻执行。⑤确保企业生产活动经济性、效率性和效果性。⑥确保企业遵守国家法律法规。

上述六个目标是基本目标，或是一般目标。每个控制目标，还可以细分为几个具体的控制目标。例如，第二个基本目标"确保企业会计信息的准确性"可以分为几个具体目标：①确保会计凭证的准确性。②确保会计账簿的准确性。③确保会计报表的准确性。

（二）整合控制流程

控制过程是企业在经营活动中连续运行的基本控制步骤和相应的环节。企业的控制过程通常与业务过程一致，业务过程主要由控制点组成。当一个企业的业务流程存在控制缺陷时，有必要根据控制的目标和原则将它们进行集成。

（三）识别控制环节

在执行控制任务中，主要的精力应该放在易发生偏差的业务部门。易发生舞弊或者其他弄虚作假的业务环节，一般被视为公司控制环节。企业控制点按功能分为关键控制点和一般控制点。控制点在企业的业务流程中扮演着最大和最广泛的角色，甚至决定了企业的整体利润。它们对整个公司运营活动的控制目标至关重要，即成为关键控制点。与之相对应的发挥局部作用并影响被限制在一定范围内的控制点被定义为一般控制点。

例如，在企业的材料采购操作中，验收检查点在确保材料采购操作的完整性和实物安全方面起着不可或缺的作用。因此，它是企业物料采购控制系统中的关键控制点。"审批""签约""登记""记账"等其他控制点是一般控制点。重要的是，要记住企业关键控制点和一般控制点在某些条件下可以相互转换。有时一项业务中一般控制点是其他业务活动中的关键控制点。

（四）确定控制措施

通过设置具体的控制技术和程序实现控制点的功能，通常称为控制措施。例如，企业现金控制系统中的审批控制措施包括：

（1）主管对现金收支业务的处理进行授权。

（2）经办人员在现金收支原始凭证上签名或盖章。

（3）部门负责人审核凭证并签署批准和其他控制措施。

银行存款控制系统的"结算"控制措施包括：

（1）出纳核对原始凭证。

（2）填写或取得结算凭证。

（3）进行收付款业务处理。

（4）签字或盖章。

（5）登记相关会计记录。

上述两个控制措施之间的差异表明，由于控制的业务内容不同，要达到的控制目标也不同，伴随它们的控制措施也不同。因此，在企业实际工作中，企业必须根据的控制目标和对象建立相应的控制技术和程序。

三、企业内部控制的设计形式

企业内部控制的设计形式主要包括内部控制流程图、内部控制调查表和书面记录(叙述)。下面简要介绍一个企业的内部控制流程图和内部控制调查表设计。

(一) 内部控制流程图

企业绘制内部控制流程图的主要步骤如下:

(1)选择流程图符号。流程图符号是一种特殊的语言,由一系列符号组成。到现在为止,我国没有统一的流程图符号,世界各国也未进行统一。然而,企业可以按照简单、形象的原则设计一套符号。

(2)确定流程图的主线。流程图一般以控制过程为主线,从头到尾绘制,涉及对分支过程的方向指导。

(3)确定流程图的重点。反映控制点是其核心、同时,不可忽略关键控制点及其控制措施,并显示不相容职务的分离情况。

(4)编制流程图说明。因为将流程图中每个控制点的控制措施可视化是非常有难度的事情,故应该把编写单独的文本表以满足流程图的理解放在首位。正文表应主要反映各控制点的控制措施和相应的控制目标。

例如,在现金控制系统的流程图描述中,第一个控制点审批应实现"保证现金收付真实、合法,并遵循着授权进行"的控制目标,相应的控制措施是"授权办理现金收支业务;经办人员在现金收支原始凭证上签章、部门负责人审核该凭证并签章批准"。另一个例子是最后一个控制点"清查",相应的控制目标是"确保现金的完整性、正确性和可靠性"。需要执行的控制措施如下:"清查小组盘点库存现金:检查现金日记账,编制并报告现金盘点报告单"。通过现金盘点报告单,我们可以全面、详细地展示流程图符号难以表达、过程控制不方便的控制措施,以弥补流程图固有的缺陷。

(二) 内部控制调查表

编制内部控制调查表的关键是为企业打算调查的控制系统和控制点提出问题条款,并设计成调查表。调查问题应围绕控制系统内的每个控制点、关键控制点和控制措施紧密提出。也就是说,对于在企业控制点建立的各种控制措施,以问题条款方式被逐个设计成要了解的问题,补充控制环境、一般控制等问题条款。

1. 设计步骤

设计步骤可分三步进行:

(1)确定被审计单位内部控制制度的调查目标。

(2)根据调查的目标,确定控制点及其控制措施。

(3)制定具体的研究问题。

2. 调查表格式

调查表格式通常为封闭式和开放式。调查表要素包括调查单位、调查项目、调查时间、调查问题、调查答案、受访者、审计师和审计研究人员等。

第三节　企业内部控制设计思路

企业内部控制设计是一项系统工程,合理的设计程序、方法和人员安排十分重要。企业内部控制设计应在分解企业内部控制体系的基础上,遵循自上而下的设计程序、风险导向的设计方法和协调的人员安排。

一、分解企业内部控制系统,进行内部控制设计

首先,有必要对企业内部控制体系进行分解。企业内部控制制度是集治理、管理、运行于一体的控制制度。它不仅包括不同层次的主体,如股东、管理者,还包括不同层次的控制目标和控制活动。

《上海证券交易所上市公司内部控制指引》(2006)指出,企业应力求全面、完整,至少在企业层面、下属部门、附属企业和各业务环节层面做出安排。

《财政部企业内部规范汇编——基本准则》(2007)指出,企业内部控制应涵盖企业经营管理的各个层次、方面和业务环节。在设计内部控制时,内部控制系统可分为企业级和业务活动级。企业下属部门和子公司层面的内部控制主要体现在企业层面的企业下属部门和子公司的管控体系中。

(一)企业应规范流程再造,贴近工作实际

为进一步增强企业绩效的可操作性、风险可控性和有效性,实现生产经营管理、创收与效益、管理创新与机制创新相结合,完善采购管理和投资管理和资金管理等流程控制点,调整和优化重要部分控制点管理,加强对一些风险高、管理相对薄弱、易欺诈环节的控制和监督,补充制度中死角或缺陷的关键环节,细化优化权责指引。

(二)企业应规范审批权限,严格授权管理

根据企业的组织规则和工作规则,适当下放低风险、低重要性的审批权限,适当收紧高风险的审批权限,进一步明确行使范围、审批项目、审批金额额度、审批权限等。同时,不允许向下授权的控制点由企业级统一审批,对合同签订、资金支付、费用审批等允许向下授权的控制点实施金字塔管理,按照归口管理和部门审批程序,各单位权限以外需要上级审批签字的项目,由主管部门审批,报有关领导批准,以确保权力的有序设置和授权程度。

(三)企业应规范责任分工,明确管理职责

按照"谁主管、谁控制,谁把关、谁负责"的原则,制定《企业内控责任落实表》,并且切实落实于具体的责任部门、责任人及监管部门,将所有控制点具体到岗位,遵循"权有所属、责有所归"的原则,切实做到内控工作"不流于形式、不留下死角",其范围可涵盖生产经营全过程、覆盖党政工团全方位,最重要的是,让企业内部控制彻底融入日常,并且遵循"主要领

导亲自抓、分管领导重点抓、职能部门具体抓、相关部门配合抓"的原则,形成良好局面。

(四)企业应规范制度管理,确保符合内控

只有深刻理解企业内部控制的设计思想,把内部控制融入于现行管理制度,才能符合当今的潮流,从而为企业战略目标的实现提供有效的制度基础。

加强企业内部控制制度建设,需要组织力量对现有的内部控制相关专业管理制度进行筛选、整合和完善,供各部门、各单位实施、学习和借鉴。对不适应新形势的规定和办法,及时废止、补充和审查,确保专业管理制度与内部控制制度的一致性,逐步建立一套以企业内部控制制度为核心、专业制度和标准为基础的制度体系。

(五)企业应规范资料格式,统一资料标准

针对不同规模的执行单位、不同的管理模式、不同的控制点数据的实际情况,需要组织专业人员对内部控制要求的数据进行收集、分类、完善、规范和格式化,并制定一个统一标准和表样,并发给执行部门统一执行,利用内控要求的规范化、标准化,夯实企业内控工作的基础。

二、企业注重三项强化措施,提高内部控制执行

(一)企业应强化检查机制,优化检查方案

检查至关重要。检查有助于推动企业控制系统有效实施。监控、检查涉及生产的各方面,为确保检查的广度、深度和客观、公正评估,有必要反复进行讨论并拟订方案,确定检查依据、检查范围、检查评价方法、检查标准、检查内容、设计检查工作底稿、评价组织程序,形成责任心强、经验丰富、业务掌握能力强的专业检验和评价团队。

(二)企业强化整改落实,提高检查效果

检查和评估的目的是使企业改进和再改进。企业内部控制检查必须坚持现场检查,检查后进行评价,将检查中发现的问题列入整改表。根据实际情况,组织问题整改指导小组对整改情况进行逐一检查监督,出具意见反馈表,责令不符合要求的单位重新组织整改,提高企业内控检查质量。

(三)企业强化奖罚兑现,促进深入发展

为确保企业内部控制各项活动的实施,企业有必要建立内部控制实施情况的评价体系,并将检查评价结果与评价对象的绩效挂钩。

例如,中层管理者的绩效奖金考核和业务目标考核决定了内部控制实施的指标权重。同时,要加强对做得好、佩戴大红花的企业主管单位的精神鼓励,以更好地激励先进、鞭策落后。

三、企业内控制度建设的几点体会

(一)领导高度重视是首要前提

企业内部控制是一项系统工程,涉及决策层和管理层,涵盖企业生产经营的各个环节。

它是一种全方位、全过程的控制,必须在企业和单位领导的思想上高度统一,并得到主要领导的高度重视。

(二)组织机构健全是重要保证

企业任何工作的开展都需要强有力的组织保证。实施企业内部控制必须建立健全企业内部控制组织,完善内部运行机制,履行各自的职责。

(三)完善内控制度是根本依据

企业内部控制制度是内部控制制度的核心内容,是实施企业内部控制管理的关键依据,是实施和评价企业内部控制有效性的基本标准,企业必须完善、健全、科学。

(四)严格检查评价是必要手段

内部控制评价是加强企业内部控制执行力、确保企业内部控制效果的必要手段。我们必须"严格评估并努力兑现"。在检查评价过程中,企业必须做到两个"严格":一是严格检查,二是严格考核。

(五)经营风险管理是关注重点

企业在资金管理、计划投资、物资采购、成本控制、合同管理、财务预算等方面可能存在隐患甚至潜在风险,企业要高度重视加强监督,注重基本规范、流程实施、权限管理、严格检查考核。

综上所述,企业内部控制是市场经济体制建立的现代企业制度,是提高管理水平、规避风险的必要手段,它是企业管理的基础,是持续健康发展的保障。持续完善企业内部控制体系,稳步提升企业内部控制执行力,提升企业管理水平,实现企业持续健康发展。

四、企业现金控制系统设计

为了展示具体的设计,我们以某企业的财务资金管理系统的设计为例。企业的货币资金管理系统大致可以分为现金控制系统和银行存款控制系统。

(一)企业现金控制系统设计

企业要按照国家现金管理和支付制度,加强现金管理,接受银行监管。企业、单位的财务会计部门必须建立现金管理责任制,作为现金管理职能部门,有专职出纳人员,负责收款和支付储存的现金和托管业务。非公司出纳员的人不能管理现金收款和支付业务。所有企业的现金收入和支出应该以企业审核签证的会计凭证为依据办理,定期对清单进行收入和支出的准确性清查确保收支正确,手续齐全,账户存款与实际存款一致。

1. 控制目标

根据《现金管理暂行条例》和相关财务制度,现金管理应实现以下目标:

(1)确保现金收支的正确性和合法性。企业应按照现金管理规定和相关现金收支业进行严格审核。

(2)确保及时、适当的现金结算。企业应合理安排现金收支时间,合理选择现金收支方式,提高效率,避免因提前或延迟支付而占用资金,影响业务进展。

（3）确保现金储存安全、完整。企业应当严格、安全地保管现金。超过限额的部分应及时交付银行，防止现金被抢劫、盗窃和挪用，确保货币资金的安全和完整。

（4）确保现金会计的真实性和合规性。企业应结合企业实际情况，按照财务管理制度要求，设计现金收支凭证和会计报表，如实记录现金收支业务，正确计算现金收支金额，监督和反映支出、私人分配、私人存款和非法占用现金等纪律问题，并提供真实准确的信息。

2. 控制流程

下面我们对选择的主要业务环节形成的控制流程进行简要介绍：

（1）授权处理业务。企业营业部负责人根据企业和本单位的规定和业务需要，授权业务人员办理涉及现金收支的经济业务。

（2）签订结算合同。企业经办人员在办理业务时，应当与对方协商收款、付款的结算方式和时间，并在合同或其他合同中约定。

（3）准备原始凭证。企业业务经办人员应当按照财务会计制度的规定，填写或取得采购发票、销售发票等原始凭证，作为办理现金收付业务的书面凭证。

（4）审核并签署原始凭证。企业经办人员填写业务内容，并在原始凭证上签字盖章；业务部门负责人或指定人员对收款或承付等结算程序进行审批。

（5）审核原始凭证。企业会计主管或指定人员对原始凭证和反映的经济业务进行审核，批准现金收支结算，对不合格凭证不予受理或责令经办人员改正。

（6）制取结算凭证。企业出纳应根据经批准的原始凭证及会计程序和结算方式填写或取得现金结算凭证。如果是办理托收货款，则填写托收承付结算凭证是必不可少的，且托收货款需要取得银行承付通知单。

（7）办理结算业务。企业出纳应寄送或保存结算凭证及相关记录，并与银行办理现金收付业务。

（8）审核结算凭证。企业会计主管或指定人员对结算凭证的回联进行审核，并与原始凭证核对。

（9）准备记账凭证。现金收付记账凭证的编制，是根据经审核的结算凭证和原始凭证，由会计人员做出的。

（10）审核记账凭证。企业审核员或指定人员对记账凭证、随附结算凭证和原始凭证进行审核。

（11）登记日记账。企业出纳根据批准的记账凭证逐笔登记现金日记账。

（12）登记明细账。会计主管根据批准的记账凭证登记相应的明细账。

（13）登记总账。企业总分类账会计按照规定的形式登记总分类。

（14）核对账单。非出纳人员应逐笔核对现金日记账和对账单，找出未达项目。

（15）编制调节表。企业对账人员编制《现金余额对账表》，经审核后进行调整验证。

（16）核对账目。企业非记账人员应核对现金日记账、相关明细账和总账。如有错误，经批准后处理。

3. 控制点及其控制措施

在上述控制过程中,企业应设置以下控制点和控制措施:

(1)批准。业务经办人员办理现金收支业务,且其得到一般或特殊授权也是必不可少的一环。经办人员应在反映经济业务的原始凭证上签字盖章。经办部门负责人审核原始凭证并签字盖章。审核原始凭证可以确保现金收支业务按照授权进行,增强经办人员和责任人员的责任感,确保现金收付的真实性和合法性,避免乱收乱支、虚收乱支、现金欺诈等问题。

(2)审核。企业会计主管或者其指定人员应当查验现金收支原始凭证。主要审核原始凭证反映的现金收支业务是否真实合法,原始凭证填写是否符合规定要求。现金收支记账凭证审核后,可以签字审核。审核原始凭证可以确保现金收支凭证真实合法,提供正确的现金支付和记账依据,确保出纳支付的现金正确合法。

(3)结算。企业出纳审核现金收支记账凭证及所附原始凭证,按凭证所列金额收付现金,并在凭证上加盖"已收"或"已付"印章和公章。为加强现金收支控制,必须建立严格的出纳责任制,分离不相容岗位。主要原因是出纳必须根据已审核签字的记账凭证收取现金,不能直接根据原始凭证进行现金结算。出纳不能同时编制收支记账凭证、管理收支、债权债务账簿的登记和会计档案的审核保管。所有会计凭证和印章不得由出纳保管。与之相反,非出纳人员要尽量避免从事现金管理的工作。严格的现金收支控制是确保实物现金安全完整的主要环节。它在明确现金收付责任、防止贪腐、挪用、私人现金储存、再支付和现金收付不足方面发挥了重要作用。

(4)复核。企业审核员审核现金收支记账凭证及所附原始凭证,并签字盖章。审核记账凭证可以保证现金收支业务的正确性和会计核算的真实性,防止记账不准确,及时纠正收付款差错。

(5)记账。企业出纳根据现金收支记账凭证登记现金日记账;主管会计根据收付凭证登记相应现金账户的相关明细账;总分类账会计登记总分类账。分工登记现金账簿,可以保证现金收支业务有据可查,保证各账户相互制约,及时提供准确的现金会计信息。

(6)核对。企业的审计师或其他非记账人员应检查现金日记账、相关明细账和总账;如有差误报经批准的,应当进行处理;审核员签字盖章。检查现金记录可以确保账目一致,现金会计信息正确,实物安全完整。

(7)清点。企业出纳每天清点库存现金,并与日记账余额核对批准,现金短缺或过剩时,应及时查明原因,报经批准后处理。每天清点现金可以防止现金损失、收支错误和记账错误,并经常保持账目与事实相符。

(8)清查。由财务部负责人、审计人员、稽核人员组成的盘点小组,定期或不定期盘点库存现金,核对现金日记账。盘点时,出纳应在场核对账目;根据盘点结果编制现金盘点报告,填写账实相符的情况;如有错误,报经批准后进行调整。通过盘点,可以加强对出纳工作的监督,防止贪腐、盗窃、挪用现金等违法问题的发生。在现金内部控制系统的控制点中,"批准""核对"和"清查"环节均具备举足轻重的重要性。业务部门对原始凭证的审批,可以保证经济业务的真实性、合理性和合法性,这是第一个环节;企业会计部门进行会计核算,可以保证企业现金收支和会计核算的正确性,是及时发现现金收支和现金会计记录错误的主要环节,对保证会计、出纳工作质量起着重要作用;清查团队对库存现金进行盘点,可以保护现金的安全性和完整性,是保护现金和实物安全的最后一个环节。

4. 现金业务控制系统模式

根据企业的现金控制流程,以及系统要求的控制点和控制措施,现金业务控制模式可设计为现金控制系统流程图和现金控制系统流程图说明流程图的形式。对于企业现金控制体系中的控制点、关键控制点和控制措施,企业现金业务收支的内部控制模式也可以通过调查表的形式反映出来。

(二) 企业银行存款控制系统设计

企业应当按照《银行账户开立办法》的规定申请开立银行账户。除了现金结算允许直接现金收付,其余必须通过银行转账。

为加强银行存款的内部控制,企业应建立银行存款管理责任制,企业出纳专门负责银行存款的收付。企业会计部门应当认真执行银行账户管理办法和结算制度,做好银行存款的核算工作,随时掌握银行存款的收支动态和余额,做好企业货币资金的调度和收支平衡,确保企业生产经营的资金供应。企业审计部门应当通过对银行存款的检查,促进企业和单位加强对银行存款的管理,防止违纪行为的发生。

1. 控制目标

根据《银行账户管理办法》和《企业财务条例》,企业银行存款收支控制主要应达到以下目标:

(1) 确保银行存款收支的正确性和合法性。企业应严格按照银行管理规定办理银行存款的收付,认真审查银行存款的收入来源和支出用途,正确计算并准确收付银行存款金额。

(2) 确保银行存款及时、妥善结算。企业必须按照银行规定的结算方式办理各项收支,及时合理安排支付结算时间,并根据不同结算方式的适用范围、条件和结算程序办理结算手续。为避免逾期托收、逾期拒付、透支存款等不当结算方式对资金使用效率的影响和延迟交易业务。

(3) 确保银行存款的安全和完整性。企业应当严格管理银行存款,认真核对存款记录,妥善保管结算单、专用章和支票,及时核对银行存款,处理支票损失,严禁出租或出借银行账户和转账支票,以确保银行存款的安全和完整性。

(4) 确保银行存款记录的真实性和可靠性。企业应当正确记录银行存款业务,如实核算收支活动,认真核对银行存款记录,确保银行存款记录的真实性和可靠性,并根据规定随时提供准确的银行存款财务信息。

2. 控制流程

由于银行存款结算方式不同,企业收支流程和业务环节也不同。接下来,我们将选择主要的业务环节,简要介绍控制流程。

(1) 授权处理业务。企业业务部门负责人根据企业、单位的规定和业务需要,授权业务人员办理与银行存款支付事项。

（2）签署收付款协议。企业经办负责人在办理业务时，应当与对方约定付款结算方式、结算期限等，以合同或者其他合同方式确定。

（3）编制原始凭证。企业业务负责人应按照财务会计制度的规定制作或领取收据正本，作为办理购货发票、销售发票等银行存款收支的书面收据。

（4）审核并签署原始凭证。企业经办人员在原始凭证上填写业务内容并签字盖章；业务部门负责人或指定人员对收款或承付等结算程序进行审核、签字、批准。

（5）审核原始凭证。企业会计主管或指定人员对原始凭证和反映的经济业务进行审核，批准银行存款收支结算，对不符合要求的凭证予以拒收或责令经办人员改正。

（6）制取结算凭证。企业出纳应按照批准的原始凭证、会计程序和结算方式填写或取得银行存款结算凭证。需要填写委托收付承诺结算凭证的，办理货款承付需取得银行承付通知单等。

（7）办理结算业务。企业出纳应寄送或保存结算凭证及相关记录，并与银行办理存款收付的业务。

（8）审核结算凭证。企业会计主管或指定人员审核结算凭证回联并与原始凭证核对。

（9）编制记账凭证。企业会计人员根据审核后的结算凭证和原始凭证，编制银行存款收付记账凭证。

（10）复核记账凭证。企业审核员或指定人员对记账凭证、结算凭证和原始凭证进行复核。

（11）登记日记账。企业出纳根据审核签字的记账凭证逐笔登记银行存款日记账。

（12）登记明细账。会计主管应根据批准的记账凭证登记相应明细账

（13）记入总账。企业的总分类账会计根据规定的形式登记总账。

（14）检查账单。非出纳人员应逐个检查银行存款日记账和银行对账单，以查找未清账目。

（15）编制调节表。企业对账人员应编制调节表，审核后用以调账。

（16）账账核对。企业的非记账人员应检查银行存款日记账、相关明细账和总分类账的账目。如有错误，经批准后处理。

3. 控制点及控制措施

上述过程应确定以下控制环节和措施：

（1）批准。经企业营业部批准的业务人员对原始凭证内容进行核对签字，办理相关银行存款或业务，并报企业营业部负责人审核签字。超出业务部门权限的银行存款收付业务，报上级主管部门批准并签字盖章。审批银行存款收支业务，可以保证业务办理得正确合法，增强经办人员的责任感，避免违纪违规。

（2）审核。企业会计主管或指定人员审核原始结算凭证，签字同意办理银行存款的计算。审核原始凭证可以检查经济业务是否合理合法，确保银行存款结算正确有效。检查结算凭证可以检查银行存款结算是否正确，确保存款结算安全、正确。

（3）结算。企业的出纳凭经审核签字的凭证或授权凭证,办理银行存款收付业务。结算前出纳应审核原始凭证及相关合同文本。结算凭证应按不同的结算方式填写或取得。结算凭证加盖财务专用章、出纳专用章、支票签发章、财务负责人章,分别由会计主管和出纳保管。转账支票和结算凭证必须按照编号顺序连续使用。无效转让支票应加盖注销章。收到款项后,凭证加盖"收付讫"印章。非出纳人员不得管理银行存款业务,按此办理银行存款结算监督银行存款的收付,防止收存、借贷、转账等不良行为。

（4）复核。企业审核员通过审核、银行存款收付会计凭证是否附有原始凭证、结算凭证等,可以发现银行存款收付会计凭证的错误,以及相关人员是否签字盖章,结算金额是否一致,记账科目是否正确,以确保银行存款的正确核算。

（5）记账。企业出纳凭银行存款收付记账凭证登记日记账。会计应根据收付款凭证账户编制明细账,总账会计登记总分类账银行存款账户。记账凭证由记账人签字盖章。登记银行存款账户可以确保银行存款收支业务的可验证性,防止结算缺陷,及时提供可靠的银行存款会计信息。

（6）核对。审计人员或其他非公司记账人员应检查银行存款日记账及其相关明细账和总分类账的账目。如有错误,经批准后处理。检查员签字盖章。通过核对银行存款账簿,及时发现银行存款的会计差错和记账差错,确保账目的一致性和记录的正确性。

（7）对账。企业由非出纳人员逐一清点银行存款日记账和银行对账单,并编制银行存款余额调节表。核对银行对账单,可以及时发现企业或银行的记账错误,防止银行存款的违法行为,保证银行存款的真实性和货款的及时结算。

在上述控制点中,审批和对账非常重要,批准和对账控制点与现金控制系统中的相应控制点一样重要。对账控制对于确保企业和银行存款记录的一致性,纠正各方的错误具有重要作用。因此,它们是控制系统银行存款的关键控制点。

第四节　案例分析

 **案例1**

某商业企业采购的内部控制设计案例

企业货币资金内部控制模式不是一般模式,而是一般的示范模式。

下面是我们为一家商业企业设计的采购控制系统。它在细节和具体形式上与上述货币资金管控制度有很大不同,但更接近基本概念和主要形式。事实上,我们为客户设计的内部控制系统是不同的。

经过调研、论证和沟通,我们先绘制了企业的采购和付款控制流程图,然后逐一说明采购业务中涉及的采购政策、供货合同、采购订单处理等控制环节的控制目标和控制要求,包括收货处理、退货处理、发票审核、供应商绩效分析等,以及支付业务各控制环节的控制目标和要求。企业采购控制的设计如下。

1. 采购政策

控制目标：企业应明确采购的职责和范围。

2. 选择供应商

控制目标：企业选择可靠的供应商，以最合理的价格采购合格的产品。

3. 供应合同

控制目标：企业供货合同条款有效，经批准，符合企业政策和国家规定。

4. 采购订单处理

控制目标：准确记录和审批企业的所有采购业务。

5. 收据处理

控制目标：企业只接受符合质量要求的订单。

6. 退货处理

控制目标：准确记录和监控所有退货。

7. 发票和收货单验证

控制目标：企业所有发票与外购入库单一致。

8. 供应商绩效分析

控制目标：企业有足够、准确的信息对供应商进行有效管理。

——本案例资料参考：案例数据资料、某商业企业的网上资料

 **案例2**

A 企业的内部控制设计缺陷的审计研究

广东证监局通过对 A 企业现场尽职调查发现，上市 A 企业对其子公司缺乏控制，主要体现在 2016 年上市企业收购子公司后未能建立有效的投资管控体系。内控体系建设管控不力，导致子公司未报送《2018 年经营计划》《2018 年产品状况及 2019 年经营计划》等重要事项、与客户签订的年度销售合同等问题。

上述情况不符合《企业内部控制基本规范》第 4 条和《企业内部控制应用指引第 1 号——组织结构》第 10 条的规定。此外，企业还面临信息披露不及时、财务核算不准确等问题，2020 年 1 月 20 日，广东证监局向上市企业及相关人员发出警示函。

在《企业内部控制基本规范》第 4 条规定的企业建立和实施内部控制应遵循的五项原则中，有一项是"综合原则"，即"内部控制应贯穿于决策、实施和监督的全过程，涵盖企业及其下属单位的各项业务和事项"收购子公司后未能及时建立有效的子公司内控制度，子公司控制存在缺陷。

在上市企业日常经营活动中，内部控制设计缺陷导致的业务流程违规主要集中在购销业务、资金管理和合同管理等方面。具体规则包括：《企业内部控制应用指引第 6 号——财务活动》《企业内部控制应用指引第 7 号——采购业务》《企业内部控制应用指引第 9 号——销售业务》和《企业内部控制应用指引第 16 号——合同管理》。

一、采购业务设计

例如,通过在 STAT 的现场调查,山西证监局发现该企业采购业务存在以下内部控制问题:关联方企业的付款管理不到位。企业未严格按照合同或货物入库金额支付相关采购款,本期预付款金额较大。企业还存在其他关联交易违规行为,如企业关联销售和关联采购结算政策不平等、关联交易协议内容不明确等。因此,山西证监局于 2020 年 11 月 10 日对上市企业采取了纠正措施。

分析:上述情况违反《企业内部控制应用指引第 7 号——采购业务》第 13 条第 4 款的相关规定:"企业应当合理选择付款方式,严格遵守合同规定,防范支付方式不当带来的法律风险,确保资金安全。"上市企业对关联方预付款资金数额较大,容易影响企业营运资金的正常流动,构成关联方占用营运资金,并对企业的日常经营活动产生重大不利影响。

二、资金与合同管理

例如,四川证监局在对一家企业进行现场检查时发现其内部控制存在缺陷。具体情况如下:本企业部分保理客户的基本业务及购销合同高度相似,不同保理客户的交易对手相似,相关交易对手资质与采购业务规模不匹配,一些保理客户可能由同一家企业控制或存在于关联关系。但上市企业在保理业务合同审查、尽职调查和资本投资过程中未对上述问题进行必要的检查和说明,保理业务管理和保理资本投资存在明显的内部控制缺陷。此外,上市企业的会计核算也不规范。四川证监局于 2020 年 11 月 19 日向上市企业发出警告信。

分析:《企业内部控制应用指引第 6 号——财务活动》第 3 条和第 4 条提醒企业在其财务活动中应注意的风险,《企业内部控制应用指引第 16 号——合同管理》第 5 条规定,企业在签订合同之前应仔细审查合同。根据上市企业披露的 2019 年年报,该上市企业的主要业务之一是保理业务。在开展此项业务的过程中,上市企业发现交易对手的资质与采购业务的规模不匹配,主要原因是上市企业未能评估资质并有效审查信用状况,这可能最终导致应收账款难以收回。

三、销售业务与合同管理

据现场检查,青岛证监局发现上市企业开展销售业务时,一些上市企业在未签订书面销售合同的情况下向客户发送商品、开具发票和确认收入。上述问题反映出公司销售业务相关的内控和合同管理不规范。2020 年 10 月 29 日,青岛证监局对上市企业采取了纠正措施。

分析:上市企业违反《企业内部控制应用指引第 9 号——销售业务》第 6 条和第 12 条以及《企业内部控制应用指引第 16 号——合同管理》第 4 条和第 5 条。上市企业在境外进行经济活动,除采取即时结算方式外,还应当签订书面合同。合同通常按双方意图的真实表达,受法律保护。如果上市企业在未签订销售合同的情况下进行销售和其他经济活动、向客户发送货物、开具发票和确认收入,则上市企业很可能会陷入后续法律纠纷,并对上市企业合法权益的维护产生不利影响。

——本案例资料参考:案例数据资料、A 上市企业的内控缺陷审计的网上资料

 **案例 3**

<h2 style="text-align:center">财务报告相关内部控制存在缺陷</h2>

例如,宁波证监局对某上市公司进行了现场检查,发现该上市公司披露的商誉减值准备并未由管理层提交董事会审议。具体而言,在上市公司 2019 年披露的财务会计报告中,其子公司商誉已全额计提减值准备,但该上市公司财务部未计算商誉减值金额,管理层未根据应计金额编制财务会计报告草案并提交董事会审议。上市公司还存在与商誉减值相关的其他违规行为。2020 年 8 月 13 日,宁波证监局向上市公司发出警告信,并采取了识别相关负责人为不合适人选、监管会谈和发出警告信等措施。

分析:上述情况违反了《上市公司信息披露管理办法》第 39 条和《企业内部控制应用指引第 14 号——财务报告》第 4 条。根据《上市公司内部财务管理规定》第 45 条的规定,上市公司的外部财务报告必须经上市公司资产管理负责人审核,表明上市公司已按照上述规定编制并审核了内控制度定期报告。但是,在编制财务会计报告中,上市公司没有按照规定考虑商誉减值,违反了相关法律法规,没有遵循上市公司的内部控制制度。

一、人力资源内控不合理

2020 年,湖南证监局对该上市公司进行了现场检查,并于 12 月 31 日向该上市公司及相关负责人发出了警告信。在其违规事实中,除了应收账款坏账准备信息披露不及时、不准确,该上市公司还存在应收账款管理内部控制缺陷。主要原因是上市公司项目绩效管理主要从进度、质量、成本控制等方面进行考核,未考虑资金回收进度等因素,公司在薪酬考核管理中未制定销售收款任务考核激励约束制度,导致上市公司项目管理和应收账款催收之间的脱节。

分析:根据上市公司披露的 2019 年年报,报告期末流动资产为 6.86 亿元,占流动资产的 32.87%。2019 年,账面价值在坏账准备的投资为 6.44 亿元,占应收账款余额的 48.40%。在第一期年报《可能面对的风险》中提到应收账款未能及时恢复将给上市企业的营运资本带来压力,并导致坏账风险。

《企业内部控制应用指引第 3 号——人力资源》第 10 条规定:"上市企业应建立和完善人力资源的激励和约束机制,建立科学的绩效考核指标体系,严格考核各级管理者和全体员工,作为员工薪酬和职级调整的重要依据,以确保员工团队的持续优化。"上市公司不将销售收入作为销售人员和高管的绩效考核指标之一。如果评估指标设置不全面,员工很容易利用系统漏洞,盲目提高销售业绩,放松客户截止日期,忽视客户收款进度,导致上市公司在期末计提大量坏账准备。

二、内控制度未及时更新,内控运行效力有限

重庆证监局于 2020 年 9 月 11 日向上市公司发出警告信,并采取措施与相关负责人进行监管对话。除了规范信息披露和会计核算,公司内部控制制度还存在以下缺陷:

(1)未及时修订:上市公司 2014 年制定的《内部控制管理手册》未根据实际情况及时修订,未经董事会审议批准,未形成有效的内控管理体系。

(2)内控发展受阻:上市公司内控管理投入较少,人员配备不足,仅有一个内部审计人

员,相关内控管理和监督无法有效开展。

(3)各部门协调性差:相关工程部门与财务部门之间的信息传递不及时,导致部分在建工程未及时转为固定资产的内部控制缺陷。另外,上市公司开展内控自我评价过程中,未保留相关工作底稿,以及销售部门内控未有效执行等。

分析如下:

(1)上市公司内部控制基本规范组织对上市公司建立和实施内部控制应遵循的原则提出了要求,其中之一就是适应性原则,即"内部控制应与上市公司的业务规模、范围、竞争形势和风险水平相适应,并随着形势的变化及时调整"。上市公司未根据上市公司最新情况更新内控制度,但仍沿用旧制度,未能形成有效的内部控制管理体系,违反了公司在内控制度制定的原则。此外,未经董事会审议和批准,内控制度违反了《上市公司内部控制基本规范》第12条。

(2)虽然《上市公司内部控制基本规范》没有规定该领域的内部审计师人数,但规则强调,上市公司应确保内部审计机构的设立和人员配备。此外,《上市公司章程指引》还对内部审计提出了相关要求。

三、上市公司自身未识别内控缺陷,导致《内部控制评价报告》披露不准确

根据《公开发行证券的上市公司信息披露编报规则第21号——年度内部控制评价报告的一般规定》第4条,"上市公司应根据从内部控制评估中获得的测试和评估为依据,如实编制和提供年度内部控制评估报告,不得包含虚假信息或隐瞒重要事实。董事会和上市公司全体董事应确保提供的年度内部控制评估报告不存在虚假记录、误导性陈述或重大遗漏,并对年度内部控制评估报告的真实性、准确性和完整性承担个人和连带法律责任。"

分析:在年度内部控制评价报告信息披露前,上市公司对该公司内部控制的建立和运行情况进行了仔细检查,发现财务报告内部控制和非财务报告存在重大缺陷,需要区分内部控制。上市公司应当保证信息披露的完整性和可靠性。以上编制规则是针对年度内部控制评价报告披露的最低限度的要求。无论该规则是否有明确要求,都必须充分披露对投资者投资决策有重大影响的所有内部控制信息。基于以上2020年内控违规典型案例,不难发现上市公司内部控制存在的重大缺陷。这主要体现在两个方面:一方面,内控体系建设存在漏洞,如子公司未建立内控体系、内控体系未更新、绩效指标不科学等。另一方面,上市公司建立了完善的内控体系,但日常经营等运作不力,未严格遵守上市公司内部制度,未按规定编制财务报告。上市公司内部控制体系建设是一个长期的课题,只有不断完善内部控制体系,加强内部控制运作的有效性,才能防范风险,提高上市公司的防范风险有效性。

——本案例资料参考:案例数据资料、A公司的财务报告相关内部控制网上资料

课后练习题

一、单项选择题

1.(　　)是内部控制的一种重要方法,其内容可涵盖单位经营活动的全过程,包括筹资、融资、采购、生产、销售、投资和管理等多方面。

A. 授权审批控制 B. 会计系统控制

C. 预算控制 D. 内部报告控制

2. 现金内部控制的控制点不包括( )。

A. 审批 B. 余额调节表 C. 对账 D. 清查

3. 可以保证现金收支业务按照授权进行,增强经办人员和负责人员的责任感的控制措施为( )。

A. 授权批准 B. 分工记账 C. 清点 D. 清查

4. 下面不属于存货业务内部控制设计要求的是( )。

A. 对存货进行正确计价并保持账实相符,合理揭示存货方面的财务状况

B. 保证恰当的存货储备,促进企业资源优化配置

C. 保证存货的安全

D. 落实保管责任制度

5. 可以及时发现企业或银行记账差错,防止银行存款非法行为发生,保证银行存款真实和货款结算及时的控制措施为( )。

A. 审批 B. 复核 C. 核对 D. 对账

6. ( )应根据审核无误的现金收款凭证或付款凭证进行收款或付款,收付完毕,在现金收款凭证或付款凭证以及所附原始凭证上加盖"收讫"或"付讫"戳记,并签字盖章以示收(付)讫。

A. 出纳人员 B. 记账人员 C. 会计人员 D. 稽核人员

7. 按照内部控制要求,应由( )核对银行存款日记账和银行对账单,编制《银行存款余额调节表》。

A. 记账人员 B. 非出纳人员 C. 会计人员 D. 审核人员

8. 账簿记录人员核对银行存款日记账和有关明细分类账及总分类账时,应在( )监督下进行。

A. 出纳人员 B. 记账人员 C. 会计人员 D. 稽核人员

9. 现金收支原始凭证上业务经办人员应签字盖章以明确责任,同时该凭证还须经( )审核签章。

A. 记账人员 B. 出纳人员 C. 会计人员 D. 部门负责人

10. 在评价现金业务的内部控制时,发现记账人签发费用支票并调节支票账户。如果现金账户调节表是及时的,且没有发现任何现金短缺,可以推断出( )。

A. 关于现金实物安全的内部控制是充分的

B. 关于现金账户调节的内部控制是充分的

C. 关于现金会计核算的内部控制是不充分的

D. 关于现金收入核算的内部控制是充分的

二、多项选择题

1. 内部控制制度设计时应遵循的原则有( )。

A. 全方位控制和重点控制相结合原则

B. 制衡性原则

C. 成本效益原则

D. 合法性与实用性相结合原则

2. 以下项目中违背了不相容职务分离控制原则的有( )。

A. 出纳员在负责货币资金收付的同时登记现金、银行存款日记账

B. 材料保管员兼材料核算会计员

C. 保管员同时负责采购业务

D. 出纳员登记现金和银行存款日记账的同时登记相关总账

3. 内部控制制度的设计程序包括( )。

A. 设计前调研分析   B. 设计控制流程

C. 拟订内部控制制度   D. 内部控制制度的试行和修改

4. 货币资金控制主要围绕( )目标。

A. 保证货币资金业务收支的真实与合法

B. 保证货币资金的使用效益

C. 保证货币资金业务核算的准确与可靠

D. 保证货币资金的完全完整

5. 银行存款收支业务记账前,应由稽核人员审核银行存款收付凭证及所附原始凭证、结算凭证基本内容的完整性、处理手续的完备性,以及所反映的经济业务的( )。

A. 合规性   B. 合法性

C. 真实性   D. 有效性

三、判断题

1. 内部控制的设计是越严格越好,越细致越好,这样才能充分发挥内部控制的作用。

               ( )

2. 企业设计内部控制制度的目的是查错防弊。 ( )

3. 为方便业务人员办理相关交易的需要,企业可将空白支票提前加盖相关印章,由业务人员持有,并根据支付需要补填收款人单位、款项用途、付款金额等信息。这种做法是可取的。 ( )

4. 出纳人员应该在每日营业结束后,结出现金日记账的收支和结余额,清点库存现金实有数,相互核对。 ( )

5. 货币资金监督检查的重点内容包括是否存在办理付款业务所需的全部印章交由一人保管的现象。 ( )

四、简答题

1. 简要说明现金控制系统中控制点及其控制措施有哪些?

2. 银行控制系统中有哪些至关重要的控制点及其控制措施?

参考文献

［1］宋建波.内部控制与风险管理［M］.北京：中国人民大学出版社,2017.

［2］池国华.内部控制学［M］.北京：北京大学出版社,2017.

［3］孙永尧.企业内部控制设计与应用［M］.北京：经济管理出版社,2012

［4］王清刚.内部控制与风险管理［M］.北京：北京大学出版社,2020.

［5］企业内部控制编审委员会.企业内部控制主要风险点、关键控制点与案例解析［M］.上海：立信会计
出版社,2021.

［6］王如燕.薪酬激励审计下建筑监理企业员工忠诚度的研究［J］.中国管理信息化,2009(2)：45-47.

［7］王如燕.《内部控制与风险管理》课程中案例教学法的应用研究［J］.中国多媒体与网络教学学报,2019
(5)：82-84.

［8］刘文娟.企业内部控制制度设计原则［J］.合作经济与科技,2008(3)：48-49.

［9］刘华.内部控制案例研究［M］.上海：上海财经大学出版社,2012.

［10］苏琳珉.谈内部控制审计切入点的选择［J］.现代审计与会计,2003(11)：18-21.

［11］贺志东,王节.最新内部控制管理操作实务全案［M］.北京：电子工业出版社,2018.

［12］李尚军.内部控制存在的问题及对策［J］.财经界(学术版),2013(30)：138.

［13］丁圣荣.现金流视角的内部控制设计与应用［M］.北京：中国财政经济出版社,2010.

［14］孙光国,陈艳利,刘英明.会计制度设计［M］.7版.大连：东北财经大学出版社,2020.

［15］王如燕,梁星.审计工作底稿理论与实务［M］.上海：立信会计出版社,2008.

［16］王世定,徐玉德.货币资金控制实务与案例分析［M］.北京：经济科学出版社,2007.

［17］示嫣红.企业内部控制［M］.杭州：浙江大学出版社,2010.

［18］杨瑞平.企业内部控制环境研究［M］.北京：经济科学出版社,2010.

［19］财政部会计司.企业内部控制规范讲解 2010［M］.北京：经济科学出版社,2010.

［20］谢元萌.内部控制评价:国内外文献综述［J］.会计师,2013,(10)：7-8.

第五篇

企业内部控制实务篇

第九章

企业的资产业务内部控制

第一节 企业的货币资金业务内部控制

一、企业的资金集中管理

企业资金集中管理主要有结算中心模式、内部银行模式和外汇资金集中管理模式。

（一）结算中心模式

结算中心模式是企业资金集中管理的初始阶段。结算中心是企业集团母公司成立的专门从事母公司、子公司及其他成员企业现金收支及本期业务结算的财务职能机构。

企业结算中心集中管理各成员或分支机构的现金收入，统一调拨各成员企业结算业务所需的货币资金，资金的筹集也要保证统一进行，办理分支机构之间的交易结算。其特点是执行收支两条线的管理。其功能主要包括：

（1）结算功能。结算中心为企业开立支付账户，集中管理分散在多家银行的账户。结算中心本质上可以视为资本枢纽。

（2）监管职能。法人集团企业通过结算中心窗口观察其成员的经济信息，并通过资金结算。

（3）信息反馈功能。为了掌握和控制其子公司的经济活动，通过企业结算中心，人们可以随时了解企业集团各成员的经营状况，通过企业现金流的变化，识别管理的重点、难点。

（二）内部银行模式

企业集团内部银行是在结算中心的基础上发展起来的，它强化了内部财务功能。集团内部根据集团财务管控一般需要设立财务结算中心。

财务结算中心的作用主要体现在通过企业集团支付中心管理系统控制资金流向。这有利于资金的统筹规划和合理协调，加快集团企业财务资源的集中，减少内部资金余额，盘活存款，减少银行贷款，降低贷款利息，减少外部流动资金和资金周转。一般情况下，企业资金作为商业银行信贷资金整体运作，并与内部银行结合使用。加快资金周转，有机提高效率，将子企业与内部管理和企业经济责任制相结合，对信用、结算和监管进行监督、评估和控制。随着商业银行监管和信息反馈职能机构的作用发挥和协调，财务结算中心已成为经济交易收支中心、企业及附属机构信用管理的中心、IMF 信息反馈的中心。

目前内部银行的主要职能如下：

（1）融资信用功能。按照企业资金有偿占用原则，引入信贷机制，利用利率杠杆提高企业内部资金使用效率，集中吸收企业下属单位货币资金，利用信贷杠杆进行内部财务沟通，尽量减少外部借贷。

（2）会计核算职能。企业内部银行负责其下属会计单位与其子公司之间的经济往来，如原材料、燃料和电力供应、产成品和半成品的转让、劳动力供应、设备和设备供应、商品采购、库存、销售、服务费、营业费以及各项费用、结算、资金拨付等，均采用企业内部结算价格及相应的内部支付手段，及时、准确地进行内部核算。

（3）监督控制职能。该职能执行的具体内容，涉及企业各个方面，包括但不限于批准的各项资金定额、财务收支计划、经济责任指标体系、结算制度、结算程序、内部结算价格制度、内部合同、经济纠纷仲裁制度等实现。

（4）信息反馈功能。通过内部银行会计数据准确反映企业及其下属单位的收支和储蓄情况。

（三）外汇资金集中管理模式

企业管理的模式包括"集中管理＋境外放款""集中管理＋内部结售汇""集中管理＋外币委托贷款""集中管理＋内部资金调剂"等。外汇资金的集中对内部资本市场来说，优秀的管理是保证行之有效的一个不可或缺的环节，随着企业的快速发展，尤其是企业集团的出现后，"高存款""高贷款""高财务费用"的现象不断出现。企业因此需要采用不同的外汇资金集中管理管理方式。外汇资金集中的主要职能如下：

（1）资金管理功能。该职能更能适应企业业务复杂的有效处理。境内成员单位的收汇款项采用余额归集的方式，每日归集至境内外汇资金集中管理专户。成员单位的用汇款项，可使用集中账户的资金对外支付，这样既可避免集团内部进、出口企业分别到外部银行办理结售汇业务从而产生巨额汇兑成本的问题，同时也可避免部分企业外汇资金大量盈余。

（2）全球产业共享功能。企业因为经营需要而向外部银行发生融资，产生外部融资成本的问题，强化了集团母公司对境外成员公司的管理和金融支持，实现集团金融资源全球产业共享的资金管理目标。

二、企业的筹资活动

融资活动是指导致企业资本和债务的规模构成发生变化的活动。企业的融资活动包括吸收投资、发行股票、分配利润、支付债权人本金和利息以及向融资租赁资产支付现金（支付的利息和股息、收到的利息和股息在会计实务中是不同的，包括作为投资活动的现金流量和作为融资活动的现金流量）。筹资活动是指企业作为融资活动的主体，根据生产经营、外商投资和资本结构调整的需要，通过融资渠道和金融市场经济有效筹集和集中资金的活动。

（一）银行贷款

银行是企业融资的最主要渠道，根据资金性质的不同，分为流动资金贷款、固定资产贷款和专项贷款三类。特殊贷款通常有特定的用途，其贷款利率通常是优惠的。贷款分为信用贷款、担保贷款和票据贴现。

（二）股票筹资

该筹资方式拥有的特点是永久性、无期限、无回报、无还本付息压力、融资风险低等特点。股票市场可以推动企业进行相应的经营机制转换，真正成为独立经营、自负盈亏、自我发展、自我约束的法人和市场竞争主体。同时，股票市场为企业的资产重组提供了广阔的舞台，优化了企业的组织结构，提高了企业的整合能力。

（三）债券筹资

企业债券是企业按照法定程序发行的，约定在一定期限内还本付息的有价证券。表明发行债券的企业与投资者之间债权与债务的关系。债券持有人不参与企业的经营管理，但有权按时收取约定的本息。企业破产清算时，债权人优先股东可以获得剩余资产。债券同股票一样可以转让。

（四）融资租赁

融资租赁集融资和融物于一体，具有融资和交易的双重功能。它对提高企业的融资效率，促进企业技术进步起着非常明显的作用。融资租赁包括直接购买租赁、售后回租租赁和杠杆租赁。此外，还有多种形式的租赁，如租赁与补偿贸易相结合、租赁与加工装配、租赁与承销。融资租赁一般被视为一个新的渠道来解决企业资金需求。一方面，该方式提高了生产设备和技术的引进速度，节约了资金使用；另一方面，又对提高资金利用率有着正向推动作用。

（五）海外筹资

企业可用的海外筹资方式包括国际商业银行贷款、国际金融机构贷款的债券和股票融资业务，以及主要海外资本市场的债券。

三、企业的投资活动

投资活动一般被定义为：企业长期资产的购建和不包括在现金等价物内的投资及其处置活动。长期资产是指企业固定资产、在建工程、无形资产、其他资产和持有期限在一年或一个营业周期以上的资产。同时，要区分投资和投资活动，二者对企业来说，是不同的概念。

投资是企业为通过分配来增加财富、或为谋求其他利益，而将资产让渡给其他单位所获得的另一项资产，其中可以分为两种类型：即短期投资和长期投资。

企业的投资活动主要包括投资取得和收回投资、购建和处置固定资产、无形资产及其他长期资产等。投资活动既包括实物资产投资，又涉及金融资产投资。这里将"包括在现金等价物范围内的投资"排除在投资活动之外，究其为何，可归因于已经将包含在现金等价物范围的投资视同现金。不同行业对投资活动有不同的理解。

1. "收回投资收到的现金"项目

其包含企业出售、转让或到期收回除现金等价物以外的交易性金融资产、持有至到期投资、可供出售金融资产、长期股权投资等而收到的现金。不包括债权性投资收回的利息、收回的非现金资产,投资活动以及处置子公司及其他营业单位收到的现金净额。债权性投资收回的本金由本项目反映,债权性投资收回的利息则不包括在本项目中,而是记录在"取得投资收益所收到的现金"项目。投资活动处置子公司及其他营业单位收到的现金净额单设项目反映。

2. "取得投资收益收到的现金"项目

其投资活动体现为企业因股权性投资而分得的现金股利,因债权性投资而取得的现金利息收入。但投资活动股票股利不产生现金流量,因此不能归属于本项目中。即包括在现金等价物范围内的债券性投资,其利息收入在本项目中反映。

四、企业的资金运营活动

资金运营活动是指企业在日常生产经营活动中发生的一系列资金收付行为。企业采购物资、商品,应当支付工资和费用。

上述定义侧重于企业的日常生产经营活动。采购原材料、销售商品是日常经营或主营业务中必不可少的业务。购买国库券和支付股息是涉及投资行为的业务。不是日常的业务操作,不这样做也能维持企业的正常运行。

资本和物质流动是在企业的生产和经营中共存的经济现象。但是,资本的运动,作为物质价值的运动,可以与物质形式的运动分离开来。资本的流动和物质的流动有一定的独立性。它们之间的关系既一致又不同。

(1)企业的物质流动是资本流动的基础。资本是企业再生产过程中物质价值的货币表达。企业的资金流动往往伴随着物质流动。只有物资才能获得资助。物质流动的质量决定了资金流动的质量。

(2)企业的资金流动是物质流动的反映,具有控制和调节的作用。通过流量的运转资金参与各个阶段的旋转,可以了解如何组织活动的现金流量采购、生产和销售,并采取措施,合理安排现金流量和促进有效利用企业资金流量,提高生产和经营资本流动的经济效率。

第二节　企业的存货业务内部控制

一、企业存货业务内部控制的意义

企业应采用先进的库存管理技术和方法,规范库存管理流程,明确库存获取、验收入库、原材料加工、仓储、收发、库存处置等环节的管理要求,同时,企业利用自身的信息系统,以此加强会计、仓储等相关记录,确保企业库存管理得到有效控制对其来说也是不可或缺的一环。

企业应建立存货管理岗位责任制,明确企业内部相关部门和岗位的职责权限,对企业不兼容岗位进行有效隔离、约束和监督。在企业,除管理部、监管部、仓库人员外,其他部门和人员应在相关部门的特殊授权下接触存货。

企业应重视存货验收,规范企业存货验收程序和方法,检查入库存货的数量、质量和技术规格,验收无误后方可入库。企业在采购存货时,应注意合同、发票等原始单据与存货数量、质量、规格的一致性。针对科技含量较高的货物,在需要的时候,则要交由具有检验资质的机构或聘请外部专家协助验收,以此保障货物的质量。企业自制存货的验收以产品质量为重点。合格的半成品以及成品才可以正式入库。及时发现不合格品事故原因,落实责任,处理报告。以其他方式取得存货验收时,货物来源是关注的重点,还有质量状况和实际价值是否符合有关合同或协议的规定等项目也是不可忽略的环节。

二、企业存货业务内部控制的关注事项

企业应建立存货储存制度,定期清点存货制度,重点要做好以下工作:

(1) 企业的存货在不同仓库间移动时,依旧要办理入库手续。

(2) 按照贮存所需的贮存条件和防火、防洪、防盗、防潮管理规范进行贮存,加强病虫害、变质的防治。

(3) 加强生产现场材料、周转材料、半成品及其他材料的管理,防止偷废。

(4) 库存储存、寄售、临时存放和委托加工应分开存放和记录,避免与公司存货混淆。

(5) 根据单位自身的情况,加强存货保险,确保存货安全,使意外损失的风险降至可控制的低水平。

针对存货发放和领用,本着审慎的态度企业要做好相关的权限审批工作,并获得发放大量存货、贵重物品或危险品的特别授权。仓储部根据批准的销售(出库)通知单发放货物。企业的仓库部门应详细记录存货的收发存情况,确保存货记录与实际存货相符,并定期与会计部门存货记录进行核对。

在确定库存采购日期和数量时,企业要保持审慎的态度,依据各种库存采购间隔和当前库存,且综合考虑企业生产经营计划、市场供求等因素,充分利用信息系统。同时,确保库存处于最佳库存状态也是不可忽略的重要因素。企业应建立制度,结合企业实际情况,确定盘点周期、盘点流程等相关内容,检查存货数量,及时发现存货减值迹象。企业至少应在每年年底进行一次全面盘点,盘点结果应形成企业的书面报告。对存货中发现的盘盈、盘亏、损坏、闲置、报废,企业应查明原因,落实责任,追究责任,按规定权限审批后处理。

第三节　企业的固定资产业务内部控制

一、企业固定资产业务内部控制的意义

固定资产在企业资产总额中一般占很大比例。这是财务报表中的一个重要项目。其

会计核算是否正确将影响资产负债表的信息质量和损益表。传统的固定资产管理模式在质量和效率方面难以满足新的经营管理形式的需求。因此,有必要寻找一种简单有效的固定资产管理方法。

一般来讲,在企业日常的经营中,和固定资产相关的核心业务包括资本预算的编制、固定资产的购置、固定资产的验收、固定资产的维修、折旧、盘点、报废和处置;固定资产管理的常见弊端包括盲目购建、资本支出降低生产成本、固定资产存货未入账、虚增折旧、虚增维护成本等。

企业应当加强房屋、建筑物、机械设备等固定资产的管理,注重固定资产的维护、更新和改造,不断提高企业固定资产的使用效率,积极促进固定资产的良好运行。

二、企业固定资产业务内部控制的关注事项

企业应当制定固定资产目录,对每项固定资产进行编号,按单项资产建立固定资产卡片,详细记录来源、验收、使用地点、责任单位和责任人、操作、维护、改造、报废等情况,每项固定资产的存货及其他相关内容。企业应严格执行固定资产日常维护和大修计划,定期维护固定资产,有效消除安全隐患。

企业应加强对生产线等关键设备运行的监控,严格执行操作流程,实行岗前培训和上岗许可制度,确保设备安全运行。

企业要充分利用国家自主创新政策,加大技术改造投入,不断提高固定资产技术水平,淘汰落后设备,有效保持固定资产的先进性。

企业应严格执行和审核固定资产保险政策,按规定程序审批被保险固定资产项目,并及时办理保险手续。

企业应当规范固定资产抵押管理,确定固定资产抵押的程序和审批权限等。企业抵押固定资产的,应当向有关部门提出申请。资产管理部须经企业授权部门或人员批准后办理抵押手续。企业应当加强对所接收抵押资产的管理,编制专项资产目录,合理评估抵押资产的价值。

企业应当建立固定资产清查制度,每年至少进行一次全面清查。对于在固定资产清查中发现的问题,应查明原因,追究责任,妥善处理。企业应加强对固定资产处置的控制,注意固定资产处置中的关联交易和处置定价,防止资产流失。

第四节　企业的无形资产业务内部控制

一、企业无形资产业务内部控制的意义

进入 21 世纪以来,以知识为重要形式的无形资产产业已成为现代企业发展进步的必要资源。因此,持续关注企业无形资产内部管理无疑具有越来越重要的现实价值和深远的

意义。

企业应加强对品牌、商标、专利、专有技术、土地使用权等无形资产的管理,分类制定无形资产管理办法,落实无形资产管理责任制,促进无形资产的有效利用,充分发挥无形资产在提高企业竞争力中的作用。

二、企业无形资产业务内部控制的关注事项

企业应全面梳理通过外包和自主开发获得的各类无形资产的所有权关系,加强对企业权益的保护,防范侵权和法律风险。如果无形资产是保密的,应采取严格的保密措施,防止商业秘密泄露。

企业购买土地使用权或者以补偿方式取得土地使用权的,应当取得有效的土地使用权证书。企业应定期评估专利、专有技术等无形资产的先进性,淘汰落后技术,加大研发投入,促进技术升级,不断提高自主创新能力,力争在核心技术上达到同类领先水平。

企业要注重品牌建设,加强商誉管理,通过提供优质的产品和服务,不断打造和培育企业主营业务品牌,有效维护和提升企业品牌的社会知名度。

第五节　案例分析

案例 1

货币资金内部控制审计

2022年1月15日,审计师高强和傅雷在2021年12月31日对金刚电器厂资产负债表进行审计时发现,"货币资金"项目的库存现金为1452.80元。2022年1月15日上午8点,高强和傅雷清点了企业出纳李莉管理的现金。计算结果如下:

(1)2022年1月15日现金日记账余额为1460.80元。

(2)清点现金,包括65张10元票、84张5元票、20张2元票、59张1元票、角票和分票,共计11.80元。

(3)1月14日,一张收款凭证收到现金但未入账,共计50元。

(4)1月14日已支付但未入账的付款凭证7张,共计120元。

(5)一张经总务科科长批准的借据于12月3日被买方临时借了200元。

(6)邮票10元,由财务部购买邮寄,已在管理费中报销。

(7)核对1月1日至1月15日的收付凭证和现金日记账,核实1月1日至1月15日收到的现金1800元,支出的现金1940元,无误。

(8)经银行批准的企业库存现金限额为800元。

分析:

1. 根据上述审核和盘点结果,编制企业库存现金盘点核对表如表1所示。

表1 库存现金盘点核对表

客户名称：金刚电器厂   盘点日期：2022 年 1 月 15 日   索引号：A1-1-×××

检查核对记录如下			实有现金盘点记录如下		
项目	行次	金额（元）	面额（元）	张（枚）	金额（元）
上一日账面库存余额	（1）	1 460.80	10	65	650
盘点日未记账传票收入金额	（2）	50	5	84	420
盘点日未记账传票付出金额	（3）	120	2	20	40
盘点日账面应有余额	（4）＝（1）＋（2）－（3）	1 390.80	1	59	59
盘点日实有现金数额	（5）	1 180.80	0.5	20	10
盘点日应有金额与实际金额差异	（6）＝（4）－（5）	210	0.2	5	1
白条抵库	（7）	200	0.1	8	0.8
现金短缺	（8）	10			
管理不善	（9）				
追溯至报表账面结存额 报表日至查账日现金付出总额	（10）	1 940			
追溯至报表账面结存额 报表日至查账日现金收入总额	（11）	1 800			
追溯至报表账面结存额 报表日库存现金应有余额	（12）＝（4）＋（10）－（11）	1 330.80			
追溯至报表账面结存额 报表日港币现金余额	（13）	0			
追溯至报表账面结存额 报表日港币汇率	（14）	0			
追溯至报表账面结存额 折本位币现金余额	（15）＝（13）*（14）	0			
追溯至报表账面结存额 报表日美元现金余额	（16）	0			
追溯至报表账面结存额 报表日美元汇率	（17）	0			
追溯至报表账面结存额 折本位币现金余额	（18）＝（16）*（17）	0			
追溯至报表账面结存额 报表日账面数合计	（19）	0			
调整数	（20）调减				
审定数	（21）/	1 330.80			
注：没有外币现金时（13）至（18）行次跳过不填，报表日账面数合计（19）＝（12）					

（续表）

审计意见与建议：

1. 盘点日库存现金实有数＝60×10＋84×5＋2×20＋1×59＋0.5×20＋0.2×5＋0.1×8＋200（采购员于12月3日暂借款200元，属于白条抵库，不得冲抵现金）＝1 380.80元；

盘点日库存现金账面应有数＝1 460.80＋50（已收入现金而未入账）－120（已付款而未入账）＝1 390.80元。

经以上调整，盘点日库存现金账面应有数和库存现金实有数不符，盘亏10元。

2. 2021年12月31日资产负债表中货币资金账面数为1 452.80元；根据2022年1月15日库存现金账面应有数倒挤出2021年12月31日库存现金应有数＝1 390.80＋1 940－1 800＝1 530.80元，现金短缺78元。

整改意见：

1. 将盘点的现金短缺数10元计入待处理财产损溢科目：

会计分录：

借：待处理财产损溢——流动资产损溢	10
贷：库存现金	10

待查明原因后作如下处理：

(1) 如为现金短缺，属于由责任人赔偿的部分：

会计分录：

借：其他应收款	10
贷：待处理财产损溢——流动资产损溢	10

(2) 属于无法查明的其他原因：

会计分录：

借：管理费用	10
贷：待处理财产损溢——流动资产损溢	10

2. 白条抵库应及时入账。

会计分录：

借：其他应收款	200
贷：库存现金	200

3. 将1月14日两笔收付款凭证及时入账。

4. 由于银行核定的该企业库存现金限额为800元，将多余的380.80元及时解入银行。

会计分录：

借：银行存款	380.80
贷：库存现金	380.80

5. 调整报表数。

会计分录：

借：营业外支出	78
贷：库存现金	78

会计主管：王一　　　　　出纳：李二　　　　　监盘人员：张三　　　　　复核员：赵四

2. 指出货币资金管理内部控制存在的问题有哪些？内部控制存在的问题主要有：

(1) 账实不符。

(2) 白条抵库。

(3) 收入和付款凭证未及时入账。

(4) 库存现金实际数超出银行核定限额。

(5) 资产负债表数与应有数不符。

——本案例资料参考：案例数据资料、企业货币资金内部控制缺陷审计的网上资料

案例2

无形资产的内部控制审计

审计人员在审查该企业在无形资产转让的业务时发现,该企业将该记录商标的使用权转让给了其他单位。商标权的账面摊销价值为 5 万元,协议价格为 2 万元。本企业进行以下会计处理:

当收到转让收入时:

借:银行存款   20 000

    贷:其他业务收入   20 000

同时记:

借:其他业务支出   50 000

    贷:无形资产——商标权   50 000

分析:根据上述情况,提出审计意见,并提出这项业务的处理对利润表(损益表)的影响。无形资产审定表如表 2 所示。

表 2 无形资产审定表

客户名称:××有限企业   时间:2022 年 12 月 31 日   索引号:A1-15-×××

项目	原值	摊销期限	期初余额	本期增加	本期摊销	累计摊销
无形资产	50 000	5	50 000	0	10 000	10 000

审计说明及调整:
1. 与总账、明细账、试算平衡表余额及账实核对情况:相符(√);不相符( )。
2. 当期新增无形资产抽查核对情况:存在( );不存在(√)。
3. 抽查有关无形资产的相关证明文件:全部获得(√);部分获得( );未获得( )。
4. 无形资产购置付款凭证的抽查核对情况:未发现异常( );存在异常(√)。
5. 无形资产的本期摊销数核对情况:正确( );不正确(√)。
6. 无形资产在会计报表上的披露情况:恰当( );不恰当(√)。

审计意见说明:
商标使用权的转让属于让渡资产使用权。无形资产的账面价值没有注销。转让收入计入其他业务收入,与转让相关的各项费用计入其他业务支出领域。

营改增无形资产使用权转让后应缴纳的增值税(20 000×11%)属于转让相关费用,包含在其他业务支出地区中。调整分录如下:
会计分录:

借:无形资产——商标权   50 000

    贷:其他业务支出   50 000

同时:

借:其他业务支出   10 000

    贷:累计摊销   10 000

借:其他业务支出   2 200

    贷:应交税费——应交增值税   2 200

编制人员:李四   日期:2022 年 12 月 31 日   复核人员:张三   日期:2023 年 1 月 5 日

——本案例资料参考:企业无形资产内控缺陷审计的网上资料

课后练习题

一、单项选择题

1. 甲企业财务人员李某负责根据收到的支票填写银行进账单,下列还可以由李某承担的职责是(　　)。
   A. 将填写的银行进账单送存银行　　B. 进行现金监盘
   C. 登记银行存款总账　　D. 编制银行存款余额调节表

2. 企业货币资金循环的下列职责分工易导致内部控制失效的是(　　)。
   A. 报销单据的填制和审核分离
   B. 支票与印章由不同人保管
   C. 出纳员以外人员负责银行存款余额调节表的编制
   D. 出纳员负责现金、银行存款日记账和总账的登记

3. 企业下列货币资金业务的内部控制制度中,与银行存款无直接关系的是(　　)。
   A. 货币资金收支与记账岗位分离　　B. 对货币资金业务实施内部审计
   C. 当日收入的现金及时送存银行　　D. 每日清点现金,做到账实相符

4. 仓储部门应当定期对存货进行检查,重视(　　)的材料、低值易耗品、半成品的管理控制,防止浪费、被盗和流失。
   A. 仓库　　　　B. 生产现场　　　C. 运输环节　　　D. 销售环节

5. 对于企业重大固定资产处置,应采用(　　)方式。
   A. 集体合议审批　　B. 保管部门决定
   C. 管理部门决定　　D. 销售部门决定

6. 企业财会部门按照国家统一的会计准则制度的规定,及时确认固定资产的购买或建造成本。这种行为属于(　　)控制行为。
   A. 会计记录控制　　B. 资产保护控制
   C. 内部稽核　　D. 定期轮岗

7. 无形资产取得、验收与款项支付属于(　　)控制行为。
   A. 授权控制　　B. 不相容职务分离控制
   C. 会计记录控制　　D. 资产保护控制

8. 企业根据固定资产的性质和特点,确定固定资产投保范围和政策。投保范围和政策应足以应对固定资产因各种原因发生损失的风险。这种行为属于(　　)控制行为。
   A. 授权控制　　B. 不相容职务分离
   C. 资产保护控制　　D. 会计记录控制

9. 审批人应当根据存货授权批准制度的规定,在授权范围内进行审批,不得超越审批权限。经办人应当在职责范围内,按照审批人的批准意见办理存货业务。这属于(　　)的控制活动。

A. 授权控制   B. 不相容职务分离控制

C. 会计记录控制   D. 资产保护控制

10. 企业筹资、投资和资金营运活动的总称是(　　)。

    A. 资金活动   B. 资产管理   C. 担保业务   D. 工程项目

二、多项选择题

1. 资金集中管理的模式有(　　)。

    A. 结算中心   B. 收付中心

    C. 内部银行   D. 外汇资金集中管理

2. (　　)都是内部银行的主要职能。

    A. 融资信贷   B. 结算   C. 监督控制   D. 信息反馈

3. 存货业务的不相容岗位主要包括(　　)。

    A. 请购与审批   B. 采购与验收、付款

    C. 保管与相关会计记录   D. 发出的申请与审批

4. 货币资金内部控制的以下环节,存在重大缺陷的有(　　)。

    A. 财务专用章由专人保管,个人名章由本人或其授权人员保管

    B. 对重大货币资金支付业务,实行集体决策

    C. 现金收入及时存入银行,特殊情况下,经主管领导审查批准方可坐支现金

    D. 出纳核对银行账户,每月核对一次,编制银行余额调节表,使银行存款账面余额与银行对账单调节相符

5. 实施资金活动内部控制的总体要求包括(　　)。

    A. 建立科学决策机制   B. 实行资金集中管控

    C. 合理设计流程   D. 抓住关键控制点

三、判断题

1. 投资活动是指企业日常生产经营中各类资金的组织和调度,保证资金正常运转的活动。

                                                                        (　　)

2. 企业应当定期或者至少在每年年末由无形资产管理部门和财会部门对无形资产进行检查、分析,预计其给企业带来未来经济能力。   (　　)

3. 企业内部除存货管理、监督部门及仓储人员外,其他部门和人员接触存货,应当经过相关部门特别授权。   (　　)

4. 存货的保管与相关记录工作可以由一个人员担任。   (　　)

5. 由存货实物管理的人员根据盘点情况清查存货盘盈、盘亏产生的原因,并编制存货盘点报告。   (　　)

四、简答题

1. 请简要说明企业的固定资产业务内部控制的关注事项。

2. 企业的存货业务内部控制的关注事项有哪些?

参 考 文 献

［1］企业内部控制编审委员会.企业内部控制主要风险点、关键控制点与案例解析［M］.上海：立信会计出版社,2021.

［2］企业内部控制编委员会.企业内部控制基本规范及配套指引案例讲解［M］.上海：立信会计出版社,2021.

［3］王清刚.内部控制与风险管理［M］.北京：北京大学出版社,2020.

［4］宋建波.内部控制与风险管理［M］.北京：中国人民大学出版社,2017.

［5］池国华.内部控制学［M］.北京：北京大学出版社,2017.

［6］王如燕.大数据在财政专项资金预算执行中的应用研究［J］.现代营销,2019(8)：77-78.

［7］王如燕.多源信息融合技术、审计信息资源库与分析性程序——基于东方电子案例再鉴定的思考［J］.中国会计学会审计专业委员会,2010年学术年会,2010(9)：103-105.

［8］财政部会计司编写组.企业会计准则讲解［M］.北京：人民出版社,2010.

［9］示嫣红.企业内部控制［M］.杭州：浙江大学出版社,2010.

［10］企业内部控制编审委员会.企业内部控制基本规范及配套指引案例讲解［M］.上海：立信会计出版社,2011.

［11］庞鸿雁.企业固定资产内部控制制度［J］.现代经济信息,2014(8)：265-266.

［12］陈骛.企业固定资产安全管理研究［J］.企业研究,2011(18)：91.

［13］王如燕,李冬梅,胡红霞.审计学［M］.上海：立信会计出版社,2011.

［14］王如燕,梁星.审计工作底稿理论与实务［M］.上海：立信会计出版社,2008.

［15］孙杰平.企业货币资金内部控制研究［J］.财政监督,2014,(05)：52-54.

第十章

企业的购销及投融资业务内部控制

第一节　企业采购业务内部控制

一、企业采购业务内部控制关注的风险

为了帮助企业实现合理采购，满足其生产经营的需要，规范采购行为，防范采购风险，根据相关法律法规和《企业内部控制基本规范》执行采购业务。采购是指采购物资（或接受劳务）和付款等相关活动。企业在采购业务中至少应注意以下三点风险：

（1）企业采购计划安排不合理，市场变化趋势预测不准确，可能导致库存短缺或积压，企业生产停滞或资源浪费。

（2）企业供应商选择不当、采购方式不合理、招标或定价机制不科学、企业授权审批不规范，可能导致企业采购资质低劣、价格过高、欺诈或欺诈。

（3）企业采购验收以及付款审核环节有失严格与规范，极有可能导致采购物资、资金损失或信用损失。

二、企业采购业务内部控制的措施

企业采购业务内部控制的具体措施如下：

（1）企业应全面梳理采购业务流程，完善采购业务相关管理制度，统筹安排采购计划，明确请购、审批、采购、采购、验收的职责和审批权限，支付和采购后评估，依据相关规定的权限和审批程序管理采购活动，建立价格监控机制，定期检查和评估采购过程中的薄弱环节，采取有效的控制措施，确保物资采购符合需求。

（2）企业采购业务应避免多头采购或分散采购，以提升相关业务效率，同时兼顾降低采购成本，减少漏洞。企业应定期轮换办理采购业务的人员。对于重要的技术采购业务，企业应组织相关专家论证并实施集体决策和审批。除了少量零星物资或服务，企业不得安排同一机构办理采购业务的全过程。

（3）企业务必建立采购需求制度，依据采购物资或接受劳务的种类确定应该归类于管理部门，并赋予相应的请求权，明确企业部门或相关人员的职责权限以及相应的申请程序。企业可根据实际需要成立专门的请购部门，对需求部门提出的采购需求进行审核、分类、汇

总,对企业采购计划进行统筹安排。具有请购权的部门负责管理预算内采购项目的请求程序,严格跟踪预算执行进度,且依据市场变化提出相应且核实的采购请求。针对超出预算的采购,企业必须先办理预算调整手续,经过具备相应审批权限的部门或工作人员批准后,再办理采购申请手续。

(4)建立科学的供应商评估和准入制度,对企业来说是必不可少的关键点。企业应敲定合格供应商名单,并与合适的供应商签订质量保证协议,建立供应合同制度,对质量、价格、交货及时性、供货条件进行实时管理和综合评价,并根据供应商提供的材料或服务,检验供应商的信用。

(5)企业需要依据市场情况和收购计划,并选择最适合的收购方式,大宗物资需要采取招标方式进行批量采购,要合理确定评标的范围、标准、实施程序和规则。一般材料或劳务可向其他来源查询或购买,如三方比价购买,并可签订合同协议。零星小材料或劳务可直接购买。

(6)企业应建立采购物资的定价机制,通过协议采购、招标采购、谈判采购、询价采购、比较采购等方式合理确定采购价格,尽量减少市场变化对企业采购的影响。

(7)企业应根据确定的供应商、采购方式和采购价格,制定采购合同,准确描述合同条款,明确双方的权利、义务和责任,依照规定的权限签订采购合同。企业要根据生产建设进度和所购材料的特点,选择合理的运输方式和运输方式,解决运输、保险等问题。

(8)建立严格的采购验收制度,确定检验的方法对企业来说,是不可或缺的重要环节。专项验收机构或验收人员对照合同,对采购工程的品种、规格、数量、质量等相关内容进行验收,且出具相应的验收证书。批量、新材料和特殊材料的采购也应进行专业测试。验收过程中发现异常情况,负责验收的部门或人员应立即向企业有关机构报告,并及时得到处理。

(9)企业必须加强对物资采购供应过程的管理,按照采购合同的主要条款监督合同的执行,对可能影响生产或生产的异常情况出具书面报告。并及时提出解决问题的方案。记录所有供应贸易环节亦是不可或缺的步骤,并且保证采购全过程登记制度或信息化管理,并且保证采购过程可以做到逆向追查。

(10)企业应加强采购付款管理,完善付款流程,明确责任和权限用于查看采购状态的付款审批人预算、合同、相关文件和凭证、审批程序等相关内容经审核后,按合同规定及时支付。在付款过程中,企业必须严格审核采购发票的真实性、合法性和有效性。如若发现虚假发票,必须查明原因并及时报告处理。企业应注意采购和付款跟踪的过程控制和管理。若察觉到异常情况,则拒绝付款,以免造成资金和信用损失。企业要合理选择支付方式,严格遵守合同,避免因支付方式不当带来的法律风险,确保资金安全。

(11)企业要加强资金和存款管理。对于大额或长期预付款,应定期跟踪核实,综合分析期限、占用资金的合理性、无法收回的风险等,对可疑预付款及时采取措施。

(12)企业应加强采购、验收和付款的会计制度控制,详细记录供应商、请购单、采购合同、采购通知单、验收证书、入库凭证、商业票据和付款,确保会计记录与仓储记录一致性。企业应指定专人定期函证,确认的方式与供方核对应付账款、应付票据、预付款等往来款项。

（13）建立健全的退货管理制度，对企业是必不可少的制度，对退货条件、退货程序、交货、退货款项回收等做出明确规定，并在相应的交易合同中明确退货事宜，且退货款项要及时追回。符合条件的，应在规定期内及时处理。

第二节　企业销售业务内部控制

一、企业销售业务内部控制关注的风险

为促进企业销售稳定增长，扩大市场份额，规范销售行为，防范销售风险，根据有关法律法规和《企业内部控制基本规范》，执行销售业务。销售业务是指企业销售商品（或提供服务）和筹集资金的活动。企业的销售业务至少应注意以下三点风险：

（1）销售政策不当、市场预测不准确、销售渠道管理不当等，可能导致销售不佳、库存积压、经营不可持续出现的可能性就极大。

（2）客户信用管理不善、结算方式选择不当、账款回收不力等，可能导致销售款无法回收或欺诈。

（3）销售过程中存在欺诈行为，可能损害企业利益。

二、企业销售业务内部控制的措施

企业的销售业务内部控制措施如下：

（1）企业必须对业务销售流程进行全面分类，完善与销售活动相关的各项管理制度，确定相应的销售政策和策略，明确销售审批、交付、收款的职责和权限，并按照规定的授权和授权执行。该程序对销售活动进行管理，定期检查和分析销售过程中的薄弱环节，并针对其做出相应的处理，确保销售业务目标的实现。

（2）加强市场调研，合理确定定价机制和信用模式，对企业来说是十分关键的一环，并且做到依照市场变化对自身销售业务策略做出相应的调整，灵活运用销售折扣、销售补贴、赊销、代销、广告等多种销售策略和营销手段，从而促进销售业务目标的实现，不断提高市场占有率。企业应完善客户信用档案，关注重要客户的信用变化，采取有效措施防范信用风险。企业应当为境外客户和新开发客户建立严格的销售信用的担保体系。

（3）企业在签订销售合同前，应与客户进行商务谈判，并注意客户的信用状况、销售定价、结算方式等相关内容。对于关键的业务谈判，需要保证会计、法律等专业人员均能够参与其中，且与之相关的书面记录必须完整。销售合同应明确双方的权利和义务，批准人应严格审查销售合同的草案。对于重要的销售合同，要向所涉及的领域的专家询问。

（4）企业销售部根据批准的销售合同发出相关销售通知。仓储部审核销售通知，严格按照所列项目组织发货，保证顺利发货。企业应加强退货管理，分析退货原因并进行处理，企业严格按照发票管理规定开具销售发票，严禁开具虚假发票。

（5）企业对销售业务各环节的记录需要予以重视，填写相应的凭证，建立销售台账，实行全程销售登记制度。

（6）企业应完善客户服务体系，加强客户服务和跟踪，提高客户服务和忠诚度，不断提高产品的质量和服务水平。

（7）企业要完善管理制度，严格考核奖惩。销售部门负责应收账款的收款，收款记录（包括信函）需要妥善地进行保存，以便日后查阅。财务会计部负责办理资金结算，监督资金回收。

（8）企业要加强商业汇票的管理，明确商业汇票的受理范围，严格审查商业汇票的真实性和合法性，防止票据欺诈。企业应重视商业票据的取得、贴现和背书，对贴现后仍有托收风险和逾期的票据进行追索监控和跟踪管理。

（9）企业应加强对销售结算业务的会计制度控制，详细记录销售客户、销售合同、销售通知单、商业票据、收据等，确保会计记录、销售记录、保管记录的一致性。企业应指定专人定期通过信函和凭证核对应收账款、应收票据、预收账款等客户的往来账款。企业应加强坏账管理。如果应收账款无法全部或部分恢复，应查明原因，明确责任，严格履行审批程序，按照国家统一的会计准则体系进行处理。

第三节　企业投资业务内部控制

一、企业投资业务内部控制关注的风险

企业应当根据投资目标和计划，合理安排资本投资结构，科学确定投资项目，制定投资计划，关注投资项目的效益和风险。企业在选择投资项目时，应突出主营业务，谨慎从事股票投资、衍生金融产品等高风险投资。如若境外投资，还应考虑政治、经济、法律、市场等因素的影响。企业在投资并购时，应严格控制并购风险，关注并购对象的隐性债务、承诺、可持续发展能力、员工状况以及与企业治理和管理的关系，确保支付价格合理，以此推动并购计划顺利开展。

企业在探究投资方案的可行性方面需要投入相应的精力，客观评价重点是投资目标、规模、模式、资金来源、风险和效益。企业也可结合自身实际需要委托具有相应资质的专业机构进行可行性研究，并提供独立的可行性研究报告。

二、企业投资业务内部控制的措施

企业的投资业务内部控制具体控制措施如下：

（1）企业应按照规定的权限和程序，确定投资方案的可行性，并且依此对投资项目进行决策和审批，看其是否符合企业的投资战略目标和计划，是否具有相应的资本能力，投入资本是否能够按时收回，预期收益是否能够实现，投资并购风险是否可控。

（2）企业重大投资项目按照规定的权限和程序实行集体决策或联合签约制度。投资计划需经有关行政部门批准的，应当履行相应的批准手续。企业的投资方案发生重大变更

时,需要重新研究。

（3）企业应根据批准的投资计划与被投资单位签订投资合同或协议,明确双方和违约责任的时间、金额、方式、权利和义务,并按照规定的权限和程序经批准后执行投资合同或协议。企业必须指定机构或专门人员对项目进行监督管理,及时向被投资企业收集经认证的财务报告等相关资料,并定期组织对投资收益进行审查。企业必须关注投资者的财务状况、经营成果、现金流量和投资合同的执行情况,发现异常必须及时报告,并作出相应处理。

（4）企业应加强对投资项目会计制度的控制,根据对被投资单位的影响,合理确定投资会计政策,建立投资管理台账,记录投资对象、金额、持股比例、期限等,详细了解收入等事项,妥善管理投资合同或协议、出资证明书等资料。企业财务会计部门应当在被投资单位当前财务状况恶化、市场价格大幅下跌时,按照国家统一的会计准则体系的规定,合理提取减值准备,确认减值损失。

（5）企业应加强对投资回收和处置的控制,明确投资回收、转让、核销等的决策和审批程序。企业应注意回收到期投资本金。转让投资的应当由有关机构或者人员合理确定转让价格,并报经授权审批部门批准,必要时可委托具有相应资质的专业机构进行评估。如果无法收回投资,应取得法律文件和相关证明文件,以取消投资。企业对到期不能收回的投资,应当建立责任追究制度。

第四节　企业融资业务内部控制

一、企业融资业务内部控制关注的风险

为了促进企业正常组织资本活动,防范和控制资本风险,保障资本安全,提高生活质量,根据有关法律法规和《企业内部控制基本规范》,执行融资业务。融资活动是指企业筹集资金的总称。企业在融资活动中至少应当注意以下几点风险:

（1）融资决策不当,可能导致资本结构不合理或融资无效,融资成本过高或债务危机。

（2）不合理的资本配置和管理不善,可能导致企业财务困难或资本冗余。

（3）资本活动控制不善,可能导致挪用、挪用,资金的提取或欺诈。

企业要根据自身发展战略,科学确定投融资目标和计划,完善严格的资金授权、审批、审核等相关管理制度,加强资金活动的集中管理,明确责任,在融资与经营等方面实行权位分离,定期或不定期对资本筹资活动进行检查和评估,落实责任制,确保资金安全有效运行。

二、企业融资业务内部控制的措施

企业的融资业务内部控制具体措施如下:

（1）企业财会部门负责资本活动的日常管理,参与融资方案等可行性研究。总会计师或会计负责人应参与融资决策过程。

（2）企业设立子公司,应当采取合法有效的措施,加强对子公司资本业务的统一监控。符合条件的企业集团应探索财务公司、资金结算等资本集中控制模式。企业应根据融资目标和计划,结合年度全面预算,制定融资计划,明确融资目的、规模、结构和方式,充分估计融资成本和潜在风险。且充分考虑当地的政治、经济、法律、市场等因素。

（3）企业必须对募集计划进行科学论证,未经论证不得依据募集计划开展募集活动。企业的主要融资计划必须构成可行性研究报告,充分体现风险评估,可根据实际需要聘请具有相应资质的机构开展可行性研究。

（4）企业应严格审批融资方案,重点审查融资目的的可行性和相应的偿付能力。重大融资计划,按照规定的权限和程序,实行集体决策或联合签署制度。企业筹资计划需经有关部门批准的,应当履行相应的批准手续。企业融资方案发生重大变化时,应重新进行可行性研究,并办理相应的审批手续。

（5）企业发行债券筹集资金,应当合理选择债券品种,系统安排还本付息方案,确保到期本息按期足额偿还。企业发行股份募集资金的,应当按照《证券法》等相关法律法规和《证券监督管理机构脉》的规定,优化企业组织结构,进行业务整合,选择具有相应资质的中介机构协助企业开展相关工作,确保其符合股票发行的条件和要求。

（6）企业应当严格按照融资计划确定的用途使用资金。如为在建工程筹集资金,按照《企业内部控制应用指引第 11 号——工程项目》的规定积极筹资,并预防和控制资金使用不当。若未来市场环境发生变化需改变资金用途的,则需要相关的审批手续。严禁不履行审批手续,擅自改变企业的资金用途。

（7）企业应当加强偿债和分红管理,妥善安排还本付息和分红。企业必须按照贷款计划或协议约定的本金、利率、期限、汇率和币种,准确计算应付利息,经贷款人核实后及时支付,且必须选择合理的股利分配政策,兼顾投资者的短期和长期利益,避免过度分配或分配不足。企业股利分配方案须经股东大会批准,并履行披露义务。企业应当加强对募集资金业务会计制度的管理,建立募集资金业务的记录、凭证和账簿,正确核算和监督募集资金及本息的偿还情况,按照国家统一的会计准则体系支付股利等相关业务,妥善保管募集资金合同或协议、收款凭证、入库凭证等资料,定期检查与资金提供者的账目,以确保筹资活动符合融资计划的要求。

第五节　案例分析

某股份有限公司投资业务内部控制审计

2022 年 12 月 31 日,资产负债表"长期股权投资"项目为 80 万元,损益表"股权投资收益"项目为 3.2 万元,"持有至到期投资"项目为 84 万元,损益表"债券投资收益"项目为 9.6 万元。

2022 年 1 月,该企业以银行存款购买 A 股份有限公司为 80 万股,每股面值 1 元,支付总额 80 万元,占 A 股份有限公司股份总额的 30％。A 股份有限公司在一年的经营期内增加了 30 万元的税后利润,并向公司派发股利公司 4.5 万元。公司获得的股息已存入银行。

审计人员在审查"持有至到期投资"账户及相关资料后获悉,公司于 2022 年 1 月 1 日购买了西林公司于 2022 年 1 月 1 日发行的 8 000 只五年期债券,票面利率为 12%,面值为 100 元。金兰公司以 105 元一台的价格购入,共计 84 万元。公司按直线法摊销保费。

分析:根据上述信息,审计人员发表了审计意见,核实了 2022 年"长期投资"和"股权投资收益"项目的实际数量及金额(表 1),以及 2023 年"持有至到期投资"和"债券投资收益"项目的实际数量及金额(表 2)。

表 1　长期投资审定表

客户名称:××公司　　　　　日期:2022 年 12 月 31 日　　　　　索引号:A1-12-×××

项目	投资比例	原始投资	期初余额		本期增减		期末未审数	调整数		期末审定数
			投资数	损益数	投资数	损益数		投资数	损益数	
一、股权投资	30%	800 000	800 000	/	45 000	/	800 000	/	45 000	845 000
二、投资收益	30%	32 000	32 000	/	58 000	/	32 000	/	58 000	90 000
/	/	/	/	/	/	/	/	/	/	/
合计	/	/	/	/	/	/	/	/	/	/

审计说明及调整:

1. 与总账、明细账、试算平衡表余额核对情况:相符(√);不相符( )
2. 与投资相关的合同、董事会决议、验资报告、付款的取证情况:已取证(√);未取证( )
3. 长期投资核算方法核对情况:成本法( );权益法(√)
4. 投资收益、应收股利、减值准备的计算核对情况:恰当( );不恰当(√)
5. 长期投资在会计报表上的披露情况:恰当(√);不恰当

企业占 A 股份有限公司股票总额的 30%,所以长期股权投资应该按权益法进行核算。

(1) 被投资单位实现净利 300 000 元,企业应该享有的份额为 300 000×30%=90 000 元,确认企业投资收益 90 000 元,会计分录如下:

会计分录:

借:长期股权投资——损益调整　　　90 000
　　贷:投资收益　　　　　　　　　　　　90 000

(2) 投资单位宣告现金股利时,这种情况下,资产金额没有变化,只是长期股权投资——账面价值减少了,通过长期股权投资——损益调整来体现。

会计分录:

借:应收股利　　　　　　　　　　45 000
　　贷:长期股权投资——损益调整　　　　45 000

经调整后,审定数"长期股权投资"=800 000+90 000-45 000=845 000(元)

审定数"投资收益"=90 000(元)

未审定数"长期股权投资"=800 000(元)

未审定数"投资收益"=32 000(元)

审计意见:长期股权投资和投资收益的计算和对账不恰当,在会计报表中披露长期投资也不恰当。长期股权投资和投资收益的数量应该调整。

审计结论:

经审计无调整事项,余额可以确认( )。

经审计调整后,余额可以确认(√)。

编制人员:张三　日期:2022 年 12 月 31 日　　　　　复核人员:李四　日期:2020 年 1 月 3 日

——本案例资料参考:案例数据资料、企业投资业务内控缺陷审计的网上资料

表 2　债权凭证抽查表

客户名称：×××公司　　　　　　　日期：2022 年 12 月 31 日　　　　　　　索引号：A1-10-×××

时间	凭证编号	债权债务类别	对方单位名称	业务摘要	金额	核对凭证及文件名称									
						1	2	3	4	5	6	7	8	9	10
2022 年 12 月 31 日	×××	持有至到期投资	×××	投资五年期债券	840 000	×	×	×	×						
2022 年 12 月 31 日	×××	持有至到期投资	×××	调整	8 000										
2022 年 12 月 31 日	×××	持有至到期投资	×××	审定额	832 000										

审核填写说明：

　　债权债务类别是指债权债务主体的选择，包括应收账款、预付账款和其他应收款和应付账款地区、预付账款和其他应付款，根据实际情况选择。抽查未发送或回复的债权债务原始凭证。抽查率（100%），无异常。

审计说明：

　　持有至到期投资：指持有至到期且企业意图和能力明确的固定资产或可确定资产。

　　该公司购买债券时作的会计分录：

　　借：持有至到期投资——成本　　　　800 000
　　　　持有至到期投资——利息调整　　40 000
　　　　　贷：银行存款　　　　　　　　　　840 000

　　借：应收利息　　　　　　　　　　96 000
　　　　　贷：持有至到期投资—利息调整　　8 000
　　　　　贷：投资收益　　　　　　　　　　88 000

　　未审数："持有至到期投资"为 840 000 元，
　　"投资收益"项目数额为 96 000 元，
　　已审数："持有至到期投资"为 840 000－8 000＝832 000 元，
　　"投资收益"项目数额为 88 000 元。

编制人员：张三　日期：2022 年 12 月 31 日　　　　　　复核人员：李四　日期：2023 年 1 月 2 日

　　——本案例资料参考：案例数据资料、企业投资业务内控缺陷审计的网上资料

课后练习题

一、单项选择题

1. 企业应当由相关部门和人员或委托具有相应资质的专业机构对投资项目进行（　　），通过对于投资项目有关的经济、社会、技术等方面情况进行全面的调查研究，对各种投资方案进行分析，对投资后的经济效益和社会效益进行预测，为投资决策提供依据。

　　A. 可行性研究　　　　B. 项目建议　　　　C. 评估　　　　D. 决策

2. 企业对于重要的采购与付款业务，应当组织专家进行可行性论证，由（　　）审批。

　　A. 董事长　　　　　　　　　　B. 总经理

    C. 企业领导集体决策　　　　　　　　　D. 负责采购的副总经理

3. 企业所有采购申请书必须先由( )签名批准。

    A. 董事长　　　　B. 总经理　　　　C. 采购经理　　　　D. 部门主管

4. 企业应当建立逾期应收账款催收制度,( )应当负责应收账款的催收。

    A. 会计部门　　　　B. 销售部门　　　　C. 仓库部门　　　　D. 信用管理部门

5. 销售业务中收款环节存在的主要风险不包括( )。

    A. 结算方式选择不当

    B. 账款回收不力

    C. 销售业务会计记录和处理不及时

    D. 票据审查和管理不善导致企业经济利益受损

6. 以下关于企业销售业务的"授权"控制活动中,存在缺陷的是( )。

    A. 销售价格、销售条件、运费、折扣由销售人员根据客户情况进行谈判并签订合同

    B. 对于超过既定销售政策和信用政策规定范围的特殊销售业务,采用集体决策方式

    C. 未经批准的销货一律不准发货

    D. 在销售发生之前,赊销已经正确审批

7. 企业应当对筹资方案进行严格审批,重点关注筹资用途的( )和相应的偿债能力。

    A. 真实性　　　　B. 合理性　　　　C. 可行性　　　　D. 适当性

8. 对重大筹资方案应当进行( ),形成书面报告,报董事会或股东大会审批。

    A. 风险评估　　　　B. 成本测试　　　　C. 资金用途说明　　　　D. 还款时间安排

9. 股利分配方案应当经过( )批准,并按规定履行披露义务。

    A. 董事会　　　　B. 股东(大)会　　　　C. 职工代表大会　　　　D. 监事会

10. 企业( )负责资金活动的日常管理,参与投融资方案等可行性研究。

    A. 投资部门　　　　B. 证券部门　　　　C. 销售部门　　　　D. 财会部门

二、多项选择题

1. 采购业务控制应围绕( )环节进行。

    A. 采购申请　　　　B. 合同签订　　　　C. 验收入库　　　　D. 货款结算

2. 企业确定采购价格较常用的方法是结合使用( )等手段进行。

    A. 询价　　　　B. 比价　　　　C. 议价　　　　D. 招投标

3. 对于重要和技术性较强的采购业务,应( )。

    A. 请购部门进行论证、审批　　　　　　B. 由专业人士进行论证

    C. 董事长决策和审批　　　　　　　　　D. 集体决策审批

4. 销售业务的内部控制制度的设计应( )。

    A. 保证商业折扣和现金折扣的真实性和适度性

    B. 保证营业收入的真实性、合理性和完整性

    C. 保证销售折让和销售退回的合理处理和解释

    D. 保证应收账款记录的真实性和可收回性

5. 筹资内部控制的主要目标有(　　)。

A. 保证筹资活动经过适当的审批程序

B. 保证筹资业务的合法性

C. 保证合理地对利息费用进行调整和正确地计提及适当地支付利息和股利

D. 保证为债权人和股东提供有助于其决策的信息

三、判断题

1. 企业小额零星物品或劳务采购可以采取直接购买、事后审批的方式。　　　　(　　)

2. 企业超过一定金额的采购需求,可以由领用部门自行采购。　　　　(　　)

3. 企业验收部门应使用顺序连续的验收报告记录收货,对无对应采购申请表的货物,不得签收。　　　　(　　)

4. 企业在营运过程中出现临时性资金短缺的,可以通过短期融资等方式获取资金。资金出现短期闲置的,在保证安全性和流动性的前提下,可以通过购买国债等多种方式,提高资金效益。　　　　(　　)

5. 企业应当指定专人通过函证等方式,定期与客户核对应收账款、应收票据、预收账款等往来款项。　　　　(　　)

四、简答题

1. 企业的采购业务应当关注哪些风险?

2. 企业的投资业务内部控制具体控制措施有哪些?

参 考 文 献

[1] 财政部,证监会,审计署,银监会,保监会.企业内部控制应用指引,2010.

[2] 企业内部控制编审委员会.企业内部控制主要风险点、关键控制点与案例解析[M].上海:立信会计出版社,2021.

[3] 企业内部控制编委员会.企业内部控制基本规范及配套指引案例讲解[M].上海:立信会计出版社,2021.

[4] 王清刚.内部控制与风险管理[M].北京:北京大学出版社,2020.

[5] 宋方红,等.企业内部控制手册[M].北京:经济管理出版社,2015.

[6] 王如燕.北京市"三废"治理的环境绩效审计评价指标及模型[J].经济问题 2010(04):65-67.

[7] 李三喜,徐荣才.全面解析企业内部控制:基本规范·配套指引·案例分析[M].北京:中国市场出版社,2010.

[8] 财政部会计司.企业内部控制规范讲解:2010[M].北京:经济科学出版社,2010.

[9] 张玉,邱胜利.企业内部控制规范性操作实务[M].北京:企业管理出版社,2013.

[10] 池国华,樊子君.内部控制习题与案例[M].2版.大连:东北财经大学出版社,2014.

[11] 孙永尧.企业内部控制:设计与应用[M].北京:经济管理出版社,2012.

第十一章

企业其他业务的内部控制

第一节 企业担保业务的内部控制

企业担保业务内部控制的制定是遵循了相关的法律法规和《企业内部控制基本规范》，目的是加强业务外包管理，规范业务外包行为，防范业务外包风险。

业务外包是指企业利用专业化分工优势，将日常经营中的一部分相关业务交给外部专业服务机构或其他经济组织（以下简称承包方）来进行的一种行为。

企业应当对外包业务实施分类管理，一般来说，可以将其分为重大外包业务和一般外包业务两类。重大外包一般被定义为对企业生产经营有重大影响的外包业务。外包业务通常包括研发、资信调查、可行性研究、委托加工、物业管理、客户服务、信息服务等。在风险方面，企业在业务外包应至少注意如下三点风险：

（1）所涉及的范围和价格是否合理，承包方选择是否得当。

（2）针对业务外包的监控是否严格、服务质量是否可以得到保障，若不如此可能导致企业难以发挥业务外包的优势。

（3）检查业务外包是否存在商业贿赂等舞弊行为以及是否有企业相关人员涉案。

完善的业务外包制度对企业来说亦是必不可少的，其规定业务外包的范围、方式、条件、程序和实施等相关内容，与此同时，也明确了相关部门和岗位的职责权限，强化业务外包全过程的监控，防范外包风险，充分发挥业务外包的优势。总而言之，对于业务外包企业应当权衡利弊，避免核心业务外包。

一、企业承包方选择

依据企业年度生产经营计划与业务外包管理制度，结合企业确定的业务外包范围，以此来规划和制定实施方案，并且依据被赋予的权限和程序来进行相关的审核批准，对企业来说是不可或缺的程序。同时，企业的总会计师或其他重要负责人应当参与重大业务外包的决策。该决策的最终方案，也应当提交董事会或类似权力机构审批。依据批准的外包实施方案选择承包方对企业来说是必须遵守的原则之一。承包方的选择也应参照如下的三个条件，这三个条件均需满足：

（1）承包方是依法成立和合法经营的专业服务机构或其他经济组织，具有相应的经营范围和固定的办公场所。

（2）承包方应当具备相应的专业资质，其从业人员符合岗位要求和任职条件，并具有相应的专业技术资格。

（3）承包方的技术及经验水平符合本企业业务外包的要求。

企业应当以成本效益为原则，进行相关策划和安排，包括综合考虑内外部因素，合理确定外包价格以及严格控制业务外包成本。企业在选择合适的外包对象时，在遵循公开、公平、公正的原则的同时，也要引入竞争机制，采用适当方式择优选择。

以招标方式选择承包商，必须符合《公共采购合同法》的有关规定。此外，企业及其员工不得在承包商选择过程中收受贿赂、回扣或其他好处。承包商及其员工不得以贿赂、折扣或其他利益等不正当手段向企业及其员工洽谈业务。企业必须按照规定的权限和程序确定候选承包商的最终承包商，并签订企业外包合同。外包合同的内容主要包括外包活动的内容和范围、双方的权利和义务、质量和服务标准、保密问题、佣金结算标准和违约责任。

遵循保密原则，在企业外包业务中也是不可或缺的，应当在业务外包合同或者另行签订的保密协议中明确规定承包方的保密义务和责任，要求承包方务必对其所属人员提示保密要求以及应承担的责任。

二、企业业务外包实施

企业应当加强与业务外包相关的管理，包括但不限于以下措施：其一，遵循业务外包制度、工作流程和相关要求，组织开展业务外包；其二，有效的控制措施是必不可少的，以此来确保承包方严格履行业务外包合同。

企业在与承包方的对接工作中，依旧要做好必要的规划与控制，加强与承包方的沟通与协调，及时搜集相关信息，以便解决遇到的各种问题。对于重大业务外包，对方履约能力是一项企业应当密切关注的事项，因此，企业需要建立相应的应急机制，减少出现意外的风险，以及规避外包失败造成生产经营活动中断。

一方面，企业需依据国家统一的会计准则制度，加强对外包业务的核算与监督，做好业务外包费用结算工作。

另一方面，对承包商履约能力的持续评估是必不可少的相关控制。若是有确凿证据表明承包方严重违约，使承包方不能履行合同的，应当及时解除合同。承包人违反合同造成损失的，企业必须按照合同约定向承包人提起诉讼，并追究责任人的责任。合同履行后如需验收，企业必须组织有关部门或员工对验收结果进行验收并出具验收证明。企业在验收过程中发现异常情况，必须立即报告，查明原因并及时解决。

第二节　企业工程项目的内部控制

企业工程项目的内部控制是依据有关法律、法规和《企业内部控制基本规范》制定而成。其目的是加强工程项目管理,提高工程质量,保证工程进度,控制工程成本,防范商业贿赂等舞弊行为。

工程项目是指企业自行或者委托其他单位所进行的建造、安装工程。下列风险对企业来说,是不可忽视的:

(1)缺乏对其可行性进行审慎考量,造成决策不当,可能导致项目盲目上马,难以实现预期效益或项目失败。

(2)企业项目招标存在暗箱操作、商业贿赂等行为,中标人实质上难以承担工程项目、中标价格失实以及相关人员涉案等。

(3)工程造价信息不对称,技术方案不落实,概预算脱离实际,增大了项目投资失控的风险。

(4)企业工程物资质次价高,工程监理不到位,项目资金不落实,从而导致工程质量低劣,进度延迟或中断。

(5)企业竣工验收不规范,最终把关不严格,可能导致后续使用中存在重大隐患。

首先,企业应建立和完善相关的管理制度,检查各个环节,预防或识别、应对可能存在的风险,规范立项、招标、造价、建设、验收等环节的工作流程,明确各个部门和岗位的职权;其次,企业还应确保做到不相容职务相互分离,如可行性研究与决策、概预算编制与审核、项目实施与价款支付、竣工决算与审计等职务需重点关注;最后,强化工程建设全过程的监控,确保工程项目的质量、进度和资金安全。

一、企业的工程立项

企业根据发展战略和年度投资计划,指定专门机构统一管理工程项目,提出项目建议书,开展可行性研究,编制可行性研究报告。

企业项目建议书的主要内容包括项目的必要性和依据、产品方案、规划规模、建设地点、投资估算、资金筹集、项目进度、经济效益和社会效益估算、环境影响初步评价。

可行性研究报告的内容主要包括项目概况、项目建设的必要性、市场预测、项目建设选址及建设条件论证、建设规模及建设内容、项目对外配套建设、环境保护、劳动保护与卫生防疫、消防、节能、节水、总投资和资金来源、经济效益和社会效益、项目建设周期和进度安排、招标法规定的相关内容等。

企业可以在适当的时候,委托具有相应资质的专业机构开展可行性研究,并按照有关要求形成相应的报告。

企业应当组织听取各个部门专家对项目建议书以及可行性研究报告的意见,这些部门包括但不限于规划、工程、技术、财会、法律等,从而以此作为项目决策的重要依据。

在评审过程中,企业应当将精力聚焦到项目投资方案、投资规模、资金筹措、生产规模、投资效益、布局选址、技术、安全、设备、环境保护等方面;同时,对相关资料的来源和取得途径的核实,也是不可或缺的步骤,以此确定其准确性、真实性以及可靠性。企业可以委托具有相应资质的专业机构对可行性研究报告进行评审,出具评审意见。但该机构不得从事之后的可行性研究报告的评审。

应当依据规定的权限和程序对工程项目进行决策,其过程需要被完整地书面记录。重大工程项目的立项应当报经董事会或类似决策机构批准。总会计师或其他负责人应当参与项目决策。严禁出现单独决策或者擅自改变集体决策意见。同时,针对失败的项目,企业应当建立和实施责任追究制度。

在工程项目立项后,正式施工前取得多方面的许可,对企业来说也是不可或缺的。这些方面包括依法取得建设用地、城市规划、环境保护、安全施工等。

二、企业的工程招标

企业项目通常以公开招标的方式进行,目的是选择具有相应资质的优秀承包商和监理单位。在选择承包单位时,企业有两种选择:一是将项目设备的研究、设计、施工、采购等工作外包给工程总承包;二是承包其中一个或多个合同给一个工程总承包人,但不得违反项目施工组织设计和招标设计方案,必须由一个承包人完成的工程被分成多方,承包给多个承包商。

企业应当依照国家招投标法的规定,遵循公开、公正、平等竞争的原则。对于招标公告来讲,需要其提供载有招标工程的主要技术要求、主要合同条款、评标的标准和方法,以及开标、评标、定标的程序等内容的招标文件。企业根据以上内容决定是否编制标底。若需要编制标底,其编制过程和标底应当严格保密。在确定中标人前,企业不得与投标人就投标价格、投标方案等实质性内容进行谈判。

企业必须遵循公开、公正、公平竞争的原则,依照国家招标投标法的规定。投标的应当提供投标文件,内容包括投标项目的主要技术要求、主要合同条款、评标规则和方法、开标程序、评标和运行等,同时遵循以上内容决定是否准备基本报价。需要准备基本报价的,必须对准备过程和基本报价严格保密。在确定中标人之前,公司无需与投标人就投标价格、投标方案等材料内容进行协商。

委员会成员和参与评标的有关工作人员,在进行相关的工作时,需要遵循如下原则:不得公开招标文件的评比、中标投标人的推荐等与评标有关的信息,不得私下与投标人接触,不得享有投标人的所有权或接受其给予的好处。

企业应当依据被赋予的权限和程序从候选人中确定中标人,并及时向中标人发出通知书,在规定的期限内与中标人订立书面合同,合同内容主要包括双方的权利、义务和违约责任。企业和中标人不得再订立背离合同实质性内容的其他协议。

三、企业的工程造价

企业应当加强工程造价管理,初步设计概算和施工图预算都要有精确的编制方法,并且依据规定的权限和程序进行审核批准,确保企业的概预算科学合理。企业可以就工程造价问题,向专业的中介机构进行咨询。

企业应向招标确定的设计单位提供详细的设计要求和基础资料,并进行有效的技术经济交流。企业初步设计应以技术经济交流为基础,采用先进的设计管理技术,对多个方案进行比较选择。施工图设计深度和图纸交期应符合工程要求,以此防止设计深度不足、设计缺陷等问题,造成施工组织、进度、工程质量、投资失控、生产过剩等问题,以及运营成本过高的问题。

企业应当建立设计变更管理制度。设计单位应当提供全面、及时的现场服务,并且如果发生因为过失造成设计变更的,应当实行责任追究制度。

企业应当组织工程、技术、财会等部门的相关专业人员或委任相关中介机构对编制的概预算进行审核,重点审查以下项目的真实性、完整性以及准确性:编制依据、项目内容、工程量的计算、定额套用等。

企业的工程项目概预算按照规定的权限和程序审核批准后执行。

四、企业的工程建设

对企业来说,工程建设过程的监控是一个重要环节。实行严格的概预算管理,实现及时备料,科学施工,保障资金,落实责任,以此来确保工程项目达到设计要求。

按照合同约定,企业若决定自行采购工程物资,应当依据《企业内部控制应用指引第7号——采购业务》等相关指引的规定,规划落实工程物资采购、验收以及付款环节;若决定将工程物资的采购委托给承包单位的,企业应当加强监督,确保工程物资采购符合设计标准和合同要求。严禁不合格工程物资投入工程项目建设。重大设备和大宗材料的采购也应依据有关招标采购的规定执行。

企业应当实行严格的工程监理制度,委托获取资格的监理单位进行监理。工程监理单位应当依照国家法律法规及相关技术标准、设计文件和工程承包合同,对承包单位以下方面进行监督,包括但不限于在施工质量、工期、进度、安全和资金使用等方面。同时,良好的职业操守也是工程监理人员必不可少的要素,客观公正地执行监理任务,发现工程施工不符合设计要求、施工技术标准和合同约定的,应当要求承包单位改正;发现工程设计不符合建筑工程质量标准或者合同约定的质量要求的,应当报告企业要求设计单位改正。

未经负有监理责任的相关人员签字,工程物资不得使用或者安装,不得进行下一道工序施工,不得拨付工程价款,以及不得进行竣工验收。

加强与承包单位的沟通,是企业的财会部门的责任之一。其目的是准确掌握工程进度。根据合同约定,依据规定的审批权限和程序办理工程价款结算,不得无故拖欠。

企业应当严格控制工程变更。确需变更的,应当按照规定的权限以及程序进行审批;涉及重大的项目变更的,企业应当依据项目决策和概预算控制的有关程序和要求重新履行审批手续。

因工程变更等原因造成价款支付方式及金额发生变动的,应当提供完整的书面文件和其他相关资料,并严格审核工程变更价款的支付。

五、企业的工程验收

企业收到最终报告后,编制账目的工作需要及时完成,以及对相关账目进行审计,并组织规划、施工、监理和其他相关单位进行最终验收。

企业需组织对竣工决算进行审查,重点审查决算基础是否完整,有关文件是否齐全,企业应当加强竣工决算审计,对未进行竣工决算审计的项目,不得办理竣工验收手续。

企业对于组织项目的竣工验收应当是及时的。待批准竣工的项目必须符合规定的质量标准,具有完整的技术和经济数据,并符合国家规定的其他竣工条件。对于项目,必须编制交付使用财产清单,及时办理交付使用手续。

企业应当按照国家有关档案管理的规定,及时收集、整理工程建设各环节的文件资料,建立完整的工程项目档案。

建立完工项目后评估制度对企业来说是不可或缺的。其评价的重点包括工程项目预期目标的实现情况以及项目投资效益等。评价结果将作为绩效考核和责任追究的依据。

第二节　企业财务报告的内部控制

企业财务报告内部控制是依据《会计法》等有关法律法规和《企业内部控制基本规范》制定而成的,其目的是保证财务报告的真实、完整。

财务报告是指反映企业某一特定日期财务状况和某一会计期间经营成果、现金流量的文件。企业在编制、对外提供和分析利用财务报告时,应需要关注的风险如下:

(1)编制财务报告违反会计法律法规和国家统一的会计准则制度,可能导致企业承担法律责任和声誉受损。

(2)提供虚假财务报告,误导财务报告使用者,造成决策失误,干扰市场秩序。

(3)不能有效利用财务报告,难以及时发现企业经营管理中存在的问题,可能导致企业财务和经营风险失控。

严格执行会计法律法规以及国家统一的会计准则制度,是对企业的必然要求。加强管理财务报告编制、对外提供和分析利用全过程等方面,使相关工作流程和要求得以准确落实;同时,落实责任制,确保财务报告合法、合规、真实完整和有效利用。总会计师或其他相关负责人应承担起组织领导财务报告的编制、对外提供以及分析利用等相关工作;而财务报告的真实性、完整性则由企业负责人对其承担责任。

一、企业财务报告的编制

企业财务报告的编制应当注意以下几点:

(1)企业编制财务报告,需要特别注意会计政策和会计估计。对财务报告有重大影响的交易和事项,应当按照规定的限额和程序进行审批。

(2)企业编制年度财务报告前,应当进行必要的资产盘存。企业应当按照国家统一的会计准则,依据完整的经审计无误的会计记录和其他有关资料为基础,编制财务报告,具体要求为内容完整、公允、数字真实以及计算准确。不得出现漏报或者任意进行取舍。

（3）企业财务报告中出现的资产、负债、所有者权益金额应当是真实的、可靠的。不同资产的计价方法不得随意修改，如有减值，计提合理减值准备，严禁虚增或虚增资产。所有负债必须反映企业现时的义务，不得提前、延期或未确认负债，严禁虚增或虚增负债。所有者权益资本反映所有者在企业资产中扣除负债后所享有的剩余资本，包括实收资本、资本公积、留存收益等。企业要做好所有者权益资本保值增值工作，严禁虚假出资、偷逃出资、出资不实。

（4）企业财务报告应当如实列示当期收入、费用和利润。各项收入的确认必须符合规定的规则，不得虚列、隐瞒收入，不得推迟或提前确认收入。各项费用、成本的确认应当符合规定，费用、成本的确认标准或计量方法不得随意变更。利润由收入减去直接计入当期收入的费用和损益的净额组成。不得随意调整利润的计算和分配方式，捏造虚假利润。

（5）企业财务报告中列示的各项现金流量包括经营活动、投资活动和筹资活动产生的现金流量，各项交易和事项的现金流量限额按照规定进行界定。附注是财务报告的重要组成部分，对反映企业财务报表、经营成果和现金流量的报表中应予说明的事项做出真实、完整、清晰的说明。企业将按照国家会计准则统一制度编制附注。

（6）企业集团应当编制合并财务报表，明确合并财务报表的合并范围和合并方法，如实反映企业集团的财务状况、经营成果和现金流量。企业编制财务报告，应当充分利用信息技术，提高工作效率和工作质量，减少或避免编制差错和人为调整因素。

二、企业财务报告的对外提供

（1）企业应当依照法律法规和国家会计准则统一制度的规定，及时对外提供财务报告。企业财务报告编制完成后，必须装订成册，并加盖公章，并由企业负责人、总会计师或者负责人签字盖章。

（2）企业主管会计工作的负责人、会计部门负责人对财务报告的对外报出负责。财务报告需要由注册会计师审计的，注册会计师出具的审计报告及其签名与财务报告一并送达。企业对外提供的财务报告，将按照有关规定及时归类归档并妥善保存。

三、企业财务报告的分析利用

（1）企业应重视财务报告分析工作，定期召开财务分析会议，充分利用财务报告反映的完整信息，全面分析企业公司经营管理状况和存在的问题，不断提高经营管理水平。企业财务分析会议应有相应部门负责人参加。总会计师或会计主管人员应当在财务分析和运用中发挥领导作用。

（2）企业必须分析企业的资产分布、债务水平和所有者的资本结构，通过资产负债率、流动关系等指标分析企业的偿付能力和经营能力和资产周转；分析企业净资产增减变化，了解和掌握企业规模和净资产不断变化的过程。

（3）企业应当分析各项收入和费用的构成及其增减变化，通过净资产收益率、每股利润等指标分析企业盈利能力和发展能力,了解并且把握变化情况在当前盈利原因和未来发展趋势。

（4）企业应分析经营活动、投资活动和筹资活动中现金流量的运行情况,重点关注现金流量能否保证生产经营过程的正常运转,避免出现现金短缺或闲置现象。

（5）企业的定期财务分析应构成分析报告,该报告是内部报告的组成部分。财务分析报告的结果将及时向企业内部相关管理层传达,充分发挥财务报告在企业生产经营管理中的重要作用。

四、企业内部报告的形成

（1）企业要根据发展战略、风险控制和绩效评价要求,科学规范各级内部报告指标体系,采用业务公告等多种形式,充分反映与企业集团相关的各类内部报告。企业生产经营管理的对外信息。内部报告指标体系的设计必须与全面的预算管理相结合,并且必须随着环境和业务的变化不断进行审查和改进。在设计内部报告指标体系时,应注意企业成本预算的执行情况。内部报告必须简明扼要、通俗易懂、及时传递,使企业各级管理层和全体员工能够捕捉到相关信息,正确履行职责。

（2）企业要制定严格的内部报告程序,充分利用信息技术,加强内部报告信息的整合和交流,将内部报告纳入企业统一信息平台,构建内部科学报告网络体系。企业内部各级管理人员应指定专人负责内部报告工作,重要信息应及时报告,并可直接传达给高级管理人员。企业必须建立内部报告审查制度,以此来保障内部报告信息的质量。

（3）企业在生产经营管理中应注意市场环境、政策变化等外部信息的影响,广泛收集、分析、整理外部信息,并及时传递。企业管理层通过内部报告,以采取应对策略。

（4）企业要拓宽内部报告渠道,通过实施奖励措施等多种有效方式,广泛收集合理化建议。企业应当重视和加强反舞弊机制建设,通过设立员工信箱、投诉热线等方式,鼓励员工及企业利益相关方举报和投诉企业内部的违法违规、舞弊和其他有损企业形象的行为。

五、企业内部报告的使用

（1）企业各级管理层要充分利用内部报告管理和指导企业的生产经营活动,在反映全面预算执行情况方面,不得出现延误。协调企业内部相关部门和各单位的运营进度,严格绩效考核和责任追究,以此保障企业实现发展目标。

（2）企业必须有效利用内部报告进行风险评估,准确识别并系统分析企业生产经营中的内外部风险,确定风险应对策略,实现有效的风险控制。企业将及时解决内部报告中反映的问题;当涉及重大问题和重大风险时,要启动应急预案。

（3）企业应当制定严格的内部报告保密制度,以此明确保密内容、保密措施、保密程度和传递范围等方面,防止泄露商业秘密。

（4）企业要建立关于内部报告的评估制度,定期对内部报告的形成和使用进行全面评估,重点关注内部报告的及时性、安全性和有效性。

第三节　案例分析

案例1

志达工厂资产负债表审计

志达工厂 2022 年 12 月 31 日资产负债表的数据如表 1 所示。

表 1　资产负债表

编制单位：志达工厂　　　　　　　　2022 年 12 月 31 日　　　　　　　　单位：元

资　产	行次	年初数	期末数	负债及所有者权益	行次	年初数	期末数
流动资产：				流动负债			
货币资金	1	612 855	527 020	短期借款	46	550 000	400 000
短期投资	2	80 000	10 000	应付票据	47	65 000	80 000
应收票据	3	6 000	11 500	应付账款	48	126 000	118 000
应收账款	4	21 000	2 000	预收账款	49	14 000	12 000
减：坏账准备	5	105	20	其他应付款	50		35 000
应收账款净额	6	20 895	1 980	应付工资	51	74 500	84 500
预付账款	7			应付福利费	52	10 000	11 000
其他应收款	8	3 750	5 000	未交税金	53	24 500	32 000
存货	9	1 777 500	1 881 500	未交利润	54	25 000	
待摊费用	10		10 000	其他未交款	55		
待处理流动资产净损失	11		2 000	预提费用	56	42 500	10 500
一年内到期的长期债券投资	12				57		
其他流动资产	13			一年内到期的长期负债	58	15 000	15 000
流动资产合计	20	2 501 000	2 449 000	其他流动负债	59		
长期投资：				流动负债合计	65	946 500	830 000
固定资产				长期负债：			
固定资产原价	24	700 000	900 000	长期借款	66	7 500	14 000
减：累计折旧	25	200 000	250 000	应付债券	67	14 250	9 250
固定资产净值	26	500 000	650 000	长期应付款	68	7 250	5 750

（续表）

资　产	行次	年初数	期末数	负债及所有者权益	行次	年初数	期末数
固定资产清理	27			其他长期负债	75		
在建工程	28	235 000	190 000	长期负债合计	76	29 000	29 000
待处理固定资产净损失	29			所有者权益			
固定资产合计	35	735 000	840 000	实收公积	78	2 500 000	2 500 000
无形及递延资产：				资本公积	79	100 000	100 000
无形资产	36	250 000	190 000	盈余公积	80	75 000	90 000
递延资产	37	189 500	110 000	未分配利润	81	25 000	40 000
无形及递延资产合计	40	439 500	300 000	所有者权益合计	85	2 700 000	2 730 000
其他资产							
其他长期资产	41						
资产总计	45	3 675 500	3 589 000	负债及所有者权益总计	90	3 675 500	3 589 000

补充资料：

1. 已贴现的商业承兑汇票_____元。

2. 融资租入固定资产原价_____元。

要求：根据上述资产负债表所提供的数据审查：

（1）期偿债能力。

（2）货币资金比率。

（3）资产负债率。

（4）所有者权益比率。

（5）资产结构。

（6）提出批评意见。

志达工厂 2022 年 12 月 31 日资产负债表审计如表 2 所示。

表 2　资产负债表审计

客户名称：ABC 股份有限公司　　　　时间：2022 年 12 月 31 日　　　　索引号：B1-18-×××

```
1. 短÷期偿债能力
上年流动比率＝2 501 000÷946 500＝2.64
年末流动比率＝2 449 000÷830 000＝2.95
上年速动比率＝（2 501 000－1 777 500）÷946 500＝0.76
年末速动比率＝（2 449 000－1 881 500）÷830 000＝0.68
2. 货币资金比率
上年货币资金比率＝（货币资金＋交易性金融资产）÷流动负债＝（612 855＋80 000）÷946 500＝0.73
年末货币资金比率＝（货币资金＋交易性金融资产）÷流动负债＝（527 020＋10 000）÷830 000＝0.647
```

（续表）

3. 资产负债率 上年资产负债率＝负债总额÷资产总额×100％＝949 400÷3 675 500×100％＝25.83％ 年末资产负债率＝负债总额÷资产总额×100％＝859 000÷3 589 000×100％＝23.9％
4. 所有者权益比率 上年所有者权益比率＝所有者权益÷资产总额＝2 700 000÷3 675 500＝73％ 年末所有者权益比率＝所有者权益÷资产总额＝2 730 000÷3 589 000＝76％
5. 资产结构 资产结构： ① 上年固定资产：上年资产总计＝500 000÷3 675 500＝0.136 　　年末固定资产：年末资产总计＝650 000÷3 589 000＝0.181 ② 上年流动资产：上年资产总计＝2 501 000÷3 675 500＝0.680 　　年末流动资产：年末资产总计＝2 449 000÷3 589 000＝0.682 ③ 上年无形资产：上年资产总计＝250 000÷3 675 500＝0.068 　　年末流动资产：年末资产总计＝190 000÷3 589 000＝0.053

审计意见：

（1）流动比率是流动资产对流动负债的比率，一般说来，比率越高，说明企业资产的变现能力越强，短期偿债能力亦越强；反之则弱。一般认为流动比率应在 2∶1 以上，流动比率 2∶1，表示流动资产是流动负债的两倍，即使流动资产有一半在短期内不能变现，也能保证全部的流动负债得到偿还。而速动比率是速动资产与流动负债的比率，一般认为速动比率应在 1∶1。对比该公司上年的流动比率和速动比率，我们发现，该公司流动比率在上升，速动比率在下降，究其原因，我们认为可能是公司年底存货积压所致，因此我们建议，公司年底应加大存货的销售。

（2）货币资金比率是企业现金及现金等价物与流动负债的比率，对于债权人来说，企业的货币资金比率当然是越高越好；但对于企业来说，货币资金的比率并不是越高越好，因为货币资金的比率过高的话，表明企业的闲置资金过多，将资金过多地保留在货币资金上将使企业失去很多的获利机会，从而降低企业的获利能力。一般货币资金比率应保持在 0.5 较为合适，因此我们建议该公司可以适当地将一些闲置资金用作于短期投资。

（3）资产负债率是负债总额与资产总额的比率，用以反映企业总资产中借债筹资的比重，衡量企业负债水平的高低情况。一般企业资产负债率应该保持在 50％ 左右较为合适，如果企业的资产负债率过高，企业的经营风险则比较大，不利于企业的生产经营活动；如果企业的资产负债率过低，企业的大部分资产直接来源于所有者权益，不能达到很好地使用财务杠杆效应，也不利于企业的生产经营。因此我们建议公司在生产经营的过程中，适当地提高公司的财务杠杆效应，通过举债方式来增加公司的外部融资需求。

（4）在公司的资产结构中，固定资产占比比较小，特别是公司的无形资产占比约为 5％～6％，与正常公司 15％ 的研发差异较大，说明公司的研发能力不够，建议公司应该加大研发力度，增大对公司科研这块的资金投入。

编制人员：顾玉华　日期：2021 年 12 月 30 日　　　　复核人员：张三　日期：2022 年 1 月 4 日

——本案例资料参考：案例数据资料、企业资产负债表审计的网上资料

 **案例2**

兴华公司损益表审计

大华会计师事务所接受委托对兴华公司 2022 年度会计报表进行审计。注册会计师经审查后发现下列情况：

（1）被审计单位，当年结转产品销售成本为 212.50 万元，而实际应结转 193 万元。

（2）12 月 30 日，销售商品 5 万元，成本 3.5 万元，收到一个月的银行承兑汇票一张，发票、提货单已交付购货方。会计部门未予入账，该商品已计入了期末盘点存货内。

（3）被审计单位 12 月 10 日支付了 12 万元的下年度广告费，均已计入当年的期间费用。

（4）外销商品一批，销售成本 15 万元，已于 12 月 27 日运出，此项商品系 C.I.F. 付款条件的在运输货物，会计部门对此已贷记销售收入 20 万元。

要求：（1）分析上述情况中存在的问题。

（2）将给出的简式损益表（表3）填制完成

表3　损益表

项　　目	未审数	调整数	审定数
主营业务收入	3 000 000		
减：主营业务成本	2 125 000		
主营业务利润	875 000		
减：期间费用	937 500		
利润总额	－62 500		

损益表审计如表4所示。

表4　损益表审计

客户名称：兴华公司　　　　日期：2021 年 12 月 31 日　　　　索引号：B38－Y

项目	未审数	调整数	审定数	索引号
一、其他业务收入及内容				
主营业务收入	3 000 000	50 000－200 000	2 850 000	
主营业务成本	2 125 000	－195 000＋35 000－15 000	1 815 000	
主营业务利润	875 000	0	1 035 000	
期间费用	937 500	－120 000	817 500	
利润总额	－62 500		217 500	

——本案例资料参考：案例数据资料、企业损益表审计的网上资料

课后练习题

一、单项选择题

1. 项目建议书的编制、可行性研究、项目评审和决策四个环节是工程项目阶段中的（　　）。

A. 工程设计和造价阶段　　　　　B. 工程立项阶段

C. 工程建设阶段　　　　　D. 工程招标阶段

2. 工程建设阶段的重要工作不包括(　　)。

A. 工程物资采购　　　　　B. 工程监理

C. 工程验收　　　　　D. 工程变更

3. 关于担保业务控制,下列说法正确的是(　　)。

A. 为了节省成本,调查评估人员与担保业务审批人员可以由一人担任

B. 调查评估是办理担保业务的第一步

C. 规范担保合同记录、传递和保管,确保担保合同运转轨迹清晰完整、有案可查

D. 担保合同的订立事关重大,应经总经理审批才可通过

4. 缺乏对担保合同的跟踪管理或监控不力,无法对被担保人出现的异常情况进行及时报告和处理,给企业造成损失,这属于担保业务中(　　)环节的主要风险。

A. 会计系统控制　　　　　B. 调查评估

C. 审批　　　　　D. 日常管理

5. 外包合同的执行与监控的主要风险不包括(　　)。

A. 合同内容存在重大风险和欺诈

B. 缺乏对承包方履约能力的持续评估以及应急机制

C. 对承包方索赔不力

D. 与承包方的对接工作不到位,沟通协调不力

6. 工程项目是指企业自行或者委托其他单位所进行的(　　)。

A. 基本建设项目　　　　　B. 建造、安装工程

C. 技术改造项目　　　　　D. 大修理工程

7. 下列属于财务报告的总体要求的选项为(　　)。

A. 规范各环节工作流程　　　　　B. 充分利用信息技术

C. 抓住关键控制点　　　　　D. 明确职责权限和不相容岗位分离

8.《企业内部控制应用指引第 11 号——工程项目》将工程项目业务流程界定为工程立项、工程招标、(　　)、工程建设、工程验收等环节。

A. 工程决策　　B. 工程造价　　C. 工程监理　　D. 工程审批

9. 工程招标不包括(　　)环节。

A. 开标　　B. 评标　　C. 定标　　D. 验标

10. 财务报告的总体要求不包括(　　)。

A. 规范财务报告控制流程　　　　　B. 健全各环节的授权批准制度

C. 明确责任权限和不相容岗位分离　　　　　D. 加强信息核对

二、多项选择题

1. 关于工程项目中的不相容职务分离控制,以下说法正确的有(　　)。

A. 自建工程项目的建设单位可以承担工程项目的监理工作

　　B. 工程项目的施工单位不能承担工程项目后评估工作,而工程项目的设计单位在一般情况下可以承担工程项目后评估工作

　　C. 做出工程项目立项决策的机构不能参与工程项目后评估工作

　　D. 工程项目的设计单位可以承担工程项目的监理工作

2. 某公司于2021年3月开工建设生产车间,2022年4月完工。企业董事会考虑到项目金额较大,决定授权企业总经理王某全权负责组织工程的可行性研究,并由其对项目做出决策。之后,企业董事会又授权副总经理贾某负责审核工程概预算编制,并对工程各项价款的支付进行审批。吴某通过私定施工单位捞取了巨额回扣,并利用工程价款支付"一支笔"审批权从中侵占公司巨额财产。根据上述情况,该企业在工程项目建设过程中存在的内部控制缺陷有(　　)。

　　A. 王某负责对项目做出决策,违背了重大项目决策集体审议的内部控制要求

　　B. 王某负责组织项目可行性研究并对项目做出决策,违背了不相容岗位相分离的要求

　　C. 贾某负责审核工程概预算编制并审批工程款支付,违背了不相容岗位相分离的要求

　　D. 企业授予贾某"一支笔"审批权,属于授权不当

3. 根据《企业内部控制应用指引第13号——业务外包》,外包业务通常包括(　　)。

　　A. 研发　　　　　　　B. 可行性研究　　　　C. 委托加工　　　　D. 工程项目

4. 财务报告的业务流程包括(　　)。

　　A. 制定财务报告编制方案　　　　　　　B. 确定重大事项会计处理方法

　　C. 查实资产和负债　　　　　　　　　　D. 编制财务报告,对外提供以及分析利用等

5. 业务外包控制的总体要求是(　　)。

　　A. 完善业务外包管理制度　　　　　　　B. 强化监控

　　C. 加强信息核对　　　　　　　　　　　D. 避免核心业务外包

三、判断题

1. 招标人应依法组建评标委员会负责评标工作,为保证评标的公开、透明,应在评标前公开评标委员会成员名单。　　　　　　　　　　　　　　　　　　　　　(　　)

2. 一般而言,对于与本企业存在密切业务关系从而需要互保的企业、与本企业有潜在重要业务关系的企业、本企业的子公司及具有控制关系的其他企业等,可以考虑提供担保,反之,则必须十分慎重。　　　　　　　　　　　　　　　　　　　　(　　)

3. 工程项目的评估必须在可行性研究前进行。　　　　　　　　　　　　(　　)

4. 工程项目按其实施过程一般可以分为决策阶段、设计阶段、实施阶段、竣工阶段和项目后评价阶段。　　　　　　　　　　　　　　　　　　　　　　　　(　　)

5. 重大工程项目的立项,应当报经董事会或类似权力机构集体审议批准,不需要会计人员的参与。　　　　　　　　　　　　　　　　　　　　　　　　　　(　　)

四、简答题

1. 什么是企业工程项目?工程项目至少应当关注哪些风险?

2. 企业编制、对外提供和分析利用财务报告至少应当关注哪些风险?

参 考 文 献

［1］财政部,证监会,审计署,银监会,保监会.企业内部控制应用指引,2010.

［2］企业内部控制编审委员会.企业内部控制主要风险点、关键控制点与案例解析［M］.上海：立信会计出版社,2021.

［3］企业内部控制编委员会.企业内部控制基本规范及配套指引案例讲解［M］.上海：立信会计出版社,2021.

［4］时现,等.工程项目内部控制：理论、实务与案例［M］.辽宁：大连出版社,2013.

［5］宋建波.内部控制与风险管理［M］.北京：中国人民大学出版社,2017.

［6］王如燕.An EKC Dispersed Model to Analyzing Relations between Coal Production and GDP Growth in Shandong Province［J］.山东应用统计会议(ISTP),2009：667-669.

［7］王如燕.审计技术与信息资源之整合［J］.中国审计,2005(2)：67-68.

［8］财政部会计司.企业内部控制规范讲解：2010［M］.北京：经济科学出版社,2010.

［9］财政部会计司.《企业内部控制应用指引》解读之13：业务外包［J］.国际商务财会,2010(08)：33-35.

［10］李三喜,徐荣才.全面解析企业内部控制：基本规范・配套指引・案例分析［M］.北京：中国市场出版社,2010.

［11］张俊民.内部控制理论与实务［M］.大连：东北财经大学出版社,2012.

［12］中国会计学会.企业内部控制应用指引第14号——财务报告［J］.冶金财会,2012(01)：74-76.

［13］王如燕,李冬梅,胡红霞.审计学［M］.上海：立信会计出版社,2011.

［14］吴水澎,陈汉文,邵贤弟.企业内部控制理论的发展与启示［J］.会计研究,2000,(05)：2-8.

第六篇

企业内部控制评价篇

第十二章

企业内部控制自我评价

第一节　企业内部控制自我评价概述

目前,企业内部控制自我评价在许多地区都得到了广泛的应用。加拿大海湾资源企业中用的第一个内部控制系统就是内部控制自我评价。制定内部控制技术和方法极大地促进了企业的发展和完善。

企业内部控制自我评价由内部审计师和管理层组成的团队执行,在内部审计人员的帮助下,管理层负责评价企业内部控制的充分性和有效性,而后根据管理层的评价提交审计报告。

一、企业内部控制自我评估含义

内部控制自我评价或称内部控制自我评估,通常是指由内部审计人员召集负责制定与执行内部控制的组织内部相关管理人员对内部控制进行评价的过程。它为企业的风险管理和控制提供基础,以确保内部审计师和管理者共同控制风险和更好地全面控制企业的全方面出现的风险问题。对内部控制有更全面的了解,在这个过程中不仅要考虑所遇到的问题,如促进各部门有效地履行职责,而且要使采取的控制措施易于掌握,使董事会明白经营现状和风险,并降低审计成本,使内部审计取得了较好的效果。

二、企业内部控制自我评价作用

内部控制自我评价既可以用于发现企业的管理和控制问题,也能够体现管理者对企业内部控制的态度,明确其管理职责,确保企业各司其职。

企业内部控制自我评价中至关重要的作用是让管理层了解内部控制的责任,同时,还可以提高企业审计的效率和效果,减少审计人员的工作量,节省审计时间。

当企业有很强的能力洞察这些业务风险和外部环境的变化时,管理层对企业内部控制体系和风险的持续监督的范围和质量,以及内部审计职能作状态将得到重视和肯定。例如,企业建立累积评价体系时,对内部控制状况和风险管理的有效性进行评价和强化。

在企业存续期间的任何时候确认重大控制失败或薄弱环节,都将影响不可预见的结果或者或有事项的发生程度,以及企业财务状况和公开报告过程的有效性。董事会在了解企业内部控制的重大失败或弱点后,应了解此类失败或弱点是如何发生的,并重新评价企业内部控制体系的有效性。

第二节　企业内部控制自我评价的原则与内容

内部审计机构对内部控制的有效性进行综合评价,形成结论,并出具评价报告。内部审计机构执行评估时应该明确以下问题。

一、企业的内部控制自我评价的原则

(一) 全面性原则

全面性原则是指企业内部控制自我评价范围应覆盖评价客体内部控制活动的全过程及所有的系统、部门和岗位。

(二) 统一性原则

统一性原则是指企业内部控制自我评价的准则、范围、程序和方法等应保持一致,以确保评价过程的准确及评价结果的客观和可比。

(三) 独立性原则

独立性原则是指企业内部控制自我评价应由内部审计或受委托评价机构独立进行。

(四) 公正性原则

公正性原则是指企业内部控制自我评价应以事实为基础,以法律法规、监管要求为准则,客观公正,实事求是。

(五) 重要性原则

重要性原则是指企业内部控制自我评价应依据风险和控制的重要性确定重点,关注重点区域和重点业务。

(六) 及时性原则

及时性原则是指企业内部控制自我评价应按照规定的时间间隔持续进行,当经营管理环境发生重大变化时,应及时重新评价。

二、企业的内部控制自我评价的内容

企业内部控制的自我评价的对象是设计和运行的有效性,即建立和实施能够为控制目标的实现提供合理保证的程度。

内部控制目标包括合规性目标、资产目标、报告目标、业务目标和战略目标。故企业内部控制评价的内容是上述五个目标控制综合自我评价。具体是内部控制自我评价的内容应围绕内部环境、风险评估、控制活动、信息与沟通、内部监督等要素的综合评价。

内部环境的自我评价基于应用指引如组织结构、发展战略、人力资源、企业文化和社会责任。风险评估机制的自我评价基于《企业内部控制基本规范》中的要求及各种应用指引。控制活动的自我评价基于《企业内部控制基本规则》各种应用指引实施。信息和沟通的自我评价基于相关的应用指引，如内部信息传输、财务报告和信息系统。根据内部控制基本纲要《企业内部控制基本规范》的内部监督要求和各应用指引展开内部监督，内部监督的自我评价重点关注监事会、审计委员会和内部审计机构在内部控制上的设计和运行。

自我评价工作所要填写的底稿必须设计合理，证据充分，操作简便，详细记录公司开展的评估工作，包括评估要素、主要风险点、采取的控制措施、相关证据材料和识别结果等。

（一）企业内部环境的自我评价

企业进行内部环境自我评价应根据组织结构、发展战略、人力资源、企业文化、社会责任等应用指引。组织结构的自我评价侧重组织结构设计和运作。发展战略的自我评价集中于发展战略的合理性、有效性。人力资源的自我评价应以企业为重点，从结构合理性、发展机制、激励约束机制等方面进行；企业文化自我评价从建设进行；社会责任的自我评价从安全生产、产品质量、环境保护和资源节约、促进就业等方面进行。

（二）企业风险评估的自我评价

对风险评估的自我应根据《企业内部控制基本规范》相关的各项指引，并结合企业制度，对经营管理中目标设定、风险分析和应对策略进行自我评价。

（三）企业的控制活动的自我评价

企业组织的控制活动的自我评价，将根据《企业内部控制基本规范》中的各种应用指引，并结合本企业制度，识别和评估相关控制措施的设计和运行的有效性。

（四）企业信息与沟通的自我评价

企业信息与沟通的自我评价依据信息传递、财务报告、信息系统等相关标准，结合企业制度，对信息及时性、反舞弊机制完整性、财务报告真实性、信息系统的安全性和信息系统实施的内部控制进行自我评价。

（五）企业内部监督的自我评价

企业开展的内部监督的自我评价应依据《企业内部控制基本规范》各项指引，并结合本企业制度，评价内部监督机制的有效性，重点关注监事会、审计委员会和内部审计机构在内部控制上的设计和运行。

内部控制的自我评价的内容通过设计对内部控制要素进一步完善的评价指标体系来确定。评价指标可以有多个层次，大致分为主要评价指标和类别评价指标两类。内部控制评价确定具体评价内容后，形成工作文件，详细记录开展的评价内容，包括评价要素、指标、标准、测试。通过一系列的评价表等工作文件，对各要素基本指标的分解和评价，对评价结果进行汇总。

第三节 企业内部控制自我评价的程序

企业内部控制的自我评价是指董事会类似机构对其有效性进行综合评价,并出具评价报告的过程,这是企业一个极其重要的环节。内部控制自我评价程序有制定评价计划、成立评价工作组、实施评价工作与测试、识别内部控制缺陷、内部控制缺陷的汇报、汇总内部评价结果、编报内部控制评价报告。

一、企业制定评价控制计划

企业可以授权审计部门内部控制自我评价的实施,也可以授权给专门机构负责,这需要建立一个专门的内部控制自我评价职能机构。该机构需要满足以下条件:

(1)确保其独立性,特别是对建立、运行和监督内部控制体系时。

(2)具备合适的职业能力和职业道德。

(3)与其他职能机构应保持协调、相互配合、相互制约。

(4)得到董事会和经理层的支持,有足够的权力顺利开展内部控制评价。

企业内部控制自我评价部门应当根据要求,制定工作计划,明确评价范围、任务、组织机构、人员、进度、成本、预算等,报董事会及相关部门批准。

二、企业组成评价工作组

在建立评价机构的基础上,企业应成立专门的自我评价工作组,接受内部控制评价机构的领导,承担内部控制检查和评价的任务。考虑评价工作组成员的独立性、胜任能力和职业道德,企业可吸收熟悉其相关内部机构的负责人或业务骨干参与日常监控。

如果企业设有内部审计部门,该部门人员可以担任内部控制评价小组成员。但如果企业聘请外部事务所审计师担任内部控制评价小组的成员,根据《企业内部控制基本规范》,事务所的注册会计师不应再同时担任该企业的审计师。

三、企业实施评价工作与测试

评价工作组在需要了解企业层面的基本情况、主要流程和识别相关的主要风险基础上,才能实施测试内部控制设计和运营的有效性的工作。基本步骤如下:

(1)熟悉企业层面的基本情况。

(2)熟悉企业所有业务层面的主要流程和风险。

在此阶段,评价工作组重点关注主要业务流程,如资金管理流程、销售流程和采购流程,对此企业应建立全程的记录,该文件用于评价工作组了解各主要业务领域的流程,识别相关风险问题和可能的内控措施的情况。

可由评价工作组审查的文件包括：

（1）风险控制矩阵文件。其用于检查文件是否包含流程面临的所有风险，是否及时更新，各种风险分析是否合理，判断为关键控制点、重要控制点和一般控制点是否合适。

（2）流程图文件。其用于判断文件是否与实际运营和风险控制矩阵描述一致，是否明确指出所有控制点，责任部门及其他管理机构是否清晰陈述，流程路径是否清晰，是否涵盖所有流程的实际操作及相应的控制活动。

（3）审批权限表文件。其用于判断对部门、岗位的描述是否准确，权限的划分和设置是否合理。

（4）确定评价的范围、重点。根据企业情况确定考核范围、检查重点和抽样数量。

（5）现场检查和测试。如果发现内部控制存在缺陷，与管理层沟通，识别并记录相关缺陷。

四、企业认定内部控制缺陷

1. 按照缺陷的本质分类

按照缺陷的本质，内部控制缺陷可分为设计缺陷和运营缺陷。

（1）设计缺陷是指缺乏控制或设计不恰当，即使在正常运营中也不能实现控制目标。

（2）运营缺陷是指设计有效，但没有按照设计进行经营。

2. 根据缺陷的严重程度分类

根据缺陷的严重程度，内部控制缺陷可分为重大缺陷、重要缺陷和一般缺陷。

（1）重大缺陷是指一项或多项控制缺陷，严重影响整体内部控制的有效性，致使未能及时严重偏离客观条件的控制。

（2）重要缺陷是指一个或多个控制缺陷，严重程度小于重大缺陷的严重程度，虽然它没有重大缺陷那么严重，但需要成为内部控制评价小组注意事项。

（3）除了上述两项的缺陷是一般缺陷。

企业出现如下面迹象表明内部控制可能存在重大缺陷：发现董事、监事、高级管理人员存在舞弊；财务报表存在重大错报，但未发现内部控制错误；对内部控制的监督无效。

五、企业内部控制缺陷的汇报

企业重大缺陷及整改方案应报审计委员会、监事会或管理层批准。如果存在各种不适合向管理层报告的情况，如舞弊有关的内部控制缺陷涉及管理层，直接向审计委员会、董事会、监事会报告。重要缺陷不会影响整体有效性，但需要告知董事会和管理层。一般缺陷向管理层报告，并考虑是否向监事会、审计委员会报告。

六、企业的评价结果汇总

企业的内控评价工作组应建立评价质量交叉制度。相关评估报告由评估工作组负责人严格审核，并通知被评估单位进行评估，然后再提交评价部门签字确认。评估工作中发现的所有差异以及过程手册中发现的差异都应记录。

内部控制评价部门需要编制缺陷汇总表,结合监督中发现的缺陷及其改进情况进行分析,出具确认意见,告知董事会、监事会或管理层。重大缺陷将由董事会最终确定。企业对发现的重大缺陷采取应对策略,将其有效控制在可接受的范围内,并追究相关部门或人员的责任。

七、企业编报内部控制评价报告

根据《企业内部控制应用指引》,内部控制评价报告需要董事会或类似机构对内部控制评估报告的真实性负责,故须报董事会或类似机构批准后方可披露或报送相关部门。

企业应当在基准日(12 月 31 日)后 4 个月内提交评价报告。对于基准日至出具日之间影响有效性的因素,对评价结论进行相应调整。《企业内部控制应用指引》和《企业内部控制评价指引》要求需要解释重大缺陷时,不涉及企业其他机密信息。

八、企业内部控制的有效性

企业的内部控制的有效性可以转化为目标的实现程度,包括两个方面:一是实现的一致性,即体系的建立应与目标一致。二是工作效率的提升,内部控制制度是建立的连接和限制各种商业活动的措施、方法和程序,它是企业管理的产物,在竞争激烈的环境中,企业需要不断提高内部管理水平、工作效率和产品质量,以增强竞争力。

企业内控制度的基本要素是:①明确的职责分工;②严格的审批制度;③健全的会计、安全制度;④严格的监督和安全制度;⑤有效的内部审计制度;⑥称职的员工。

企业严密的内部控制系统决定了会计核算的可靠性,审计总是以被现行的内部控制制度为出发点和重点,通过对制度的调查、验证和评价,确定审计工作的范围、深度和重点。

企业评价内部控制的有效性是评价为实现相关目标所提供的保证水平是否达到合理。内部控制保证水平在内部控制有效范围内的为有效,低于合理水平的为无效。评价内部控制的有效性也是评估相关目标的风险是否已通过内部控制降低到适当水平。已降低到适当水平为内部控制有效,否则无效。从内部控制评价的发展来看,内部控制评价有详细评价法和基于风险的评价法两种方法。

第四节　企业的内部控制自我评价报告

一、企业内部控制自我评价报告的内容

内部控制自我评价报告应当描述内部环境、风险评估、控制活动、信息与沟通、内部监督等要素,以及内部控制评价过程、控制识别和整改结论。部分缺陷、内部控制有效性等内容需要单独披露。自我评价报告是评价的结论性结果。一般包括以下内容:

(1) 董事会关于报告真实性的声明。声明董事会对真实性负责,保证不存在虚假记录、

误导陈述或重大遗漏。

（2）内部控制自我评价总体情况。明确内部控制自我评价的组织形式、领导制度、时间安排和报告方式。

（3）内部控制自我评价的依据。描述所依据的法律、法规和规章，包括《企业内部控制基本规范》《企业内部控制应用指引》《企业内部控制评价指引》以及《企业内部控制制度和评价办法》等。

（4）内部控制自我评价的范围。描述自我评价范围内的业务事项。内部控制评价的范围应当包括企业经营管理的主要方面没有重大遗漏。

（5）内部控制自我评价的程序和方法。描述企业内部控制自我评价遵循的基本过程以及使用的主要方法。

（6）内部控制缺陷及其识别。说明适用的具体认定标准，根据《企业内部控制缺陷识别标准》，确定自我评价存在的重大缺陷、重要缺陷和一般缺陷。

（7）纠正内部控制缺陷。明确企业拟采取的整改措施及预期效果。对于评估期内发现且期末仍存在的重大缺陷，证明有足够的测试样本，与重大缺陷相关的内部控制保持有效的设计和运行。

（8）关于内部控制有效性的结论。对于不存在重大缺陷的，应在自我评价期末出具有效的结论。如果存在重大缺陷且无法得出有效的内部控制结论，则应同时说明重大缺陷的原因、表现、影响以及影响程度。如果内部控制评价报告基准日与内部控制评价报告出具日之间存在重大缺陷，根据企业验证结果进行调整。

二、企业内部控制自我评价报告的编制

（一）编制时间

企业应根据年度内部控制自我评价结果，结合内部控制自我评价工作底稿和内部控制缺陷汇总表，按照规定要求，编制内部控制自我评价报告。内部控制自我评价报告按编制时间分为定期报告和不定期报告。定期报告是指评估报告至少每年编制一次，由董事会发布，年度内部控制自我评价报告以 12 月 31 日为基准日。不定期报告是针对特定目的或特定事项而进行的临时性内部控制自我评价，其编制时间和频次由企业根据实际情况确定。

（二）编制主体

编制主体包括单个企业和企业集团的母公司。单个企业层面是指按照自身经营管理活动编制的。企业集团层面是指根据母公司及其子公司的经营管理活动编制的，是对集团内部控制设计和经营有效性的总体评价。

（三）编制程序

评价部门根据识别出的内部控制缺陷，按照规定的权限和程序进行审批，对工作底稿进行审核，以判断企业内部控制的有效性。内部控制自我评价部收集编制自我评价报告所需资料，并依据资料编制内部控制自我评价报告。内部控制自我评价报告由企业管理层审

核,再经董事会批准。

三、企业内部控制自我评价报告的报送

内部控制自我评价报告经董事会批准后,应当向有关主管部门报告或者向社会公布。上市企业的年度自我评价报告必须公开,为投资者和公众提供决策依据。非上市企业的内部控制自我评价报告必须按照规定报送监管部门,并接受政府的检查。企业的内部控制自我评价报告一般应在基准日后 4 个月内提交。企业内部控制审计报告应当与自我评价报告同时披露。企业应当建立相关的档案管理制度,评价的有关文件、工作底稿和证明材料应当妥善保管。

四、企业内部控制自我评价报告的使用

企业内部控制自我评价报告给政府监管机构、投资者、中介机构和研究机构等使用。

(一) 政府监管部门

政府监管部门根据《企业内部控制基本规范》及其指引的情况,通过对不同企业和评价报告的比较,可以发现现行相关法律法规实施中存在的问题,并以此作为进一步完善内部控制法律法规体系,优化内部控制实施机制的重要依据。

(二) 投资者

根据企业内部控制自我评价报告,熟悉企业的内部控制水平,评价抗风险、持续经营实力,从而为有利于行使投资决策和权利。投资者也可以进行调查和实地调查,再结合企业内部控制自我评价报告,推动企业不断完善内部控制体系。

(三) 中介机构和研究机构

中介机构和研究机构可以通过对企业内部控制自我评价报告的研究分析,了解企业内部控制的发展情况,使用趋势分析等方法在综合应用和比较分析的基础上形成并发布内部控制研究报告,为监管部门、投资者和公众服务。

内部控制自我评价是企业董事会对有效性的自我评价,具有一定程度的主观性。故在自我评价基础上形成的评价报告只能作为知悉企业内部控制设计和运作的情况的其中一种方法。在评价该报告时,需要注意将内部控制审计信息、内部控制监督信息、财务报告信息等相关信息结合起来,进行相互验证综合分析、综合判断。

第五节 案例分析

 **案例**

中国海运(集团)总公司内部控制评价

一、中国海运(集团)总公司基本案情

中国海运(集团)总公司(以下简称中海集团)于 1997 年 7 月成立,总部位于上海,是由

中央政府直接领导国有企业之一，是一个特大型综合企业集团，以航运为核心、跨国经营、跨行业、跨地区、跨所有制，子公司有中海集运、中海发展和中海海盛。

中海集团在全球90多个国家和地区拥有六家控股公司分别在北美、欧洲、中国香港、东南亚、韩国和西亚，以及日本有限公司和澳大利亚代理有限公司。在海外，它拥有90多家公司、代理商和代表处，共有300多个营销网点。年货物运输量超过3.3亿吨和950万TEU〔注：TEU(Katar Aristole Unit]，中海集团在能源和进出口贸易的运输支持和保障中发挥着不容小觑的作用。

中国航运企业海外投资的主要方式是，航运企业一般根据海外业务量选择与当地企业合作设立控股分公司或代理公司。他们的主要业务还包括客户维护服务，如收货、发货、船代等。

韩国的釜山港是东北亚重要的过境枢纽港，中国华北和东北地区的出口和过境货源源为韩国釜山港的吞吐量做出了巨大贡献，如天津、大连和北方地区的其他重要港口城市基本上是通过釜山港到美国、洛杉矶。

因此，近年来，釜山港成为中海集团实施"走出去"海外战略的关键领域。釜山公司是中海集团集装箱业务的子公司。最新数据显示，中海集团在韩国的集装箱吞吐量甚至高于航运巨头中远集团在当地的业务量，约为20万TEU。国际标准集装箱单位用于表示船舶装载集装箱的能力，它也是集装箱和港口吞吐量的重要统计和换算单位。不过，中海集团内部控制的缺失和薄弱导致了财务丑闻。

2008年1月31日，中海集团收到一份报告称，兴业银行的巨额货运收入约4 000万美元(在人民币约3亿元人民币)的投资资金被该公司内部人士非法截获和转移，并逐渐移出该公司账户。主要涉案人员是李克江，中海集团韩国控股公司财务部负责人和审计师，通常被称为"资金门"。

事件发生后，国资委对央企内部控制深表关注，并立即向中海集团、中远集团等多家设有海外分支机构的大型央企发出通知，要求它们加强内部控制，消除资本失控隐患。

二、企业内部控制缺陷分析

最权威的控制研究机构COSO提出，内部控制是由控制环境、风险评估、控制活动、信息与沟通和内部监督五个要素组成的整体框架。由于五要素框架相对成熟和稳定(如美国证监会推荐和参考)，下文将使用通用内部控制框架分析工具对上述丑闻进行分析。

(一)控制环境问题

控制环境是内部控制基础要素。管理态度和治理结构决定了内部控制的基调。值得注意的是，自从2006年6月，中海集团近25亿短期银行贷款进行非法投资。它于2007年被发现，并受到银监会的批评。国资委还发布了一份通知，要求降低公司今年的分数。釜山公司"资金门"一再出现表明中海集团的管理层对内部控制的疏忽。从治理结构来看，中海集团的财务体系都是控股公司控制的下属企业的财务和资本结算，权力的极度扩张和自由放任意味着海外公司出现了听调不听宣，这也为资金的失控埋下了巨大的隐患。

(二)风险评估问题

风险评估是对可能存在的风险进行分析和识别，是有效内部控制的前提。将风险视为一个消极因素将导致关注风险预防的负面影响。航运公司的主要业务收入是运费收入。该行业的特点之一是不同的运费标准和巨大的现金流。比如,从天津到釜山再到芝加哥的运费约为3 300~3 700美元,一个4英尺高的集装箱柜,每笔交易的现金流也很大。分行挪用公款的主要方式是提高费用或以低价(运费)向客户销售产品,然后从客户那里获得利益。如果将转移分为100次以上,而不进行仔细审查,则很容易被忽略。

(三)控制活动问题

控制活动是为确保管理指示的实施而设计的政策和程序,是内部控制的核心。以最典型的控制活动——不相容职务分离为例,要求将授权、审批、业务处理、会计记录、财产保管、审计和检查分离,以实现职责分工。

李克江是釜山公司案的焦点。他既是中海集团韩国控股公司大学财务系主任,也是审计员。西谚云:"没有人能客观地评价他的作品"。自我检查可以说违反了内部控制的禁忌。从行业经验来看,李克江不能单独负责釜山公司案,而是与其他人员作。这些事件还暴露出中海集团对海外分支机构的资本结算系统缺乏风险控制。

(四)信息与沟通问题

信息与沟通的目的是及时、准确地获取信息,有效沟通,为内部控制提供条件。中海集团全面参与自查始于釜山公司怀疑成功转移巨额资金100多次之后,但此时已造成巨大损失。中海集团仍处于第一次"资金门"的阵痛之中。它应该培养在最短时间内预测事件原因、可能的趋势和影响并迅速做出反应的能力。不幸的是,从这本慢半拍式的信息交流中,中海集团未能在这方面做出实质性的改进。

(五)内部监督问题

内部监督的重点是确保企业内部控制持续有效运行,发挥润滑剂的作用。根据行为理论,监督可以促使各级员工自觉遵守企业的各项内部控制要求,认真有效地工作,从而促进企业目标的实现。如果中海等大型集团在海外成立的公司是全资子公司,则通常采用独立的会计制度。只需报告年度账目或大额账目,无需报告详细账目。更重要的是,它甚至不需要向总部报告现金流量。在没有上市公司参与的情况下,总部通常不会对海外分公司进行定期内部审计,这使得海外公司有可能进行虚假账目,如虚假的费用报告、大额发票、内外供应商勾结等,中海集团内部控制偏离了正确的轨道,因为它缺乏一个传统的、相对独立的财务审计和监督体系。

三、企业内部控制的改进与反思

釜山公司的案例表明,在实施"走出去"战略的同时,中国大型央企与国际大型企业在海外分支机构财务安全监管方面还存在一定差距。如何保证海外业务的顺利发展,已成为企业走出去的重要课题之一。

(一)内部控制的改进

釜山公司案之后,中海集团围绕内部控制五要素的缺陷进行了许多有针对性的改进。

第一,为了改善控制环境,集团风险控制和管理委员会正式成立(2008年4月)。李绍德亲自担任委员会主席。管理层开始重视内部控制,并将其提升至公司治理的高度。

第二,为了改善风险评估,集团企业管理部是集团风险控制和管理的主要职能部门。集团风控与管理委员会成立工作组,主要负责具体协调处理企业业务发展和日常管理中的风控与管理相关事宜,并组织实施风控与管理相关事宜。

第三,为改善控制活动,中海集团大学开始构建具有中海特色的风险控制和管理体系,重点管理重大风险和事件,控制重要流程,强化安全管理、资本风险防控、应收账款催收、企业风险防范、企业法制建设、信息化建设、人才建设和企业稳定。

第四,为了改善信息和沟通,中海集团强调风险控制和管理信息系统的建设,并准备编写企业风险控制和管理报告。

第五,加强监管,集团风控管理委员会按照业务分工原则成立工作组,对下属单位的管理工作进行监督指导。同时,重点检查百家海外分公司和集团附近的机构办事处,重点检查资金流动情况,特别是日常运营资金流动情况,如应收账款是否及时到达,大大加强检查和监督。

（二）内部控制的反思

中海集团的上述改进是必要的,但仅仅称之为科学有效的内部控制体系是不够的。釜山公司案例为我们提供了一个负面案例,但它仍然给我们带来了对内部控制的深刻反思,总结如下:

第一,中国企业内部控制成功的关键首先取决于控制环境的质量。特别是由于内部控制的大部分工作由运营管理部门直接负责,风险管理受到管理层或治理层的足够重视,内部控制才能真正发挥作用。

第二,内部控制应倡导遵循性的控制文化,将合法性和合规性作为其底线和最低标准。在遵循性的控制文化的指导下,内部控制不再被视为简单的机械约束,而是一种精神需求和保护性的制度安排。企业全体员工应自觉维护内部控制的有效实施,遵循性的行为本身具有自觉性和定向导航功能。

第三,全面实施内部控制,树立源头控制和主动控制的战略理念。不仅需要实施控制（控制活动）和事后弥补（监督和纠正）,还需要提前建立一套风险预警机制,以识别公司（风险评估）面临的潜在风险。比尔·盖茨曾经说过:"微软离破产只有12个月了。"这家世界上最大的软件巨头在政府及其同行的无数围剿中幸存下来。最重要的是基于预警的控制机制。如果中海集团在早期对这方面给予足够的重视,就可以在很大程度上避免3亿元国有资产的奇怪消失。全面的内部控制应涵盖多个层面,包括董事会、管理层和所有员工。该对象应涵盖所有业务和企业管理活动,并将过程渗透到决策、实施、监督和反馈的各个环节。

第四,内部控制应具有灵活性和嵌入性,具有充分的适应性和适应性。这就要求内部控制合理反映企业经营规模、经营范围、经营特点、风险状况和特定环境的要求,并随着企业外部环境的变化而不断改进和完善、业务经营的调整和管理要求的提高。例如,在综合考虑的基础上,突出重点,对重要业务和事项、高风险领域和环节采取更严格的控制措施,确保没有重大缺陷。内部控制也必须是制衡,反映不相容职务分离最古老、最简单、最核心和最复杂的要求。机构和岗位的设置及权责分配应科学合理,符合内部控制的基本要求,确保不同部门和岗位的权责明确,有利于相互制约和监督。履行内部控制监督检查职责的部门应当具有良好的独立性,任何人不得对内部控制享有特殊权力。值得注意的是,中海集团制定了加强和壮大航运主业、积极发展相关产业的经营战略和企业的发展目标,已成为重要的国家骨干企业和世界级航运企业具有较强的国际竞争力。然而,考虑到釜山公司案的严重负面影响,如果不能及时警觉并持续改进内部控制,集团实现其业务战略和发展目标的旅程将因缺乏内部控制而变得极其艰难和曲折。

——本案例资料参考:案例数据资料、中海集团内控评价的网上资料

课后练习题

一、单项选择题

1. 一般而言,企业如果一项内部控制缺陷单独或连同其他缺陷具备合理可能性导致不能及时防止或发现并纠正财务报告中的重大错报,就应将该缺陷认定为( )。

   A. 重大缺陷　　　　B. 重要缺陷　　　　C. 一般缺陷　　　　D. 严重缺陷

2. 下列属于《企业内部控制基本规范》强制性规定的是( )。

   A. 设置总会计师的大中型企业,应设置与其职权重叠的副职

   B. 对于重大的业务和事项,董事长可以单独进行决策

   C. 董事会负责组织领导企业内部控制的日常运行

   D. 企业定期对内部控制的有效性进行自我评价,出具内部控制自我评价报告

3. 企业内部控制评价的主体是( )。

   A. 政府机关　　　　　　　　　　B. 会计师事务所

   C. 董事会或类似权力机构　　　　D. 财务部门

4. 企业内部控制评价的对象是( )。

   A. 内部控制规章制度　　　　　　B. 内部控制有效性

   C. 财务报告的公允性　　　　　　D. 内部控制环境

5. 通常表明企业财务报告内部控制可能存在重大缺陷的是( )。

   A. 企业决策实务,导致并购不成功

   B. 董事、监事和高级管理人员舞弊

   C. 管理人员或技术人员流失

   D. 媒体负面新闻频现

6. 会计师事务所等中介机构受托为企业实施内部控制评价是一种( )。

   A. 合理保证服务　　　　　　　　B. 非保证服务

   C. 绝对保证服务　　　　　　　　D. 基本保证服务

7. 从控制目标的角度来看,相关的内部控制能够防止、发现并纠正财务报告的重大错报指的是( )。

A. 合规目标内部控制的有效性　　　B. 资产目标内部控制的有效性

C. 报告目标内部控制的有效性　　　D. 经营目标内部控制的有效性

8. 企业年度内部控制评价报告报出的时限是基准日后( )。

    A. 一个月　　　　B. 两个月　　　　C. 三个月　　　　D. 四个月

9. 适当分离内部控制设计部门与内部控制评价部门是为了保证内部控制评价工作的( )。

    A. 全面性　　　　B. 重要性　　　　C. 客观性　　　　D. 独立性

10. 对内部控制评价承担最终责任的内部控制评价责任主体是( )。

    A. 董事会　　　　　　　　　　　B. 经理层

    C. 监事会　　　　　　　　　　　D. 审计委员会

二、多项选择题

1. 按照内部控制缺陷的重要程度来划分,内部控制缺陷可以分为( )。

    A. 一般缺陷　　　　　　　　　　B. 重要缺陷

    C. 重大缺陷　　　　　　　　　　D. 执行缺陷

2. 考察内部控制运行的有效性包括( )。

    A. 相关控制在评价期内是如何运行的

    B. 相关控制是否覆盖了所有关键的业务与环节

    C. 相关的控制是否得到了持续一致的运行

    D. 实施控制的人员是否具备必要的权限和能力

3. 企业对内部控制评价至少应当遵循的原则包括( )。

    A. 全面性原则　　　　　　　　　B. 重要性原则

    C. 客观性原则　　　　　　　　　D. 有效性原则

4. 企业的内部控制评价的内容主要包括( )。

    A. 内部环境评价　　　　　　　　B. 风险评估评价

    C. 控制活动评价　　　　　　　　D. 信息与沟通评价

    E. 内部监督评价

5. 企业在内部控制评价报告中披露的内容包括( )。

    A. 董事会声明　　　　　　　　　B. 内部控制评价工作的总体情况

    C. 内部控制评价的依据　　　　　D. 内部控制缺陷及其认定、整改情况

三、判断题

1. 按照缺陷的来源,企业内部控制缺陷可以分为设计缺陷与执行缺陷。　　　　　( )

2. 内部控制设计应涵盖所有关键业务和环节,但对企业的董事会、监事会、经理和员工不具有一般约束力。　　　　　　　　　　　　　　　　　　　　　　　　　　　　( )

3. 内部控制缺陷一经认定为重大缺陷,内部控制评价报告将会被出具"否定意见"。

                                            ( )

4. 内部控制缺陷的严重程度并不取决于控制无法及时预防或发现并纠正潜在缺陷的可能

性,而是取决于是否存在实际错报。　　　　　　　　　　　　　（　　）

5. 内部控制评估报告的使用者包括政府监管机构、投资者和其他利益相关者、中介机构和
研究机构。　　　　　　　　　　　　　　　　　　　　　　（　　）

四、简答题

1. 企业进行内部控制自我评价有哪些程序?

2. 企业内部控制制度包括哪些基本要素?

参考文献

[1] 企业内部控制编审委员会.企业内部控制主要风险点、关键控制点与案例解析[M].上海:立信会计出版社,2021.

[2] 企业内部控制编委员会.企业内部控制基本规范及配套指引案例讲解[M].上海:立信会计出版社,2021.

[3] 宋建波.内部控制与风险管理[M].北京:中国人民大学出版社,2017.

[4] 池国华.基于管理视角的企业内部控制评价系统模式[J].会计研究,2010(10):55-61,96.

[5] 张黎焱.上市企业内部控制评价研究[D].北京:财政部财政科学研究所,2010.

[6] 王如燕.多源信息融合技术、审计信息资源库与分析性程序——基于东方电子案例再鉴定的思考[J].中国会计学会审计专业委员会2010年学术年会论文集,2010(09):217-219.

[7] 王如燕.重大突发危机事件紧急救助资金追踪问效审计成果公告研究[J].时代经贸,2011(08):29-31.

[8] 李凤鸣.内部控制设计与评价[M].上海:复旦大学出版社,2015.

[9] 池国华,樊子君.内部控制习题与案例[M].2版.大连:东北财经大学出版社,2014.

[10] 财政部会计司.企业内部控制规范讲解:2010[M].北京:经济科学出版社,2010.

[11] 赵立新.上市公司内部控制实务[M].北京:电子工业出版社,2010.

[12] 刘华.审计案例研究[M].上海:上海财经大学出版社,2009.

[13] 徐玉德.企业内部控制设计与实务[M].北京:经济科学出版社,2009.

[14] 刘华.内部控制案例研究[M].上海:上海财经大学出版社,2012.

[15] 刘华.中海集团釜山公司内部控制案例分析[J].财政监督,2008,(12):3-5.

第十三章

企业内部控制审计

第一节　企业内部控制审计的含义

企业内部控制审计是企业通过对被审计单位的内部控制的审查、分析测试、评价,确定其可信程度,从而对内部控制是否有效作出鉴定的一种现代审计方法。

企业的内部控制审计是专门制定的一套制度和程序,用于为防止业务差错,目的是为内部审计师服务,是内部控制的双重控制,同时还是提高管理水平的自我需要。

目前,以财政部、审计署、证监会、银监会和保监会发布的《企业内部控制基本规范》为依据展开内部审计是上市公司的基本要求。根据上市公司内部控制指引,董事会被鼓励内部控制自我评估,披露自我评估报告,披露会计师事务所的审查和评价意见。

内部控制审计一般由独立董事和审计委员会进行,也可以由不承担年度会计服务职责的委托会计师事务所进行审计。

一、企业内部控制审计与财务报表审计的区别

具体区别如下:

(1)财务报表审计目标是资产和资金的安全性和使用有效性,评估资产和资金的安全状况。内部控制审计目标是企业内部控制的健全性和有效性,直接评价企业的内部控制能否确保资产和资金的安全,资产和资金仅作为中间观察对象存在。

(2)财务报表审计主要对财务报表中资产和资金的静态安全性进行评估,不评估动态的安全中的资产和资金。而内部控制审计要同时保证资产和资金的静态安全和动态安全。

二、企业内部控制审计的意义

内部控制审计是一种过程,用于确认和评价企业内部控制的有效性,包括确认和评价企业控制设计、运行中的缺陷及其程度,分析缺陷产生的原因,并提出完善的改进建议。

内部控制审计是一种通过审查、分析、测试和评价,确定内部控制体系的可信性,进而评价内部控制是否有效的现代审计方法,它是企业治理的重要的环节。

三、企业内部控制审计的性质

企业内部控制审计业务属于特殊鉴证业务。注册会计师在执行本项业务时,需要与委托

人就审计范围达成协议,业务协议中所有内部控制审计范围均为注册会计师审核的范围。

四、企业内部控制审计的范围

企业内部控制审计的范围限于特定日期与财务报表相关的内部控制,即在指定日期对内部控制进行审计,可以是会计年度结束或过渡期结束时。注册会计师在特定日期对其进行审查时,必须在接近该日期的一段时间内了解并测试企业的内部控制,并在该日期发布有效性审查意见。

五、企业内部控制审计的相关责任依据

与财务报表类似,管理层需要就其内部控制的有效性提供书面确认,明确对管理层建立和完善企业内部控制并保持其有效性的职责。法律依据为:

(1)《证券法》(中华人民共和国主席令〔2005〕第 43 号)第 149 条;

(2)《企业内部控制基本规范》(财会〔2008〕7 号)。

(3)《证券公司管理办法》(中国证券监督管理委员会令〔2001〕第 5 号)第 31 条。

(4)《证券公司客户资产管理业务试行办法》(中国证券监督管理委员会令〔2003〕第 17 号)。

(5)《公开发行证券的公司信息披露内容与格式准则第 2 号〈年度报告的内容与格式〉》(证监公司字〔2007〕212 号)第 9 条。

(6)《上海证券交易所上市公司内部控制指引》(2006 年)。

第二节 企业内部控制审计的内容及意见

一、企业内部控制审计的内容及意见

内部控制审计是企业内部各单位为实现经营目标、保护资产安全、确保会计信息的正确性、可靠性而采取的一系列的方法,确保业务政策的实施、业务活动手段以及措施的经济性、效率和有效性。企业内部控制审计的内容集中在内部环境、风险评估、控制活动、信息与沟通、内部监督等要素,当发现存在缺陷时应及时改进。

具体的内部控制审计内容包括:

(1)内部控制的审计计划和重大修改。

(2)相关审计的主要过程和结果以及待测试内部控制的选择。

(3)测试内部控制设计和运行有效性的程序和结果。

(4)已识别控制缺陷的评估。

(5)形成的企业审计结论和意见。

(6)其他重要事项。

二、企业内部控制审计意见类型

（一）无保留意见

表明企业内部控制在所有重大方面是有效的,但并非是说企业在其他非重大方面就没有内控问题,而是存在内部控制设计或执行问题,但对财务报告潜在错报不会构成重大影响。

（二）否定意见

表明企业内部控制在某一方面或者某几个方面存在重大缺陷,导致财务报告容易出现重大潜在错报的可能性。

（三）无法表示意见

表明审计师无法获得足够的证据,判断企业财务报表相关内部控制在所有重大方面是否有效,一般为审计范围可能受到限制或证据无法提供等。

（四）带强调事项的无保留意见

企业在所有重大方面不存在内部控制缺陷,而导致企业财报出现错报的可能性,但存在有关内部控制重要事项需要提醒财报使用者关注。

第三节　制订审计计划

审计计划是指在具体实施审计程序之前编制的工作计划,目的是注册会计师为完成企业各项审计业务,实现审计目标。审计计划一般可分为总体审计计划和具体审计计划。

一、总体审计计划

总体审计计划是对预期审计范围和方式的规划,是对从接受委托到出具审计报告全过程全面规划。总体审计计划的基本内容包括:

（1）被审计单位的基本情况。

（2）审计目的、审计范围和审计策略。

（3）重要会计问题和关键审计领域。

（4）审核进度、时间和成本预算。

（5）审计小组组成及分工。

（6）确定审计重要性和风险评估。

（7）使用专家、内审人员和其他注册会计师的工作。

（8）其他有关内容。

二、具体审计计划

根据总体审计计划制订具体审计计划。具体的审计计划通过审计程序表来反映。具体审计计划的基本内容包括:

（1）审计目标。

（2）审计程序。

（3）执行人和日期。

（4）工作底稿中的索引号。

（5）其他内容。

第四节　实施审计工作

一、企业内部控制测试

实施阶段主要包括两个方面：一是对企业内部控制进行审查。根据被审核方的内部控制审核结果，对原审核计划的可行性重新审核。二是会计报表项目分析，实质性测试是项目审计的重要环节。简言之，审计实施阶段包括风险评估和风险应对。

二、企业审计实施阶段主要内容

（一）风险评估

在审核实施阶段，应进行审核了解受审核方及其环境。风险评估包括在财务报表和认定层识别和评估重大错报风险的内部控制。

（二）风险应对

评估阶段结束后，下一步是对已识别和评估的风险做出相应的风险应对。在审计实施阶段，对于已识别的重大错报风险，注册会计师应采取整体对策，设计实施进一步的审计程序，将审计风险降低到可接受的水平。审计实施阶段是审计过程的重要组成部分。

审计过程包括三个阶段：审计策划阶段、审计实施阶段和审计终止阶段。做好审计实施阶段的主要内容非常重要，因为它是审计过程的重要组成部分。

第五节　评价控制缺陷

一、内部控制存在缺陷的类型

（一）按照缺陷的本质分类

按照缺陷的本质内部控制缺陷可分为设计缺陷和运行缺陷。设计缺陷是指缺乏实现控制目标的控制，或控制设计不适当，即在正常运行中也难以实现预期的控制。运行缺陷是指现有设计合适，但未按照设计运行或执行人员未获得授权或缺乏能力。

（二）按照缺陷的严重程度分类

按照严重程度内部控制缺陷可分为重大缺陷、重要缺陷和一般缺陷。重大缺陷是指内

部控制存在严重缺陷,被审计单位未能及时发现和纠正正常履行职能过程中的错误或舞弊,导致财务报表出现重大错报。例如:

(1)审计人员发现了这些重大错报,但被审计单位没有发现这些重大错报。

(2)控制环境薄弱。

(3)有迹象表明管理层存在欺诈行为。

重要缺陷是缺陷的一种或多种组合,其严重程度和经济后果低于重大缺陷,但仍可能导致公司偏离控制目标。一般缺陷是除上述以外的缺陷。

二、评价控制缺陷应考虑的因素

在理解和测试内部控制的过程中可能会发现偏差。偏差是否构成重大缺陷取决于偏差的性质、频率和后果。审计师在做出职业判断时通常会考虑以下因素:

(1)偏差的性质和原因是什么?

(2)偏差与控制执行频率的比率是多少?

(3)偏差有关的账户、披露和确认的性质是什么?

(4)哪些财务报表金额或交易受到偏差的影响?

(5)相关资产或负债是否容易遭受损失?

(6)控制的目的是什么?

(7)此控件如何影响数据可靠性?

(8)控制是否影响广泛?

(9)信息处理目标的测试有多重要?

(10)控制是预防性的还是检查性的?

(11)控制设计或操作的文件和记录是否充分?

(12)是否有行业或监管控制实施标准?

(13)是否存在确定相同风险赔偿的控制或程序?

(14)由谁完成控制程序?

(15)偏差是否导致报表出现重大错报?

(16)如果存在由于错误或欺诈导致的重大错报,是否尚未纠正?

如果发现被审计单位控制不当,或者被审计单位的风险评估存在重大缺陷,审计人员应就此缺陷与治理层进行沟通。

第六节 完成审计工作与出具审计报告

一、完成内部控制审计工作

(一)使用分析程序审计财务报表

在审计结束时或接近审计结束时,使用分析程序确定经审计调整的财务报表是否符合被审计方的理解并且是否合理。在使用分析程序全面审查时,如果确定了先前未确定的重大错报风险,注册会计师应重新考虑各种交易、账户余额、列报和评估是否适当,并在此基础上,重新评估先前计划的程序是否充分,是否有必要增加审核程序。

(二) 确定审计意见的类型

评价审计结果时,注册会计师主要确定审计意见的类型以及在整个工作中是否遵循了审计标准。因此,注册会计师需要完成两项任务:一是对重要性和审计风险评估,二是评估被审计方的已审计财务报表形成审计意见并起草审计报告。

(三) 审计并复核审计工作底稿

审计工作底稿的审计分为项目组内部复核和项目质量控制复核两个层次。项目组内部复核是指内部审计机构或人员对本部门、本单位计则中的特定项目和方案所进行的事前审计。目的在于保证计划项目的可行性和合理性。项目质量控制复核是指会计师事务所挑选不参与该业务的人员,在出具报告前,对项目组做出的重大判断和在准备报告时形成的结论做出客观评价的过程。

(四) 或有事项完整性的审计程序

或有事项完整性的审计程序通常包括:

(1) 了解被审计方与识别相关的内部控制。

(2) 审查截至审计完成之日前之所有董事会会议和股东大会的会议记录,并确定是否存在未决诉讼或仲裁、未决索赔、税务纠纷、债务担保、财务承诺的产品质量保证记录等有用的信息。

(3) 前往银行进行银行函证或查看被审计方与银行之间的贷款协议和沟通,了解背书、应收账款抵借、票据背书和担保。

(4) 检查与税收征管机构及相关部门是否存在税务纠纷。

(5) 致函被审计单位的法律顾问和律师,分析被审计单位法律费用,以确定是否存在索赔和其他事项。

(6) 从被审计方管理层获得书面声明,表明已按照企业会计准则适当反映了所有或有事项。

(五) 比较信息和比较财务报表

比较信息包括相应的数据和比较财务报表。比较信息是指包含于财务报表中的、符合适用的财务报告编制基础的、与一个或多个以前期间相关的金额和披露。对应数据属于比较信息,是指作为本期财务报表组成部分的上期金额和相关披露,这些金额和披露只能和与本期相关的金额和披露(称为"本期数据")联系起来阅读。对应数据列报的详细程度主要取决于其与本期数据的相关程度。比较财务报表,是指为了与本期财务报表相比较而包含的上期金额和相关披露。比较财务报表包含信息的详细程度与本期财务报表包含信息的详细程度相似。如果上期金额和相关披露已经审计,则将在审计意见中提及。

(六) 存在重大错报时的审计程序

当注意到比较信息中可能存在重大错报时的审计程序如下:

（1）如果发现比较信息中存在重大错报，注册会计师应当增加必要的审计程序，以获取充分、适当的信息，确定是否存在重大错报。

（2）注册会计师发现重大错报，影响前一期财务报表，以前未出具非无保留意见的审计报告的，应考虑是否需要修改前一期的财务报表，与管理层商讨，并根据具体情况采取相应措施：一是未对上期财务报表进行更正，没有重新出具审计报告，未对比较信息进行适当重述和充分披露，注册会计师应当对本期财务报表出具无保留意见的审计报告，说明比较信息对本期财务报表的影响。二是如果以前的财务报表已经更正，并且审计报告已经重新发布，注册会计师应当获得充分和适当的信息，以确定比较信息是否与更正后的财务报表一致。

二、出具内部控制审计报告

（一）审计意见的类型

审计意见的类型包括以下四种。

1. 无保留意见

无保留意见亦称"无条件肯定事项"。审计实施中对被审单位所提供的有关数据资料，经审查后认为满意，没有任何保留意见和例外事项。在审计报告中如提出无保留意见，一般认为是最理想的审计结果的文件，审计部门则应无条件地承担职业上应负的责任。无保留意见意味着没有意见，并非不表示意见，两者的概念是完全不同的。

2. 保留意见

保留意见亦称"保留事项"。审计实施中发现某一审计项目虽有错弊嫌疑，但证据不足或无法取得证据等情况。由审计人员提出的例外事项，它表明某些事项不符审计要求，审计部门对此不能表示意见，一般包括完全保留意见和部分保留意见。保留意见除了可以分清审计人员的职业责任外，主要是使审计报告能够真实地反映情况。另外，有时保留意见也指被审计单位对审计结论和决定有异议，要求在审计报告中列为"被审计单位的保留性质的意见"。

3. 否定意见

否定意见是指注册会计师发表的一种表明企业报表与公认会计原则的要求存在重大偏差的一种审计意见。这种意见表明企业的财务报表并没有按照公认会计原则的要求公允地反映其财务状况，经营成果和现金流量状况。

4. 无法表示意见

无法表示意见是审计中特指由于未发现的错报对财务报表可能产生的影响重大且具有广泛性，但审计范围受到非常严重的限制，审计人员无法获取充分适当的审计证据，以至无法发表审计意见。

（二）内部控制审计的流程

会计师事务所开展内部控制审计的流程一般有与客户达成初步意向并沟通审计流程后，与客户签署企业内部控制审计业务约定书，即明确双方的权利和义务，包括约定内部控制审计费用、时间、目的、内容等，然后根据《中国注册会计师审计准则》《企业内部控制基本规范《企业内部控制应用指引》和《企业内部控制审计指引》,结合以往的内部控制审计案例,制定内部控制审计工作计划、实施计划、审计说明和审计目标和向客户提供数据清单。

(三)现场进行内部控制审计

审计师进入审计现场进行内部控制审计时,利用审计软件、分析性复核,并查阅以往的内部控制审计报告(如有)、财务审计自查报告(如有)以及内部审计报告(如有),审计内部控制审计方法,如内部控制制度、其他相关财务报表、企业财务管理状况、审计相关管理软件,并形成内部控制审计工作底稿的草稿。

企业相关质量控制审核员按照审计准则和企业的要求,审计内部控制审计工作底稿,复核后出具内部控制审计报告。只有通过审计并对内部控制审计进行总结,才能最终向客户提交内部控制审计报告,为相关部门了解企业内部控制提供证据。只有这样,内部控制审计流程才算基本完成,可以出具内部控制审计报告。

第七节 案例分析

 案例

"巨人"内部控制案例分析

"巨人"的故事是年轻人在市场经济中听过的最悲惨的悲喜剧和最传奇的财富故事,如商业历史书。年轻企业家史玉柱,在福布斯中成为中国大陆第8大首富,然后遭受破产之后身背举债后,接着又从2.5亿元的债务中再次崛起,之后超过了过去成就,最后成长为2007年一位拥有500亿元的大陆首富。以1997年为分界线,"巨人"经历了跌宕起伏,逆转并重生,总结看来老"巨人"衰落在于内部控制的严重缺陷,新"巨人"崛起的决定性因素是内部控制的护航。

一、老"巨人"的衰落——内部控制分析创业史

1989年8月,史玉柱以先广告再付费的方式向市场推出了m-6401桌面排版和打印软件,赢得了他职业生涯中的第一桶金,也奠定了"巨人"集团的基石。

1991年4月,史玉柱成立珠海"巨人"新技术公司,迈出了"巨人"的第一步。1993年7月,"巨人"集团旗下的全资子公司增至38家,是中国仅次于"四通"公司的第二大民营高科技企业。

1994年年初,被称为第一高楼的"巨人"大厦一期项目动工。同年,史玉柱被选为"中国改革家"。

1997年年初,"巨人"大厦在完成一楼大厅高度后停止工作。各方债权人讨债,资金链断裂,欠债2.5亿元。

二、"巨人"的战略与经营目标确定

史玉柱宣称"巨人"将成为中国的IBM(国际公认的蓝色"巨人")和东方"巨人"。振兴

民族工业可以作为包装外衣和寻求公众认可，但把它作为大型企业发展的规划可能会受到自身的约束。

从1989年的m-6401桌面排版和打印系统，到1990年的m-6402文字处理软件系统，再到1993年的巨型中文手写计算机和软件，技术创新是这个老"巨人"辉煌成就的关键。1993年，巴黎协调委员会被解散，西方国家对中国出口电脑的禁令失效。康柏、惠普、AST等国际知名计算机公司对以老"巨头"为代表的国家计算机发起围剿。国内计算机缺乏国际品牌竞争的能力，市场覆盖面有限，产业实力薄弱。联想的成功在于第一个十年的积累，它基本上走了代理之路。当市场容量和消费者数量增加，实力增强，才开始实施自主开发品牌。从某种意义上说，这个老的"巨人"发展战略超越现实，使之陷入自身陷阱的狭隘经济陷阱。捷安特是第一个提出"管理即生产力"的现代企业，并在体系中形成机制，也是一家有危机意识的企业。史玉柱在面对名气上升时，仍冷静地指出集团五大隐患：创业热情的消失、出现大锅饭机制、管理水平低下、行业独特、市场开发停滞。但"单一产品、单一行业"被矫枉过正，成为多线爆发，其他四大隐患并未得到根本改变。

1994年8月，史玉柱提出老"巨人"的目标是走产业多元化的道路。随着多元化发展的理念，这个老"巨人"不仅进军计算机行业，并且在中国房地产和生物保健品热潮的推动下，进军生物工程和房地产。史玉柱计划进一步扩张激发新的商业热情，利用"巨人"的品牌优势获取超额利润，缓解主导产业与管理机制之间的矛盾。然而，没有科学的分析论证和必要的组织确保，涉及计算机、房地产和保健品行业的行业跨度过大。新进入的领域不是优势，而是有限的资金被牢牢地困住了。

"巨人"大厦引发的金融危机迫使整个企业破产。分析原因可以看出"巨人"大厦的定位为办公楼，但珠海的业务不发达，办公楼市场低迷。并随着珠海的向西发展，"巨人"大厦所在地区不是珠海的中心地带。史玉柱对第一高楼成就的渴望一直在扩大，"巨人"大厦楼层从最初的18层增加到38层，又到54层、再到64层，开工仪式上宣布78层，投资预算从2亿增加12亿元。从1994年2月动工到1996年7月，老"巨人"没有申请银行贷款，所有贷款都是自有资金和房地产销售的支持。贪吃症的老"巨人"们渴望扩张，再加上没有银行的支持，很难在资本链中维持下去，这种采用"拆东墙补西墙"提取生物工程上的资金在"巨人"大厦施工上，致使生物工程不足以维持正常运营。

三、"巨人"的风险控制与监督

老"巨人"设立的董事会是空的，其他老板没有股份，无法干涉史玉柱的决定。这种决策机制在创业初期体现了决策效率，但当企业规模扩大，个人整体素质不全面时，就会缺乏集体决策机制，企业的经营就变得相当危险。王健作为前执行副主席评论史玉柱："最大的缺陷是天真无邪、与人沟通，最大的局限是零债务理论。"史玉柱一直坚持零债务，由于缺乏财务危机的预警，其债务结构一直处于不合理状态，在最辉煌的时期，每月的市场达到3 000万～5 000万元，最高可达7 000多万元。老"巨人"可以申请贷款，并逐渐成为正在建设的项目的一部分，然后用它建造一座大房子。盲目地用其他产品的利润来建造房屋，是老"巨人"金融危机的致命伤。"巨人"前监事会主席李敏指出，母公司失去了控制子公司，导致严重的财务损失。财务不能反映企业的经营状况,应收账款虽然已经结清,但账上还存在,一些人比较大胆侵犯了企业的财产。监事会主席周良政指出,集团内部各种腐败现象层出不穷,势必维护集团财产安全。对于子公司康源公司来说,集团公司没有派CFO监督,造成严重浪费和高负债。1996年年底,负债已达1亿元,一部分是企业内部人员挪用资金所致。"巨人"集团发生了如此巨变,数百万资产凭空消失了。老"巨人"失踪的前夕,这家企业陷入了混乱之中,每个人都说他做了一些不好的事情。比如当年脑白金的销售额为5.6亿元,但坏账超过一半。在各个环节资金被无情地吞噬,这是资金链断裂的核心。史玉柱的最后办法是组织企业的经理和总部的中高级干部参观广东省和高明区的刑事监狱。

四、"巨人"的信息与沟通

老"巨人"时代,史玉柱迷信军事化的广告攻势。1995年2月,史玉柱发表了总动员令的三大战役,并发起了一场广告攻势。同时引进了计算机、保健品、药品三大系列30种产品,一次性推出减肥、健脑、强眼、开胃等12种保健品。被称为中国企业历史上利用率最高的产品推广活动。

为了配合这项活动,印刷超过100万册小册子,创下了全球企业报纸的纪录。广告只是一种购买的诱因,如果消费者想要产生持续购买保健品,必须相信产品本身。我们不知道消费者真正需要什么,就盲目地认为广告就是一切是不行的。几年后,史玉柱也认识到制造保健品最重要的是产品。好的产品须具备这样的条件:证明它确实是一件好东西,而假冒不会持续很久。与此同时,"巨头"也犯了诽谤竞争对手的低级错误。在批量上市儿童开胃品巨食香,与畅销的娃哈哈儿童营养液非常相似。这家巨头在广告小册子中说:"据说娃哈哈有激素,这会导致男孩早熟和许多现代儿童疾病。"娃哈哈向杭州市中级人民法院报案。

1996年10月,"巨人"赔偿娃哈哈200万元的经济损失。1997年1月,"巨人"举行新闻发布会公开向娃哈哈道歉。这场风暴成为这场滑坡的标志性事件。由此看出正是史玉柱缺乏沟通个性和危机处理能力,最终葬送了老"巨人"。老"巨人"从未与媒体和社会进行过亲密的对话。它只任命了律师、债权人和记者周旋,与媒体的关系恶化,原本在地下流传的各种江湖谣言迅速被媒体放大曝光,老"巨人"在公众和媒体眼中的形象崩塌。史玉柱曾经非常哀叹:"'巨人'一直是一个'新闻企业',而我是一个'新闻人物',所以我不能正确地思考它。过去,新闻总是说'巨人'是好的,但现在说'巨人'是不好的。我计划在1997年做好市场工作,但当报纸转载了'巨人'风暴,说'巨人'倒闭了,没有人敢买它的产品"。事实上,"巨人"集团当时的危机并没有达到灭绝的地步。尽管"巨人"的保健品推广失败了,但它并没有在市场上失去品牌信誉。"巨人"大厦已经完成了地下工程,只需1000万元即可搬迁。再过五天就可以建成一层楼,当时"巨人"集团除了"巨人"大厦没有其他固定资产,企业的营销还在进行。据估计,零售商都欠老"巨人"3亿元左右,史玉柱本人估计有1.2亿元的良性债权。

五、新"巨人"的崛起——内部控制分析

失败是成功之母,将重新站起来的史玉柱的"巨人"推向了前所未有的高度。

（一）创业史

1997 年史玉柱领导旧部指定脑白金，开始了第二次创业。1999 年上海健特生物科技有限公司的成立。2000 年史玉柱还清了旧"巨人"所欠的所有债务，重塑了企业的信用。2001 年上海黄金搭档生物科技有限公司成立并被选为"CCTV 中国经济年度公司"。2003 年收购民生银行 6.98 亿流通股和华夏银行 1.012 亿流通股，并将脑白金和黄金搭档的知识产权及其营销网络销售给上市企业四通电子，交易总价为 12.4 亿人民币。2004 年上海征途网络科技有限公司成立，产生了转折点。2005 年推出了第三款网络游戏《征途》，全球网民 100 万。2006 年他在开曼群岛注册"巨人"网络科技有限公司。2007 年该公司改名为"巨人"网络集团，并在纽约交易所上市。它已成为 IPO 在中国最大的私营企业和在美国以外最大的 IT 企业。史玉柱持有"巨人"68.43% 的股权，以 500 亿元的身价成为大陆的新首富，"巨人"真的实现了他的梦想。

（二）战略与经营目标确定

史玉柱将"巨人"的失败归因于多元化战略错误。他开发了 30 多个类别的产品，如服装、保健品、药品和软件，这些产品最终大多被忽视。史玉柱得到痛苦的教训。他意识到发展迅速、负债率高易发生事故。投资行业需要考虑三个条件：第一，是否是朝阳产业；第二，人才储备是否充足；第三资金是否充足。因此，"巨人"强调发展新业务的安全性。第一个项目成功后，再考虑第二个项目，向前推进一点。在新战略思想的指引下，新"巨人"融入医疗、金融、信息技术等行业，并取得了圆满成功。史玉柱也为此被称为"难得的商业魔术师"。1998 年，新"巨人"延续老"巨人"产品，并在返回江阴的基础上开始运行褪黑素项目，江阴市场开放后，赚来的钱投资于建立其他市场。这样的滚动经营，1998 年占国内市场三分之一，1999 年开放国内市场。2000 年成为保健品的冠军，并在巅峰时超越老"巨人"。保健品行业的成功得以重建信用，将资金投资于其他行业。随着规模的扩大，资产回报率的逐渐衰落，银行利润呈现爆炸式增长。由于企业股权比率较低，它将吸收左手储蓄和右手贷款并举，规模的增加也会增加企业的收入。按照上述逻辑，2003 年新"巨人"斥资 3 亿元购买了法人股，他们在华夏银行和民生银行的股份超过 130 亿元，新"巨人"市值 100 亿元，回归信息技术产业。史玉柱生来就是销售软件的，他仍然是一个 22 岁的玩家，散发着敏锐的气息。2004 年新"巨人"进入网络游戏行业。"征途"在 IT 行业的网络游戏中排名第一，并且有一个平台来创建一个新的"巨人"。从今天的角度来看，网络游戏是互联网最赚钱、容易管理和成功的商业模式。2007 年史玉柱将凭借出色的交易技巧和对游戏产品的理解，推动新"巨人"成为世界上最大、最严格的上市公司，市值为 42 亿美元，创造了互联网行业最大的商业奇迹。如今，新"巨人"充分专注于网络游戏主营业务的战略意图。史玉柱表示，反对多样性，不会在余生依靠网络游戏建设"巨人"大厦。上市募集的资金不能用于支持保健品业务的发展。史玉柱说："'巨人'大厦从 38 楼发展到了 78 楼，这是一个伟大的成就"。

（三）风险控制与监督

对于"巨人"大厦的失败，史玉柱声称自己成为"完全的保守主义者"，并制定了"铁律"。他说"我们必须始终保持危机感，防止企业明天突然倒闭，并随时防止最坏的结果。"

（四）让企业永远保持充沛的现金流

新"巨人"关心企业的现金流，并保持财务健康。史玉柱第一步是从良好的现金流管理开始，褪黑激素销售的市场曾经的规则是货到付款。但后面改为总部将产品销售给世界的经销商，对各种经销商一视同仁，先付款后提货。付款是经销商和总部之间的事情，任何机构都不允许干预。为了提高表现，新"巨人"在褪黑激素设立了一个50人的纠察队。一旦发现该分行存在欺诈问题，该分行将被制裁。除了纠察队，总部和省分行还建有一个纠察队，调查市政市场，市纠察队随后调查县城市场。正是纠察队使得褪黑素的营销在每个终端都非常强大，消除了医疗保健公司对分销商的严重依赖。新"巨人"倡导"奖惩必有，奖惩必配""言必行，行必不言"的企业文化，与其他只奖励先进公司相比，史玉柱每次召开总结会都必须在舞台上做出最好和最差的表现。对于每一位经理来说，史玉柱给了他们获得高额奖金的机会，而且还让他们负责在业绩不佳时接受巨额罚款。脑白金近10年销售额超过100亿元，坏账金额为0。

（五）信息与沟通

史玉柱养成了一个习惯："谁吃了我的产品，我就要他彻底研究。"他专注于研究消费者，满足他们的需求。在此基础上，他打破陈规，自己创造规则，特别关注中小城市和农村市场，这就是史氏理论。"脑白金"销售健康，"黄金搭档"出售聪明，"征途"出售权力和欲望。它奠定了坚实的基础，为人们的需求，并能最大限度地动员消费者的需求。史玉柱坦率地回应了多位才华横溢的营销大师的赞扬：我的成功中没有偶然，这是我的领导团队充分关注目标消费者的结果。在脑白金上市之前，史玉柱又一次去到农村地区江阴购物中心，与300名潜在消费者进行了深入交流。调查得出结论，许多老年人想要吃保健品，但他们不愿意自己购买。因此，史玉柱推出了一个著名的广告"今年过节不收礼，收礼只收脑白金"。该广告无疑是中国广告史上的一个传奇。尽管它被评为"十差广告"之首，但连续几年播出10年，销售额超过100亿元。这两点中的任何一点都足以让你很难找到竞争对手。目前，褪黑素是唯一能够使其营销网络覆盖县级市场的保健产品。这种营销管理模式取得了神奇的效果，史玉柱并不满足于脑白金地区的人气。他介绍了一种维生素和矿物质的混合物——"黄金搭档"，史玉柱为它准备的广告词和脑白金的一样俗气。在史玉柱娴熟的广告策略和渠道的推动下，黄金搭档很快在全国市场上流行起来。这两种产品已成为常青树医疗上的热门产品。为了创造像《征途》这样的玩家，史玉柱再次拿出类似为它准备的广告词，几乎和脑白金的一样俗气，现在"十差广告"的前两名都是史玉柱的了，他与600名玩家进行深入交流，据玩家的需求进行设计，颠覆了行业的旧规则。例如，史玉柱在深刻把握用户结构变化的基础上，在中国推出了免费模式——让没钱的人免费玩，让富人开心玩，赚富人的钱。

在金字塔形的中国市场中，北京、上海和广州位于塔顶，接着大中城市和小城市，塔基是一个广阔的农村地区，市场不断扩大。所以史玉柱模仿了农村包围城市褪黑激素营销。与其他运营商省会城市代理制不同，《征途》主要集中在二、三级城市。鉴于广告虽然能带来一流的城市用户，但很难影响二、三级城市，史玉柱下令在各县招聘公司员工，负责地面宣传、促销、售后服务,这是另一个营销网络。征途的营销网络遍布全国。

营销网络由 200 多家经销商组成,覆盖 116 500 多家零售店,包括网吧、软件店、超市、书店、报摊和便利店以及全国各地的电子商店。目前,《征途》是中国玩家中最受欢迎的在线游戏,保持着中国同类游戏中玩家流失率最低的纪录。

（六）内部控制的启示与反思

1. 制度先行,内控优先

内部控制作为公司治理的关键环节,对公司的壮大起着基础性作用。通过对比不难发现,老"巨人"的失败与新"巨人"的成功并非偶然,而内部控制因素是"巨人"变化的内在原因。内部控制是一种常识,是利益动机的自然产物。1992 年,COSO 指出,建立内部控制目是鼓励企业在实现利润的过程中实现管理理念,并将意外影响降至最低。只有依靠内部控制的护航,我们才能像新"巨人"一样成功。然而,从实际情况来看,许多企业存在内部控制薄弱、风险频发、资产流失、欺诈等问题。在企业治理和运营管理方面,我们坚持"制度先行,内控优先"的理念,将内部控制作为一种管理工具而不是"干中完善"嵌入到企业业务流程中。

2. 量入为出,专注于主要业务

一个好的企业家需要勇气,但如果他不能在那之后仔细检查,他只能被视为一个游戏玩家。"巨人"项目是新兴行业,有成功的先决条件,老"巨人"希望的多样化将成为失败。一个新"巨人",量入为出,专注于自己的业务,然后一步一步地走下去,成为真正的巨人。这家新巨头将其核心业务定位在游戏,对金融业的投资只是维持流动性的手段,稀释了生物保健品和房地产行业风险。专注于核心业务、建设百年老店的战略虽与最初的多元化背离,但也赢了纽约证券交易所的青睐。经验表明,78％的公司继续基于其核心业务创造股东价值,并在其核心业务中处于领先地位。只有 17％的持续价值创造者拥有多个不同的核心业务和领导力,如美国通用电气公司。

3. 居安思危,现金为王

老"巨人"缺乏必要的金融意识和预警机制,"几万、几十万甚至数百万资产流失",最终导致资本中断。这家新巨头相信,危机管理"只有在不首先被市场淘汰的情况下才能有市场",总是把现金流放在首位,脑白金项目采取了"货到付款、多人信用担保、多层次纠察"等管控措施,创造了医疗行业零坏账纪录。在充裕现金流的保证下,新"巨人"可以继续壮大和扩张。因此,成功的企业要有危机意识,防范可能发生的财务和经营风险,保持充足的现金流是控制财务和经营风险的关键。

4. 以需求为导向,打破陈规定型

《圣经》上说,"顾客即上帝"。企业家应树立需求导向,充分关注目标消费者,认真考虑和满足消费者的需求,甚至打破陈规定型。老"巨人"迷信广告攻势,但实际效果为零。凭借对目标消费者进行调查的科学研究和以需求决定规则的"史式营销理论",新"巨人"在低广告成本的条件下把握了市场。在充分沟通上,及时、准确获取相关信息是制定正确经营战略的前提。当然,新"巨人"的运营时间有限,网络游戏商业模式的长期发展潜力尚未得到确认,要保持有效的内部控制,还有很长的路要走。

——本案例资料参考:案例数据资料、新"巨人"集团的网上资料

课后练习题

一、单项选择题

1. 内部控制审计对象是( )。
   A. 特定基准日财务报告内部控制设计与运行的有效性
   B. 整个期间财务报告内部控制设计与运行的有效性
   C. 被审计单位编制的内部控制评价报告
   D. 被审计单位的财务报告

2. 在内部控制审计中,注册会计师应当选择需要测试的控制,并根据( )确定测试收集的证据。
   A. 职业判断   B. 风险评估
   C. 以往审计经验   D. 重要性和审计风险水平

3. 如果注册会计师不能确定期后事项对内部控制有效性的影响,则应出具( )的内部控制审计报告。
   A. 标准意见   B. 带强调事项段的无保留意见
   C. 否定意见   D. 无法表示意见

4. 在执行内部控制审计时,内部控制特定领域的( )风险越高,审计就越关注该领域。
   A. 重大错报风险   B. 重要缺陷   C. 重大缺陷   D. 执行缺陷

5. 注册会计师审计范围有限的,应当出具( )内部控制审计报告。
   A. 标准意见   B. 带强调事项段的无保留意见
   C. 否定意见   D. 无法表示意见

6. 注册会计师贯彻( )的思想,妥善规划审计工作,制定具体的审计方案。
   A. 风险导向审计   B. 内部控制评价
   C. 制度基础审计   D. 内部控制审核

7. 对于重大缺陷和重要缺陷,注册会计师应采用( )与董事会和管理层沟通。
   A. 审计报告   B. 书面形式   C. 口头方式   D. 电话方式

8. 注册会计师认为内部控制不存在重大缺陷,但仍有一项或多项重大事项需要提请报告使用者注意的,应当在内部控制审计报告的补充( )中予以说明。
   A. 强调事段   B. 责任说明段   C. 审计意见段   D. 其他事项段

9. 以下报告内部控制缺陷的时间要求正确的是( )。
   A. 一般缺陷、重要缺陷和重大缺陷一旦发现,应立即报告
   B. 一般缺陷、重要缺陷应定期(至少每年)报告,重大缺陷应立即报告
   C. 一般缺陷、重要缺陷和重大缺陷应定期(至少每年)报告

D. 一般缺陷应定期(至少每年)报告,重要缺陷和重大缺陷应立即报告

10. 注册会计师测试控制有效性的程序,提供的证据是最有效的是(   )。

   A. 询问   B. 检查   C. 重新执行   D. 观察

二、多项选择题

1. 关于内部控制与财务报告审计之间的关系,以下陈述中正确的有(   )。

   A. 内部控制审计与财务报表审计是两种不同的审计业务,两种审计的目标不同

   B. 内部控制审计与财务报表审计可以整合起来进行

   C. 内部控制审计和财务报表审计中,都要求了解企业的内部控制,并在需要时测试控制

   D. 财务报告内部控制审计与财务报表审计通常使用相同的重要性

2. 对于内部控制审计业务,以下关于企业层面控制陈述正确的有(   )。

   A. 如果一项企业层面控制足以应对已评估的错报风险,注册会计师就不必测试与该风险相关的其他控制

   B. 对某项业务层面的控制而言,与该项控制相关的风险受企业层面的控制影响

   C. 注册会计师在评价内部控制时,通常应当首先评价业务层面控制,然后评价企业层面控制

   D. 注册会计师应当识别、了解和测试对内部控制有重要影响的企业层面控制

3. 注册会计师必须在财务报表审计和财务报告内部控制审计中评估内部控制。以下正确的有(   )。

   A. 财务报表审计中对内部控制的了解和测试工作,足以支持对财务报告内部控制审计发表意见,不需执行额外的工作

   B. 两者评价内部控制可以选用的审计程序相同,都可能用到询问、观察、检查、重新执行等程序

   C. 两者评价内部控制的目的不同,前者是为了支持注册会计师对控制风险的评估结果,进而确定实质性程序的性质、时间安排和范围;后者是为了支持对内部控制有效性发表的意见

   D. 两者对控制缺陷的评价要求不同,后者要求比前者更严

4. 根据《企业内部控制评价指引》,有效性包括(   )。

   A. 设计的有效性   B. 体制的有效性

   C. 运行的有效性   D. 机制的有效性

5. 注册会计师在策划审计时,应当评估的对内部控制、财务报表和审计的影响的事项有(   )。

   A. 与企业相关的风险

   B. 企业组织结构、经营特点和资本结构等相关重要事项

   C. 重要性、风险等与确定内部控制重大缺陷相关的因素

   D. 可获取的、与内部控制有效性相关的证据的类型和范围

三、判断题

1. 会计师事务所的质量控制政策和程序应当要求,在出具财务报告内部控制审计报告后,
   完成项目质量控制复核。　　　　　　　　　　　　　　　　　　　　（　　）

2. 内部控制审计的范围主要是指注册会计师对企业所有内部控制进行审计。　（　　）

3. 一般地,企业内部审计部门负责内部控制审计,也可以委托负责年审的会计师事务所开
   展内部控制审计。　　　　　　　　　　　　　　　　　　　　　　　（　　）

4. 企业内部控制一般缺陷、重要缺陷、重大缺陷,应当由董事会最终予以认定。　（　　）

5. 如果知悉对基准日内部控制有效性有重大负面影响的期后事项,注册会计师应当对财
   务报告内部控制发表否定意见。　　　　　　　　　　　　　　　　　（　　）

四、简答题

1. 请简述企业内部控制审计与财务报表审计的区别。

2. 企业内部控制的具体审计内容包括哪些?

参 考 文 献

[1] 财政部,证监会,审计署,银监会,保监会. 企业内部控制基本规范,2008.

[2] 财政部,证监会,审计署,银监会,保监会. 企业内部控制应用指南,2010.

[3] 王如燕. 政府腐败审计对保障性安居工程建设绩效的影响研究[J]. 国际商业会计. 2017(04):26-27.

[4] 王清刚. 内部控制与风险管理[M]. 北京:北京大学出版社,2020.

[5] 唐建华. 审计理论、准则和实务[M]. 北京:中国财政经济出版社,2012.

[6] 盛永志. 唐秋玲. 企业内部控制审计[M]. 北京:清华大学出版社,2017.

[7] 王如燕. A Key Element for the Management Decision — Internal Audit Quality[J]. 2011 山东应用统
    计国际会议 Innovation and Development of Management Science in today's world(Volume 2)2011
    (8):66-68.

[8] 池国华,樊子君. 内部控制习题与案例[M]. 2版. 大连:东北财经大学出版社,2014.

[9] 财政部会计司. 企业内部控制规范讲解:2010[M]. 北京:经济科学出版社,2010.

[10] 刘华. 审计案例研究[M]. 上海:上海财经大学出版社,2009.

[11] 刘华. 中海集团釜山公司内部控制案例分析[J]. 财政监督,2008(12):3-5.

[12] 刘华. 巨人集团兴衰的内部控制分析[J]. 财政监督,2008,(10):25-28.

第七篇

企业内部控制发展篇

第十四章

企业风险管理

2013年5月14日,随着美国反虚假财务报告委员会下属的发起组织委员会(COSO)发布《内部控制——整体框架》(2013年版)及其配套指引,其中包含一系列严密的内控措施,这些措施在企业运营、法规遵从以及财务报告等方面起到十分重要的作用,而国内对该领域也是积极地进行了探索。

据了解,新版《内部控制——整体框架》在基本概念、内容和结构,以及内控的定义和五要素、评价内控体系的有效性标准等方面均与原版相同,有变化的则是依据具体形势所做出的相关内控管理措施,因此,新版被业内人士视为一种升级。

新框架及相关说明文件的颁布,目的在于帮助企业适应越来越复杂和快速变化的环境,应对各种风险,并为决策提供可靠的信息。新框架涵盖的内容包括内容摘要、具体内容、多份附录、一份应用指引(提供解释性工具),以及一份概要(提供方法和示例说明其在财务报告内部控制上的应用)。

第一节 COSO 新框架的目标

一、1992 年版本框架的目标

COSO 更新其原始框架的目的之一,是反映目前商业和运营环境的变化。例如,自1992年版本框架发布至今,所发生的环境变化包括:更加关注治理问题;更加注重风险和以风险为基础的方法;更加依赖创新和复杂的技术;更加复杂的组织结构和商业模式(包括外包商业关系);层出不穷的监管要求;推陈出新的报告要求,且不再限于财务报告本身。

此外,我们也看到了大规模的治理和内部控制失效事件所带来的巨大影响,包括20世纪90年代金融衍生产品的彻底崩盘、美国长期资本管理公司(Long-Term Capital Management)事件、安然丑闻及较近期的全球金融危机。这些失败案例在很多方面都为我们上了宝贵的一课。例如,管理层僭越控制、利益冲突、缺乏职责分离、透明度不足或欠缺、风险管理未加统一协调、董事会监督无效,以及会导致职能失调或渎职行为的薪酬结构失衡等,都会对企业产生影响。虽然没有哪个内部控制框架能够应对上述所有问题,但自COSO发布1992年版本框架后,企业就能够以更加积极的方式应对所发生的事件。

值得肯定的是,COSO 在考虑各种环境变化的同时,在新框架中保留了内部控制的核心定义以及内部控制的五大要素,这五个要素组成了为众人所熟知的三维"立方体"。此外,用以评估内部控制系统有效性的准则亦大致维持不变。

COSO 将 1992 年版本框架中已有的原则加以规范化,使其更加清晰明确,以帮助建立有效的内部控制及评估其有效性。1992 年版本框架隐晦地提出了内部控制的核心原则。

二、2013 年版本框架的目标

企业内部控制有效性依据内部控制的五个要素进行评估,即仍然依循原始版本框架和支持该五个要素的相关原则。新框架另一个维持不变的内容是,其将继续强调管理层判断在内部控制系统有效性评估中的重要性。新框架更着重于原则(principles)导向。

而 2013 版本框架则明确地列出了 17 项原则,每一项原则均与其中一个要素相连,代表这些基本概念都与内部控制的五大要素相关联。这些原则都较为宽泛,以适用于营利组织(包括上市公司和私营公司)、非营利组织、政府机构以及其他类型组织。每一原则都由多个关注点所支持,这些关注点代表着这些原则的相关特点。各个要素和各项原则组合起来就构成了内部控制的准则,而各个关注点则为管理层提供指引,协助其评估内部控制的各个要素是否存在并发挥效用,以及在企业内共同运作。

COSO 的新框架能够更容易被应用于设定企业目标。1992 年版本框架指出,目标设定是一个管理流程,而且是内部控制的先决条件。新框架虽然保留了这个观点,但它将相关讨论内容从风险评估章节移到较前的章节,以强调目标设定并不是内部控制的一部分。此外,新框架扩大了报告目标类别,将财务报告以外的其他外部报告类型,以及包括财务报告和非财务报告在内的内部报告,都纳入考虑范围。1992 年版本框架的报告焦点仅局限于对外财务报告。从 1992 年版本框架过渡到新框架,COSO 董事会表示,使用者应当按其具体情形,在可行的情况下尽早开始应用 2013 年版本的新框架来开展相关工作和文件记录。

COSO 董事会认为,原始版本框架所涵盖的重要概念和原则,基本上颇为完善且已获市场普遍认可,因此,使用者在 2014 年 12 月 15 日之前仍然可继续使用原始版本。在该日期后,1992 年框架将被 COSO 视为已被新框架所取代。COSO 董事会认为在过渡期间,使用者在应用《内部控制——整体框架》(2013 年版)进行外部报告时,应明确披露所使用的是 1992 版本还是 2013 年版本。

第二节　组织的风险管理国际标准(ISO31000)

一、引言

所有类型和规模的组织都面临内部和外部的、使组织不能确定是否及何时实现其目标的因素和影响。这种不确定性所具有的对组织目标的影响就是风险。

组织的所有活动都涉及风险。组织通过识别、分析和评定是否运用风险处理修正风险以满足它们的风险准则,并以此来管理风险。通过这个过程,它们与利益相关方进行沟通和协商,监测和评审风险,以及为确保不再进一步控制风险处理而修正风险的控制措施。国际标准详细描述了这一系统逻辑过程。尽管所有的组织在某种程度上都在管理风险,国际标准建立了一些为使风险管理变得有效而需要满足的原则。国际标准建议,组织制定、实施和持续改进一个框架,其目的是将风险管理过程整合到组织的整体治理、战略和规划、管理、报告过程、方针、价值观和文化中。

风险管理可以在组织多个领域和层次、任何时间,应用到整个组织,以及具体职能、项目和活动。尽管在过去一段时间在许多行业,为满足不同的需要,已经开展了风险管理实践,但在一个综合框架内采用一致性过程有助于确保组织内有效果、有效率和结合性地管理风险。

国际标准中所描述的通用方法提供了在任何范围和状况下,以系统、清晰、可靠的方式管理风险的原则和指南。每一个具体行业或风险管理的应用都产生了各自的需求、受众、观念和准则。因此,国际标准的主要特点是将所包含"确定状况"作为通用风险管理过程开始的活动。确定状况将捕获组织的目标,组织所追求目标的环境,组织的利益相关方和风险准则的多样性,所有这些都将帮助揭示和评价风险的性质和复杂性。

国际标准描述的风险管理原则、框架和风险管理过程之间有一定的关系。当依据国际标准实施和保持风险管理时,能够使组织提高实现目标的可能性,鼓励主动性管理,在整个组织意识到识别和处理风险的需求,改进机会和威胁的识别能力,符合相关法律法规要求和国际规范,改进强制性和自愿性报告,改善治理,提高利益相关方的信心和信任,为决策和规划建立可靠的根基,加强控制,有效地分配和利用风险处理的资源,提高运营的效果和效率,增强健康安全绩效,以及环境保护,改善损失预防和事件管理,减少损失,提高组织的学习能力,提高组织的应变能力。

国际标准旨在满足众多利益相关方的需求,包括:

(1)负责制定组织风险管理方针的人员。

(2)负责确保在组织整体或者某一特定区域、项目或者活动内有效开展风险管理的人员。

(3)需要评定组织风险管理有效性的人员。

(4)整体或部分地实施风险管理的标准、指南、程序和操作规范的开发者。

目前许多组织的管理实践和过程包含风险管理的要素,许多组织针对特定类型的风险或环境下已经采用正式的风险管理过程。在这种情况下,组织可以决定对照国际标准对其现有的实践和过程开展严格的评审。

在国际标准中,"风险管理"(risk management)和"管理风险"(managing risk)都被使用。在通常的术语意义上,"风险管理"(risk management)涉及的有效管理风险的构架(原则、框架和过程),而"管理风险"(managing risk)指的是运用该架构管理特定风险。

国际标准提供了风险管理的原则和通用性指南。国际标准可用于任何公共、私有或公有企业、协会,团体或个体。因此,国际标准不针对任何特定行业或部门。为方便起见,国际标准涉及的所有不同的用户以通用术语"组织"称谓。

国际标准可用于整个组织的生命周期及广泛的活动,包括战略和决策、运营、过程、职能、项目、产品、服务和资产。国际标准可以应用于任何类型的风险,无论其性质及是否有积极或消极的后果。尽管国际标准提供了风险管理的通用性指南,但不意针对组织促进风险管理的统一性。风险管理计划和框架的设计和实施需要考虑到特定组织的不同需求、特定目标,状况、结构、运营、过程、职能、项目、产品、服务、或资产以及展开的具体实践,运用国际标准来协调现有和将来标准的风险管理过程。

国际标准提供了一个支持其他标准处理特定风险和行业风险的通用方法,而不是取代这些标准。

二、术语和定义

下列术语和定义适用国际标准。

风险(risk)、风险管理(risk management)、风险管理框架(risk management framework)、风险管理方针(risk management policy)、风险态度(risk attitude)、风险管理计划(risk management plan)、风险所有者(risk owner)、风险管理过程(risk management process)、确定状况(establishing the context)、外部状况(external context)、内部状况(internal context)、沟通和协商(communication and consultation)、利益相关方(stakeholder)、风险评价(risk assessment)、风险识别(risk identification)、风险源(risk source)、事件(event)、后果(consequence)、可能性(likelihood)、风险状况(risk profile)、风险分析(risk analysis)、风险准则(risk criteria)、风险程度(risk level)、风险评定(risk evaluation)、风险处理(risk treatment)、控制措施(control)、残留风险(residual risk)、监测(monitoring)、评审(review)。

三、遵循的原则

为了风险管理有效,企业宜在各个层次遵循以下原则:

(1)风险管理创造和保护价值:风险管理有助于目标明确地实现和绩效的改进。例如,在人员的健康安全、治安、法律法符合性、公众接受性、环境保护、产品质量、项目管理、运营效率、治理和声誉方面。

(2)风险管理是整合在所有企业过程中的部分:风险管理不是与组织的主要活动和过程分开的孤立活动。风险管理是管理职责的部分和整合在所有组织过程中的部分,包括战略规划、所有项目、变更管理过程。

(3)风险管理支持决策:风险管理可以帮助决策者做出明智的选择、优先的措施和辨别行动方向。

(4)风险管理明晰解决不确定问题:风险管理明确地阐述不确定性、不确定性的性质以及如何加以解决。

（5）风险管理具备系统、结构化和及时性：系统、及时和结构化的风险管理方法有助于提高效率和取得一致、可衡量和可靠的结果。

（6）风险管理基于最可用的信息：风险管理过程的输入基于信息源，如历史数据、经验、利益相关方的反馈、观察、预测和专家判断。然而，决策者宜告诫自身和考虑，数据或所使用模型的局限性，或者专家之间分歧的可能性。

（7）风险管理是量体裁衣的：风险管理是与企业的外部和内部状况及风险状况相匹配的。

（8）风险管理考虑人文因素：风险管理认识到可以促进或阻碍企业目标实现的内部和外部人员的能力、观念和意图。

（9）风险管理是透明和包容的：利益相关方，尤其是组织各层面的决策者适当、及时地参与，确保了风险管理保持相关和先进性。参与过程也允许利益相关者适当地发表意见，并将其观点考虑到风险准则的确定中。

（10）风险管理是动态、迭代和应对变化的：风险管理持续察觉和响应变化。由于外部和内部事件发生，状况和知识在改变，风险的监测和评审在进行，新的风险出现，一些风险在改变，而另一些风险消失了。

（11）风险管理实现企业的持续改进：组织宜制定和实施战略，协同组织的其他方面共同改进风险管理的成熟度。

四、风险管理框架

风险管理的成功取决于提供将风险管理嵌入整个企业所有层次的基础和安排的管理框架的有效性。框架有助于通过在组织不同层次和特定状况内应用风险管理过程，有效地管理风险。框架确保从风险管理过程取得的风险信息充分地被报告，以及作为决策和所有相关企业层次责任的基础。

本条款描述了风险管理框架的必要要素和其以迭代的方式相互作用的方法，本框架目的不是规定一个管理体系，而是有助于企业将风险管理整合到它的整个管理体系中。因此，企业宜使框架的要素适用于其特定的需求。如果企业现存的管理实践和过程包含风险管理要素，或者如果企业已经针对特定的风险或状况采纳了一个正式的风险管理过程，那么对原有的这些实践和过程，应该针对本标准进行评审和评价，包括附录 A 中包含的附加内容，以确定它们的充分性和有效性。

指令和承诺风险管理的引入和确保它的持续有效，需要企业管理者强有力和持续的承诺，以及为实现承诺在所有层次做战略的和严密的策划。管理者应该确定和签署风险管理方针，确保企业的文化和风险管理方针一致，确定与企业绩效参数一致的风险管理绩效参数，使风险管理目标与企业的目标和战略一致，确保法律法规的复合性，在组织内适当的层次分配责任和职责，确保为风险管理配置必要的资源，将风险管理的益处通报给所有的利益相关方，确保风险管理框架持续保持适宜。

1. 设计风险管理框架

在开始设计和实施风险管理框架前，评价和理解组织内外部的状况是重要的，因为这

会对框架的设计产生显著的影响。评价企业外部状况可以包括,但不限于:

(1)社会和文化、政治、法律法规、财务、技术、经济、自然和竞争环境,无论国际、国内、区域和当地。

(2)影响企业目标的动力和趋势。

(3)与外部利益相关方的关系,以及它们的感受和价值观。

评价企业内部状况可以包括但不限于:管理方法、组织结构、作用和责任;方针、目标,以及为实现它们所制定的战略;以资源和知识来理解的能力(资本、时间、人员、过程、系统和技术);信息系统、信息流和决策过程(正式和非正式的);与内部利益相关方的关系,以及它们的感受和价值观;企业的文化;被组织采用的标准、指引和模型;合同关系的形式和范围。

2. 建立风险管理方针

风险管理方针应清楚阐明企业风险管理的目标和承诺,特别要针对企业管理风险的基本原理;企业目标和方针与风险管理方针的联系;管理风险的责任和职责;处理利益冲突的方法;提供有助于管理风险必要资源的承诺;风险管理绩效测量和报告的方法;对定期评审和改进风险管理方针和框架,以及对事件和环境变化做出响应的承诺。风险管理方针宜适当地沟通。

3. 明确风险管理责任

企业应确保具备管理风险的责任、权限和适当的能力,包括实施和保持风险管理过程和确保任何控制措施的充分性、有效性和效率。这可通过如下途径来实现:确定有责任和权利管理风险的风险拥有者;确定负责建立、实施和保持风险管理框架的人员;确定企业所有层次人员的风险管理过程的其他职责;建立绩效测量的内部和外部报告和逐级报告过程;确保确定的合适程度。

4. 整合到企业的过程

风险管理宜以相关、有效和有效率的方式嵌入所有组织的实践和过程中。风险管理过程宜变成企业过程的部分,而不是分离的。特别是,风险管理宜嵌入方针制定、商业和战略策划和评审和变更管理过程中。宜具备一个组织的广泛风险管理计划以确保风险管理方针的实施和将风险管理嵌入全部企业的实践和过程中。风险管理计划可以整合到组织其他的计划中,如战略计划。

五、风险管理资源配置

企业应为风险管理配置适当的资源。应对如下方面予以考虑:人员、技能、对于风险管理过程的每步骤所需的资源;用于管理风险的组织的过程、方法和工具;形成文件的过程和程序;管理体系的信息和知识;培训方案。

(一)建立内部沟通和报告机制

企业应建立内部沟通和报告机制,用于支持和促进风险的责任和归属。这些机制宜确保:

（1）风险管理框架的关键要素和任何后续的更改被适当地沟通。

（2）对框架和其有效性及结果在内部充分地予以报告。

（3）风险管理的相关信息在适当的层次和时间予以获得。

（4）与内部利益相关方的协商过程被予以提供。

适当时，这些机制应该包括基于多源头强化风险信息的过程，以及可能需要考虑信息的敏感性。

（二）建立外部沟通和报告机制

企业应该制定和实施一个关于如何与外部利益相关方沟通的计划。包括：

（1）吸引适当的外部利益相关方的关注和确保有效的信息交流。

（2）对外报告法律法规和管理要求的遵守情况。

（3）对沟通和协商进行报告和反馈。

（4）运用沟通来建立企业的信心。

（5）向利益相关方沟通紧急或突发事件。

适当时，这些机制应包括基于多源头强化风险信息的过程，以及可能需要考虑信息的敏感性。

六、实施风险管理

（一）实施管理风险的框架

在实施企业的管理风险的框架时，企业应该：

（1）确定实施框架的适当时间安排和策略。

（2）将风险管理方针和过程应用到企业的过程。

（3）遵守法律法规要求。

（4）确保决策，包括目标的制定和设立，与风险管理过程输出结果一致。

（5）举行信息和培训会议。

（6）与利益相关方进行沟通和协商以确保其风险管理框架保持正确。

（二）实施风险管理过程

风险管理应通过确保将第五章描述的风险管理过程通过风险管理计划作为企业实践和过程的一部分应用于企业相关职能和层次。

（三）框架的监测和评审

（1）针对适当定期评审的参数测量风险管理绩效。

（2）定期测量风险管理计划的进展和偏离。

（3）基于组织的内部和外部状况，定期评审风险管理框架、方针和计划是否仍然适宜。

（4）报告风险、风险管理计划的进展和风险管理方针如何较好地执行。

（5）评审风险管理框架的有效性。

（四）框架的持续改进

基于监测和评审结果,应该做出可以改进风险管理框架、方针和计划的决策。这些决策宜致使组织的风险管理和风险管理文化的改进。

七、风险管理过程

风险管理过程应该有如下规定:

(1) 整合到管理中的一部分。

(2) 嵌入文化和实践之中。

(3) 沟通和协商与内、外部利益相关方沟通和协商宜在风险管理过程所有阶段进行。因此,沟通和协商计划宜在早期制定。该计划应针对与风险本身、风险成因、风险后果(如果掌握)以及处理风险措施相关的问题。为确保实施风险管理过程的职责明确,以及利益相关者理解决策的基础和特定措施需求的原因,宜采取有效的外部和内部沟通和协商。

协商团队方法可以:

(1) 适当地帮助明确状况。

(2) 确保利益相关方的利益被理解和考虑。

(3) 帮助确保风险充分地被识别。

(4) 将不同领域的专业知识一并用于分析风险。

(5) 确保在界定风险准则和评定风险时,不同的观点被恰当地考虑。

(6) 确保认同和支持处理计划。

(7) 加强在风险管理过程中的变更管理。

(8) 制定一个恰当的内部和外部沟通和协商计划。

与利益相关方的沟通协商是很重要的,他们基于对风险的感知,做出了对风险的判断。这些感知可以根据利益相关方的价值观、需求、臆断、概念和关注点的不同而变化。由于利益相关方的观点会对决策产生重大影响,因此,他们的感知可以被识别、记录,以及在决策过程中考虑。沟通和协商宜提供真实的、相关的、准确的、便于理解的交流信息,同时宜考虑保密和个人诚实因素。

八、明确风险管理状况

通过明确状况,企业明确其目标,界定管理风险要考虑的外部和内部参数,确定风险管理过程的范围和风险准则。尽管许多此类参数与风险管理框架设计时所考虑的参数类似,但在明确风险管理过程的状况时,这些参数需要细致地确定,特别是与特定风险管理过程联系起来考虑。

（一）明确外部状况

外部状况是指组织寻求实现其目标的外部环境。为了确保在建立风险准则时,目标和外部利益相关方的关注点被予以考虑,理解外部状况是重要的。它基于组织宽泛的状况,但具备法律法规要求的具体细节、利益相关方的观点、风险管理过程范围风险的其他因素。

外部状况可以包括但不局限于：

（1）社会、文化、政治、法律法规、金融、技术、经济、自然和竞争环境。无论国际、国内、区域，还是本地的。

（2）影响组织目标的主要动力和趋势。

（3）与外部利益相关方的关系，外部利益相关方的观点和价值观。

（二）明确内部状况

内部状况是指企业寻求实现其目标的内部环境。风险管理过程应与企业的文化、过程、结构和战略相一致。内部状况是企业内能够影响管理风险方法的方面。内部状况应明确，因为：

（1）风险管理是在企业的目标状况下进行。

（2）具体项目、过程或活动的目标和准则，应该依据企业的整体目标予以考虑。

（3）一些企业未能意识到实现它们战略、项目或经营目标的机会，这影响了持续的组织承诺、信誉、诚信和价值观。

理解内部状况是必要的，这包括但不仅限于：

（1）治理、企业结构、作用和责任。

（2）方针、目标，为实现方针和目标制定的战略。

（3）基于资源和知识理解的能力（如资金、时间、人员、过程、系统和技术）。

（4）与内部利益相关方的关系，内部利益相关方的观点和价值观。

（5）企业的文化。

（6）信息系统、信息流和决策过程（正式与非正式）。

（7）企业所采用的标准、指引和模式。

（8）合同关系的形式与范围。

（三）明确风险管理过程状况

确立企业活动的目标、策略、范围和参数，或风险管理过程应用到的企业的那些部分。风险管理充分考虑满足开展风险管理的资源需求。所需的资源、职责、权限和必要保存的记录也应该予以规定。

风险管理过程的状况根据组织需求而变化。它可以包括但不仅限于：

（1）确定风险管理活动的目标。

（2）确定风险管理过程的职责。

（3）确定所要开展的风险管理活动的范围以及深度、广度，包括具体的内涵和外延。

（4）以时间和地点，界定活动、过程、职能、项目、产品、服务或资产。

（5）界定企业特定项目、过程或活动与其他项目、过程或活动之间的关系。

（6）确定风险评价的方法。

（7）确定评价风险管理的绩效和有效性的方法。

（8）识别和规定所必须要做出的决策。

（9）确定所需的范围或框架性研究，它们的程度和目标，以及此种研究所需资源。

对这些和其他相关因素的关注，有助于确保所采用的风险管理方法适合于环境、组织，以及影响目标实现的风险。

（四）确定风险准则

企业应该确定用于评定风险重要性的准则。该准则应反映企业的价值观、目标和资源。一些准则可以服从或引用法律法规要求或企业签署的其他要求。风险准则应与企业风险管理方针一致，在风险管理过程开始时予以确定，并予以持续评审。当确定风险准则时，要考虑的因素应该包括如下：

（1）可以出现的致因和后果的性质和类别，以及如何予以测量。

（2）可能性如何确定。

（3）可能性和（或）后果的时间范围。

（4）风险程度如何确定。

（5）利益相关方的观点。

（6）风险可接受或可容许的程度。

（7）多种风险的组合是否予以考虑，如果是，如何考虑及哪种风险组合应予以考虑。

九、风险评价过程

风险评价是风险识别、风险分析和风险评定的总过程。ISO/IEC 31010 提供了风险评价技术指南。

（一）风险识别

企业宜识别风险源、影响区域、事件（包括环境变化）以及致因和潜在后果。此步骤的目的是产生一个基于可能产生、增强、阻碍、加快或推迟目标实现的事件的风险的综合表格。识别与不寻求机会相关的风险是重要的。综合识别是非常重要的，因为此阶段没有被识别的风险将不会包含在进一步的分析中。识别应该包括其风险源是否在企业的控制下的风险（即使风险源或致因可能不明显）。风险识别应该包括对考查特定后果的直接影响，包括连锁和累积影响，也要考虑拓宽范围的后果（即使风险源或致因可能不明显），也要识别什么可能发生，考虑表明后果可能出现的可能致因和场景是必要的。所有重要的致因和后果应该予以考虑。企业应该应用适合其目标、能力及所面临风险的风险识别工具和技术。在识别风险时，相关和最新的信息是重要的。其应该包括可能的适当背景信息。具有适当知识的人员也应该参与识别风险。

（二）风险分析

风险分析涉及对开展风险管理的相关理解。风险分析为风险评定和确定风险是否需要处理以及最适合的风险处理策略和方法提供输入。风险分析也可以为必须做出选择及选择涉及不同类型和程度的风险的决策提供输入。风险分析包括考虑风险的致因和来源，以及所带来的正面和负面的后果及这些后果发生的可能性。

影响后果的因素和可能性应该被识别。通过确定后果和其可能性，以及其他风险特性，来进行风险分析。一个事件可以有多种结果并可以影响多重目标。现存的控制措施和其效果和效率也应该被考虑在内。后果和可能性的表述方式，以及它们组合确定风险程度的方式，应该反映风险类型、可获得的信息，以及运用风险评价输出的意图。这些全部都应该符合风险准则。考虑不同风险和其风险源的相互依赖也是很重要的。

风险程度的确定和其前提和假设的敏感性的分析，应在风险分析中予以考虑，并有效沟通给决策者以及适当的利益相关方。如专家间观点的分歧、不确定性、可用性、质量、数量、信息的持续相关性、或模型的局限性等因素，应该予以阐述和可以重点强调。风险分析可以在不同程度的细节上进行，这取决于风险本身、分析目的、可用的信息、数据和来源。依据环境条件，分析可以定性的、半定量或定量的，也可以是组合的方式。后果和其可能性可以通过模拟一个或一系列事件的结果，或由实验研究或可用数据推断确定。后果可基于有形和无形的影响表述。在某些情况下，一个以上的数值或描述，需要界定对于不同时间、地点、团体或状况的后果和其可能性。

（三）风险评定

风险评价的目的是基于风险分析的结果，帮助做出有关风险需要处理和处理实施优先的决策。风险评定包括将分析过程中确定的风险程度与在明确状况时建立的风险准则进行比较。基于这种比较，处理需求可予以考虑。决策应考虑更为宽泛风险含义，包括考虑风险获益组织外的团体对风险的容忍性。决策应该依据法律法规和其他要求做出。在某些情况下，风险评定可导致对决策的进一步分析。风险评定也可导致，除了保持现存措施，不以任何方式处理风险的决策。通过企业的风险态度和已建立的风险准则，对此决策施加影响。

十、风险处理过程

风险处理包括选择一种或几种修正风险的方案，以及实施那些方案。一旦实施了方案，处理提供或改进控制措施。风险处理包括一个循环过程：

（1）评价风险处理。

（2）确定残留风险程度是否可容许。

（3）如果不可容许，产生新的风险处理。

（4）评价该处理的有效性。

风险处理方案不必互相排斥或适宜所有情况。

方案可以包括以下内容：

（1）通过决定不开展或停止产生风险的活动，来规避风险。

（2）为寻求机会，接受或提高风险。

（3）消除风险源。

（4）改变可能性。

（5）改变后果。

（6）与另一方或多方共担风险（包括合约和风险融资）。

（7）通过有事实依据的决策，保留风险。

（一）选择风险处理方案

选择最合适的风险处理方案包括，针对以法律法规和如社会责任和自然环境保护的其他要求所获得的利益，平衡成本和实施的工作量。决策也应考虑可以批准在经济层面上不合理的风险处理的风险，如严重的（高负面后果）但稀少（低可能性）的风险。

一些方案可以单独或综合考虑或应用。企业一般可以从综合方案的采用获益。当选择风险处理方案时，企业宜考虑利益相关方的价值观和观点，以及与他们沟通的最合适的方法。如果风险处理方案可以影响企业别处的风险或与利益相关方关联的风险，这应该包含在决策中。尽管同样有效，有些风险处理可以比其他一些处理更能让一些利益相关方接受。风险处理计划应清晰确定每个风险处理应该实施的优先顺序。

风险处理自身会引入风险。重要风险会是风险处理措施的故障或失效。监测需要成为风险处理计划的整合部分和给出措施持续有效的保证。风险处理也可引入需要评价、处理、监测和评审的次级风险。应将这些次级风险结合到与原始风险同样的处理计划中，而不是作为新的风险处理。两种风险的联系应该确定和保持。

（二）准备和实施风险处理计划

风险处理计划的目的是将如何实施已选择的处理措施形成文件。将要实施的风险处理方案。处理计划中提供的信息应该包括：

（1）选择风险处理措施的原因，包括所期待获得的效益。

（2）负责改进和实施计划的人员。

（3）建议的措施。

（4）资源需求，包括紧急情况时。

（5）绩效时间和日程安排。

处理计划应该组织管理过程整合并与适当的利益相关方讨论。决策者和其他利益相关方应该意识到风险处理后残留风险的性质和程度。残留风险应该形成文件并对其进行监测、评审，适当时，做进一步处理。

十一、监测和评审过程

监测和评审都应是风险管理过程的计划的部分，包含常规检查或监督，可以定期或不定期。监测和评审的职责应该明确界定。企业的监测和评审过程应包含风险管理过程的所有方面，其目的是：

（1）确保控制措施在设计和运行上有效和有效率。

（2）获得进一步改进风险评价的信息。

（3）从事件（包括 near-miss）、变化、趋势、成功和失败中分析和吸取教训。

（4）探测内外部状况的变化，包括风险准则的变化和会需要修正风险处理和优先的风险自身。

（5）识别出现的风险。在实施风险处理计划的进程中需要绩效测量。可将结果融入组织整体绩效管理、测量和外部和内部报告活动中。监测和评审的结果应予以记录和在内外部适当地报告，也可用作风险管理框架评审的输入。

十二、记录风险管理过程

风险管理活动应可追溯。在风险管理过程及整体过程中，记录提供了方法和工具改进的基础。关于记录的建立应考虑如下几点：

（1）企业持续学习的需求。

（2）出于管理意图，重新使用信息益处。

（3）涉及建立和保持记录的成本和工作量。

（4）法律法规和运行需求。

（5）获取的方法、检索的难易和储存媒介。

（6）保存期限。

（7）信息的敏感性。

第二节　风险管理特征

风险管理是指企业围绕总体经营目标，通过在企业管理的各个环节和经营过程中执行风险管理的基本流程，培育良好的风险管理文化，建立健全全面风险管理体系，包括风险管理策略、风险理财措施、风险管理的组织职能体系、风险管理信息系统和内部控制系统，从而为实现风险管理的总体目标提供合理保证的过程和方法。

一、企业风险管理的特征

健全的企业风险管理可以归结为全面性（comprehensive）、一致性（consistent values）、关联性（correlative）、集权性（centralized）、互通性（communicating）、创新性（creative），即"6C管理"。

（一）全面性

全面性是指企业围绕战略目标，通过在管理的各环节和各个经营过程中执行风险管理的基本流程，培育良好的风险管理文化，建立健全风险管理体系，风险管理的目标不仅仅是使企业免遭损失，而且包括能在风险中抓住发展机遇。全面性可归纳为三个"确保"：一是确保企业风险管理目标与业务发展目标相一致；二是确保企业风险管理能够涵盖所有业务和所有环节中的风险；三是确保能够识别企业所面临的各类风险。

（二）一致性

一致性是指企业围绕战略目标，风险管理要有道亦有术。风险管理的"道"根植于企业的价值观与社会责任感。风险管理的"术"是具体的操作技术与方法。风险管理的"道"是"术"之纲，"术"是"道"的集中体现，两者高度一致。

（三）关联性

关联性是指企业围绕战略目标，形成有效的风险管理的有机体系。有效的风险管理系统由相互关联的、有效的风险管理子系统组成，如信息系统、沟通系统、决策系统、指挥系统、后勤保障系统、财务支持系统等。因此，企业风险管理的有效与否，除了取决于风险管理体系本身，在很大程度上还取决于它所包含的各个子系统是否健全和有效。任何一个子系统的失灵都有可能导致整个风险管理体系的失效。

（四）集权性

集权性指企业围绕战略目标，要在企业内部建立起职责清晰、权责明确的风险管理机构。因为清晰的职责划分是确保风险管理体系有效运作的前提。同时，企业应确保风险管理机构具有高度权威，并尽可能不受外部因素的干扰，以保持其客观性和公正性。

（五）互通性

互通性指企业围绕战略目标，建立一个高效的信息沟通渠道。风险管理战略的有效性在很大程度上取决于其所获信息是否充分。而风险管理战略能否被正确执行则受制于企业内部是否有一个高效的信息沟通渠道。有效的信息沟通可以确保企业所有人员都能正确理解其工作职责与责任，从而使风险管理体系各环节正常运行。

（六）创新性

创新性指企业围绕战略目标，打破固有的思维模式，从新的角度、新的方式去思考，得出不一样的并且具有创造性结论的思维模式。风险管理既要充分借鉴成功的经验，又要根据风险的实际情况，尤其要借助新技术、新信息和新思维进行大胆创新。

二、内部控制与风险管理的关系

（一）联系点

内部控制与风险管理的联系点如下：

（1）全面风险管理涵盖内部控制。COSO 于 2003 年 7 月公布的全面风险管理框架的征求意见稿中明确指出全面风险管理体系框架包括内部控制，并将其作为一个子系统。从时间先后和内容上来看，全面风险管理是企业对内部控制的拓展和延伸。

（2）内部控制是全面风险管理的必要环节。内部控制的动力来自企业对风险的认识和管理，对于企业所面临的大部分运营风险，或者说对于在企业的所有业务流程中的风险，内部控制系统是必要的、高效的和有效的风险管理方法。

从国际国内发展趋势来看，随着内部控制或风险管理的不断完善，它们变得更加全面，它们之间必然相互交叉、融合，直至统一。

（二）区别点

内部控制与风险管理的区别点如下：

（1）两者的范畴不一致。内部控制仅仅是管理的一项职能，主要是通过事后和事中的控制来实现其自身的目标；而全面风险管理则贯穿于管理过程的各个方面，控制的手段不仅体现在事中和事后的控制，更重要的是在事前制定目标时就充分考虑了风险的存在。而且在两者所要达到的目标上，企业全面风险管理多于内部控制。

（2）两者的活动不一致。全面风险管理的一系列具体活动并不都是内部控制要做的。两者之间最明显的差异在于内部控制不负责企业经营目标的具体设立，而只是对目标的制定过程进行评价，特别是对目标和战略计划制定当中的风险进行评估。

（3）两者对风险的定义不一致。在COSO委员会的全面风险管理框架中，把风险明确定义为"对企业的目标产生负面影响的事件发生的可能性"（将产生正面影响的事件视为机会），这将风险与机会区分开来；而在COSO委员会的内部控制框架中，并没有区分风险和机会。

（4）两者对风险的对策不一致。全面风险管理框架引入了风险偏好、风险容忍度、风险对策、压力测试、情景分析等概念和方法，因此，该框架在风险度量的基础上，有利于企业的发展战略与风险偏好相一致，增长、风险与回报相联系，有利于经济资本分配及利用风险信息支持业务前台决策流程的执行。这些内容都是企业内部控制框架中没有的，也是其做不到的。

第四节　风险智能管理框架

党的十九大报告中强调将防范化解重大风险作为三大攻坚战之一，落实到企业微观层面，国务院国资委印发的《关于加强中央企业内部控制体系建设与监督工作的实施意见》（国资发监督规〔2019〕101号）文件中要求国资企业建立健全以风险管理为导向、合规管理监督为重点，严格、规范、全面、有效的内控体系，进一步树立和强化企业的管理制度化、制度流程化、流程信息化的全面风险管控理念，进一步提升中央企业防范化解重大风险能力。

因此，在"大智移云物区"时代，企业如何运用新一代信息技术提升企业防范风险的能力也就成为理论与实务界共同面临的问题，而全面风险管理的系统化落地不仅仅是系统流程化开发，而是涉及制度、组织、流程、智能算法等全方位，应建立在科学的理论指导、整体系统建设规划基础上。为更好地指导集团企业内部控制与全面风险管理系统建设，国务院国资委还将相继推出智能化全面风险管控的理论与实践一系列政策，以期为目标企业借助信息技术全面提升，防范化解重大风险能力提供借鉴性思路。

随着企业的大型化和集团化，企业如何集权管控、如何提高管理效率、如何降低运营风险等问题日益突出。目前国家监管要求及市场环境，对企业风险内控工作也不断提出新的要求。

本教材通过深入分析控制理论对现代管理的延伸及指导作用,通过智能闭环控制管理模型,结合企业战略、经营、管理等方面,梳理企业风险内控管理体系架构,形成统一闭环的管理标准,在闭环管理的基础上,通过管控一体化方式,设计全面风险内控管理系统,包含风险控制目标的建立、预警指标体系的建立、日常内控测评测试的开展、内控缺陷整改跟踪、统计视图与分析等等,对企业的风险内部控制工作进行整合与管理,提高了风险管理信息在各职能部门及业务单位之间的集成与共享。

一、闭环式智能风险管控的意义

闭环式的智能风险管控,既满足了各业务节点风险内控管理的要求,也满足了企业整体和跨职能部门及业务单位在风险管理项下的综合要求。

下属企业越来越多,管理目标分散,管理标准也各不一致,整体的风险内部控制工作没有形成统一的管理体系,且原有的管理方式均是人为手工控制,很难将整体的管控反馈流程快速准确地完成,各项信息不对称、不连续,效率低下,手动控制的方式准确性极低,管理无法实现有效的闭环,企业潜在极大风险等问题逐渐成为企业高管们关注的重点。

很多企业的管理者都会面临企业生存的问题,这使他们陷入了为了完成短期目标或业绩而花费大量时间去解决运营相关问题,并深陷其中。在他们无法顾及其他的时候却忽略了企业发展壮大需要着眼长期战略这一重要事项。这样的结果往往导致企业经营状况大起大落,管理者疲于奔命,忙于应付各项危机。

站在企业管理的高度来看待风险管理,其实就是无论管理者是否意识到它的重要性,风险始终客观地存在于企业各项业务及管理工作当中。有些企业发展初期,管理者有着丰富的管理经验和人格魅力带领企业迅速扩张。管理者凭借个人能力对于企业成长过程中所面临的风险应对自如,很好地把握风险与收益的平衡,抓住风险中的机遇而取得巨大成功。当企业扩张到达一定规模的时候,有的领导人会沉浸在成功中,有的领导人会陷入迷茫,也有很多领导人每天苦心经营企业,建立了大量的规章制度,但在执行中总是会大打折扣,经常遇到很多不确定性或无法预料的事件发生。就从风险内部控制的工作开展来看,目前大多数企业都会面临如下问题:

(1)管控目标分散,无法形成统一、有效的集中管控。有的企业有自己的内控手册,有的企业没有开展过内控工作,即使是编制了内控手册的企业,其管控目标、管理模式、管理程度也参差不齐,企业集团公司无法对下属的所有企业进行有效、统一、合理的管控。

(2)日常工作开展效率极其低下,影响工作的开展。在日常内控测试工作开展中,原有的手段是编制测评底稿,通过人为手工填写,每一个控制点都需要对应一张测评底稿,而一个单位的控制点至少也需要编制 200 张测评底稿,并且需要进行复核、审批,效率极其低下,完成一次内控测评工作至少需要 2 至 3 个月的时间,因此,内控测评工作开展的频率只能一年一次,渐渐流于形式。

(3)内控测评结果准确率较低,无法对管理形成有效闭环。根据集团企业管理存在的问题及需要,全面风险管理在满足本集团规定的基础需求上,结合战略规划、业务流程设置、企业制度建设、绩效管理、全面质量管理、ERP 等企业管理体系,运用信息化的方法,将基于闭环控制的智能风险管控与实际工作相结合,为提升企业管理水平提供一个规范化的平台。

（4）管理环节不连续、不对称,企业管理失稳。由于上述原因,企业对管理数据、信息不能有效、及时、快速的处理,使得企业在管理的各个环节不连续、不对称,从而使企业不能及时正确地做出决策,任何一个小的决策失误或决策的延误都将导致企业管理失败,甚至崩溃。

二、闭环式智能风险管控主要思路

闭环式智能风险管控是一种从系统入手,剖析实际状况,抓住重点环节,重视信息及时反馈、动态调整控制,旨在达成目标效率最高、偏差最低的管理方法,是闭环控制理论在现代企业管理中的深入。较为典型的闭环负反馈控制系统应具备运用偏差控制偏差、系统稳定且响应快速,其抗扰动能力以及相对开环系统而言,能使系统各个环节的灵敏程度降低等,在企业管理中意义重大。因为闭环管理的这些特点恰恰为管理控制提供了有力的依据,所以说企业管理中的“管理”与控制系统中的“控制”,在根本上是完全一致的。自动控制系统的建立与发展基于反馈原理的出现。反馈原理指的是按照系统输出变化的信号来控制,也就是说通过对系统输出行为与预期行为的偏差比较,进而对偏差进行消除来获得所期望的系统性能。在反馈系统中,不但存在从输入到输出的信号正向通道,也存在从输出到输入的信号反馈通道,整体形成一个闭合回路。智能闭环控制管理最突出的优点,是利用偏差、控制偏差、减少偏差,尤其适用于管理不够成熟的我国企业。对关键环节和流程的把控和调整,有利于形成系统的思维和概念,同时,也为经济学中对数量方法与分析的运行提供了理论指导,可达到降本增效的目的。

三、闭环式智能风险管控流程框架

企业闭环式智能风险管控流程框架是在构建风险管理方法的基础上,结合企业风险内控体系建设情况,分析集团企业风险及内控管理体系的需求,给出闭环式智能风险管控体系思想、控制流程、实施方法,通过专用工具创建内控数据库,识别潜在的风险,并针对潜在的风险研究分析提出应对策略。

闭环式智能风险管控系统为总公司、分子公司和职能部门以及领导小组、工作小组等各级、各类风险管控组织和人员打造一个高效、协同的风险管控工作信息平台,包括企业基础信息收集、风险事项库管理、企业层面风险评估等风险管控业务应用功能模块,把握人、财、物的企业核心,深化风险管控理念,强调风险预判与事前控制,突出核心业务的风险管控。通过及时、准确、真实传递和共享各种风险信息,展现、落实集团全面风险管控模式和相关制度;通过规范、标准化各项风险管控工作,优化、完善集团风险管控基本流程;通过跟踪、监督、评价各项风险管控工作过程和成果,并对组织和人员进行考核等方式,增强集团公司的风险管控能力和水平。最终为企业风险管控体系的落地提供有效的支撑,使企业风险管控与内部控制在长期战略上实现持续改进,企业整体管理水平不断提升。

借助信息化手段,实现内部控制体系的结构化管理,以及内部控制工作的全过程、规范化管理,并推动内部控制体系的持续优化,内部控制测评工作管理标准、管理流程的逐步完善,从而提高全集团内部控制工作的效率和效果。

集团管控的实现首先要明确整体规划,进行战略定位,制定行之有效的管控目标,明确清晰的风险内部控制管理流程,在组织结构、人力资源、企业文化、内部环境、生产管理、营销管理、资本运营等各业务方面制定明确的控制措施,对企业经营的内外部环境中可能产生的风险进行评估并建议一套完整的闭环管理体系。通过现有的管控一体化手段来进行设计,在信息化平台的基础上进行搭建,与所有的现有业务系统进行对接和融合,实现数据的挖掘、交互,进而对风险的产生规律进行分析评估,形成措施建议,并将其有效地运用到企业的经营决策中去。

四、闭环式智能风险管控流程实施

闭环式智能风险管控可有效地对企业各种风险进行管理,有利于企业做出正确的决策、有利于保护企业资产的安全和完整、有利于实现企业的经营活动目标,对企业来说具有重要的意义。

下列典型案例借助信息化手段实现闭环式智能内控体系的结构化管理,为开展内部控制测评工作提供基础。系统分为风险预警体系、风险管控体系、风险组织体系、风险制度体系。

(一)风险的识别与评估

风险识别是指风险管控的第一步,也是风险管控的基础。风险识别,一方面可以通过感性认识和历史经验来判断,另一方面也可通过对各种客观的资料和风险事故的记录来分析,包括识别风险源、风险类型、风险影响额、风险发生概率、风险影响程度、风险等级,以及已有风险再排查;风险识别不仅要考虑有关事件可能带来的损失,也要考虑其中蕴藏的机会;风险识别应注重掌握相关背景信息;风险识别需要所有相关人员的参与。

(二)风险管控

按照获得信息,从风险源、风险类型、风险影响额、风险发生概率、风险影响程度、风险等级、已有风险再排查等不同维度着手,对识别出的风险进行定性和定量的分析,为风险应对提供支持。结合下级的风险建议,领导采取相应的风险应对策略,如风险承担、风险控制、风险转移、风险规避、风险转换、风险对冲、风险补偿等,并下达指示。

(三)风险追踪

通过专项风险追踪、风险报告追踪两种方式,追踪整个风险发生的各个阶段信息,从风险类型、风险评估、风险概述、已采取措施、应对建议、领导批示、执行反馈、风险报告等多方面对风险信息进行全方位的追踪。

(四)风险报告

通过四大风险报告(财务总监报告、风控主管报告、纪检专员报告、分类风险报告)全面分析企业各类风险状况,监督并记录风险处置全过程,实施风险管理绩效评估,总结经验。企业根据管理现状,构建企业风险内部控制管理的闭环管理模型,建立完善企业风险内部控制闭环管理体系,通过管控一体化的手段,建立企业集团全面风险管理信息系统;不仅实现了风险收集、风险评估,而且实现了风险应对、内控测评管理等,加强了企业的风险管控,实现精益运营的战略目标。应用信息系统进行企业的内控和风险管理,极大地提高了风险管理信息在各职能部门、业务单位之间集成与共享,既能满足单项业务风险管理的要求,也能满足企业集团公司整体和跨职能部门、下级单位风险管理综合要求,从而整体提升企业内控和风险管控的效率和水平。

第五节　"互联网＋"内部控制

一、"互联网＋"下企业内部控制存在的问题

(一)缺乏内部控制意识,设立控制目标不明确

"互联网＋"企业为了更好地适应经济和科技环境的变化,顺应社会发展,不断进行性质和经营内容的创新,往往忽略内部控制的与时俱进。究其原因主要是企业缺乏内部控制意识,对企业实际情况了解不充分,无法客观评价和控制,最终影响企业的稳定发展和科学改革进程。企业以发展壮大为最终目的,因而合理设定发展目标和明确发展方向至关重要。但就当前企业发展现状来看,大多数企业没有设立符合自身实际的发展目标,从众、跟风情况严重,在"互联网＋"环境下反复更换企业目标,内部资源无法优化配置,发展路线混乱,严重损害企业形象,其发展也始终原地踏步。

(二)内部控制制度不健全,控制管理无据可依

互联网环境增加了信息积累量、提高了传输效率,企业据此不断进行创新和发展,但其又对新型产业理论思想和实际发展情况了解不全面,这直接制约了企业内部控制制度的完整构建,再加上企业对内部控制重要性的忽视,导致控制管理的核心制度无法实现既有作用。这种企业内部控制制度不健全现象普遍存在。

(三)人才队伍建设水平低,人员责任分工不明确

企业人员专业和道德责任水平低,是当前企业人力资源管理中的突出问题,新时代环境下科技和人才分别为第一生产力和竞争力,人才队伍建设水平不过关严重影响企业正常发展。除此之外,企业人员职责划分不明确也普遍存在,能力与岗位不匹配、一岗多职、一职多责现象严重,这不仅影响企业人员的工作效率,也增加了企业事务处理流程的复杂性,制约了企业管理和发展。

(四)缺乏"互联网＋"下企业内部控制风险意识

在"互联网＋"环境下,企业缺乏风险意识,并且风险评估以及风险应对能力不足,是影

响企业发展壮大的重要因素。供应商调查不足、资金监管不力、行动迟缓、重收益轻流量等都是当前企业发展中普遍存在的现象。风险管理涉及的评估、识别、应对、处理、反思环节均存在不同程度的弊病和劣势，是导致企业停产停业的重要原因。

二、"互联网＋"下企业内部控制问题解决方法

（一）提升企业内部控制意识，准确定位企业发展目标和方向

企业内部控制意识的提升，主要表现在企业不同发展阶段对自身的准确定位上。首先，需明确自身企业性质、从事行业、企业类型，并以此为依据进行内部资源优化和人员构架组织；其次，充分了解企业所处行业是朝阳还是夕阳产业，以行业性质决定自身地位为入市者、参与者还是领先者；再次，企业在发展中需善于抓住市场机遇和勇于创新，在发展方向的引领下，展现自身优势、开展新格局，不断提升行业竞争力；最后，当企业处于行业稳定地位时，取长补短，意在增加和提升自身优势和企业形象，以开拓市场、提高产品服务质量为主要方式，企业内部完善个性文化、创建和谐氛围，双管齐下不断提升企业的社会知名度。

（二）完善企业内部控制制度，并监督企业按要求进行控制管理

首先，制定和完善约束规范制度，并通过奖惩措施提高员工工作质量和效率；其次，以体系约束企业领导力量，不仅要保证自身工作的有效进行，还需监督其管理各自部门员工工作的高效运作；再次，进行监督管理工作，以避免企业内部信息泄露情况发生；最后，加强员工工作与生活的沟通与交流，采取小组讨论的方式，构建和谐的工作环境，增强企业内部控制效果。

（三）加强企业人才培养，明确人员责任分工

人才的竞争是企业竞争的核心，在企业人才培养中需同时注重知识专业和品德责任两个方面。首先，以开设讲座、发布文件的方式进行专业知识的课程学习，提高企业员工的整体知识水平；其次，在系统学习后，采用考核和奖惩机制对学习效果进行确认，成绩优秀的员工可给予物质及非物质的奖励，如外出学习、出国深造的机会，成绩相对较差的人员则给予再次帮助与培训，争取达到所有员工都进步的目的；最后，思想道德方面的培训从构建良好工作氛围、树立典范、列举反面教材这三方面开展，帮助员工树立正确的价值观、道德观、增强责任心，同时还需建立完善的道德标准进行规范。

企业人员的责任分工，以企业机构设置为基础。首先，企业需做到各部门责权责任独立划分，各机构都具有明确的职能安排；其次，要保证企业机构具备责权一致的层次性，有效避免职权分散和事务处理流程复杂情况发生；最后，机构之间必须具有相应弹性，以保证处理事务时的高配合度和实效性。除了机构设置标准外，人员分工需遵循"取长补短、充分发挥自身优势"的原则。首先，企业以各季度工作量为参考，确定人资数量、分工方案和责权划分原则；其次，充分考虑企业发展要求，确定人才需求数量和类型，并将相应人才分配到适合岗位上；最后，企业有计划地改善考核制度，工作任务繁重和较清闲时，分别采取以绩效增量和管理加强为导向的企业建设。

（四）增强风险意识和管理，进行科学合理的企业决策

企业发展过程中风险与收益同时存在，为保证企业更好地发展，需加强风险控制和管理。以调查和审核体系实施对供应商的监控和管理，风险的识别和应对需做好等级划分和有效配置、整合，以自身优势规避风险；风险预报、对策实施的及时性与合理性，是处置风险的重要因素。在最后的反思环节，企业需针对风险发生原因、处理对策做相应总结，以避免相同情况再次发生。企业决策需遵从民主性、创新性、收益性、安全性、可行性原则，以公平、公正的态度不断开拓企业发展道路，在符合国家规范的基础上，有效规避风险并争取最大化利益，使企业能力和地位不断发展和提升。

企业的内部控制直接影响企业自身和经济发展、生产动力和竞争能力。但从目前企业的发展现状来看，内部控制并未得到相应重视和发挥既有作用，因此，需要不断明确定位、增强内部管理意识、培养人才、合理分工、加强风险管理以及科学决策，以解决企业内部控制存在问题。只有有效发挥其控制管理作用，才能不断推进企业向前进步，并实现可持续发展，从而进一步推动社会进步和国家实力增强。

第六节 案例分析

 **案例**

财务风险的表现、成因及防范——以瑞幸咖啡商业模式为例

随着信息技术和互联网的快速发展，电商企业迅速成长和壮大起来。与传统的商业模式相比，互联网下商业模式的创新不仅能够使企业节约成本，还能够帮助企业提高自身的商业价值。信息时代也使"大数据"经济与实体经济很好地结合起来，但是如果企业不能利用两者的相互融合来获得竞争优势，将会面临在激烈竞争中消失的命运。

瑞幸咖啡公司（以下简称瑞幸咖啡或瑞幸）是由神州优车前CEO钱治亚于2017年6月在厦门创立，2017年10月开立了第一家店铺，并于2019年5月17日在美国纳斯达克上市，该企业从创立到上市仅用了18个月就成为行业神话。该企业倡导的是移动互联网企业商业模式，以数据为核心，技术为驱动，通过互联网线上与线下相互融合，进行线上买单、线下取单的商业模式。从本质上来看，瑞幸咖啡是属于一种新型互联网下的商业模式。企业上市之后，公司股价在资本市场上一路高涨，从2019年11月开始，股价从13.71美元涨到了45.73美元，企业仅创立两年，便成为我国拥有门店数量最多的咖啡连锁品牌，营业门店高达4507家，这是星巴克在中国营业17年才达到的业绩。然而，2020年4月，瑞幸咖啡却自爆财务丑闻，引起投资者和行业竞争者的震惊。瑞幸咖啡的商业模式及其评价传统的商业模式主要是店铺模式，企业直接面临的群体是中间商、零售商。中间商从上级进货、卖给零售商，零售商取得商品的控制权，然后在存在潜在客户的地方，以门店经营的方式将商品最终销售给顾客，从中间赚取差价。互联网时代下商业模式主要有互联网免费模式和电子

商务模式等,互联网免费模式主要是通过"免费"来吸引顾客,以此来拥有庞大的客户源。电子商务模式主要是指企业利用互联网来进行交易,结合线上与线下共同经营的模式。瑞幸咖啡的商业模式属于电子商务模式的一种。

一、瑞幸咖啡商业模式概述

瑞幸咖啡商业模式主要是采取新零售模式、无限场景模式以及补贴模式。企业利用手机客户端进行交易,线下店面不设柜台以及收银员。与传统商业模式相比,这种新型商业模式可以节省成本,并且企业能够运用信息技术,通过大数据统计来了解客户需求,设计出更符合消费者习惯的产品,进而实现满足不同客户不同需求的愿望,实现企业的多元化发展,这也是瑞幸咖啡能够迅速扩张的原因。但是企业客户黏性却是要依靠优惠政策来实现,比如企业推出"首单免费""买二赠一""优惠券"等多种优惠形式,客户数量就会增加,一旦咖啡饮品提价,没有了优惠政策,那么客户的需求也随之下降。虽然这种优惠政策能够在短时间内吸引到顾客,但是却不能保持客户的忠诚度。企业承诺要为客户提供高品质和高性价比的产品,所以企业必然要获取优质的原材料,而这些则要通过补贴模式来实现,这就出现了大量"烧钱"的情况。一方面,企业要利用优质材料来吸引顾客;另一方面,企业还没有能力保持对顾客的吸引。这种经营模式似乎与原来公司的期望相反。

二、瑞幸咖啡商业模式失败的原因

瑞幸咖啡企业想要改变中国人的消费习惯,试图让国人像喜欢饮茶一样喜欢咖啡饮品,但在我国的市场上,咖啡并不是国人的必需品,几千年以来的茶饮文化根深蒂固,瑞幸试图让咖啡像茶水一样成为人们生活的一部分,这种想法在短时间内难以实现。探究其商业模式,我们不难发现其存在以下几点不合理之处。

(一)门店扩张速度太快

虽然说门店的扩张可以帮助企业扩大市场规模、占领市场,建立客户对品牌的认可,但是门店的扩张必然会增加成本。瑞幸咖啡线下门店主要开设于大型购物中心、商业楼、写字楼附近,这些地方的房租很高,而其客户增加速度远远低于门店扩张的速度。

(二)不重视产品研发

具有竞争优势的产品是企业长久生存下去的基础。瑞幸曾尝试开发新产品"小鹿茶",但由于其味道和口感不符合大众口味,并未取得成功。此外,瑞幸也尝试在店内销售轻食产品等零食,但这些轻食产品不是瑞幸自己生产出来的,而是直接从供应商购进的产成品,这决定了其并没有竞争优势。

(三)客户群体不稳定

公司一直面向新客户推送优惠券或者"首单免费"等优惠政策,对老用户并没有像其他同类公司一样实行会员制度,这样做的结果是客户忠诚度不高、用户转化率较低。

三、瑞幸咖啡商业模式下财务风险的表现及成因

（一）财务风险表现

1. 现金流量表的财务风险

从瑞幸咖啡近三年公布的现金流量表中,我们观察到企业的经营活动现金流量为负、融资活动现金流量基本为正、投资活动现金流量为负,这说明企业在快速扩张的同时,其大部分资金是依靠外部融资在"输血",经营活动的"造血"功能未能形成。这种情况使企业的财务风险大增。

2. 利润表的财务风险

从瑞幸咖啡的利润表中我们观察到,尽管每年均在上升,但瑞幸咖啡的营业利润率一直是负数。值得注意的是,瑞幸咖啡的营业收入在 2019 年第三季度有了显著的提高,但是根据数据统计,我们发现瑞幸咖啡每杯饮品的单价在 2019 年的涨价,将会引起需求的降低,况且瑞幸的客户对价格又比较敏感,那么量价齐升显然有悖常识。

3. 销售毛利率与同行业相差较大

数据显示,咖啡业的龙头老大星巴克的销售毛利率一直稳定在 58％左右。反观瑞幸咖啡,其销售毛利率在 2019 年第二季度之前一直是负数,2019 年第三季度有较大幅度增长,达到 11.44％左右,似乎是销售盈利能力在提高,但与同行业标杆星巴克对比来看,瑞幸咖啡的盈利能力显然是没有办法相比的。长期低位徘徊、甚至为负的销售毛利率,这显然是无法支撑企业持续发展的。

（二）财务风险成因

1. 资本结构缺乏合理性

企业在经营发展中,如果企业资本结构缺乏合理性,就容易导致企业在经营过程中受到阻力,容易发生财务风险,从瑞幸的现金流量表中可以看出,企业的大部分资金是源自外部融资,这增加了企业的财务风险。

2. 内部控制缺乏合理性

企业的财务管理质量与内部控制制度有着直接相关的联系。如果企业内部控制失灵,缺乏风险预警机制,就会影响企业的财务管理质量。瑞幸的盲目扩张,增加了企业成本,导致企业资金使用效率低下。

4. 企业的风险管理人员对财务风险重视度不够

瑞幸风险管理技术人员风险防范意识薄弱,并且缺少相关的风险管理人员,瑞幸没有从技术上加强对财务风险的防范。

四、互联网企业商业模式下财务风险的防范策略

（一）优化企业的内部控制流程

对于一家上市公司而言,完善的内部控制流程是企业长久发展的基础。公司理应保证董事会、监事会的独立性。而瑞幸的这种财务舞弊手法是比较专业的,应该不只是一个高

管所为,集体参与造假的可能性极高,这便足以说明,瑞幸咖啡的内部控制系统不够完善,董事会、监事会没有发挥应有的作用。

(二) 强化企业的预算体系

通过分析瑞幸咖啡的营业收入和销售毛利率来看,其"烧钱"补贴模式存在严重问题。自从企业创立以来,这种模式不仅没有使得企业获利,反而造成企业损失严重。由此看来,企业建立合理的资金预算就显得尤为重要,合理的资金预算可以帮助企业提前知道资金的使用量,能够帮助企业合理定位,使企业资金的利用与企业战略目标相一致。

(三) 加强企业员工的岗前培训

瑞幸的商业模式中忽略了对员工的岗前培训,无论是手机 App 端,还是线下销售,都需要雇佣员工,而瑞幸门店扩张速度迅速,员工没有进行全面的培训与指导,这就容易导致员工服务态度、服务质量较低,从而影响消费者的心情,降低品牌形象。因此,企业应该对员工进行全面的岗前培训,并且尽可能地提高员工的福利待遇,让员工以一个更加积极的态度来服务顾客。

(四) 企业注重研发新产品

从瑞幸商业模式的失败来看,产品的研发显然是企业长久生存发展的基础,无论企业的商业模式再怎么创新,如果企业不重视自身产品的研发,也难以在市场上长久生存。如果瑞幸注重产品的研发,研发出来的新产品具有独特性和创新性,并且还能够很好地被人们认可和接受时,企业再适当地通过提高产品的价格,或者是适当地降低优惠程度,想必瑞幸会面对另一种结局。所以企业只有加大研发力度,脚踏实地,守得初心,才能取得更长远的发展。

——本案例资料参考:案例数据资料、瑞幸咖啡集团的网上资料

课后练习题

一、单项选择题

1. 下列有关互联网企业相关不相容岗位和职务分离的说法中,错误的是(   )。

   A. 投资预算的编制与审批应职务分离

   B. 投资预算的审批与执行应职务分离

   C. 资产采购、验收与款项支付应职务分离

   D. 资产采购、验收与款项支付根据情况可以由同一人执行

2. 下列不属于互联网企业固定资产内部控制的是(   )。

   A. 职责分工控制   B. 授权批准控制

   C. 维护保养制度   D. 不定期盘点制度

3. 互联网企业商业模式下财务风险的防范策略是(   )。

   A. 明确风险管理责任   B. 明确成本控制责任

   C. 明确单据控制责任   D. 明确成本控制责任

4. （　　　）是企业竞争的核心,在企业人才培养中需同时注重知识专业和品德责任两个方面。

  A. 人才的竞争   B. 决算的竞争

  C. 采购的竞争   D. 资产的竞争

5. 制定和完善（　　　）,并通过奖惩措施提高员工工作质量和效率。

  A. 约束性规范制度

  B. 招投标方式并签订合同协议

  C. 询价或定向采购的方式并签订合同协议

  D. 直接购买方式

6. （　　　）的实质就是要在企业内部建立起职责清晰、权责明确的风险管理机构。因为清晰的职责划分是确保风险管理体系有效运作的前提。

  A. 集权   B. 分权   C. 内部控制   D. 调整和管理

7. 单位应当加强货币资金的核查控制,指定（　　　）定期和不定期抽查盘点库存现金,核对银行存款余额,抽查银行对账单、银行日记账及银行存款余额调节表,核对是否账实相符、账账相符。

  A. 财务主管   B. 出纳人员

  C. 不办理货币资金业务的会计人员   D. 单位内部控制负责人

8. 单位工程项目投资的可行性分析评价标准更应关注（　　　）。

  A. 市场需求   B. 经济效益   C. 社会效益   D. 竞争优势

9. （　　　）都应是风险管理过程的已计划的部分,包含常规检查或监督。可以定期或不定期。

  A. 监测和评审   B. 观察和发现

  C. 验证和盘点   D. 了解和清查

10. 下列不属于单位固定资产内部控制目标的是（　　　）。

  A. 促进单位关于固定资产招标、采购、使用、日常维护、处置等办事效率的提高

  B. 确保固定资产会计信息的及时性和可比性

  C. 保护单位固定资产的安全完整

  D. 保证国家关于固定资产有关法规、政策和指令的贯彻执行,保证固定资产业务的合法性

二、多项选择题

1. 互联网企业不断进行性质和经营内容的创新,往往忽略内部控制的与时俱进。究其原因主要有（　　　）。

  A. 互联网企业缺乏内部控制意识

  B. 对互联网企业实际情况了解不充分

  C. 无法客观评价和控制互联网企业内控

  D. 影响互联网企业的稳定发展和科学改革进程

2. 在"互联网+"环境下(   ),严重损害企业形象,其发展也始终原地踏步。

    A. 反复更换互联网企业目标

    B. 内部资源无法优化配置

    C. 发展路线混乱

    D. 内部报告控制和内部审计监督控制失利

3. 下列有关互联网企业固定资产控制的说法中不恰当的有(   )。

    A. 对需要办理产权登记手续的固定资产,互联网企业应及时到相关部门办理

    B. 财会部门也可以承担起固定资产管理的主体角色

    C. 互联网企业应当定期或不定期检查固定资产明细及标签,确保具备足够详细的信息,以便固定资产的有效识别与盘点

    D. 互联网企业固定资产的移动可以根据需要直接进行,无须得到授权

4. 互联网企业工程项目控制的目标包括(   )。

    A. 确保建设单位工程项目管理活动的协调、有序进行,提高该项目的经济效益

    B. 降低项目建设的风险

    C. 确保国家有关法律法规和单位内部规章制度的贯彻执行

    D. 防止并及时发现、纠正错误及舞弊行为,保护项目资产的安全、完整

5. 解决"互联网+"下企业内部控制问题方法(   )。

    A. 提升企业内部控制意识

    B. 准确定位企业发展目标和方向

    C. 加强企业人才培养,明确人员责任分工

    D. 增强风险意识和管理,进行科学合理企业决策

三、判断题

1. 从瑞幸商业模式的失败来看,产品的研发显然是企业长久生存发展的基础,无论企业的商业模式再怎么创新,如果企业不重视自身产品的研发,也难以在市场上长久生存。

                                (   )

2. 互联网企业应该对员工进行全面的岗前培训,并且尽可能地提高员工的福利待遇,让员工以一个更加积极的态度来服务顾客。(   )

3. 互联网企业发展过程中风险与收益同时存在,为保证企业更好发展,需加强风险控制和管理。(   )

4. 互联网企业应当严格执行固定资产投保范围和政策,对应投保的固定资产项目按规定程序进行审批,办理投保手续。但对于重大固定资产项目的投保,不用考虑采取招标方式确定保险公司。(   )

5. 互联网企业人员的责任分工,以互联网企业机构设置为基础。(   )

四、简答题

1. 全面风险管理与内部控制是什么关系?

2. 企业内部控制中关于机构和人员控制的措施有哪些?

参考文献

［1］财政部,证监会,审计署,银监会,保监会.企业内部控制基本规范,2008.

［2］财政部,证监会,审计署,银监会,保监会.企业内部控制应用指引,2010.

［3］王清刚.内部控制与风险管理［M］.北京:北京大学出版社,2020.

［4］刘永泽.行政事业单位内部控制制度设计操作指南［M］.大连:大连出版社,2013.

［5］方周文,张庆龙,聂兴凯.行政事业单位内部控制规范实施指南［M］.上海:立信会计出版社,2018.

［6］王如燕、王勇《内部控制与风险管理》课程中案例教学法的应用研究［J］.中国多媒体与网络教学学报.2019(5).87-89

［7］中国注册会计师协会.中国注册会计师行业管理规范［M］.北京:经济科学出版社,2011.

［8］财政部会计司.企业内部控制规范讲解:2010［M］.北京:经济科学出版社,2010.

［9］陈朝晖.审计学［M］.2版.厦门:厦门大学出版社,2010.

［10］中国注册会计师协会.中国注册会计师执业准则指南:2006［M］.北京:中国财经出版社,2006.

［11］刘华.内部控制案例研究［M］.上海:上海财经大学出版社,2012.

［12］池国华,樊子君.内部控制习题与案例［M］.2版.大连:东北财经大学出版社,2014.

［13］惠志斌.数据经济时代互联网企业跨境数据流动风险管理研究［D］.南京:南京大学,2018.

［14］教育部高等学校安全工程学科教学指导委员会.风险管理与保险(全国高校安全工程专业本科规划教材)［M］.北京:中国劳动出版社,2014.

［15］李素鹏.ISO风险管理标准全解［M］.北京:人民邮电出版社,2012.

［16］彭志国,刘琳.企业内部控制与全面风险管理［M］.北京:中国时代经济出版社,2008.

［17］王兵,杜杨.在风险管理和控制的三道防线中运用COSO内部控制［J］.中国内部审计,2016,No.202(4):202-203.

［18］武楠.基于智能闭环控制的企业风险内控管理研究［D］.大连:大连海事大学,2016.

［19］王玉."互联网＋"下企业内部控制存在的问题及建议［J］.中国市场,2018(17):16-18.

［20］钱润红,刘淑娟.互联网企业商业模式下的财务风险及其防范——以瑞幸咖啡为例［J］.中国管理信息化,2021(5):14-15.

［21］COSO.Enterprise Risk Management-Intergrated Framework［M］.The Committee of Sponsoring Organization of the Treadway Commission,2004.

第十五章

行政事业单位内部控制与风险管理

第一节　行政事业单位层面的内部控制概述

一、行政事业单位层面内部控制的含义

2012 年 11 月 29 日,财政部以财会〔2012〕21 号印发《行政事业单位内部控制规范(试行)》。该规范分总则、风险评估和控制方法、单位层面内部控制、业务层面内部控制、评价与监督、附则 6 章 65 条,自 2014 年 1 月 1 日起施行。

根据《会计法》《预算法》等法律法规和相关规定制定《行政事业单位内部控制规范(试行)》,是为了提高行政事业单位内部管理水平,规范内部控制,加强廉政建设。

该规范适用于各级党的机关、人大常委会机关、行政机关、政协机关、审判机关、检察机关、各民主党派机关、人民团体和事业单位(以下统称单位)经济活动的内部控制。

该规范所称内部控制是指单位为实现控制目标,通过制定制度、实施措施和执行程序,对经济活动的风险进行防范和管控。行政事业单位内部控制的目标主要包括:合理保证单位经济活动合法、合规、资产安全和使用有效、财务信息真实完整,有效防范舞弊和预防腐败,提高公共服务的效率和效果。

二、行政事业单位内部控制建立与实施的原则

建立与执行内部控制,行政事业单位需遵循如下原则。

(一) 全面性原则

全面性原则是指内部控制应当贯穿行政事业单位经济活动的决策、执行和监督全过程,实现对经济活动的全面控制。

(二) 重要性原则

重要性原则是指在顾全控制大局的同时,关注行政事业单位重要经济活动和经济活动的重大风险对内部控制制度建设是极为重要的。

(三) 制衡性原则

制衡性原则是指内部控制应当在行政事业单位内部的部门管理、职责分工、业务流程

等方面形成相互制约和相互监督。

（四）适应性原则

适应性原则是指内部控制应当符合国家有关规定和行政事业单位的实际情况，并根据实际情况不断修订和完善。

行政事业单位负责人对本单位内部控制的建立、健全和有效实施负责。

行政事业单位依据本规范建立内部控制体系，其中要注意的是必须符合自身实际情况。具体工作包括梳理行政事业单位各类经济活动的业务流程，明确业务环节，系统分析经济活动风险，确定风险点，选择风险应对策略，在此基础上根据国家有关规定建立、健全行政事业单位各项内部管理制度并督促相关工作人员认真执行。

第二节 行政事业单位风险评估和控制方法

建立经济活动风险定期评估机制，对行政事业单位来说是不可或缺的重要环节，依据此机制，可以做到对经济活动存在的风险进行全面、系统和客观评估。经济活动风险评估至少每年进行一次；外部环境、经济活动或管理要求等发生重大变化的，行政事业单位应及时对经济活动风险进行重估。

行政事业单位开展经济活动风险评估应当成立风险评估工作小组，单位领导担任组长。经济活动风险评估结果应当形成书面报告并及时提交行政事业单位领导班子，作为完善内部控制的依据。

一、进行单位层面的风险评估应关注的内容

进行单位层面的风险评估时，行政事业单位应当重点关注以下方面。

（一）内部控制工作的组织情况

内部控制工作的组织情况包括行政事业单位是否确定内部控制职能部门或牵头部门，是否建立单位各部门在内部控制中的沟通协调和联动机制。

（二）内部控制机制的建设情况

内部控制机制的建设情况包括行政事业单位的经济活动的决策、执行、监督是否实现有效分离，权责是否对等，是否建立健全议事决策机制、岗位责任制、内部监督等机制。

（三）内部管理制度的完善情况

内部管理制度的完善情况包括行政事业单位的内部管理制度是否健全，执行是否有效。

（四）内部控制关键岗位工作人员的管理情况

内部控制关键岗位工作人员的管理包括行政事业单位是否建立工作人员的培训、评价、轮岗等机制，工作人员是否具备相应的资格和能力。

(五) 财务信息的编报情况

财务信息的编报情况包括行政事业单位是否按照国家统一的会计制度对经济业务事项进行账务处理,是否按照国家统一的政府会计制度编制政府财务会计报告。

(六) 其他情况

其他情况是指除上述提到的五种情况之外的其他情况。

二、进行经济活动业务层面的风险评估应关注的内容

进行经济活动业务层面的风险评估时,行政事业单位应关注以下内容。

(一) 预算管理情况

预算管理情况是指行政事业单位在预算编制过程中单位内部各部门间沟通协调是否充分,预算编制与资产配置是否相结合、与具体工作是否相对应;是否按照批复的额度和开支范围执行预算,进度是否合理,是否存在无预算、超预算支出等问题;决算编报是否真实、完整、准确、及时。

(二) 收支管理情况

收支管理情况包括行政事业单位的收入是否实现归口管理,是否按照规定及时向财会部门提供收入的有关凭据,是否按照规定保管和使用印章和票据等;发生支出事项时是否按照规定审核各类凭据的真实性、合法性,是否存在使用虚假票据套取资金的情形。

(三) 政府采购管理情况

政府采购管理情况包括行政事业单位是否按照预算和计划组织政府采购业务;是否按照规定组织政府采购活动和执行验收程序;是否按照规定保存政府采购业务相关档案。

(四) 资产管理情况

资产管理情况包括行政事业单位是否实现资产归口管理并明确使用责任;是否定期对资产进行清查盘点,对账实不符的情况及时进行处理;是否按照规定处置资产。

(五) 建设项目管理情况

建设项目管理情况包括行政事业单位的是否按照概算投资;是否严格履行审核审批程序;是否建立有效的招投标控制机制;是否存在截留、挤占、挪用、套取建设项目资金的情形;是否按照规定保存建设项目相关档案并及时办理移交手续。

(六) 合同管理情况

合同管理情况包括行政事业单位是否实现合同归口管理;是否明确应签订合同的经济活动范围和条件;是否有效监控合同履行情况,是否建立合同纠纷协调机制。

(七) 其他情况

其他情况是指除了上述提到的六种情况的其他情况。

三、行政事业单位内部控制的控制方法

行政事业单位内部控制的控制方法如下。

（一）不相容职务相互分离

合理设置行政事业单位的内部控制关键岗位，明确划分职责权限，实施相应的分离措施，形成相互制约、相互监督的工作机制。

（二）内部授权审批控制

明确行政事业单位的各岗位办理业务和事项的权限范围、审批程序和相关责任，建立重大事项集体决策和会签制度。相关工作人员应当在授权范围内行使职权、办理业务。

（三）归口管理

根据本单位实际情况，按照权责对等的原则，采取成立联合工作小组并确定牵头部门或牵头人员等方式，对有关经济活动实行统一管理。

（四）预算控制

行政事业单位强化对经济活动的预算约束，使预算管理贯穿于单位经济活动的全过程。

（五）财产保护控制

行政事业单位建立资产日常管理制度和定期清查机制，采取资产记录、实物保管、定期盘点、账实核对等措施，确保资产安全完整。

（六）会计控制

行政事业单位建立健全本单位财会管理制度，加强会计机构建设，提高会计人员业务水平，强化会计人员岗位责任制，规范会计基础工作，加强会计档案管理，明确会计凭证、会计账簿和财务会计报告处理程序。

（七）单据控制

要求行政事业单位根据国家有关规定和单位的经济活动业务流程，在内部管理制度中明确界定各项经济活动所涉及的表单和票据，要求相关工作人员按照规定填制、审核、归档、保管单据。

（八）信息内部公开

行政事业单位建立健全经济活动相关信息内部公开制度，根据国家有关规定和单位的实际情况，确定信息内部公开的内容、范围、方式和程序。

第三节　行政事业单位层面内部控制

行政事业单位应当单独设置内部控制职能部门或者确定内部控制牵头部门，负责组织协调内部控制工作。同时，行政事业单位应当充分发挥财会、内部审计、纪检监察、政府采购、基本建设、资产管理等部门或岗位在内部控制中的作用。

一、单独设置内部控制职能部门或者确定牵头部门

单独设置具有内部控制的职能部门,又或者确定牵头部门,负责组织协调内部控制工作,是对行政事业单位来说,不可或缺的重要一环。行政事业单位内部控制体系建立涉及范围广,可称之为一项庞大且繁杂的系统工程。单独设置职能部门或者确定牵头部门,为该制度的建立以及相关的执行提供了强有力的组织保障。内部控制职能部门和牵头部门主要做好以下工作:

(1) 负责组织协调单位内部控制日常工作。

(2) 研究提出单位内部控制体系建设方案和规划。

(3) 研究提出单位内部跨部门的重大决策、重大风险、重大事件和重要业务流程的内部控制工作。

(4) 组织协调单位内部跨部门的重大风险评估工作。

(5) 研究提出风险管理策略和跨部门的重大风险管理解决方案,并负责方案的组织实施和对风险的日常监控。

(6) 组织协调相关部门和岗位落实内部控制的整改计划和措施。

(7) 组织协调单位内部控制的其他有关工作。

二、充分发挥行政事业单位内部审计与纪检监察部门的职能作用

恰当的内部监督可以及时发现内部控制建立以及执行中涉及问题和薄弱环节,并督促其进行改进,确保内部控制体系行之有效。

行政事业单位的内部审计部门和纪检监察部门是内部监督的主要力量,因此内部控制的建立和实施也离不开单位内部审计部门和纪检监察部门的参与和支持。上述内部审计部门和纪检监察部门在内部控制中应当做好如下工作:

(1) 研究制定监督内部管理制度。

(2) 组织实施对内部控制的建立和执行情况及有效性的监督检查和自我评价,并提出改进意见和建议。

(3) 督促相关部门落实内部控制的整改计划和措施。

(4) 做好内部控制监督检查和自我评价的其他有关工作。

行政事业单位的经济活动的决策、执行和监督应当相互分离。行政事业单位应当建立健全集体研究、专家论证和技术咨询相结合的议事决策机制。重大经济事项的内部决策,应当由行政事业单位领导班子集体研究决定。重大经济事项的认定标准应当根据有关规定和本单位实际情况确定,一经确定,不得随意变更。

行政事业单位应当建立健全内部控制关键岗位责任制,明确岗位职责及分工,确保不相容岗位相互分离、相互制约和相互监督。行政事业单位应当实行内部控制关键岗位工作人员的轮岗制度,明确轮岗周期。不具备轮岗条件的行政事业单位应当采取专项审计等控制措施。

内部控制关键岗位主要包括预算业务管理、收支业务管理、政府采购业务管理、资产管理、建设项目管理、合同管理以及内部监督等经济活动的关键岗位。内部控制关键岗位工作人员应当具备与其工作岗位相适应的资格和能力。单位应当加强内部控制关键岗位工作人员业务培训和职业道德教育,不断提升其业务水平和综合素质。

行政事业单位应当根据《会计法》的规定建立会计机构,配备具有相应资格和能力的会计人员。行政事业单位应当根据实际发生的经济业务事项按照国家统一的会计制度及时进行账务处理、编制财务会计报告,确保财务信息真实、完整。

行政事业单位应当充分运用现代科学技术手段加强内部控制,减少或消除人为操纵因素,保护信息安全。

第四节 业务层面内部控制

一、预算业务控制

行政事业单位应当建立健全预算编制、审批、执行、决算与评价等预算内部管理制度。

行政事业单位应当合理设置岗位,且做到职责权限分明,确保预算编制、审批、执行、评价等不相容岗位相互分离。

行政事业单位的预算编制应当做到程序规范、方法科学、编制及时、内容完整、项目细化、数据准确。

(1) 行政事业单位应当正确把握预算编制有关政策,确保预算编制相关人员及时全面掌握相关规定。

(2) 行政事业单位应当建立内部预算编制、预算执行、资产管理、基建管理、人事管理等部门或岗位的沟通协调机制,按照规定进行项目评审,确保预算编制部门及时取得和有效运用与预算编制相关的信息,根据工作计划细化预算编制,提高预算编制的科学性。

行政事业单位应当根据内设部门的职责和分工,对按照法定程序批复的预算在单位内部进行指标分解、审批下达,规范内部预算追加调整程序,发挥预算对经济活动的管控作用。

行政事业单位应当根据批复的预算安排各项收支,确保预算严格有效执行。单位应当建立预算执行分析机制。定期通报各部门预算执行情况,召开预算执行分析会议,研究解决预算执行中存在的问题,提出改进措施,提高预算执行的有效性。

行政事业单位应当加强决算管理,确保决算真实、完整、准确、及时,加强决算分析工作,强化决算分析结果运用,建立健全单位预算与决算相互反映、相互促进的机制。

行政事业单位应当加强预算绩效管理,建立"预算编制有目标、预算执行有监控、预算完成有评价、评价结果有反馈、反馈结果有应用"的全过程预算绩效管理机制。

二、收支业务控制

行政事业单位应当建立健全收入内部管理制度。行政事业单位应当合理设置岗位,明确相关岗位的职责权限,确保收款、会计核算等不相容岗位相互分离。行政事业单位的各项收入应当由财会部门归口管理并进行会计核算,严禁设立账外账。业务部门应当在涉及收入的合同协议签订后及时将合同等有关材料提交财会部门作为账务处理依据,确保各项收入应收尽收,及时入账。财会部门应当定期检查收入金额是否与合同约定相符;对应收未收项目应当查明情况,明确责任主体,落实催收责任。

有政府非税收入收缴职能的行政事业单位,应当按照规定项目和标准征收政府非税收入,按照规定开具财政票据,做到收缴分离、票款一致,并及时、足额上缴国库或财政专户,不得以任何形式截留、挪用或者私分。行政事业单位应当建立健全票据管理制度。财政票据、发票等各类票据的申领、启用、核销、销毁均应履行规定手续。单位应当按照规定设置票据专管员,建立票据的台账,做好票据的保管和序时登记工作。票据应当按照顺序号使用,不得拆开票据本使用,做好废旧票据管理。负责保管票据的人员要配置单独的保险柜等保管设备,并做到人走柜锁。单位不得违反规定转让、出借、代开、买卖财政票据、发票等票据,不得擅自扩大票据适用范围。

行政事业单位应当建立健全支出内部管理制度,确定单位经济活动的各项支出标准,明确支出报销流程,按照规定办理支出事项。单位应当贯彻不相容职务分离的原则,以此保障支出申请和内部审批、付款审批和付款执行、业务经办和会计核算等不相容岗位相互分离。单位应当按照支出业务的类型,明确内部审批、审核、支付、核算和归档等支出各关键岗位的职责权限。实行国库集中支付的,应当严格按照财政国库管理制度有关规定执行。

(1)行政事业单位要加强支出审批控制。明确支出的内部审批权限、程序、责任和相关控制措施。审批人应当在授权范围内审批,不得越权审批。

(2)行政事业单位要加强支出审核控制。全面审核各类单据。重点审核单据来源是否合法,内容是否真实、完整,使用是否准确,是否符合预算,审批手续是否齐全。支出凭证应当附上反映支出明细内容的原始单据,并由经办人员签字或盖章,超出规定标准的支出事项应由经办人员说明原因并附审批依据,确保与经济业务事项相符。

(3)行政事业单位要加强支付控制。明确报销业务流程,按照规定办理资金支付手续。签发的支付凭证应当进行登记。使用公务卡结算的,应当按照公务卡使用和管理有关规定办理业务。

(4)行政事业单位要加强支出的核算和归档控制。由财会部门根据支出凭证及时准确登记账簿;与支出业务相关的合同等材料应当提交财会部门作为账务处理的依据。

根据国家规定,可以举借债务的行政事业单位应当建立健全债务内部管理制度,明确债务管理岗位的职责权限,不得由一人办理债务业务的全过程。大额债务的举借和偿还属于重大经济事项,应当进行充分论证,并由单位领导班子集体研究决定。

行政事业单位应当做好债务的会计核算和档案保管工作。加强债务的对账和检查控制,定期与债权人核对债务余额,进行债务清理,防范和控制财务风险。

三、政府采购业务控制

行政事业单位应当建立和健全政府采购预算与计划管理、政府采购活动管理、验收管理等政府采购内部管理制度。

行政事业单位应当明确相关岗位的职责权限,确保政府采购需求制定与内部审批、招标文件准备与复核、合同签订与验收、验收与保管等不相容岗位相互分离。

行政事业单位应当加强对政府采购业务预算与计划的管理。根据本单位实际需求和相关标准编制政府采购预算,按照已批复的预算安排政府采购计划。

行政事业单位应当加强对政府采购活动的管理。对政府采购活动实施归口管理,在政府采购活动中建立政府采购、资产管理、财务会计、内部审计、纪检监察等部门或岗位相互协调、相互制约的机制。

行政事业单位应当加强对政府采购申请的内部审核,按照规定选择政府采购方式、发布政府采购信息。对政府采购进口产品、变更政府采购方式等事项应当加强内部审核,严格履行审批手续。

行政事业单位应当加强对政府采购项目验收的管理。根据规定的验收制度和政府采购文件,由指定部门或专人对所购物品的品种、规格、数量、质量和其他相关内容进行验收,并出具验收证明。

行政事业单位应当加强对政府采购业务质疑、投诉、答复的管理。指定牵头部门负责、相关部门参加,按照国家有关规定做好政府采购业务质疑、投诉、答复工作。

行政事业单位应当加强对政府采购业务的记录控制。妥善保管政府采购预算与计划、各类批复文件、招标文件、投标文件、评标文件、合同文本、验收证明等政府采购业务相关资料。定期对其进行检查。

行政事业单位应当加强对涉密政府采购项目安全保密的管理。对于涉密政府采购项目,单位应当与相关供应商或采购中介机构签订保密协议或者在合同中设定保密条款。

四、资产控制

行政事业单位应当对资产实行分类管理,建立健全资产内部管理制度。

行政事业单位应当合理设置岗位,明确相关岗位的职责权限,确保资产安全和有效使用。

行政事业单位应当建立、健全货币资金管理岗位责任制,合理设置岗位,不得由一人办理货币资金业务的全过程,确保不相容岗位相互分离。

(1) 出纳不得兼管稽核、会计档案保管和收入、支出、债权、债务账目的登记工作。

(2) 严禁一人保管收付款项所需的全部印章。财务专用章应当由专人保管,个人名章应当由本人或其授权人员保管。负责保管印章的人员要配置单独的保管设备,并做到人走柜锁。

（3）按照规定应当由有关负责人签字或盖章的，应当严格履行签字或盖章手续。单位应当加强对银行账户的管理，严格按照规定的审批权限和程序开立、变更和撤销银行账户。行政事业单位应当加强货币资金的核查控制。指定不办理货币资金业务的会计人员定期和不定期抽查盘点库存现金，核对银行存款余额，抽查银行对账单、银行日记账及银行存款余额调节表，核对是否账实相符、账账相符。对调节不符、可能存在重大问题的未达账项应当及时查明原因，并按照相关规定处理。

行政事业单位应当加强对实物资产和无形资产的管理，明确相关部门和岗位的职责权限，强化对配置、使用和处置等关键环节的管控。

（1）对资产实施归口管理。行政事业单位要明确资产使用和保管责任人，落实资产使用人在资产管理中的责任。贵重资产、危险资产、有保密等特殊要求的资产，应当指定专人保管、专人使用，并规定严格的接触限制条件和审批程序。

（2）行政事业单位要按照国有资产管理相关规定，明确资产的调剂、租借、对外投资、处置的程序、审批权限和责任。

（3）建立资产的台账，加强资产的实物管理。行政事业单位应当定期清查盘点资产，确保账实相符。财务会计、资产管理、资产使用等部门或岗位应当定期对账，发现不符的，应当及时查明原因，并按照相关规定处理。

（4）行政事业单位要建立资产信息管理系统，做好资产的统计、报告、分析工作，实现对资产的动态管理。

行政事业单位应当根据国家有关规定加强对对外投资的管理。

（1）合理设置岗位，明确相关岗位的职责权限，确保对外投资的可行性研究与评估、决策与执行、处置的审批与执行等不相容岗位相互分离。

（2）行政事业单位对外投资，应当由单位领导班子集体研究决定。

（3）加强对投资项目的追踪管理，及时、全面、准确地记录对外投资的价值变动和投资收益情况。

（4）建立责任追究制度。行政事业单位对在对外投资中出现重大决策失误、未履行集体决策程序和不按规定执行对外投资业务的部门及人员，应当追究相应的责任。

五、建设项目控制

行政事业单位应当建立、健全建设项目内部管理制度。

行政事业单位应当合理设置岗位，明确内部相关部门和岗位的职责权限，确保项目建议和可行性研究与项目决策、概预算编制与审核、项目实施与价款支付、竣工决算与竣工审计等不相容岗位相互分离。

行政事业单位应当建立与建设项目相关的议事决策机制，严禁任何个人单独决策或者擅自改变集体决策意见。决策过程及各方面意见应当形成书面文件，与相关资料一同妥善归档保管。

行政事业单位应当建立与建设项目相关的审核机制。项目建议书、可行性研究报告、概预算、竣工决算报告等应当由单位内部的规划、技术、财会、法律等相关工作人员或者根据国家有关规定委托具有相应资质的中介机构进行审核,出具评审意见。

行政事业单位应当依据国家有关规定组织建设项目招标工作,并接受有关部门的监督。

行政事业单位应当采取签订保密协议、限制接触等必要措施,确保标底编制、评标等工作在严格保密的情况下进行。

行政事业单位应当按照审批单位下达的投资计划和预算对建设项目资金实行专款专用,严禁截留、挪用和超批复内容使用资金。财会部门应当加强与建设项目承建单位的沟通,准确掌握建设进度,加强价款支付审核,按照规定办理价款结算。实行国库集中支付的建设项目,行政事业单位应当按照财政国库管理制度相关规定支付资金。

行政事业单位应当加强对建设项目档案的管理。做好相关文件、材料的收集、整理、归档和保管工作。经批准的投资概算是工程投资的最高限额,如有调整,应当按照国家有关规定报经批准。

行政事业单位建设项目工程洽商和设计变更应当按照有关规定履行相应的审批程序。建设项目竣工后,行政事业单位应当按照规定的时限及时办理竣工决算,组织竣工决算审计,并根据批复的竣工决算和有关规定办理建设项目档案和资产移交等工作。建设项目已实际投入使用但超时限未办理竣工决算的,单位应当根据对建设项目的实际投资,进行暂估入账,转作相关资产管理。

六、合同控制

行政事业单位应当建立、健全合同内部管理制度。行政事业单位应当合理设置岗位,明确合同的授权审批和签署权限,妥善保管和使用合同专用章,严禁未经授权擅自以单位名义对外签订合同,严禁违规签订担保、投资和借贷合同。

行政事业单位应当对合同实施归口管理,建立财会部门与合同归口管理部门的沟通协调机制,实现合同管理与预算管理、收支管理相结合。行政事业单位应当加强对合同订立的管理,明确合同订立的范围和条件。对于影响重大、涉及较高专业技术或法律关系复杂的合同,应当组织法律、技术、财会等工作人员参与谈判,必要时可聘请外部专家参与相关工作。谈判过程中的重要事项和参与谈判人员的主要意见,应当予以记录并妥善保管。

行政事业单位应当对合同履行情况实施有效监控。合同履行过程中,因对方或行政事业单位自身原因导致可能无法按时履行的,应当及时采取应对措施。行政事业单位应当建立合同履行监督审查制度。对合同履行中签订补充合同,或变更、解除合同等应当按照国家有关规定进行审查。财会部门应当根据合同履行情况办理价款结算和进行账务处理。未按照合同条款履约的,财会部门应当在付款之前向行政事业单位有关负责人报告。

合同归口管理部门应当加强对合同登记的管理,定期对合同进行统计、分类和归档,详细登记合同的订立、履行和变更情况,实行对合同的全过程管理。与行政事业单位经济活动相关的合同应当同时提交财会部门作为账务处理的依据。行政事业单位应当加强合同信息安全保密工作,未经批准,不得以任何形式泄露合同订立与履行过程中涉及的国家秘密、工作秘密或商业秘密。

行政事业单位应当加强对合同纠纷的管理。合同发生纠纷的,行政事业单位应当在规定时效内与对方协商谈判。合同纠纷协商一致的,双方应当签订书面协议;合同纠纷经协商无法解决的,经办人员应向行政事业单位有关负责人报告,并根据合同约定选择仲裁或诉讼方式解决。

第五节　行政事业单位内部控制的评价与监督

行政事业单位应当建立健全内部监督制度,明确各相关部门或岗位在内部监督中的职责权限,规定内部监督的程序和要求,对内部控制建立与实施情况进行内部监督检查和自我评价。内部监督应当与内部控制的建立和实施保持相对独立。

内部控制的评价与监督是确保内部控制建设不断完善并有效实施的重要环节。行政事业单位内部控制评价与监督包括自我评价、内部监督和外部监督三个层次。

一、自我评价

自我评价是指由行政事业单位自行组织的,对单位内部控制的有效性进行评价,形成评价结论,出具评价报告的过程。单位负责人应当指定专门部门或专人负责对单位内部控制的有效性进行评价,并出具单位内部控制自我评价报告。自我评价是指对单位内部控制有效性发表意见,内部控制有效性包括内部控制设计的有效性和内部控制执行的有效性。

评价报告应当对单位内部控制的有效性发表意见,指出内部控制存在的缺陷,并提出整改建议。评价报告应当提交单位负责人,单位负责人应当对评价报告所列示的内部控制缺陷及其整改建议做出回应并监督落实。

二、内部监督

内部监督应当与内部控制的建立和实施保持相对独立,内部监督不能由具体组织实施和日常管理的工作部门承担。对于设立了独立内部审计部门或者专职内部审计岗位的单位,应当指定内审部门或者岗位作为内部监督的实施主体;对于没有内审部门或岗位的单位,单位内部控制建设领导小组应当指定部门或岗位作为实施监督的责任主体;对于将所有下属单位纳入内部控制建设实施范围统一开展内部控制建设的上级单位,其内部监督实施主体同时也可以作为下属单位内部监督的实施主体。

负责内部监督的部门或岗位应当定期或不定期检查单位内部管理制度和机制的建立与执行情况,以及内部控制关键岗位及人员的设置情况等,及时发现内部控制存在的问题并提出改进建议。单位应当根据本单位实际情况确定内部监督检查的方法、范围和频率,通常不能少于 1 年 1 次。

　　内部审计部门或岗位对行政事业单位内部管理制度和机制的建立与执行情况的检查，应该遵循定期与不定期混合，增加其不可预见性，及时发现内部控制存在的问题并提出改进建议。

　　行政事业单位应当根据本行政事业单位实际情况确定内部监督检查的方法、范围和频率。行政事业单位负责人应当指定专门部门或专人负责对行政事业单位内部控制的有效性进行评价并出具单位内部控制自我评价报告。

三、外部监督

　　外部监督包括财政部门和审计部门两方面的监督。

（一）财政部门

　　国务院财政部门及其派出机构和县级以上地方各级人民政府财政部门应当对单位内部控制的建立和实施情况进行监督检查，提出相关检查意见以及建议，并督促有问题的部门或者单位整改。

（二）审计部门

　　国务院审计部门及其派出机构和县级以上地方各级人民政府审计部门对单位进行审计时，应当调查了解行政事业单位内部控制建立以及执行的有效性，找出相关缺陷，并告知相关单位，并且要有针对性地提出处理意见和建议，并督促行政事业单位进行整改。

第六节　案例分析

 **案例**

行政事业单位内部控制及其评估——以深圳 S 街道办事处基本情况为例

　　街道办事处作为区政府的派出机构，要遵循相关要求，其构成单位包括街道办事处本部和下属事业单位，辖区大小和成熟程度决定编制人数。S 街道办事处地处深圳，区位优势独特鲜明，于 2002 年成立，截至 2018 年 12 月 31 日，街道办事处总人口为 48 865 人，其中户籍人口为 10 033 人，6 847 户，非户籍人口为 38 832 人，12 157 户（含外国居民 23 人、港澳台居民 2 437 人）。2020 年 S 街道办事处部门预算收入 15 859 万元，比 2019 年增加 1 222 万元，增加 8%，其中财政预算拨款达到了 15 859 万元。2020 年预算支出 15 859 万元，比 2019 年增加 1 222 万元，增加 8%。

　　一、深圳 S 街道办事处组织架构及职责划分

　　深圳 S 街道党工委、办事处内设 20 个部门、2 个行政事业单位、6 个社区工作站和 8 个社区居委会，包括人大工委、纪工委、党政办、财务室、团工委、组织宣传科、文体站、工会、妇联、综治维稳办、司法所、物业监管办、武装部、社会事务科、计划生育科、基建办、经济发展科、安全生产科、城管科、执法队等。在S街道办事处的组织结构中,单位机构有分明的设置,早已形成了明晰的权责清单。然而办事处各个领导之间职责权限并没有明确地划分,虽然各个对应的部门和科室职权范围都已经划分清楚,但责任主体还不明确。

二、深圳S街道办事处内部控制建设简况

我国行政区划共分为四个层级。从行政职能上来看,第一层是省级行政区,第二层为地级行政区,第三层为县级行政区,第四层为乡级行政区。由于直辖市与省和自治区中人口多集中在较大的城市,管理并不简单,因此区、县这种下级单位就被分割了出来。作为行政区划的基层单位,管理模式较为统一,区和市在行政职权上要高度一致,他们更多的是对城市整体性的考虑,虽然县与其行政级别相同,但是权利较为完整独立。街、镇是区级行政规划分割出来的下级。

一般来说,镇对农业人口进行管理和服务,街道办事处对城镇居民进行管理和服务。在不断推进的城市化管理的影响下,农业人口逐步被城市转变为城镇居民,各镇可能直接变为街道办事处管理。街道办事处成立的初衷是为了给社区居民提供更好的服务,逐步有效对接社区服务与居民需求,作为区级单位派出机构的市辖区政府、不设市辖区的市政或功能区管委会是街道办事处的管理机构,国家对其职能进行统一的制定,各条业务线是工作任务开展的依据。

之前,内部控制的专门部门并没有在S街道办事处建立,2016年9月,S街道办事处内部控制委员会(内控委)成立,财务办公室设置为内部控制牵头部门,内部控制委员会下设办公室(内控办),是承担内部控制委员会日常工作的部门。财政办是内控办的设置点,内控办主任仍是财务负责人。内部控制工作联络员各办公室(中心、工作站)都设立一名,对具体工作负责。S街道办事处内部控制委员会在决议时倾向于开会讨论,定期召开工作会对现阶段工作进行讨论。召开会议,并提出解决措施,这是其主要工作机制。

三、深圳S街道办事处内部控制的执行效果

建设行政事业单位派出机构的内部控制制度并不注重经济效益,而是要把目标定位为公共服务来对内部控制制度进行设计和建设。行政事业单位派出机构建设内部控制制度上与企业相比空间较小,受到外部制度和规定对部门设置、组织结构等的约束。相比于企业,行政事业单位派出机构无论是会计处理还是资金的来源等都有着极大的不同,建设内部控制制度内容并不复杂。

一直以来S街道办事处在日常管理中受到工作原有机制的制约,更多的是领导的带头作用带来的影响。从管理层面来说,这种状态是亚健康的,是传统管理与经验管理相结合的畸形模式。通过对S街道办事处人员学历和经历的调查,我们可以发现其人员整体素质并不高,在单位管理上各职能办公室人员通常有着极为严重的个人与经验主义倾向,粗放的管理与工作方式、不受重视的信息技术应用等都是S街道办事处存在的问题。

关于现阶段S街道办事处的管理,除了对上级规定及相关法律法规进行遵守,该办事处管理时理论知识匮乏,缺乏系统性,决策上也缺少科学性与连贯性,办事处领导只注重自身的管理权,而不重视内部控制制度在办事处的建设,也忽视了内部控制流程机制的相关

执行。

四、深圳S街道办事处内部控制存在的问题

（一）缺乏内部控制环境

我国街道办事处在不断发展和推进的经济社会和城镇建设的影响下,改变了各项职能尤其是经济管理职能,这种改变就要求街道办事处积极适应时代潮流,实现内部管控的加强,而内控环境良好是保障正常运行内控活动的前提条件,但内控环境方面S街道办事处仍存在很多缺陷,具体问题如下。

1. 管理结构不完善

深圳S街道办事处区位优势独特鲜明,街道办事处东边是海山街道办事处,西南接壤香港地区新界和大鹏湾,西北与梧桐山相靠,连着龙岗区、罗湖区。由于其处在S街道办事处的辖区,许许多多相关的公众事务都离不开这些部门,所以街道办事处的协调交涉就尤为重要。然而从内部结构角度出发,S街道办事处并没有综合协调的专门部门,这些问题出现后只是指派工作人员进行联系和对接,许多时候协调沟通都是社区和领导班子亲自下场。沟通协调并不是一次就能完成,即便十分顺利,也需要多次协商,这无疑是增加了S街道办事处的工作量,不仅费时费力,也不利于工作的高效率完成。

2. 组织结构的设计与岗位分工不明确

目前,S街道办事处存在组织结构设计与岗位分工不明确的问题。通过调查发现,虽然内设机构在S街道办事处中并不缺什么,以授权政府设置机构为参照,每个机构的功能都十分明确,并不重复,也有专人负责或兼责。但是很多居民都不清楚各职能部门的定位,认为其就是区政府组成部门,职能部门的任务就是区政府的任务,而作为派出机构的街道办事处就必须完成职能部门下的任务,这极大地加重了街道办事处的工作压力,甚至街道办事处科室有时候会接到某些职能部门直接下达的任务,导致两者关系复杂,工作混乱,难以真正落实街道办事处工作。

同时,对于关键岗位的人员管理缺乏科学合理的招录、培训措施,这导致街道办事处人员流动性大,每年都会流失将近1/5的编外人员,每两年将近半数中高层都会变化工作单位或岗位,这极大地影响了街道办事处的稳定性。另外部分人员专业水平有限,有时出现账务处理不规范的现象。

3. 人事制度不完善

S街道办事处作为区政府的派出机构,有着广深的社会管理覆盖面,但是因为其较为繁杂的任务要求、较差的福利待遇、较低的职能等级等造成办事处人员无论是在年龄层次、文化程度或者是男女比例等方面都不如区政府。S街道办事处工作人员具体情况如下:从年龄层次来看,普遍存在年纪较大的现象,很少有新鲜血液,也从侧面证明了他们可能不太容易接受新事物,处理新问题的方法与时代不同步,S街道办事处工作人员平均年纪42周岁以上,年轻的在编人员中有大部分认为街道办事处级别低、事务烦琐、晋升较慢,认为S街道办事处只是一个跳板,希望在选调、双向选择等方式下调入市直、区直部门;从男女比例来看,S街道办事处女同志的比例为60.90%,甚至有的部门全是女同志,失衡的男女比例

不利于开展工作;从文化水平来看,工作人员大部分都是大专学历,很少有本科学历,研究生学历更是罕见。

工作人员文化程度的高低即使是在最基层的政府,也会对他们理解执行政策、考虑实现政策目标的路径、克服困难的能力、适应高难度工作的能力等产生影响,这些因素很大程度上决定了工作成效的好坏。街道办事处有较为繁杂的工作,政府服务在新形势下特别是在建设"法治政府"的要求下,并不能只依靠经验解决问题,这就尤为看重工作人员的综合性能力,这对个人发展的前景、工作效率和心态有很大的影响。

4. 缺乏组织文化

S街道办事处组织文化缺乏。首先,对建设行政事业单位内部控制,我国逐渐提升要求,对于内部控制重要性大多数S街道办事处的工作人员都有着较为深刻的认识,然而内部控制还是没有被一小部分人放在心上。在与部分科室负责人、分管领导谈话后得知,内部控制建设在部分领导看来并不实在,没有那么大的政绩,付出和收获不对等,因此重视程度不高。此外,大部分工作人员自身缺乏相应的专业知识。S街道办事处并没有对此建立相关培训教育机制,财务人员无论是业务能力还是综合素质都不过硬,账务处理经常出现不标准的问题。深入S街道办事处,可以了解到对于对国家2012年出台的《规范》只有少部分工作人员了解并学习过,大多数工作人员都只是一般了解,并未深刻地学习。虽然《规范》到现在已经实施了十年,但是相关S街道办事处人员对于内控规范的了解还不够,这十分不利于内部控制在单位的质量。

(二)资产管理、预算风险控制等业务不到位

单位管理服务目标实现的基本前提就是风险评估与防范。作为行政事业单位,提供非营利的公共服务是街道办事处的基本职能,因此大部分街道办事处并不重视存在于生产经营中的风险,但其实在公共服务的提供和社会管理职能的履行中有贪污腐败和滥用职权等政治风险的存在。

尽管以往随着部门预算改革步伐的迈进,街道办事处的内部控制力度有所提升,但是编制预算的问题并未完全得到解决,无论是其预算方法或者是预算计划都存在诸多不科学之处。街道办事处预决算差异较大,同时,从S街道办事处的风险评估机制尚未建立及相关业务层面上存在的问题发现,S街道办事处存在风险管理上的疏漏。经走访发现其预算方面目前的问题有以下几个方面。

首先,编制预算的方法仍然以传统的预算编制方法为主,对上一年的收支决算有很大的依赖性,制定时的主要依据是当年财政状况和市场均价,并未从街道办事处自身实际出发科学地进行分析,每个经济业务项目并没有得到相关细化,相关负责人员在审核预算科室的预算编制初稿并不认真,没有一个详细的标准,不够科学。

预算管理流程问题也是其面临的主要问题。在目前的管理流程中,财务部门是唯一一个参与预算编制的部门,从编制到审批都是由这一部门独立完成,监控力量和审批体系的缺失意味着控制流程无法起到作用,预算的差异率也无法保障。预算管理工作的内容包含多个成分,如预算的编制、审批、执行、分析评价等层面。行政事业单位在预算管理岗位的

编排当中并没有按照相应的规定执行,没有统一的部门来进行管辖,预算编制则是由一人完成,导致各个岗位之间的职权不清晰,许多管理岗位由单人负责造成预算编制的混乱和错误。资金在使用过程当中没有按照预算的使用规定来严格执行,没有将预算的作用和价值充分地发挥出来。

其次,对于资产管理的认识程度不足。例如,在上一年度有业务人员在软件购买支出方面支出金额1 200元,但是由于业务人员对于其是否要入库的认识不够充足,在支出时直接拿发票去财务部门报销,导致并未办理入库工作,使得国有资产流失问题出现,影响资产管理的效率。而且,虽然当前财政部相关文件对于行政事业单位的资产处置问题有固定明确的规定,但是在实际程序的履行方面由于缺少监督力量,常常导致资产管理条例难以落实。其中报废期的设备、使用率低的设备在往年的处置过程中常常会出现未经评估便低价处置的问题,也造成了国有资产的损失。除此之外,先处置,后期补审批手续的问题也经常发生,无疑使资产管理的难度有所提升。

由此可见,无论是预算管理流程的不完善、预算方法的不合理或者是资产管理的监督力量缺失等,对于S街道办事处而言所带来的经济损失都是不可忽视的,上述问题也是其内部控制活动中需要重视与解决的问题。

（三）内部控制活动难以落实

财务部门和其他职能部门(党政办)对S街道办事处的内部控制工作负责,内部控制职能部门并没有单独设置,内部控制的相关工作的执行与负责上也没有确定内部控制牵头部门,这就导致开展内部控制工作并没有明确的可依靠的具体部门,开展工作时较为乏力。即使内部控制制度体系已经制定,但执行内控制度时并没有严格的要求,并且S街道办事处现阶段并没有完善的内控制度,还处在内控制度的建设中。这说明S街道办事处还需要进一步对相关内部控制的制度及方案、运行内控活动的体系进行更深层次的细化完善。

（四）内部信息沟通不及时

通过实地调研了解到,在预算管理中,预算执行分析的重要并没有被街道办事处的财务人员及其分管领导发现,财务部门与其他职能科室也缺乏有效的沟通。此外,各科室间还存在着工作信息不分享的现象,这种行为不利于开展互相监督。同时,由于S街道办事处行政事业单位的内控起步较晚,政府也没有较强的信息公开意识,以至于政府工作在民众眼中成为不了解、不知道、不清楚的存在,不利于信息的沟通交流。街道办事处关于信息沟通机制并没有在各部门、各阶层中建立,信息传递缺失渠道,造成财务信息更新速度慢,不对称。

此外,预算方案制定粗糙,水分较大,弄虚作假现象严重,这种现象之所以出现还是信息不能流畅沟通造成的。街道办事处的业务由街道办事处基层干部直接参与,他们最熟悉风险在哪里,但是作为一个建立媒介的人,科员并没有做好相关沟通工作,导致内控的各项活动质量较差,效果不好。

（五）审计监督缺位现象严重

通过实地走访调研发现,S街道办事处关键岗位人员紧张,财务科长、科员均为非编人员,岗位设置较为混乱,一人可以有无数个工作,且不能共同担任、相互冲突的岗位之间相互有兼任现象,比如办事处并没有对记账和审计这两个岗位进行明确的分离,统一工作人员同时担任记账人员和复核人员。这种身兼数职的行为不利于集中精力,出现差错的可能性极大,不利于合理、明确地管理街道办事处的资产和现金。

审计机构并没有单独设立,财务人员兼职内部审计人员,开展工作时独立性较差,依赖性较强,不能连贯业务管理和内部控制,不能使财务人员的监督控制职能得到充分的发挥。此外,在经济业务活动方面,纪检监察部门没有较大的监督力度,不能及时纠正苗头性问题。此外,S街道办事处在建设项目管理制度的制定上并没有达到科学完善的标准,即使大部分街道办事处开展的基建项目都能够达到招投标管理规定,但招投标的程序并不是每次都被严格履行。

据调查,S街道办事处合同管理尚未制定相关制度,在走访调研中还能发现存在于合同签订过程中的不严格的条款审核问题。虽然S街道办事处的资产管理制度和采购制度已经建立,但制定的采购计划科学合理性有时还有待商榷,还存在着资产报废过于滞后和资产盘点工作不常开展的问题。

五、深圳S街道办事处内部控制问题的成因分析

(一)深圳S街道办事处领导班子内部控制意识淡薄

领导班子是内部控制组织决策十分重要的一环,所以领导班子内部控制意识对于街道办事处的发展来说十分重要,但是S街道办事处却存在领导班子内部控制意识不强的问题。

1. 缺少自上而下的制度文件

虽然在使用大额资金、安排重要事项、奖惩人员等方面S街道办事处需要向党工委会上报,对民主集中制原则进行贯彻,明确划分领导职务和职责,也对相关议事制度如《街道办事处政务公开制度》《街道党工委、办事处议事决策制度》等进行制定,然而在执行的过程中,管理者并不重视风险,态度不端正,也没有较多方法去对风险进行控制,并且缺乏自上而下的制度文件。一个或几个人未按制度公开做出了决策,在落实上并没有达到标准的问题仍存在。

2. 内部控制未纳入街道办事处绩效考核

S街道办事处制定了《S街道办事处工作人员绩效考核实施办法》,具体规定了考核的范围,这针对所有在职人员,且年度奖励及评优评先都与考核结果有密切的联系。但在执行中,该制度并不能很好地约束班子成员,考核结果也并未对奖励与评优产生影响。此外,街道办事处管理层在对关键绩效指标进行制定时,没有充分地进行考虑,没有将内部控制纳入街道办事处绩效考核中,已出现了部分员工丧失积极性的现象。

3. 内部控制责任主体不明确

S街道办事处通过岗位制度进行了相关职责的规范,明确提出员工工作上所需要完成的内容,明确其应认真工作,按制度办事,对待处理规定上并没有明确的事项进行问询,请示领导,在领导决定后再进行这项工作。

然而制度是在 2016 年制定的,与现行情况并不符合,相对陈旧,对各岗位权限和职责的变化并没有及时更新并告知相关人员,对指导工作是十分不利的。同时,对内部控制的责任主体没有进行很好的规定,组织结构中工作责任配置不够清晰,对各责任单位的权责没有明晰,没有分发员工手册帮助员工对业务流程进行掌握,不利于职权的行使。特别是责任分离不明显,从而导致出现各科室或者个人推脱责任、"踢皮球"的现象。例如,财务部门应该编制街道办事处人员的工资、奖金造册本,而不是由人事部门完成编制工作;街道办事处党政办负责采购管理街道办事处资产的实物,然而账务处理实际上的负责部门是财务部,并未建立实物保管部门等。

(二)深圳 S 街道办事处资产、预算等业务的风险评估系统缺乏

风险评估是内部控制的一个重要组成部分,在《规范》中明确规定单位应该建立风险定期评估机制,全面客观评估存在于经济活动中的风险,至少每年一次评估,且上交结果给上级,有利于内部控制的完善。而 S 街道办事处在经济活动的风险评估方面没有开展对应工作。

1. 缺乏事前风险识别和风险分析

我国街道办事处大都存在负责人没有重视内部因素带来的风险,没有建立充分机制及时发现内生风险的情况。在业务上,行政事业单位具有特殊性,难以对某些风险预计评估,风险应对机制并未在社会风险、职权滥用、配置资源不合理、使用资金效率低等方面建立,事前预警成为空谈。对于风险的内控,S 街道办事处负责人并不重视,风险在事前被识别的可能性较小,对于可能出现在街道办事处经济业务全过程中的风险财务人员也没有作一个大概的判断评估,对风险关键点不能准确地进行控制,以至于不能抵御任何外来风险。

2. 缺乏事中风险应对和风险监控

S 街道办事处现阶段关于内部控制并没有一个专门部门,更没有风险评估的专门机制,对风险评估和应对及监控工作较为消极,习惯了办事按传统流程。由于在业务上行政事业单位的特殊性,风险应对机制并未真正建立,真正起到在社会风险、职权滥用、配置资源方面防止不合理,在使用资金方面防止效率低下等目的,不能事中对风险问题做到良好应对。

3. 缺乏事后风险评价

政府部门对待已发生的问题,解决办法通常是对影响程度、传播范围进行减少和缩小,在此基础上降低事态失控的概率,但也增加了风险的不可控制性。比如,调动单位负责人后,离任时必须进行审计。审计是一种事后监督,可能经济损失已经发生并且无法挽回。而内部审计这种日常业务,都只是流于表面,对于前述信息并没有综合地进行运用,通过采用因素、对比、趋势等分析法,仅仅分析管理服务每年的开展运行情况,并没有对发现的现存风险进行评价。

(三)深圳 S 街道办事处各部门控制活动管理体制不合理

内部控制活动是街道办事处对内控体系进行管理的重要手段,有利于街道办事处目标的实现。但是 S 街道办事处却存在各部门活动管理体制不合理的问题。

1. 街道办事处业务线过多,人员配置不够

S街道办事处员工主要由公务员编制、事业编制及合同编制人员、劳务派遣人员、购买服务人员、社工等组成。由于近年来市级及区级各部门下放工作的次数越来越多,办事处各部门在工作量和压力上都有增无减。S街道办事处人员构成比例从人员编制来看,公务员编、事业编人员远远少于编制外人员,不能够满足日常开展社会管理工作的需求。

另一方面,街道办事处业务线持续增长意味着街道办事处业务需求的人员数量也持续增加,因而在目前工作的过程中仍然存在人员不足的情况,且由于人员不足导致诸多业务的开展无法得到落实、已经开展的工作后续跟踪无力,整体工作效率难以保障。

2. 未出台可操作的内部控制行为规章制度

S街道办事处存在部分规章、制度更新不够及时,很难能适应现实需求,没有建立可操作的内部控制行为的规章制度,不利于单位的发展,同时,存在于S街道办事处内部控制方面的问题,还包括不能很好地运行的问题。街道办事处的内部相关程序并不完善;内部控制管理部门的运行并没有相关部门提出意见、进行培训,没有定期开展多场分析、改进管理服务会。同时,还有一些漏洞存在于公共权力制约力方面,提供给相关人员贪污腐败、徇私舞弊的机会。在对环境的变化进行确定并及时反应所产生的风险的具体可操作性的机制尚未在S街道办事处建立。

3. 各部门对街道办事处内部控制活动缺乏培训了解

内部控制培训在S街道办事处对培训通知进行下达时还是通过上级的通知,很少结合受训人员的不同特点进行培训,在明确其具体能力和学习水平、职务内容的基础上有针对性地进行教学,培训内容通常比较形式化。并且各部门并不了解内部控制活动的相关培训内容,内部控制工作环境通常来说并不算很好,工作的整体重点随主要负责人的侧重点而变化,通常其对经济指标比较看重,反而忽略在内部控制活动培训中单位主导作用的发挥。

(四)深圳S街道办事处内部控制信息沟通机制不健全

信息沟通对于一个组织的内部管理来说十分重要,决定着相关事务处理的效率,但是目前S街道办事处却存在信息上报时间长,内部信息报告不透明、不充分的问题。

1. 街道办事处层级较多,信息逐层上报时间长

S街道办事处的工作授权并不适度、明确。组织行为的分配、授权对象、授权形式并不明确,经济资源的权限和责任并不能被充分地使用和管理,对建立组织机构的优化程度和运作程序的高效性有一定的影响。因为工作责任配置在组织结构中较为模糊,且有过多的街道办事处层级,单位内部的责权问题并不明确,没有帮助员工对工作流程进行熟悉,忽略了员工手册的学习,降低了行使职权的自如性。特别是组织结构有点复杂,有时会出现阻塞信息流转的情况。

2. 内部信息报告不透明、不充分

信息沟通的效率和透明度是保证街道办事处内控信息的有效沟通的基础,与此同时,信息公开不仅是避免财政浪费和消除腐败的必要前提,也是对顺利开展内控活动的重要保证。但是政府信息公开条例并未完全被S街道办事处遵循,其在公开信息的内容、范围和

方式上并不明确也并不及时,办事处"三公"经费和公共服务履职情况等都没有得到真实、准确、及时的反映,且人民群众缺乏听证制度等监督渠道,进而使监察部门和社会公众的外部监督失效。

(五)深圳S街道办事处内外部审计监督不到位

内部监督和外部监督是对S街道办事处业务活动进行监督的两个组成,内部监督包括本级人大、纪检督查,专门监督部门并未建立,没有完善的系统体系;外部监督主要包括上级单位巡查、纪检、审计等部门的监督及社会监督。

1. 无专门审计人员

《行政事业单位内部控制工作操作指引》《S街道办事处内部控制监督制度》对内部监督工作都做了相关规定,即内部监督不仅是对街道办事处工作的督查,更是对其工作的指导,督查结果最终还要报给上级领导。不过,S街道办事处尚未建立内控监督机制,因此内部监督在这里只是一个形式。作为街道办事处内部监督的主体,纪检监察部门和内部审计部门都要配备相关工作人员,而办事处审计部门一般都没有设立专业审计人员,而是让财务人员补这个缺,以至于财务人员职权没有分离,既是考官又是学生,在这种情况下内审独立性差,审计缺乏专业性,此外因为财政资金预算、财务处理是财政办公室最主要的工作,经济资产和业务事项处理的速度总是快于财政办公室的监控,两者并不同步,这就会影响监控的客观性,没有达到预期效果,开展审计工作也是形式大于实质,风险巨大,这种行为对公共受托责任来说极其不负责。

2. 体制内审计频率低

除了单位内部审计,体制内还有审计局作为主体对街道办事处进行审计。但是,这种审计往往发生在单位负责人调动后的离任审计或是省、市巡查时的专项审计,频率较低,不能很好地发挥体制内审计的作用。现阶段内部监督工作在S街道办事处仅对年度监督进行开展,内部审计工作开展十分被动,主要审计人员来自社会上的审计部门,纪检监察时并非自主开展,大多是上级示意,独立性较差。此外,S街道办事处内部控制办公室作为内部控制委员会的执行部门,其成员来源于财政办公室,监督模式多是自我监督,合理性不高。内部监督在此情况下既没有独立性,又没有落到实处,只是流于表面,因此很难发挥作用。

3. 重大工程项目缺乏外部审计

街道办事处建设内部控制事业的影响因素除了不到位的内审监管,也包括失效的外部监督。从公共管理和财政角度来看,政府财政资金的来源是社会公众,没有了社会公众,政府行为就没有意义,所以社会大众作为重要的一环担起了外部监督的重担,在行政单位动力不足的状态下,更应该支持推动内部控制在行政单位的建设,积极带入外部监督,建立法治机制,加强监督。但受公共资金特点及行政单位属性的限制,通常来讲单位支出情况并没有办法直接被群众监督制约,资产和资金这种直接被单位支配的东西并没有权属关系,所以丰厚的利益和特权是单位领导不舍得放手的,内部控制缺乏设计,实施上也缺乏主观能动性,对利益相关者列报信息时积极性不高。此外因为专职业务十分特殊,通常有较高的保密性质,信息对外公开的情况并不完全透明,不能充分发挥外部监督的力量。

六、完善深圳 S 街道办事处内部控制的对策措施

（一）健全深圳 S 街道办事处的内控环境体系

行政事业单位在设置内部控制的规范上灵活性较大，因为上级单位规定的实施方式或文件只有"概括版"，行政事业单位应由熟悉业务的部门对操作方法和资金使用的具体范围进行细化反馈，保障部门接收，汇总后在领导人的主导下对内控详细规范进行制定，内控规范在实施时全体单位员工都要踊跃参加，不能仅仅依靠审计部门和财务部门。因此，需要进一步完善规章制度、组织分工、组织结构、人事制度及组织文化建设。

（二）完善规章制度，完善岗位分工

街道办事处的内控组织职能部门最好内部独立，对单位内部控制工作进行专门负责，同时在开展内部控制工作时，要注重风险管理，建立审计监督、业务、内控组织职能部门等多重保障机制，各部门各司其职，不领闲差，把问题扼杀在摇篮里。只有内部控制工作囊括了单位全体工作人员，才能真正实现落实。财务人员在街道办事处的专项活动行政行为中需要进行事前、事中控制，而不只是注重简单的审核支出、按流程报批资金、实报实销等工作。

行政事业单位相关重要事项和经济活动、业务管理等都可以让财务部门参与进来，使财务工作人员对单位工作有一个明确的了解，在活动所需资金上心里有数，有利于开展后续财务方面的工作。财务部门可以与内部控制组织部门相配合，通过 OA 进行沟通交流，提出内部控制体系建设的意见，增加业务来往。在使用资金的过程中，推进岗位责任制建设，且明确岗位的工作职责，形成各司其职的管理模式，实现职位独立与分离，达到一种相互制约、监督的效果。具体做法概括如下：首先，在货币资金的业务运行中，对于那些原本就不相容的工作职位，必须要强化制约，实现监督；其次，会计人员不能参与现金、支票等的相关业务；在岗位设置中引进专业会计人才，强化其职业道德建设，并推进轮岗制。

（三）完善内部控制组织结构

行政事业单位内部控制规范在实施时全体单位员工都要踊跃参加，不能仅仅依靠审计部门和财务部门。当然，能否真正实现全员参与还是要看领导的重视程度。行政事业单位本就在内生动力上有所缺乏，所以内部控制建设最重要的是要引起领导的重视，内部控制工作是否成功与他的重视程度有很大的关系，内部控制体系要想有一个良好的氛围和环境，离不开领导的积极引领和思想重视，如此能够促进内部控制工作的全员参与，特别是内部控制组织职能部门中，领导要承担相应的责任，把握好内部控制的全局工作，给全体员工一剂定心丸，激励员工积极参与内部控制体系运行工作，使内部控制规范在实际业务中扎根，杜绝形式主义的出现。

（四）完善人事制度

1. 内部控制纳入绩效考核

人事部门应对街道办事处构成人员进行合理配置，对人员动态进行实时把握，对人员配置进行及时调整。街道办事处的未来发展很大程度上取决于人才的合理利用与受重视程度，这就需要建立一个人力资源考察体系，不仅要建立，而且要行之有效。考评的合理性

能够使工作人员适应能力得到提高,更好地对工作职责进行履行,作用非同一般。

此外,还能基于此对考核标准进行设定。首先是评估专业胜任能力。比如,考核财务人员,街道办事处应对财务人员定期培训。其次是认真评估财务人员是否严格遵守了国家会计准则、是否按要求进行报告、账簿、凭证的处理,是否对会计的基础进行强化,是否有会计从业资格等。最后是评估职业道德水平。对人员进行定期的思想品德教育,用调查表代替考试这一形式。

2. 建立人员考核奖惩标准

在行政事业单位的考核管理中,由于绩效指标设计不合理,具体考核内容、方法更加倾向于定性。因此,在绩效管理中必须要结合行政事业单位人员的具体工作特征,设计相应的绩效指标体系。

第一,要明确绩效指标设计的目标,只有明确相应的绩效目标,才可以进一步提高绩效考核质量。同时,在确定绩效目标时,坚持公共性原则。在社会公共服务发展中,行政事业单位扮演着关键性角色,其战略目标必须要体现出公共性,必须代表社会的公共利益。从这个角度上来说,在行政事业单位的绩效管理中,绩效目标必须要以公共性为中心展开一系列考核活动。

第二,人事部门应对街道办事处构成人员进行合理配置,对人员动态进行实时把握,对人员配置进行及时调整。考评的合理性能够使工作人员适应能力得到提高,更好地对履行工作职责,作用非同一般。

3. 完善组织文化建设

文化建设是提高社区凝聚力的有效方式。社区为了对国民素质进行提高,对传统文化教育进行普及,配备了专门的图书馆,并且交叉举行各色竞技活动、文化活动,在此过程中加强各街道办事处的沟通交流,促进各街道办事处互相学习,还与社会各组织相联合,找寻与本单位发展相适应的文化,齐心协力,和社会力量合作,在建设社区文化的同时提高其在社会组织中的认同,拓宽发展道路。在文化建设中,社区注重发挥单位主要负责人的主导作用,让整个团队都受到实干之风和优秀品格的影响,这样有利于文化环境的营造。社区可以将文化建设纳入工作考核,由文体站负责,主要负责人可以邀请街道办事处书记来担任。

(五)完善深圳S街道办事处的风险评估系统

风险管理是内部控制工作的重要组成部分,是预防腐败的重要组成部分。S街道办事处应进一步完善风险评估系统,做好事前的风险预防和事中、事后的风险分析。

1. 对风险评估做好前期准备工作

风险管理不仅在内部控制工作中占大头,而且在贪污腐败现象的斗争中也十分重要,因此必须要在熟知风险管理程序特点的基础上对风险控制的方法进行制定,以加强行政事业单位的内部管理。

在风险管理中,最基础的步骤就是风险识别,只有对街道办事处面临的风险进行准确识别,才能对症下药,提出应对风险的措施。风险评估机制的建立有利于街道办事处动态的风险识别,及时做出反应。风险管理范围包括周围环境、经济业务流程、人员素质等因素。街道办事处管理服务目标的实现是风险评估与防范的基本前提。细分单位目标,融合各部门工作,细化具体目标,在此基础上传达给相关人员,做好各管理服务活动的一致目标。而在建设社区时,街道办事处居于主体地位,应该有一个详细的战略性规划,并挂钩预算,以免出现资金断流的现象,还要对每个环节的潜在风险进行分析,仔细计算偏差出现的概率,考虑接受程度等。街道办事处的内部相关程序缺陷较大,缺乏完整性,这一点还需要有针对性地加强。内部控制管理部门在运行时并没有相关部门提出意见、进行培训,没有定期开展多场分析、改进管理服务会。为了使因产生工作目标偏差而出现的风险得以解决,街道办事处可以适时以文书为媒介加强沟通交流。

首先,S街道办事处每年的总体目标可以通过OA邮件向下层传递,若有变化则另行通知,这有利于个人更深入地认知整体目标。其次,街道办事处应定期每月开展一次行政办公会议,会议的材料由党政办整理后再下发。在业务开展现状的基础上加强部门负责人的沟通。最后,S街道办事处可以对存在于本单位各科室业务上或单位整体上的风险进行梳理,在梳理过程中对风险等级进行标记,制成清单,为了能够及时准确地识别潜在风险,可以采取多种识别风险的方法,如小组讨论法、流程图法、财务报表分析法等。

2. 全面分析预算、采购等经济活动的潜在风险

S街道办事处采取经济责任制,对于单位的资金结算方式在资金使用规范条例中有严格要求,严格遵守相关管理规定,如《公务卡管理暂行办法》《现金管理规定》等,里面出现的列支项目结算时使用公务卡。通过对单位的资金结算方式进行规范,可以对资金流动的动态有一个整体的把握,有利于资金监管。基于资金流动的监管情况,梳理出潜在的内控活动风险清单,细分风险管理责任,落实到个人,这里的责任人通常是分管领导和科长等,每个人都要对自己划分的风险点负责。在分析梳理风险点时可采用概率分析法、专家调查法、综合评价法等,对风险发生的原因进行排查,对发生风险带给办事处的影响进行评估,对风险等级进行确认,在此基础上列出风险清单,针对性防控,并与时俱进,动态性调整。

3. 定期进行风险评估并汇报

S街道办事处经过风险的前期识别与分析,已经对现有的内控风险和发生风险的概率及影响进行了掌握,在应对风险时,可以分离不相容的岗位、管理归口、控制预算、集体决策等,通过这些举措控制风险、降低风险,达到控制的预期效果。风险评估报告完成后,要及时汇报给街道办事处主要领导,对于风险尽可能地规避,进一步对街道办事处内部控制的相关制度进行完善。与此同时,S街道办事处还应当设立风险报警机制及风险应急机制。在风险环境变化时,实时传递风险类型信息、风险数据信息等,一旦超出预警的数额或者超出预警的时间限制后,系统发送提醒信息至负责人的OA中使其能够第一时间针对风险情况做出相应的举措。在风险评估与预警机制中,还应当加入紧急避险措施提醒,根据以往内部控制中遇到的各种风险类型做出应对方案,归类后置入风险预警系统中。在风险出现后随着风险预警信息发送可行性解决方案,减少风险控制时间、提升风险控制效率。

(六)改进深圳S街道办事处控制活动的调整机制

要进一步优化街道办事处控制活动的调整机制,就要对街道办事处的经济活动业务进

行完善,与此同时,还要加强体制内的交流学习,增加员工之间的业务往来。

1. 优化完善经济活动业务过程

第一,增强单位各职能部门与财务室之间的沟通。在购置、处置资产时 S 街道办事处各职能部门要与财务室及时对接,保障账实相符、账账相符。

第二,完善监管体系,形成"财务室——各分管领导——下属事业单位"的模式,加强基层单位对国有资产的管理,不仅要注重管理,也要对效果进行加强,在此基础上实现监督的加强,提供给公众更满意的服务。

第三,加强各职能办公室与预算编审部门之间的沟通。一方面,财务部门在预算编制时要以本单位使用资产的状况和其他支出为基础进行编制,这种做法相比于以前的传统做法更好,使预算数据的准确性更上一个台阶;另一方面,在审批预算时街道党工委会要通过与各部门的沟通对预算申请情况有一个基本的掌握,对资产配置合理性进行保证,使预算与资产管理有机结合。

第四,在财政部门和其他科室之间建立一个沟通互动的桥梁,加强联动。促进资产管理部门与相关部门的互动,深刻把握监督的关键点;在监督检查部门和资产管理部门间,配合与监督这两个力度缺一不可,两部门在加大力度的同时相互协作,共同完成监督工作。另外,在政府运行中还要强化对采购活动的科学管理,对政府的采购活动进行归口管理,并在采购过程中对政府采购管理体系进行优化、对资产管理水平进行提高、健全财务管理制度、推进内部审计、实现纪检监察等,构建均衡性与制约性共存的机制。对于政府采购的相关部门来说,还需要在资产管理中强化与财务部门的有效交流,让政府的各项采购申请与资产存量保持一致性,并符合相关预算指标的实际要求与额度。而内部审计部门、纪检监察部门也要积极参与其中,强化对采购活动的科学管理,预防采购风险性。在政府采购过程中加强舞弊风险治理。将电子管理技术应用于政府的采购审批中,让每一次采购活动得以监督与审核。

最后,还要推进部门沟通渠道建设,在政府的日常采购管理中,相关采购部门必须要与财务部门进行动态沟通,并核对采购业务情况,让采购业务得以科学进行。

2. 加强体制内交流学习

S 街道办事处内部控制活动的开展需要多个部门协同进行,无论是风险评估系统的建立还是制度的建设都需要在循序渐进的过程中逐渐完善。基于这一角度考虑,调整控制活动时整个部门都应该共同参与,在各部门沟通交流的基础上才能取得更好的成效。财务人员在街道办事处的专项活动行政行为中需要进行事前、事中控制,而不只是注重简单的审核支出、按流程报批资金、实报实销等。在对资金支出进行报批时严格按照要求办事,在支出的标准及具体去向上也要有一个严格的审核等。财务室的负责人应参与到内部控制的重要环节调整中,并对重大事项的调整、重大经济活动决策的变更出具具体的意见让财务工作人员对单位工作有一个明确的了解,在活动所需资金上心里有数,有利于开展后续财务方面的工作。为了保证内部控制系统调整工作的进行,除了负责人以外其他相关人员也都需要参与其中,使内部控制活动的调整可以按层级、按顺序依次完成。

（七）规范深圳 S 街道办事处的内外部信息交流机制

S 街道办事处应当对信息沟通渠道进行建设，构建相关沟通网络，保证街道办事处的内控信息能够毫无阻碍地相互传递，有利于更好地完成工作，为人民服务。部门加强交流协作，共同努力，在完成相关作业时能够齐心合力，达到预定标准。

1. 完善部门间的信息交流机制

S 街道办事处应加强各职能部门与财务室的沟通，使内部信息报告机制建立起来，通过书面报告在办事处内部对其资金使用和财务管理情况等信息进行公开，或在全体会上汇报，并针对存在于报告中的问题进行"末位表态"式讨论，以免单位成为一个人的单位，缺少集体决策。各业务科室之间也应及时沟通联系，建立信息传递与共享渠道，有利于减少决策在编制预算和管理资产等方面的风险，杜绝舞弊现象的出现。

2. 畅通上下级信息传递的路径

S 街道办事处产生风险的主要原因是不相适应的行政行为与工作目标造成的。各业务部门和财务室的沟通未能达到应有的效果，关于项目执行与否、执行措施、是否落实配套资源等都没有一个周全的考虑。

首先，在这一点上要对员工进行普及，明确活动目标及他们所在的岗位可以怎样实现这个目标。

其次，要建立电子政务系统，做到双向沟通，利用电子信息技术加强办事处各科室、社区居民等都能通过网络信息平台了解信息，享受服务，对办事效率进行提高，加快政务公开的步伐，建立居民、企业的交互办公模式，有利于效率的提高和办事处服务质量的改善。

再次，各部门的沟通可以在书面形式的加持下得到加强。比如，使用资金的每一个步骤都能匹配工作的进程、目标和使用资金率，在和财务组对账时做到每月一报。

最后，管理层应该加强与员工在控制责任方面的沟通；建立可疑事项沟通渠道；对上级和监管者等，管理者沟通时会根据具体情况进行相关调整。

3. 运用信息化手段缩短信息传达、反馈的时间

办公效率可以通过结合信息技术与内部控制进行提高，在此基础上人为失误发生率大幅降低。S 街道办事处可以充分融合内控信息和政务公开网等，建立完善的信息沟通网络，把街道办事处各项经济活动在电子信息系统内精加工，进而加快传递信息的速度，提高信息准确度，有利于整合管理信息资料。

展开来说，首先应当在 OA 系统中设立经济活动信息的动态模块，在管理过程中参与信息传递环节的工作人员分别设置其自身的权限，包括信息上传权限、信息修改权限、信息审核权限、信息读取权限等。在经济活动信息由专项负责人员上传完毕后，上级负责人具备信息修改和审核权限对具体的信息进行审核校对。完成信息的审核校对后，将信息同步至其他相关部门，协助其他业务的开展。这一行为便于动态跟踪记录，也能够及时反馈居民对街道办事处内控信息提出的疑问，加强内部控制管理的数字化、精细化，促使街道办事处内控体系形成常态、系统。

（八）完善深圳 S 街道办事处内部控制的监督体制

内部控制活动实施效果通过内部监督得到反馈，内控制度的漏洞会在此监督下被发现，能够对内控体系进行进一步的完善。因此，组织内部应当建立审计岗位，专岗专责，同时还要借助体制内的力量进行审计，外部审计的力量也不可以忽视。

1. 设立内部审计岗位，专岗专责

街道办事处应对内部控制监督制度进行制定，同时配备相应的内部控制缺陷标准，对内部审计机构的独立履责进行明确，对内部监督方法、程序和要求进行规范。应当对内部控制及其实施情况的持续性和专项监督检查进行加强。在审计人员的配备上要尽可能地独立，使内部审计工作成为权威的代名词，不受其他因素的制约。

充分发挥内部审计自身作用，对各部门和工作站进行不定期抽查或日常检查，重点关注内控管理基础不好的部分，便于及时对问题进行发现并解决，以免出现难以解决的大问题。要使内部审计建设得到加强，建立内部审计科室，配备专门的审计人员，提高审计人员在街道办事处的职能地位，加强对经济业务方面的监督。在工作制度方面，需要对内部审计岗位的工作职责以文字的方式进行梳理后形成制度文件，并且将审计的流程纳入制度文件中。在审计过程中每个审计人员对自己审计的项目和环节负责，后期一旦出现问题可以追溯至相关责任人，使审计人员能够积极、认真地投入到审计工作中，真正地起到监督作用。

2. 借助体制内审计单位力量开展审计

除了设置街道办事处内部审计机构，还可以借助体制内其他审计单位的力量，建立贯通机制，使协同联动的监督被加强，监督检查办事处和辖区内工作站，特别是对直接与人民群众接触的窗口进行检查，在检查时可采用多种方式，包括专项调查或明察暗访，及早发现违法违纪问题，严肃处理，警示社会。

3. 建立重大项目外部审计制度

内、外部审计并重。S 街道办事处应对不能公开的信息和信息保密方式做一个明确，同时，在重大项目资金的使用上也可委托社会审计部门进行检查，看是否存在不合法的现象，有效对内部控制进行监督。监督当然也离不开外力，可以向内部控制结构方面权威的专家进行请教，寻求帮助，共同建设完善行政单位的内部制度体系。

——本案例资料参考：案例资料数据、深圳 S 街道办事处的网上资料

课后练习题

一、单项选择题

1. 下列有关固定资产不相容岗位和职务分离的说法中错误的是（   ）。

    A. 固定资产投资预算的编制与审批应做到职务分离

    B. 固定资产投资预算的审批与执行应做到职务分离

    C. 固定资产采购、验收与款项支付应做到职务分离

    D. 固定资产采购、验收与款项支付根据情况可以由同一人执行

2. 下列不属于行政事业单位固定资产内部控制的是（　　　）。

   A. 职责分工控制   B. 授权批准控制

   C. 维护保养制度   D. 不定期盘点制度

3. 行政事业单位内部控制主要有8种控制方法，分别是：不相容岗位相互分离、内部授权审批控制、归口管理、预算控制、财产保护控制、会计控制、（　　　）和信息内部公开。

   A. 绩效管理   B. 成本控制   C. 单据控制   D. 成本控制

4. 强调保证资产的安全和有效，就是要加强行政事业单位以（　　　）为中心的资产管理。

   A. 预算   B. 决算   C. 采购   D. 定期清查

5. 下列关于采购控制中采购方式的说法错误的是（　　　）。

   A. 大宗商品或服务等的采购应当采用招投标方式并签订合同协议

   B. 一般商品或服务等的采购应当采用招投标方式并签订合同协议

   C. 一般商品或服务等的采购可以采用询价或定向采购的方式并签订合同协议

   D. 小额零星物品或服务等的采购可以采用直接购买等方式

6. 下列各项中，属于行政事业单位建立与实施内部控制应当遵循的全面性原则的是（　　　）。

   A. 内部控制应当贯穿单位经济活动的决策、执行和监督全过程，实现对经济活动的全面控制

   B. 在全面控制的基础上，内部控制应当关注单位重要经济活动和经济活动的重大风险

   C. 内部控制应当在单位内部的部门管理、职责分工、业务流程等方面形成相互制约和相互监督

   D. 内部控制应当符合国家有关规定和单位的实际情况，并随着外部环境的变化、单位经济活动的调整和管理要求的提高，不断修订和完善

7. 行政事业单位应当加强货币资金的核查控制，指定（　　　）定期和不定期抽查盘点库存现金，核对银行存款余额，抽查银行对账单、银行日记账及银行存款余额调节表，核对是否账实相符、账账相符。

   A. 财务主管   B. 出纳人员

   C. 不办理货币资金业务的会计人员   D. 单位内部控制负责人

8. 行政事业单位工程项目投资的可行性分析评价标准更应关注（　　　）。

   A. 市场需求   B. 经济效益   C. 社会效益   D. 竞争优势

9. 下列不属于行政事业单位固定资产定期盘点制度作用的是（　　　）。

   A. 了解固定资产的放置地点和使用状况

   B. 发现是否存在未入账的固定资产

   C. 验证账面各项固定资产是否真实

   D. 了解固定资产是否属于单位所有

10. 下列不属于行政事业单位固定资产内部控制目标的是（　　　）。

   A. 促进单位关于固定资产招标、采购、使用、日常维护、处置等办事效率的提高

B. 确保固定资产会计信息的及时性和可比性

C. 保护行政事业单位固定资产的安全完整

D. 保证国家关于固定资产有关法规、政策和指令的贯彻执行,保证固定资产业务的合法性

二、多项选择题

1. 下列有关针对现金支出业务采取的常见控制有(　　)。

A. 会计主管或指定人员审查现金支出原始凭证数量、单价、金额、合计等有无漏洞,签发日期有无疑点,审核无误后,签章批准方可办理现金收付记账凭证

B. 主管会计或指定审查人员审查现金支付有无真实完整的原始凭证

C. 薪金的现金支出,应先由单位的人事部门编制薪金支付单,财务部门应根据人事部门主管签字同意的薪金支付单来提取和发放现金

D. 单位现金收入和超过库存限额的现金应及时送存银行,以保证现金的安全

2. 行政事业单位预算控制的方法主要有(　　)。

A. 预算管理组织控制　　　　　　　B. 授权批准控制

C. 预算工作岗位控制　　　　　　　D. 内部报告控制和内部审计监督控制

3. 下列有关行政事业单位固定资产控制的说法中不恰当的有(　　)。

A. 对需要办理产权登记手续的固定资产,行政事业单位应及时到相关部门办理

B. 财会部门也可以承担起固定资产管理的主体角色

C. 行政事业单位应当定期或不定期检查固定资产明细及标签,确保具备足够详细的信息,以便固定资产的有效识别与盘点

D. 行政事业单位固定资产的移动可以根据需要直接进行,无须得到授权

4. 行政事业单位工程项目控制的目标包括(　　)。

A. 确保建设单位工程项目管理活动的协调、有序进行,提高该项目的经济效益

B. 降低项目建设的风险

C. 确保国家有关法律法规和单位内部规章制度的贯彻执行

D. 防止并及时发现、纠正错误及舞弊行为,保护项目资产的安全、完整

5. 根据固定资产内部控制的目标并结合行政事业单位的特点,固定资产内部控制制度应遵循的原则有(　　)。

A. 风险导向原则　　　　　　　　　B. 不兼容职务相分离的原则

C. 成本效益原则　　　　　　　　　D. 单位负责人责任原则

三、判断题

1. 单位应当定期地进行现金盘点,这样足以保证现金账面余额和实际库存相符,不出差错。　　　　　　　　　　　　　　　　　　　　　　　　　　　(　　)

2. 由非出纳人员逐步核对银行存款日记账和银行对账单,并编制银行存款余额调节表这项控制可以防止单位某些人员套取利息。　　　　　　　　　　　　(　　)

3. 行政事业单位应当建立固定资产的维修、保养制度,保证固定资产的正常运行,提高固

定资产的使用效率。 （ ）

4. 行政事业单位应当严格执行固定资产投保范围和政策,对应投保的固定资产项目按规定程序进行审批,办理投保手续。但对于重大固定资产项目的投保,不用考虑采取招标方式确定保险企业。 （ ）

5. 单位对"小金库"的控制措施主要有:控制银行开户、控制各项收入和支出、建立健全举报有奖机制、加大惩处力度。 （ ）

四、简答题

1. 行政事业单位在评估单位层面的风险时,有哪些关注的重点?

2. 行政事业单位对实物资产和无形资产的管理的控制措施有哪些?

参 考 文 献

［1］财政部,证监会,审计署,银监会,保监会.企业内部控制基本规范,2008.

［2］财政部,证监会,审计署,银监会,保监会.企业内部控制应用指引,2010.

［3］王清刚.内部控制与风险管理[M].北京:北京大学出版社,2020.

［4］刘永泽.行政事业单位内部控制制度设计操作指南[M].大连:大连出版社,2013.

［5］方周文,张庆龙,聂兴凯.行政事业单位内部控制规范实施指南[M].上海:立信会计出版社,2018.

［6］王如燕.政府审计介入与国有企业经营表现关联度研究[J].审计文摘,2019(11):93-95.

［7］郝振平.COSO委员会新版《内部控制整合框架》的主要内容和实施策略[J].中国内部审计,2014(3):20-24.

［8］梁晟耀.全面风险管理实务操作指南:从SOX404到全面风险管理[M].北京:电子工业出版社,2015.

［9］胡晓明,许婷.公司治理与内部控制:Corporate governance and internal control[M].北京:人民邮电出版社,2014.

［10］陈芳.浅议行政事业单位内部控制制度的实施条件[J].管理观察,2013(30):29-31.

［11］财政部会计司.行政事业单位内部控制规范[M].北京:经济科学出版社,2013.

［12］事业单位会计制度研究组编写.事业单位会计制度讲解[M].大连:东北财经大学出版社,2013.

［13］中华人民共和国财政部制定.政府会计准则:基本准则[M].上海:立信会计出版社,2015.

［14］中华人民共和国财政部制定.行政单位会计制度2013[M].北京:中国财政经济出版社,2013.

［15］朱洁羽.行政事业单位派出机构内部控制问题研究[D].江西财经大学,2020.

综 合 案 例

案例 1 互联网企业内部控制分析——美团公司案例

案例公司概况

一、美团简介

美团的理念是"帮大家吃得更好,生活更好"。作为中国领先的生活服务电子商务平台,公司拥有美团、大众点评、美团外卖等消费者熟知的 App,服务涵盖餐饮、外卖、打车、共享单车、酒店旅游、电影、休闲娱乐等 200 多个品类,业务覆盖全国 2 800 个县区市。截至 2019 年 9 月 30 日,美团年度交易用户总数达 4.4 亿户,平台活跃商户总数达 590 万户,用户平均交易笔数为 26.5 笔。2018 年 9 月 20 日,美团点评(股票代码:3690.HK)正式在港交所挂牌上市。当前,美团战略聚焦 Food+Platform,正以"吃"为核心,建设生活服务业从需求侧到供给侧的多层次科技服务平台。与此同时,美团正着力将自己建设成为一家社会企业,希望通过和党政部门、高校及研究院所、主流媒体、公益组织、生态伙伴等的深入合作,构建智慧城市,共创美好生活。

二、美团的发展历史与现状

根据从美团官网收集的数据制成的表 1,清晰地显示了 17 年来美团的发展历程。

表 1 美团的发展历程

2003 年	大众点评网成立
2010 年	美团网成立
2012 年	推出电影票线上预订服务
2013 年	推出酒店预订及餐饮外卖服务
2014 年	推出旅游门票预订服务
2015 年	美团与大众点评进行战略性交易,更好地扩展到店餐饮及生活服务品质
2016 年	推出面向商家的服务,如聚合支付系统及供应链解决方案

（续表）

2017 年	国内酒店夜间量超过 2 亿
	为 3.1 亿名交易用户及 440 万名活跃商家提供了服务
2017 年	年度交易金额达 3 570 亿元人民币
	平台交易笔数超过 58 亿笔
	推出生鲜超市业务,进一步扩展即时配送服务至生鲜及其他非餐饮外卖类别
2018 年	美团点评发布"大众点评黑珍珠餐厅指南",包括国内 22 个城市,海外 5 个代表大都市,326 个顶级餐厅名单
	收购共享单车品牌摩拜单车,进一步增加我们向消费者提供的服务组合
	美团点评单日外卖交易笔数超过 2 100 万笔
	9 月,美团点评(股票代码:3690.HK)正式在港交所挂牌上市
	10 月,战略聚焦 Food＋Platform 并对组织体系进行升级
2019 年	5 月,美团点评正式推出新品牌"美团配送",并宣布开放配送平台
	7 月,美团点评单日外卖交易笔数超过 3 000 万笔

三、美团的组织架构

美团自 2015—2019 年进行了四次组织结构的调整与变更。在最近的一次调整中,美团的组织结构如图 1 所示,据调查显示,截至 2019 年,美团点评销售人员达 2.8 万人,占总人数 61%,研发人员达 1 万人。图 1 的组织框架图更清晰地显示了美团于 2018 年和 2019 年的组织结构及其变化。

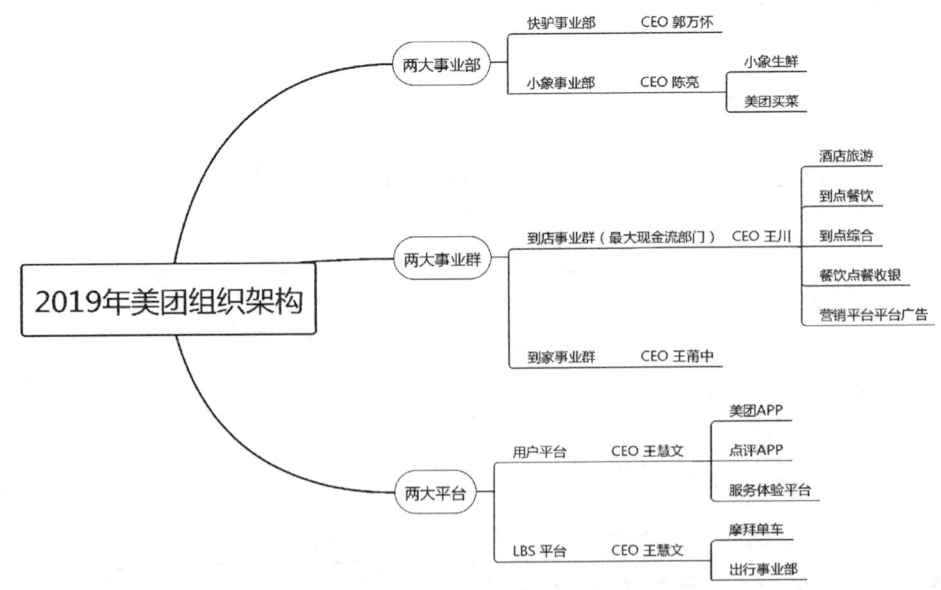

图 1　2019 年美团组织架构图

四、美团的企业文化及公司理念

美团的公司理念有如下四点：

1. 以客户为中心，帮客户解决问题，借此创造价值。

2. 合作共赢，只有各平台一起高效合作才能服务好我们的客户

3. 正直诚信，诚信经营是公司持续发展的根本，我们宁愿牺牲短期利益，来换取长期的成功。

4. 追求卓越，追求流程改进及效率优化以构筑成本领先的竞争壁垒。

五、美团争议事件

表 2 为美团自 2014—2018 年发生的比较重要的争议事件及其影响。

表 2　美团 2014—2018 年争议事件

序号	事件	时间	影响
1	**网购订餐罚单事件：** 2014 年 8 月起，杭州市市场监管局对众多餐饮平台的无证经营以及超经营范围等现象予以取证，并要求整改。 2014 年 11 月 29 日，杭州市市场监管局通报了网络订餐平台检查整治情况。时间为 1 个月，从各大网络订餐平台的整改情况看，整改效果并不理想，在两次约谈无果后对美团网开出了第一张处罚单	2014 年	在市场监管局对美团多家餐饮小作坊无证经营的情况进行约谈的 1 个月后，美团并没有采取任何整改，在开出罚单后检查人员仍然发现，美团外卖网发布的餐饮店信息中还有商家不具备从事餐饮外卖资格
2	**举报事件：** 美团点评的支付业务再次遭到了律师的举报，30 日下午，北京裕仁律师事务所发布消息称，"近日，由我所张亮律师代理的举报美团网涉嫌非法经营支付业务一案，中国支付清算协会已经受理立案，目前正在调查中。"	2015 年	多次的举报使美团陷入了信任危机
3	**招聘歧视事件：** 美团一名 HR 发布了一篇招聘启事。本来一则正常的招聘启事因为 HR 加了几个条件变成了赤裸裸的招聘歧视： ① 不要简历丑的； ② 不要研究生和博士生； ③ 不要开大众的； ④ 不要信中医的； ⑤ 不要黄泛区和东北人	2017 年	极具歧视性的招聘歧视条件激起众多网友不满
4	**悄然上架日本 APA 酒店事件：** 2017 年年初，日本 APA 连锁酒店在客房内放置右翼书籍事件在网络上曝光，引发中国民众强烈愤慨，国内旅行社和旅游平台随后全面停止与 APA 酒店合作。然而，2017 年 11 月 12 日，有网友却发现，去哪儿网与美团网"悄然上架"了 APA 酒店的预定服务	2017 年	本应该坚决抵制的酒店却悄然上架，引起了网友的不满，引发新一波的信任危机

（续表）

序号	事件	时间	影响
5	**资料泄露事件：** 2018 年 4 月，外卖平台客户资料泄露并被倒卖：软件自动扒取信息。来自美团等外卖平台的客户数据，10 000 条售价 800 元，5 000 条起售，"平均每条不到一毛钱。"	2018 年	信息泄露暴露了公司内部信息安全问题
6	**虚假报销：** 2018 年 5 月 11 日，美团管理层、阳光委员会联合发布致全体员工内部信，公布对于近期"虚假报销"员工自查的处理决定。行动中共有 440 名员工进行了自主申报，涉及虚假报销金额 32 万余元。美团高层认为这 440 名主动自主申报的员工体现了知错就改的"勇气"，只是给予他们警告处分，并不影响绩效和晋升	2018 年	在已经发现员工虚假报销的情况下，只是给予他们警告处分，并不影响绩效和晋升，反映了公司制度的散漫以及不规范
7	**"1200 元开三无店"事件：** 2018 年 9 月，中国之声关注了"花 1 200 元，没有营业执照、无食品经营许可证、无实体店"的三无黑外卖就能轻松上线美团的情况。对此，美团外卖回应称，此次黑外卖是由于审核不严导致的，未来将继续加强审核，对暴露出的问题进行整改	2018 年	由于审核不严导致的"没有营业执照、无食品经营许可证、无实体店"的三无黑外卖就能轻松上线美团的情况是对消费者饮食安全的轻视，造成了与消费者之间的信任危机，以及暴露了企业内部规章制度的不完善
8	**腐败事件：** 美团公告，2018 年 2 月至今，调查违纪类刑事案件 29 起，移送公安机关查处 89 人；其中，内部员工贪腐及其他违纪刑案 11 起，涉案员工 16 人，社会人员 14 人	2018 年	仅 2018 年至 2019 年年末，企业内部腐败人员众多，暴露了有关财务内部控制的缺失
9	**外卖纠纷杀人事件：** 2019 年 12 月 22 日 14 时，武汉洪山区一商场内，一名身穿美团外卖黄色骑手服的男子手持匕首在店铺内持刀伤人，身上还带有血迹从事发店铺中走到门外，安保人员过来对峙，该持刀男子且平静地喝了两杯水。 12 月 22 日 17 时 49 分，武汉市公安局洪山分局通过新浪官方微博发通报称，嫌疑人已被警方控制，系外卖配送员，与商场员工发生口角后将其刺伤，受伤男子已无生命体征。事发原因仍在调查，以警方公布为准	2019 年	2019 年年末，美团外卖员伤人事件震惊了众多网友，暴露的问题不仅仅是底层员工压力过大，对其要求过高的问题，也反映出企业内部上下结构信息沟通的缺失，忽视了底层员工的工作状态以及重要性

注：事件的资料来源为美团网。

讨论：

1. 结合美团案例，分析互联网企业内部控制存在哪些特点？

2. 根据美团的争议事件，结合内控五要素，分析美团内部控制存在哪些缺陷？内控失效的原因是什么？

3. 给出美团加强内部控制的对策措施。

案例2 民营企业内部控制分析——长春生物公司案例

案例公司概况

一、长春长生生物科技公司简介

长春长生生物科技有限公司是民营股份有限公司,其前身是长生生物科技股份有限公司,是长春新高旗下的子公司,于1992建立,是国家认定的高新技术企业,从事生物产品的研发和出售,企业配置先进的生产设备、研究中心和质量管理部。2003年,长春新高决定出售长春长生生物科技有限公司,出售对象正是当时公司的董事长高俊芳。长春长生生物科技有限公司以研发生产疫苗为主要业务,主要产品有甲型肝炎减毒活疫苗、冻干甲型肝炎减毒活疫苗、狂犬病疫苗、流感灭活疫苗等,公司牢牢掌控着我国疫苗市场份额,是最有竞争力的企业,同时公司已经将业务拓展到国外市场,将其产品销往日韩、美国、南美等国家和地区。

最近几年,国家相关机构在对长春长生科技有限公司进行例行检查时,发现其疫苗生产造假等问题。

二、事件回顾

2017年11月,国家药监局公布了百白破疫苗不合格产品,国家药监局接到中国食品药品检定研究院报告,在样品检测中查出长春长生制造的百白破疫苗不符合所规定的质量标准,存在质量问题。

2018年,长春长生生物科技有限公司内部员工举报,向相关政府机构反映所生产疫苗存在问题,2018年7月15日,根据举报,国家相关机构在监察中发现长春长生所生产的狂犬病疫苗存在记录造假的问题。2018年7月21日,长春长生生物科技有限公司被发现25万支"吸附无细胞百白破联合疫苗"检验不符合规定。2018年7月22日,从山东省疾病控制中心获悉,长春长生生物科技有限公司生产的流入山东的252 600支不合格百白破疫苗,全部查明。随后,时任国务院总理李克强做出批示,要严查此次事件的主要负责人,吉林省纪委对此次事件进行了深入追查,对包括高俊芳在内的18个相关人员进行了批捕。

三、企业内控概况

1. 组织结构

公司大多数高级职位被高俊芳一干人等掌控,形成了家族式经营。长春长生公司组织结构如图1所示。长春长生生物科技有限公司公司

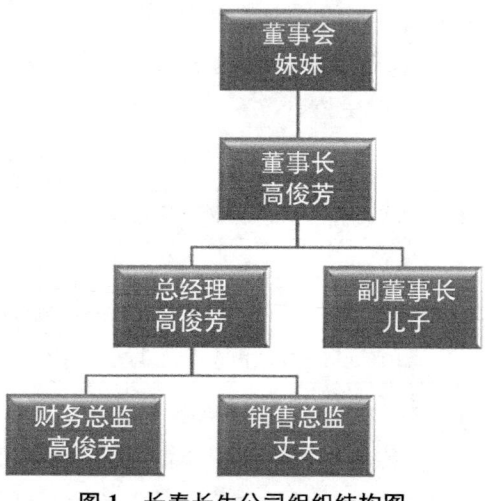

图1 长春长生公司组织结构图

董事长、总经理、财务总监都由高俊芳担任,同时,其儿子担任副董事长、副总经理,丈夫担任副总经理、销售总监,丈夫的妹妹担任董事;外甥女担任销售经理。其中高俊芳占有公司股份 18.1%,而她的儿子和丈夫占有公司股份的 33.7%。高氏家族成为企业的实际控制人,重要的职位都是自己的家人,管理层凌驾于控制之上存在很多的风险,权力得不到有效的监督和限制,企业内部控制形同虚设,使得徇私舞弊的机会大幅度升高。

2. 发展战略

表1　长春长生公司部分财务数据　　　　　　　　单位:亿元

指标	2015 年	2016 年	2017 年
营业收入	7.96	10.18	15.53
营业成本	1.78	2.13	2.09
销售收入	1.41	2.31	5.83
净利润	2.93	4.29	5.68

资料来源:国泰安数据库。

表2　2017 年各生物公司研发费用比率

可比公司	研发投入(亿元)	研发投入比
长春长生	1.22	7.87%
康泰生物	1.19	10.27%
沃森生物	3.33	49.87%
志飞生物	0.94	6.96%
平均数	1.67	18.74%

资料来源:国泰安数据库。

长春长生公司的营业收入从 2015—2017 年是以较大的幅度在增长,其净利润也是不断地在这三年里增加(表1)。然而,与销售费用相比之下,长春长生生物科技有限公司在研发费用上投入的资金却很少(表2),其把大量的资金投入到了销售费用上,跟其他的公司相比较下,长春长生公司的研发比少得可怜,不注重创新,只注重利益,是一种扭曲的发展战略。

3. 社会责任

表3　近几年发生疫苗事件

2007 年	北京华卫公司生产的问题疫苗,致使山西数名儿童死亡
2008 年	江苏延申公司生产的狂犬病疫苗不符规定
2009 年	大连金港安迪生物制药公司疫苗违法添加事件
2012 年	山东潍坊非法疫苗事件

资料来源:百度。

长春长生公司很早以前就出现过疫苗事件(表3)。然而,长春长生公司不引以为戒,早在 2014 年,长春长生公司所生产的产品就存在一系列的问题,有些疫苗已经过期,有些疫苗的生产周期不属实等。如今又曝出疫苗丑闻,所生产的狂犬病和百白破疫苗质量不合格,长春长生公司没有正确认识其中的关系和承担应有的社会责任,没有把产品质量放在第一位而是单纯地追求利益的最大化。

4. 信息沟通

在内部信息沟通方面,企业的内部信息由企业高层发布,层级传递,信息沟通模式单一,企业下层职员不能快速、准确地了解企业的状况。各部门之间并没有过多的信息交流,各部门无法及时掌握到与公司相关的重要信息。

在外部信息沟通方面,长春长生公司在 2017 年《内部控制自我评价报告》中表明,公司在财务方面建立了完善的财务制度,公司披露的是正确的、完整的企业信息;公司在内部控制方面不存在缺陷,企业经营状况良好。然而,事实并非如此,长春长生公司存在隐瞒公司不良信息的严重问题。从 2017 年财务报表的应收账款部分查证可以了解到,长春长生财务报表中留有大量的坏账,其中,有将近 8 000 万元的 4 年以上的坏账。而其中 5 年以上的坏账准备达到了 7 千多万元,企业一共存在一个多亿元的坏账(表 4)。如此高的坏账比例说明公司的现金流动性差,财务存在较大的问题,但是在其自评报告中却没有反映这一状况。

表 4　自我评价报告

账龄	期末余额		
	应收账款	坏账准备	计提比例
1 年以内分项			
0～6 个月	625 928 649.08		
7～12 个月	21 073 471.09	1 053 673.55	5.00%
1 年以内小计	647 002 120.17	1 053 673.55	5.00%
1 至 2 年	83 436 357.95	8 343 635.80	10.00%
2 至 3 年	89 679 782.93	26 903 934.88	30.00%
3 至 4 年	13 075 657.42	6 537 828.71	50.00%
4 至 5 年	6 466 673.34	5 173 338.67	80.00%
5 年以上	71 850 459.38	71 850 459.38	100.00%
合计	911 511 051.19	119 862 870.99	

5. 内部监督

从长春长生公司的疫苗生产流程来看,生产中的多个步骤、每一个环节都应当起着监督制约的作用,但是,这样的生产流程却没有查出疫苗的问题,实在是匪夷所思。更令人难以置信的是在 2017 年,国家相关部门机构对长春长生生产的疫苗抽样检验中发现该企业生产的百白破疫苗效价不合格,在 1 年时间内第 2 次被发现产品生产质量问题,但是企业内部监督却没有能够发现问题,长春长生公司在内部监督方面存在着很大的缺陷和漏洞。

讨论：

1. 结合内部控制18条指引,分析案例企业内部控制失效的各个层面上的原因?
2. 给出加强民营企业内部控制的对策措施。

案例3 股份企业内部控制分析——苏宁易购公司案例

一、背景介绍

苏宁易购集团股份有限公司,1990年创立于南京,2004年7月在深圳证券交易所上市,成为IPO家电连锁第一股,是中国领先O2O智慧零售商。2013年6月苏宁线下全部门店与苏宁易购同品同价,2014年实现全品类经营,全方位服务,经历了综合连锁时代(苏宁电器1999—2008年),＋互联网(苏宁易购2009—2012年),互联网＋(2013—2015年),智慧零售(2015开始)。苏宁易购经历了两次更名,三次创业。2013年由苏宁电器更名为苏宁云商,2018年更名为苏宁易购。一次创业(1990—1999年),业务经营范围为空调零售,一次创业期间在南京创建第一代物流配送中心;二次创业(1999—2009年),业务范围为综合电器全国连锁,2005年建设完善网上购物商城,2009年业务延伸海外,融入国际化竞争行列;三次创业(2009年至今),2009年公司实现网上平台建设和销售,从家电连锁零售到线上线下O2O多品类零售(表1),主营自有品牌,苏宁易购开启了电子商务发展时代。2019年6月底,苏宁易购注册会员4.42亿户,移动端订单占线上整体订单比例92.54%。2018年苏宁线上线下智慧零售系统正式形成。2019年2月,苏宁收购万达百货下属全部37家百货门店,2019年苏宁易购收入亿元,现今成为与阿里、京东并肩的国内顶级平台前三强全球500强。

表1 苏宁易购O2O商业模式

一体	互联网、物联网、大数据、人工智能为主体	采购、销售、支付、服务、物流
两翼	O2O全渠道运营	线上线下融合
	线上线下开放平台	
三云	物流云	半日达、急速达、一日三送
	数据云	大数据分析、管理,精准营销
	金融云	易付宝、任性付
四端	POS端(门店端)	苏宁易购门店
	移动端	苏宁易购APP
	电视端(家庭端)	PPTV智能电视
	PC端	电脑端

价值主张	线上线下购物与体验结合
核心资源	强大电子商务系统
收入组合	销售、广告

数据来源：文献资料整理。

　　苏宁易购运用互联网、物联网、大数据和强大的电子商务系统化，持续推进智慧零售和线上线下融合战略，全品类经营、全渠道运营、全球化拓展，开放物流云、数据云和金融云，通过门店端、PC端、移动端和家庭端的四端协同，实现无处不在的一站式服务体验，对互联网下企业向O2O模式转型做出了示范。电商企业注重的是流量和品牌的线上升级，收入主要通过提升流量实现，苏宁、京东、天猫三家电商线上流量增速最快达到216％。O2O模式即电商向实体渠道延伸，苏宁易购将传统的零售业整合得更加便捷。在价值主张上创新，打通线上线下界限，形成环闭，基于大数据挖掘出用户消费行为习惯，从3C产品到全品类营销，通过物流、金融、数据全方位助力，深层次满足顾客的多种需要需求，全渠道打造智慧零售，打造具有影响力的中国品牌，实现自身价值。

　　互联网信息技术促使公司商业运营模式发生巨大变化，苏宁易购在完成升级转型期，受惠于互联网的同时，也伴随着风险的对抗，公司的内部控制需要做出相应调整，通过应用COSO内部控制框架和内部控制要素对网络带来的风险进行分析，制定积极有效内控管理目标，不断完善公司内部控制体系建设，以应对互联网发展的时代变化。

二、组织构架

　　组织构架与公司战略交互作用，随公司战略而改变，合适的组织构架使工作和任务职责清晰，对企业的经营管理进行有效的监督，保障企业信息畅通流转。苏宁易购依照《公司法》《上市公司治理准则》等相关规定的要求，设立董事会、董事会审计委员会，建立健全公司董事及高级管理人员考核管理管理制度，确保董事会对高管层的有效监督。苏宁易购始终严格遵守法律法规，确保产品与项目的合规性，保障业务环节有序稳健运营。

　　苏宁易购组织构架中管理总部设置五个，包括连锁开发管理、服务物流管理、市场营销管理、财务信息管理和人事管理总部等，它们负责公司总体规划和建设。

　　经营总部设置三个，包括连锁平台、电子商务和商品经营总部。它们负责产品经营。

　　电子商务总部设八个事业部，包括网购、移动购物、本地生活、商流、金融产品、数字应用、云产品和物流。

　　苏宁易购组织构架依托互联网现代化信息技术形成平台共享，实行垂直管理，形成公司线上线下高效管理运营模式，并且这种构架赋予各级业务部门不同的职责使用空间，避免集权弊端；同时，在公司内部控制体系"四道防线"管理平台保障下，能够及时应对内控风险挑战，保障企业健康发展。苏宁易购业务经营与组织构架如图1所示。

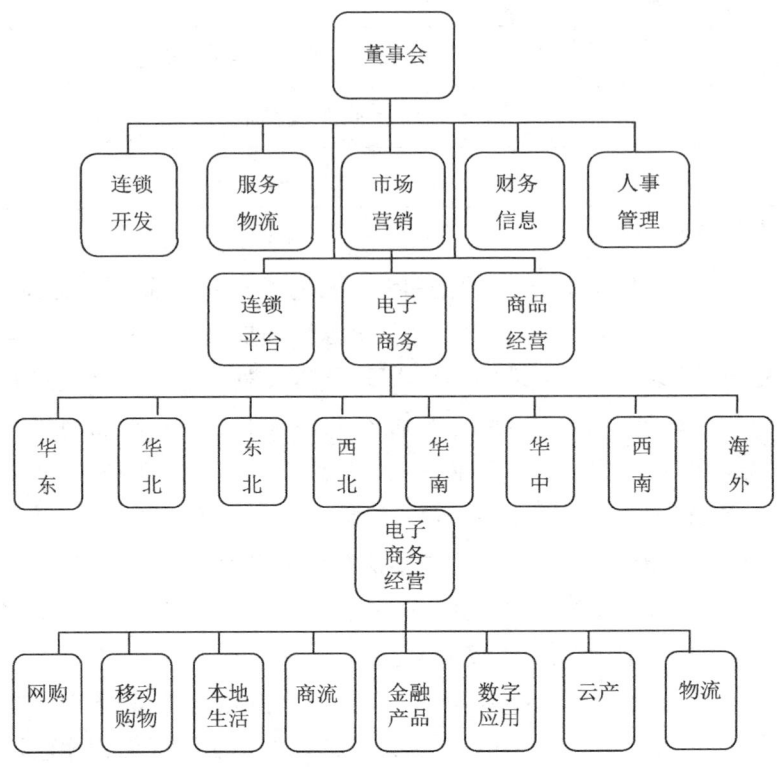

图 1　苏宁易购业务经营与组织构架

三、财务状况

自 2004 年 7 月苏宁易购在深圳证交所上市以来,其营业收入呈上涨发展,2018 年其销售规模 3 367.57 亿元,线上不含税交易规模达 2 083.54 亿元。苏宁易购目前已经成为中国主要电商零售平台。

1. 盈利能力分析

盈利能力相关指标计算结果如表 2 所示。盈利能力是衡量企业通过经营获得利润的能力,盈利能力高低一般由利润衡量,具体包括净资产报酬率、总资产报酬率和销售利润率。

表 2　苏宁易购 2013—2018 年盈利能力分析表

项目	2013 年	2014 年	2015 年	2016 年	2017 年	2018 年
销售净利率	0.10%	0.76%	0.56%	0.33%	2.15%	5.16%
总资产报酬率	2.70%	4.23%	4.27%	2.95%	5.37%	8.89%
净资产报酬率	7.74%	11.78%	11.79%	5.78%	10.09%	20.09%

数据来源:公司年报数据。

2013—2018 年苏宁易购盈利能力逐年上升,2016 年下滑,原因是线上线下同价使得线下实体店损失较多毛利润,加之同行业竞争价格大战,部分实体店微利或亏损,经过一年的调整,2017—2018 年苏宁易购盈利能力快速提高,苏宁易购凭借 O2O 智慧零售,实行线上线下联动优势,收入规模快速增长,销售净利率稳步提升,企业盈利能力较好。

2. 偿债能力分析

偿债能力相关指标计算结果如表 3 所示。偿债能力是企业用资产偿还债务的能力,企业是否有足够的资产和未来现金流支付将要到期的债务,影响到企业的生存和发展。偿债能力一般用流动比率、速动比率、产权比率和资产负债率等指标衡量。

表 3 苏宁易购 2013—2018 年偿债能力分析表

项目	2013 年	2014 年	2015 年	2016 年	2017 年	2018 年
流动比率	1.23%	1.20%	1.24%	1.34%	1.37%	1.41%
速动比率	0.81%	0.82%	0.93%	1.11%	1.08%	1.17%
产权比率	1.89%	1.78%	1.76%	0.87%	0.80%	1.26%
资产负债率	0.65%	0.64%	0.64%	0.49%	0.47%	0.56%

数据来源:公司年报数据。

流动比率和速动比率体现企业到期还债的能力,指标越大短期偿债能力越强。公司流动比率 2014 年较 2013 年下降 0.03 个百分点,速动比率 2017 年较 2016 年下降 0.03 个百分点,说明公司存货量较大,此时公司应采取办法,减少库存,增加资金流动。总的来说,公司短期偿债能力较强。资产负债率 2013—2017 年逐年递减变化较小,说明公司资金周转能力较强,2018 年较 2017 年下上升 0.2 个百分点,说明资金周转能力稍有减弱。产权比率 2017 年较 2016 年下降 0.07 个百分点,主要原因一是公司开展投资理财,计入其他流动资产的余额相较于期初减少,另一原因为公司盈利能力提升,未分配利润余额增加。为保证公司持续经营,公司应及时调整指标,降低风险。

3. 营运能力分析

营运能力相关指标计算结果如表 4 所示。营运能力是衡量企业利用资产的效率与效益,体现在资产周转速度上,一般用应收账款周转率、存货周转率和总资产周转率等指标衡量。应收账款周转率 2013—2015 年呈上升状态,说明资产流动性强,公司营运能力较强。2016—2018 年呈快速下降趋势,主要是公司加快拓宽销售渠道,客户增加,天猫货款和合并天天带来应收款回款缓慢,资产流动性较弱,公司营运能力降低。2013—2018 年存货周转率大体呈递增状态,说明存货转为现金速度较快,企业营运能力较强。2013—2018 年总资产周转率增速缓慢,原因为公司业务发展,可供出售金融资产公允价值增加。

表 4 苏宁易购 2013—2018 年营运能力分析表

项目	2013 年	2014 年	2015 年	2016 年	2017 年	2018 年
应收账款周转率(次)	108.43	180.90	218.18	164.38	107.46	62.82
存货周转率(次)	5.03	5.38	7.72	8.96	9.80	10.20
总资产周转率(次)	1.33	1.32	1.59	1.32	1.28	1.37

数据来源:公司年报数据。

四、主要业务环节内部控制现状

内部控制是衡量企业管理的重要标志,得控则企业强,失控则企业弱。苏宁易购作为O2O平台,直接面对消费者并为其提供商品和服务,在这种商对客的模式下,苏宁易购积极调整和完善企业内部控制管理,现从管理信息系统、采购、存货、销售、人力资源五个方面探究苏宁易购内部控制现状。

1. 管理信息系统

电子商务是在互联网开放环境中运作的新商业模式。管理信息系统不仅可以帮助经营者对公司进行更有效经营,还可以对公司内部控制实行有效管控管理。信息系统管理已成为当今苏宁易购经营风险重要组成部分。苏宁易购内部管理信息系统主要由采购、仓储、销售、财务、人力资源和客户服务六大子系统构成,各系统分工明确,责任明晰。管理信息系统以苏宁官方商城平台为支撑,为消费者营造了良好的购物环境。2018年苏宁易购"科技苏宁,智慧服务"战略落地,建立从前台产品、后台运营、内部管理一体化的信息化体系,实现商品、供应链、金融支付、物流服务、市场推广等全流程实时在线管理。

表5 苏宁易购信息管理系统内部控制策略

子系统	系统功能	执行部门
采购管理系统	在电子商务平台发布采购信息根据采购计划选择供应商,经审核后将供应商信息录入系统,开始网上订货采购,最后核对订单信息	采购部
仓储管理系统	根据采购订单信息生成收货单,根据退换货信息生成退货单	仓储部
销售管理系统	负责核对商品信息,生成销售订单	销售部
财务管理系统	负责全部业务流程中收付款环节	财务部
人力资源管理系统	负责员工规划、考核、薪酬福利和培训	人力资源部
客户管理系统	负责产品销售售后服务工作,处理客户投诉	客服中心

由表5可以看出,苏宁易购业务信息管理系统主要由采购管理信息系统、仓储管理信息系统、销售管理信息系统、财务管理信息系统、人力资源管理信息系统、客服管理信息系统由六个子系统构成,由采购部、仓储部、销售部、财务部、人力资源部具体操作执行,系统功能健全、权限清晰,各系统既独立又互相关联,共同完成苏宁公司商品采购、存货、销售、财务核算和人员管控任务,对信息系统制度管理、运营管理和风险管理等实施有效内部控制。

系统制度管理。苏宁公司制定全面的信息安全管理体系,规定各管理信息系统工作范围、工作原则,设立系统管理员,明确各管理信息系统人员岗位职责,规定不同岗位员工对系统的操作有不同的权限,离岗员工终止访问系统权限并及时销户。

系统运营及沟通管理。系统运营中信息技术部对业务工作实施过程进行信息全程跟踪监控,同时苏宁易购通过建立SAP、B2C系统,SOA办公系统,SACS等先进的信息系统支持业务发展和信息有效沟通。

2. 采购环节

采购是苏宁易购生产经营的起点,采购物资的质量、价格、合同订立等环节,在很大程度上决定苏宁易购健康可持续发展,虽然采购流程不是很复杂,但是蕴藏着较大风险。苏宁易购采购目标是低成本、高份额、高效益,采取集中采购、分销中心销售部负责所有货源、直供合作方式。其采购流程为:采购部门根据采购需求计划输入采购信息,确定采购渠道(供应商),订立采购合同,信息管理中心对采购供应过程进行有效跟踪,采购物资部门检验接收,会计信息系统记录资金和实务情况(表6)。

表6 苏宁易购采购环节内部控制策略

采购环节内部控制					
采购计划	供应商	采购合同	采购过程	验收	会计控制
控制点					
符合实际需求结合库存科学采购	本着低成本高份额高效益择优确定	符合法律法规要求明确双方权利和责任	合同履约中巡视跟踪	采购合同发票核对合格入库否则退货	加强预、应付账款管理

(1)采购计划控制

苏宁易购通过电子信息系统,根据公司发展目标,通过需求预测,利用上年采购数据、结合本年实际需求、库存等情况,科学制定本年度采购需求计划。采购计划通过信息管理系统递交审核部和财务部审核,防止出现超预算和采购商品数量过高或过低情况。通过审核的采购计划交由采购部实施。苏宁易购对采购人员把控严格,促进采购决策专业化管理。

(2)选择供应商控制

苏宁易购建立健全供应商网络目录,并通过信息管理系统对供应商资质、信誉的真实性和合法性进行审查,供应商信息管理系统对供应商提供商品质量、价格、供货条件进行实时监督管理与考核评价,优胜劣汰,采购部按照公平公正的原则,与优胜供应商签订供货协议,并在信息管理系统中作出相应记录,审计部门对系统进行管控监察。苏宁易购建立自己商品生产基地,有效减少流转环节,同时节约了成本。

(3)采购过程控制

为确保采购过程可追溯性,苏宁易购采购过程实行信息化管理,采购部在管理信息系统中输入审核批准的物资采购信息,信息管理系统中心将订单传递给采购部,并通知供应商发货,审计和财务部,对采购过程作出审计稽核,保证采购过程中物资安全。

(4)验收环节控制

苏宁易购有明确的采购验收标准,供货商将采购单上货物配送到指定仓库,仓库人员通过管理信息系统必检物资目录进行检验,根据采购合同、发票等核对物资数量、规格型号一致,经验收合格货物,验收人员出具验收单,并在信息管理系统中填写入库凭证,确定收货,再通过信息系统把入库凭证传递给财务部。在验收过程中发现的不合格货物,仓库人员通过信息系统将信息反馈给采购部,在管理信息系统中办理退货、赔款等事项。

（5）预付款和应付账款的控制

相关指标计算结果如表 7 所示，苏宁易购 2013—2018 年预付款项和应付账款占采购资金比例两项之和低于 80%，2013 年苏宁易购成立商品经营总部，实现线上线下统一采购，预付账款占比呈上升状态，这是因为公司为进一步加强与供应商的合作与支持，使供应商与公司实现互利双赢，应付账款占比呈下降趋势，表明公司对供应商资金占用比例提高。

表 7　苏宁易购 2013—2018 年采购资金构成表　　　　　单位：%

苏宁易购	2013 年	2014 年	2015 年	2016 年	2017 年	2018 年
应付款项(%)	52.85	55.45	55.31	53.05	52.69	50.00
预付账款(%)	8.68	8.63	14.47	18.96	15.07	21.98
存货(%)	38.47	35.92	30.22	27.99	32.25	28.02
合计	100	100	100	100	100	100

数据来源：公司年报数据。

（6）应付账款天数控制

相关指标计算结果如表 8 所示，应付账款天数是对供应商还款所需要的时间，它是评价公司日常经营的指标，可用应付账款周转天数来评价，周转天数越短，公司信誉度越高。苏宁易购 2013 年应付账款周转天数明显下降，2015—2018 年维持在一个平稳状态，说明公司对于供应商资金比例也在提高，占用大量供应商的资金，虽然公司减少了对自身营运资金的投入，缺点是存在供应链断裂风险。

2017 年随着供应链融资业务的开展，苏宁易购升级原有付款账期，采用多种支付方式，加快了对供应商应付账款和应付票据支付速度，与供应商建立了良好的供求关系。虽然 2016 年苏宁易购应付账款周转天数明显下降，2017—2018 年维持平稳状态，但对公司发展后产生了不利影响。

对比步步高和国美电器，2018 年苏宁易购应付账款周转天数较 2013 年降低 25%，虽然国美电器降低 2%，但周转天数比苏宁易购多 23.22 天。步步高应付账款周转天数增加 4%，周转天数 85.29 天，比苏宁易购少 5.05 天，苏宁易购要引起重视，及时采取有效的内部控制管理办法和措施，减少应付账款的周转天数（表 8）。

表 8　2013—2018 年应付账款周转天数对比表　　　　　单位：天

项目	2013 年	2014 年	2015 年	2016 年	2017 年	2018 年
苏宁易购	120.33	110.12	84.75	92.80	93.56	90.34
国美电器	115.19	116.18	111.94	112.18	114.29	113.56
步步高	82.47	87.26	85.30	83.48	87.64	85.29

数据来源：上市公司年报数据。

同行业国美电器占用供应商资金远高于苏宁易购，说明国美电器供应链改革力度不如苏宁易购，供求关系需加改善。提高应付账款占采购资金比例，降低应付账款周转天数是苏宁易购在采购环节应防范的内控风险。

3. 存货环节

(1) 存货环节内控流程

采购与付款环节之后进入存货环节,随着销售与收款环节中产成品的销售结束,贯穿整个生产经营过程。存货主要包括原材料在产品、产成品、半成品、商品及周转材料和企业代销存货。在互联网电子商务模式下,苏宁易购充分利用计算机信息管理系统,强化会计和出入库相关记录,确保资产流动性强的存货管理环节全过程的风险得到有效控制,确保资产的质量。存货主要流程:取得存货、验收入库、仓储保管、领用发出、包装、盘点、销售。苏宁易购存货环节内部控制策略如表 9 所示。

表 9　苏宁易购存货环节内部控制策略

存货环节内部控制			
采购验收	仓储	领用	存货处置
控制点			
确认购单、订单、与供应商发票核对一致;验收外购、自制存货数量、质量、型号等	不同仓库流动出入库手续,物流及时.对库存记录日巡和定期检查	存货准出制度、领用记录	存货周转、损毁、变质等及时报告制度

(2) 采购验收环节控制

从采购环节管理信息系统中传输下达的采购订单,需要在存货环节得到确认和验收,确认购单、订单、与供应商发票一致,验收及外购、自制存货数量、质量、型号等与购单数据一致。在确认无误情况下,仓储管理信息系统生成收货单,在管理人员审核监督下完成货品入库。如果确认有误,不符合订购合同规定要求的,需要通过信息管理系统办理退、换货。货品出库先在信息管理系统上形成销售单和出货单,经管理人员审核后方可出库。

(3) 仓储环节控制

电子商务中存货环节需要借助信息系统完成商品的包装、运输、仓储、配送。仓储和物流是企业核心竞争力,此环节物流属于生产物流(即生产工艺中的物流活动,从一个存储点(仓库)流入另一个生产单位,体现物料实务形态的流转过程)。苏宁易购商品库存使用物流执行系统(LES),采用分类管理法(ABC)对商品进行管理。在物流内部风险管控上,苏宁易购依靠管理信息系统大数据,实时掌控存货移仓和产品销售量数量,对移仓和销售两种流动做出不同出库手续记录。仓储部门管理人员将仓移数量、方向等上报管理部门批准后方可移仓。仓储部门管理人员对库存作出日巡记录,并在内审部门监督下定期对库存记录抽检。

(4) 领用环节控制

苏宁易购制定严格的存货准出制度,明确存货发出和领用的审批权限。经过审批领料单或发货通知,通过管理信息平台严格审核名称、计量单位、规格后准予领用或发出。

(5) 存货处置环节控制

由于苏宁易购为全品类电商,货品品种繁多,货品存储都有特定位置,并贴有条形码以便仓储管理人员扫码识别,每件存货条形码都记录在管理信息系统中,存货位置发生改变,系统会自动识别,同时信息系统仓储数据自动更新,对存货有变质、毁损的分析原因,按报废或流失流程在信息系统中上报,得到审批后做相应处理。仓储存货定期盘点,盘点结果及时编制成盘点表,并形成书面报告报给内审部。

(6)存货周转能力控制

相关指标计算结果如表 10 所示,2013—2016 年苏宁易购存货占资产的比重呈下降趋势,从 2013 年的 40.48％下降至 2016 年的 10.49％,2017 年略有增长,2018 年比 2016 年增长 0.07％,增长比率不大。

表 10　苏宁易购 2013—2018 年存货占总资产比重表

苏宁易购	2013 年	2014 年	2015 年	2016 年	2017 年	2018 年
存货(亿元)	336.2	316.7	246.8	143.92	185.51	223
资产总计(亿元)	830.44	821.94	880.76	1 371.67	1 572.77	1 994.67
所占比重(%)	40.48	38.53	28.02	10.49	11.8	11.17

数据来源:公司年报数据。

2017 苏宁易购存货占总资产比重降低 6％,能说明公司存货的流动性越强,存货可变现金的速度就越快,对公司的发展也会更有利。

存货周转天数体现库存商品的周转速度,反映公司的运营效率以及存货变现的能力。存货周转天数与公司的变现能力呈反比,天数越少,变现越快。相关指标计算结果如表 11 所示,2013—2018 年苏宁易购存货周转天数从 71.54 天下降到 35.28 天,说明转型后的苏宁易购完善了物流体系,利用大数据掌控库存数量,使存货处在可控制范围。

2013—2015 年国美电器存货周转天数逐年增加,库存周转速度缓慢,主营业务收入增长缓慢,2015—2016 年公司经历转型后存货周转天数继续上升,效果不如苏宁易购,公司如果想要维持正常的经营,重视库存同时,也要降低存货周转天数(见表 11)。步步高目前仍属于快速扩张阶段,公司需要投入一定量的资本,主营业务收入增长比较缓慢,使得存货周转速度减慢,步步高未来如果维持正常的经营,需要加大对产品进行储存,保证存货数量,这样就可以缩短存货周转时间,减少存货周转天数。

表 11　2013—2018 年存货周转天数对比表 单位:天

项目	2013 年	2014 年	2015 年	2016 年	2017 年	2018 年
苏宁易购	71.53	66.90	46.63	40.17	36.73	35.28
国美电器	44.45	42.92	49.02	74.74	70.41	64.56
步步高	55.11	57.6	49.28	58.8	55.55	54.51

数据来源:公司年报数据。

苏宁易购通过加强商品研究,合理布置库存的储备量,存货周转速度持续加快,目前苏宁易购存货环节控制流程合理完善。

4. 销售环节

（1）销售环节内控流程

销售是企业进步的重要因素,也是企业实现利润的重要环节。苏宁易购销售控制环节流程为销售计划、市场开拓与信用管理、客户的订单、销售定价、销售谈判、订立销售合同、组织发货、会计系统控制、收款和客户服务。下面主要介绍销售计划、发货、销售合同和客户服务的内部控制(见表12)。

表 12　苏宁易购销售环节内部控制策略

销售环节内部控制				
销售计划	销售合同	发货	客户服务	会计信息系统
控制点				
结合企业资金订单市场需求	订立合同的合理性和有效性	发货和装运准确及时	建立客户服务中心.退货	应收账款及账期管理

1）销售计划的内部控制。苏宁易购根据公司发展战略和年度生产经营计划,结合企业资金情况,利用大数据,借助管理信息系统,汇总客户订单信息、区域销售额、市场需求预测,分析内外部因素,制订年度销售预算计划,预算计划上报审核审批,年度预算计划形成。

2）发货环节内部控制。发货是实物资产流出企业的直接环节,只有实现正确的发货,才能收取货款。

3）销售管理系统核对商品信息后,生成销售通知单,交仓储部,仓储部在规定时间内备货并组织物流发货,把货物安全交给客户,并得到客户验收确认。销售合同内部控制。合同条款符合市场规则又符合公司发展战略,保护双方合法权益,最大限度降低无效资源投入。

4）客户服务内部控制。苏宁易购建立客户服务中心,立足线上线下两大信息平台,以提升服务效率为目的,为客户打造极致服务体验。在电子商务背景下,苏宁易购通过商务平台精准对接来完成退货,全面保障了消费者利益,顾客满意度也得到全面提升。

（2）应收账款控制流程

相关指标计算结果如表13所示,应收账款对销售环节起决定性作用,2013年苏宁易购应收账款维持在3.31%,随着线上线下的融合,优化供应链,关注售后服务,提升了与供应商的合作,使得营运资金明显提升,2018年应收账款占比达到16.41%。

表 13　苏宁易购 2013—2018 年销售资金构成表

苏宁易购	2013 年	2014 年	2015 年	2016 年	2017 年	2018 年
存货(%)	90.05	83.93	83.98	79.09	79.39	67.47
应收账款(%)	3.31	2.80	4.23	6.06	10.22	16.41
应收票据(%)	0.00	0.00	0.03	0.18	0.08	3.84
预收账款(%)	2.50	7.60	5.89	8.81	6.38	5.96
应交税费(%)	4.14	5.67	5.86	5.86	3.91	6.32
合计	100	100	100	100	100	100

数据来源:公司年报数据。

　　企业确认应收账款到账款变现的时间为应收账款周转天数,天数越低,资金的利用率越大。应收账款周转天数是评价公司经营能力的重要指标,在销售环节,尤其要注意应收账款天数,天数越多会降低账款周转速度,可能会导致公司周转能力变弱,使公司营运能力变弱。

　　相关指标计算结果如表14所示,苏宁易购应收账款周转天数2014年比2013年下降40%,2016年有一定程度的提升,但程度不大,2017—2018年继续提升,2018年较2017年提高74%,增长幅度显著。

　　2013—2018年国美电器、步步高应收账款周转天数呈降低趋势,说明公司营运能力较强。

表14　2013—2018年应收账款周转天数对比表　　　　　　　　　单位:天

	2013 年	2014 年	2015 年	2016 年	2017 年	2018 年
苏宁易购	3.32	1.99	1.65	2.19	3.35	5.83
国美电器	1.43	1.53	1.27	0.76	0.88	0.96
步步高	2.21	2.08	2.11	2.69	2.18	1.50

数据来源:上市公司年报数据。

　　2013—2018年苏宁易购应收账款周转天数呈上升趋势,且上涨较为明显,周转天数增加,说明公司流动资金的使用较弱,不得不通过借债等方式弥补营运资金,导致公司财务状况的不确定性上升。

　　在销售环节苏宁易购应收账款周转天数慢,导致应收账款周转率降低、公司营运能力弱。苏宁易购在应收账款管理上,注意保证账款及时回收,防范内部控制风险发生。

5. 人力资源

　　人是企业最大的资本,也是企业最大的负担,企业生产经营活动是靠人来实现的,人力资源决定企业生存和可持续发展。苏宁易购秉承人力资本比货币资本更重要原则,实现与员工共创、共当、共享,激励员工成长成功。人力资源内部控制主要是人力资源规划、薪酬激励,培训制度。苏宁易购人力资源内部控制策略如表15所示。

表15　苏宁易购人力资源内部控制策略

人力资源环节内部控制		
人力资源规划	员工激励	员工培训
控制点		
人力资源供需平衡促进企业成本效益增长	绩效、持股计划	自主培养内部提拔

　　(1) 人力资源规划控制。从传统的零售到智慧零售企业,信息技术已经成为苏宁易购转型发展的基础支撑,苏宁易购在云计算、人工智能、大数据领域通过苏宁易购数据平台招聘方式,引进成熟人才,吸收顶尖院校毕业生,并建立人才储备数据库,支撑苏宁的转型发展,公司制定中长期规划,坚持"自主培养,内部提拔"人才培养方针。

（2）员工激励内部控制。苏宁易购在薪酬方面为员工提供多重保障,员工社会保险覆盖率100%。2018年苏宁易购通过第三期员工持股计划,中层管理员工和业务骨干是持股计划最大受益人,充分体现苏宁"求才若渴"愿望,也让更多员工享受到公司发展的红利。

（3）员工培训内部控制。苏宁易购聚焦智慧零售发展,全力打造学习型组织,建立苏宁互联网化的混合学习模式,开展电子商务专业培训,实现多场景、训练式、大中台模式培训,苏宁大学2.0平台定制培训,E-learning在线学习,云店学习平台,苏宁课堂。实现7×24小时自主学习。2018年苏宁人均培训学时89小时,培训人次390万人,苏宁培训人才、为智慧零售持续优化发展奠定基础。

讨论：

1. 对案例企业主要业务环节内部控制进行评价。
2. 分析案例企业各业务环节内部控制存在哪些问题？
3. 给出加强案例企业内部控制的对策建议。

课后习题参考答案

第一章课后练习题参考答案

一、单项选择题

1. C	2. C	3. B	4. A	5. A
6. B	7. D	8. B	9. C	10. D

二、多项选择题

1. ABCD	2. BC	3. ABD	4. ABCD	5. ABCD

三、判断题

1. ×	2. √	3. √	4. √	5. ×

四、简答题

1. 内部牵制阶段、内部控制系统阶段、内部控制结构阶段、内部控制整合框架阶段、风险管理整合框架阶段。

（1）内部牵制阶段。特点：是以任何个人或部门不能单独控制任何一项或一部分业务权力的方式进行组织上的责任分工，每项业务通过正常发挥其他个人或部门的功能进行交叉检查或交叉控制。

（2）内部控制系统阶段。特点：将内控分为会计控制和管理控制两部分，资本主义经济快速发展、所有权与经营权进一步分离。

（3）内部控制结构阶段。特点：一是首次将控制环境纳入内部控制的范围。二是不再区分会计控制和管理控制，而统一以要素来表述。这一阶段的内部控制融会计控制和管理控制于一体，从"系统二分法"阶段步入了"结构三要素"阶段。

（4）内部控制整合框架阶段。特点：一是对内部控制下了一个迄今为止最为权威的定义。二是明确了内部控制的内容。

（5）风险管理整合框架阶段。特点：内部控制的目标、要素与组织层级之间形成了一个相互作用、紧密相连的有机统一体系；同时，对内部控制要素的进一步细分和充实，使内部控制与风险管理日益融合,拓展了内部控制。

2. 五要素是控制环境、风险评估、控制活动、信息与沟通、监督。八要素是控制环境、目标设定、事项识别、风险评估、风险反映、控制活动、信息与沟通、监控。在八要素中加入了目标设定、事项识别、风险反映三项。

五要素中内部控制环境是基础(说明在什么样的环境下开展控制活动),风险评估是前提(说明要重点针对什么活动和在该活动的什么方面进行控制),控制活动是核心(说明对需要重点控制的活动或环节运用什么方法进行控制),信息与沟通是桥梁(以一定的方法对风险评估确定的应该控制的活动和环节开展控制,没有信息的支持是无法达成目标的),监督是保障(没有监督作为保障,控制的好坏在管理上没有区别,则无法达到控制的目标)。

就内部控制的方法来说,应该涉及全部八个要素,既有内部控制环境的评价、改进方法,也有风险评估、风险管理策略的选择方法;既有直接运用于控制活动的方法,也应有信息生产与沟通、监督的方法。

第二章课后练习题参考答案

一、单项选择题

1. D	2. A	3. A	4. B	5. D
6. A	7. A	8. B	9. B	10. B

二、多项选择题

1. ABCD	2. ABCD	3. ACD	4. AB	5. BCD

三、判断题

1. √	2. √	3. √	4. ×	5. ×

四、简答题

1. 企业内部控制的目标为以下几点:

(1)建立和完善符合现代管理要求的内部组织结构,形成科学的决策机制、执行机制和监督机制,确保单位经营管理目标的实现。

(2)建立行之有效的风险控制系统,强化风险管理,确保单位各项业务活动的健康运行。

(3)堵塞、消除隐患,防止并及时发现和纠正各种欺诈、舞弊行为,保护单位财产的安全完整。

(4)规范单位会计行为,保证会计资料真实、完整,提高会计信息质量。

（5）确保国家有关法律法规和单位内部规章制度的贯彻执行。

2. 内部控制存在的固有局限性包括：

（1）人的判断因素。

企业在决策时会发生人为判断失误，可能由于人为失误导致内部控制失效。例如，被审计单位的信息技术团队不完全理解系统如何处理销售交易。为了让系统处理新产品的销售，他们可以更改系统。或者系统的变更是正确的，但是程序员失败了，没能将此修改转换为正确的程序代码。

（2）人的串通因素。

两名以上的员工或管理人员可以通过串通或管理层凌驾于内部控制之上而避免这种情况。例如，某企业的管理层可以与客户签订后端协议来变更标准销售合同，收入确认可能不正确。又如，软件的编辑控制是为了检测和报告超过销售信用限度的交易，但是这个控制可能被逾越或规避。再如，如果监察机关履行内部控制功能的人员素质不符合业务要求，也会影响内部控制功能的正常履行。被审计单位实施内部控制的成本效果也影响其功能。如果执行控制的成本超过控制效果导致发生损失，则不需要建立控制环节或控制措施。内部控制通常针对频繁的业务进行设定。业务不频繁或例外时，可能不适用原控制。

第三章课后练习题参考答案

一、单项选择题

1. D	2. B	3. B	4. C	5. D
6. D	7. A	8. B	9. B	10. B

二、多项选择题

1. ACD	2. BC	3. ABCD	4. ABCD	5. ABD

三、判断题

1. ×	2. √	3. ×	4. ×	5. ×

四、简答题

1. 企业应当关注的履行社会责任的风险有以下几点：

（1）安全生产措施不到位，如果不履行责任，企业就容易发生安全事故。

（2）产品质量低劣，会损害消费者利益，巨额赔偿，形象受损，企业可能会破产，会带来巨额补偿，缺乏发展，甚至破产。

（3）如果企业对员工权益的提升和保护不够，员工的积极性就会受到挫败，影响企业的发展和社会的安定。

2. 中国的企业在战略制定方面面临的风险主要有以下几点：

（1）企业的发展需要以战略目标为导向。如果企业没有认识到战略管理的重要作用而忽略这项工作，会对企业的发展和进步产生不利影响，从而无法维持竞争优势。

（2）企业发展战略与时俱进，调动员工积极性，保证战略目标的科学性和可行性，切实执行战略管理各项，在实际工作中为企业的发展注入持续动力，企业使更多的资金面临风险和挑战。

（3）企业发展战略不科学，对市场变化的认识不全面，盲目追求暂时利益，脱离企业实际能力，导致企业过度扩张，无法适应残酷的市场竞争，甚至商业失败。

（4）企业战略管理目标无法真正实施，使以企业战略目标为保障的项目无法获得既定效益，影响企业的健康发展。

（5）由于各种因素的影响，企业战略计划变动频繁，不利于资源的最大化利用，对企业的可持续发展极其不利。

第四章课后练习题参考答案

一、单项选择题

1. C	2. C	3. C	4. A	5. A
6. D	7. C	8. B	9. C	10. B

二、多项选择题

1. BCD	2. ABCD	3. ACD	4. BCD	5. BC

三、判断题

1. ×	2. ×	3. √	4. √	5. √

四、简答题

1. 风险分析需要考虑很多因素。这些因素是可变的，主要包括以下几点：

（1）用于技术和经济分析的数据源和准确度。

（2）企业的类型和稳定性。例如，由于地质条件的变化，矿业企业必须承担更大的风险。

（3）企业的工厂和设备的种类。例如，一些建筑物和设备具有明确的经济寿命和转卖价值，一些其他建筑物和设备具有不明确的经济寿命和较低的转卖价值。这种情况下，在分析阶段的持续期间，对第一类企业投资的风险比在第二类企业。

（4）企业的投资回收期。风险的大小与投资的时间长度有关系。例如，延长投资回收期的话,投资风险就会增加。

2. 企业风险应对策略有风险规避、风险转移、风险缓解、接受风险四种基本类型。

(1)风险规避。为了消除特定风险事件的威胁,必须考虑更改项目计划。一般来说有很多回避风险的方法可以考虑。例如,对于开发软件项目的技术风险,可以使用成熟的技术、团队成员熟悉的技术或反复开发过程来规避风险。对项目管理风险,采用成熟的项目管理方法和战略,可以避免由于未成熟的项目管理而产生的风险。对于进度风险,可以使用增量开发来避免项目和产品延迟的风险。对于软件项目中不确定需求的风险,可以使用原型法律法规来规避风险。

(2)风险转移。风险转移是指通过合同或非合同的方式将风险转嫁给另一个人或单位的一种风险处理方式。风险转移是对风险造成的损失的承担的转移。风险转移是损失转到第三方的结果,品质保证政策或者供应商可以根据合同来保证。例如,软件项目通常有由离岸转移软件开发带来的风险,雇主可能会在完全不知道的领域外包项目。承包商必须签订明确的合同,以保证承包商对软件的质量、进度、维护的方面的要求,否则,危险转移很难成功。

(3)风险缓解。风险缓解将不利风险事件的结果和可能性降低到可接受的程度。风险缓解政策通常是项目早期最有效的。例如,在软件开发中,人员流动对软件项目的影响很大。企业可以通过改进人工制品和设备储备人员来减少人员流动的影响。

(4)风险承受。在应对风险事件方面,风险承受可大致分为如下两类:即积极制定应急计划和被动接受风险的后果。在以下三种情况下接受风险:不可预见的风险,如不可抗力;或风险的规避、转移或缓解均不可行,又或上述活动的执行成本超过接受风险。

第五章课后练习题参考答案

一、单项选择题

1. D	2. B	3. B	4. C	5. B
6. B	7. A	8. A	9. C	10. C

二、多项选择题

1. ABCD	2. CD	3. ABC	4. ACD	5. AC

三、判断题

1. ×	2. √	3. ×	4. √	5. √

四、简答题

1. 企业不相容职务是指如果由一个人担任,既可能发生错误和舞弊行为,又可能掩盖其错误和弊端行为的职务。例如,企业的会计、出纳、保管三项职务互为不相容职务。

将不相容职务实行分离,也就是说两人或两个人以上的人或部门分别管理,无意识犯同样错误机会的可能性很小,有意识的合伙舞弊的可能性也会大大降低。不相容职务分离核心是"内部牵制"合理设置会计及相关工作岗位,形成相互制衡机制,不相容职务分离内容具体包括授权和执行的职务要分离、执行和审核和职务要分离,执行和记录的职务要分离,保管和记录职务要分离。

2. 企业财产安全控制包括限制直接接触资产、财产处置控制、实物保管控制、定期盘点控制、财产保险控制。

(1)限制直接接触资产。除了企业财产实物保管部门或人员可以接触财产实物,企业其他部门或人员一般不可以直接接触实物。

(2)财产处置控制。企业财产增减应当严格按照审核审批控制要求办理手续,通常情况下,由保管部门经办、由财务部门审核和企业负责人审批后,才能处置。

(3)实物保管控制。现金只由出纳保管,其他人员未经批准不得代收现金;机器设备由生产部门负责管理;房屋、家具和电子设备由行政部门负责管理,同时,其接受各部门的协助;存货由仓库负责管理,出入库程序必须符合规定的流程与手续。

(4)定期盘点控制。账账相符的管理是重中之重,其可以避免出现无效盘点。盘点可以依据实际需要分为定期和不定期两类,但无论是哪一种,建立合适的盘点制度和流程是不可或缺的。盘点的形式有如下两种:即先盘点实物再核对账,以及先对账再确认实物的形式。盘点中,如若出现账实不符,要查明原因并进行妥善的处置。

(5)财产保险控制。企业的主要财产应当投保(如火灾险、盗窃险、责任险等),降低企业经营风险,确保企业财产安全、保值、增值。

第六章课后练习题参考答案

一、单项选择题

1. C	2. D	3. A	4. D	5. D
6. C	7. B	8. A	9. B	10. A

二、多项选择题

1. AB	2. ABCD	3. ABCD	4. ABD	5. CD

三、判断题

1. √	2. √	3. √	4. √	5. √

四、简答题

1. 企业内部信息传递至少要注意以下三点风险：

(1) 缺乏内部报告制度、内部报告系统缺失、功能不完备、内容不完整,可能影响生产经营的有序运行;

(2) 内部信息传达不当,造成决策失误,使有关政策和措施实施阻挠。

(3) 传递过程中商业秘密被泄露,削弱企业的核心能力。

2. 一是企业要建立有效沟通机制的方法,如用"机制"解决问题、用"透明"解决问题、用"随需改进"保持活力。二是企业要建立有效的沟通机制,如以下几个方面:

(1) 搭建沟通"桥梁",无阻力沟通。如必须有正式的沟通方式、偶尔会见或与员工面谈、非正式沟通方式、素质拓展等项目。

(2) 一定要多沟通,善疏导。如掌握谈话时间、清晰沟通层次、跟踪检查沟通效果。

(3) 人岗匹配,"酝酿"良马。如企业可以通过建立以下三种管理制度来建立有效的激励机制,企业利益机制——完善三位一体的责任制、考核制度和奖惩制度。企业监督机制——建立有效的防错纠错机制。企业思想机制——注重组织文化和职业道德建设,引导和提高人们的需求水平。

第七章课后练习题参考答案

一、单项选择题

| 1. C | 2. A | 3. D | 4. D | 5. B |
| 6. A | 7. D | 8. C | 9. D | 10. C |

二、多项选择题

| 1. ABC | 2. ABCD | 3. AB | 4. ABC | 5. ABCD |

三、判断题

| 1. √ | 2. × | 3. √ | 4. √ | 5. √ |

四、简答题

1. 企业风险导向的审计注重审计策略的选择,既注重降低审计风险,又注重节约审计成本。在选择审计策略时,重点是在审计有效性和效率之间找到平衡。企业风险导向的审计的主要程序是:

(1) 执行分析程序。

(2) 确定重要性标准。

(3) 对可接受的审计风险和固有风险的初步评估。

（4）了解内部控制框架和控制风险评估。

（5）基于审计风险模型确定检查风险等级。

（6）制定审计总体规划和具体计划。

如果初步评估的控制风险水平较低,则实施控制测试,并根据控制测试的结果,确定任何扩大经营的验证测试;如果对控制风险水平的初步评估较高,则应直接转入运营有效性测试,以评估预算可能性,对账户余额实施分析程序和验证测试。这种模式除了面向账户审计和面向系统审计的审计方法,还使用了大量的分析程序,如趋势分析法、比率分析法、绝对比较法、纵向分析法等。

2. 内部控制评估内容主要包括企业内部环境评估、企业风险控制评估、企业控制活动评估、企业信息与沟通评估和内部监督评估五个方面。

（1）企业内部环境评估。

企业内部环境评估应基于组织结构、发展战略、人力资源、企业文化和社会责任的评估。

1）组织结构评估可以集中于其设计和运作。

2）发展战略的评估可以集中于其制定的合理性、有效执行和适当调整。

3）人力资源评估应侧重于企业人力资源引进结构的合理性、开发机制、激励机制等。

4）文化评估应集中于建设和评价;社会责任评估集中在安全生产、产品质量、环境保护和资源节约、促进就业和保护员工权益等方面。

（2）企业风险控制评估。

企业开展风险控制评估应根据《企业内部控制基本规范》及应用指引有关要求和本企业的内控制度,对目标设定、风险识别、风险分析、应对策略等进行认定和评价。

风险控制评估的具体内容需要依据设计内部控制风险评估指标体系来确定。评估指标本质是进一步细化了风险控制的相关要素。评估指标可分为几个层次,可分为两大类:核心评估指标和具体评估指标。企业可以根据实际情况进行细分。一旦确定具体内容的评估,应将其记录于工作底稿,包括评估要素、评估指标、评估标准、评估方法和测试,主要采取的风险控制措施,相关材料等,工作底稿通过评估表格可以加以实现,通过对每个核心指标的分别评估,最终汇总。

（3）企业控制活动评估。

控制活动的评估需要依据《企业内部控制基本规范》和各项应用指引来进行,并且结合企业自身内部控制制度,以此对相关供产销、人财物等控制措施的设计和运行情况进行认定和评价。

（4）企业信息与沟通评估。

对企业信息和沟通的评估是基于相关指引和内部控制制度,如内部信息的传递、财务报告、信息系统等,提供有关企业信息的及时性信息,适当的评估反舞弊机制的强度和财务报告的真实性、评估信息系统的安全性和利用信息系统实施内部控制的有效性。

（5）企业内部监督评价。

企业内部监督评价应根据《企业内部控制基本规范》及应用指引有关规定和内部控制

制度,并重点放在监事会、审计委员会等是否发挥监督作用对内部监督机制的有效性进行评价。

第八章课后练习题参考答案

一、单项选择题

| 1. C | 2. B | 3. A | 4. B | 5. D |
| 6. A | 7. B | 8. D | 9. D | 10. C |

二、多项选择题

| 1. ABCD | 2. BCD | 3. ACD | 4. ABCD | 5. ABCD |

三、判断题

| 1. × | 2. × | 3. × | 4. √ | 5. √ |

四、简答题

1. 现金控制系统中控制点及其控制措施如下:

(1)批准。业务经办人员办理现金收支业务,且其得到一般或特殊授权也是必不可少的一环。经办人员应在反映经济业务的原始凭证上签字盖章。经办部门负责人审核原始凭证并签字盖章。审核原始凭证可以确保现金收支业务按照授权进行,增强经办人员和责任人员的责任感,确保现金收付的真实性和合法性,避免乱收乱支、虚收乱支、现金欺诈等问题。

(2)审核。企业主管会计或者其指定人员应当查验现金收支原始凭证。主要审核原始凭证反映的现金收支业务是否真实合法,原始凭证填写是否符合规定要求。现金收支记账凭证审核后,可以签字审核。审核原始凭证可以确保现金收支凭证真实合法,提供正确的现金支付和记账依据,确保出纳支付的现金正确合法。

(3)结算。企业出纳审核现金收支记账凭证及所附原始凭证,按凭证所列金额收付现金,并在凭证上加盖"已收"或"已付"印章和公章。为加强现金收支控制,必须建立严格的出纳责任制,分离不相容岗位。主要原因是出纳必须根据已审核签字的记账凭证收取现金,不能直接根据原始凭证进行现金结算。出纳不能同时编制收支记账凭证、管理收支、债权债务账簿的登记和会计档案的审核保管。所有会计凭证和印章不得由出纳保管。与之相反,非出纳人员要尽量避免从事现金管理的工作。严格的现金收支控制是确保实物现金安全完整的主要环节。它在明确现金收付责任、防止贪腐、挪用、私人现金储存、再支付和现金收付不足方面发挥了重要作用。

(4)复核。企业审核员审核现金收支记账凭证及所附原始凭证,并签字盖章。审核记账凭证可以保证现金收支业务的正确性和会计核算的真实性,防止记账不准确,及时纠正收付款差错。

(5)记账。企业出纳根据现金收支记账凭证登记现金日记账;主管会计根据收付凭证登记相应现金账户的相关明细账;总分类账会计登记总分类账。分工登记现金账簿,可以保证现金收支业务有据可查,保证各账户相互制约,及时提供准确的现金会计信息。

(6)核对。企业的审计师或其他非记账人员应检查现金日记账、相关明细账和总账;如有差误报经批准的,应当进行处理;审核员签字盖章。检查现金记录可以确保账目一致,现金会计信息正确,实物安全完整。

(7)清点。企业出纳每天清点库存现金,并与日记账余额核对批准,现金短缺或过剩时,应及时查明原因,报经批准后处理。每天清点现金可以防止现金损失、收支错误和记账错误,并经常保持账目与事实相符。

(8)清查。由财务部负责人、审计人员、稽核人员组成的盘点小组,定期或不定期盘点库存现金,核对现金日记账。盘点时,出纳应在场核对账目;根据盘点结果编制现金盘点报告,填写账实相符的情况;如有错误,报经批准后进行调整。通过盘点,可以加强对出纳工作的监督,防止贪腐、盗窃、挪用现金等违法问题的发生。在现金内部控制系统的控制点中,"批准""核对"和"清查"环节均具备举足轻重的重要性。业务部门对原始凭证的审批,可以保证经济业务的真实性、合理性和合法性,这是第一个环节;企业会计部门进行会计核算,可以保证企业现金收支和会计核算的正确性,是及时发现现金收支和现金会计记录错误的主要环节,对保证会计、出纳工作质量起着重要作用;清查团队对库存现金进行盘点,可以保护现金的安全性和完整性,是保护现金和实物安全的最后一个环节。

2. 银行存款控制系统中控制点及其控制措施如下:

(1)批准。经企业营业部批准的业务人员对原始凭证内容进行核对签字,办理相关银行存款或业务,并报企业营业部负责人审核签字。超出业务部门权限的银行存款收付业务,报上级主管部门批准并签字盖章。审批银行存款收支业务,可以保证业务办理得正确合法,增强经办人员的责任感,避免违纪违规。

(2)审核。企业会计主管或指定人员审核原始结算凭证,签字同意办理银行存款的计算。审核原始凭证可以检查经济业务是否合理合法,确保银行存款结算正确有效。检查结算凭证可以检查银行存款结算是否正确,确保存款结算安全、正确。

(3)结算。企业的出纳,凭经审核签字的凭证或授权凭证,办理银行存款收付业务。结算前,出纳应审核原始凭证及相关合同文本。结算凭证应按不同的结算方式填写或取得。结算凭证加盖财务专用章、出纳专用章、财务专用章、支票签发章、财务负责人章,分别由会计主管和出纳保管。转账支票和结算凭证必须按照编号顺序连续使用。无效转让支票应加盖注销章。收到款项后,凭证加盖"收付讫"印章。非出纳人员不得管理银行存款业务,按此办理银行存款结算监督银行存款的收付,防止收存、借贷、转账等不良行为。

(4)复核。企业审核员通过审核会计凭证、银行存款收付会计凭证是否附有原始凭证、结算凭证等,可以发现银行存款收付会计凭证的错误,以及相关人员是否签字盖章,结算金额是否一致,记账科目是否正确,以确保银行存款的正确核算。

(5)记账。企业出纳凭银行存款收付记账凭证进行登记日记账。会计应根据收付款凭证账户编制明细账,总账会计登记总分类账银行存款账户。记账凭证由记账人签字盖章。登记银行存款账户可以确保银行存款收支业务的可验证性,防止结算缺陷,及时提供可靠的银行存款会计信息。

(6)核对。审计员或其他非公司(公司)记账人员应检查银行存款日记账及其相关明细账和总分类账的账目。如有错误,经批准后处理。检查员签字盖章。通过核对银行存款账簿,及时发现银行存款的会计差错和记账差错,确保账目的一致性和记录的正确性。

(7)对账。企业由非出纳人员逐一清点银行存款日记账和银行对账单,并编制银行存款余额调节表。核对银行对账单,可以及时发现企业或银行的记账错误,防止银行存款的违法行为,保证银行存款的真实性和货款的及时结算。

第九章课后练习题参考答案

一、单项选择题

1. A	2. D	3. D	4. B	5. A
6. A	7. B	8. C	9. A	10. A

二、多项选择题

1. ACD	2. ABCD	3. ABCD	4. CD	5. ABCD

三、判断题

1. ×	2. √	3. √	4. ×	5. ×

四、简答题

1. 企业固定资产内部控制的关键事项如下:

(1)企业应当制定固定资产目录,对每项固定资产进行编号,按单项资产建立固定资产卡片,详细记录来源、验收、使用地点、责任单位和责任人、操作、维护、改造、报废等情况,每项固定资产的存货及其他相关内容。企业应严格执行固定资产日常维护和大修计划,定期维护固定资产,有效消除安全隐患。

(2)企业应加强对生产线等关键设备运行的监控,严格执行操作流程,实行岗前培训和上岗许可制度,确保设备安全运行。

(3)企业要充分利用国家自主创新政策,加大技术改造投入,不断提高固定资产技术水平,淘汰落后设备,有效保持固定资产的先进性。

(4)企业应严格执行和审核固定资产保险政策,按规定程序审批被保险固定资产项目,并及时办理保险手续。

（5）企业应当规范固定资产抵押管理，确定固定资产抵押的程序和审批权限等。企业抵押固定资产的，应当向有关部门提出申请。资产管理部须经企业授权部门或人员批准后办理抵押手续。企业应当加强对所接收抵押资产的管理，编制专项资产目录，合理评估抵押资产的价值。

（6）企业应当建立固定资产清查制度，每年至少进行一次全面清查。对于在固定资产清查发现的问题，应查明原因，追究责任，妥善处理。企业应加强对固定资产处置的控制，注意固定资产处置中的关联交易和处置定价，防止资产流失。

2. 企业应建立存货储存制度，定期清点存货制度，重点要做好以下工作：

（1）企业的存货在不同仓库移动时，依旧要办理入库手续。

（2）按照贮存所需的贮存条件和防火、防洪、防盗、防潮管理规范进行贮存，加强病虫害、变质的防治。

（3）加强生产现场材料、周转材料、半成品及其他材料的管理，防止偷废。

（4）库存储存、寄售、临时存放和委托加工应分开存放和记录，避免与公司存货混淆。

（5）根据单位自身的情况，加强存货保险，确保存货安全，使意外损失的风险降至可控制的低水平。

针对存货发放和领用，本着审慎的态度企业要做好相关的权限审批工作，并获得发放大量存货、贵重物品或危险品的特别授权。仓储部根据批准的销售（出库）通知单发放货物。企业的仓库部门应详细记录存货的收发存情况，确保存货记录与实际存货相符，并定期与会计部门存货记录进行核对。

在确定库存采购日期和数量时，企业要保持审慎的态度，依据各种库存采购间隔和当前库存，且综合考虑企业生产经营计划、市场供求等因素，充分利用信息系统。同时，确保库存处于最佳库存状态也是不可忽略的重要因素。企业应建立制度，结合企业实际情况，确定盘点周期、盘点流程等相关内容，检查存货数量，及时发现存货减值迹象。企业至少应在每年年底进行一次全面盘点，盘点结果应形成企业的书面报告。对存货中发现的盘盈、盘亏、损坏、闲置、报废，企业应查明原因，落实责任，追究责任，按规定权限审批后处理。

第十章课后练习题参考答案

一、单项选择题

1. A	2. C	3. D	4. B	5. C
6. A	7. C	8. A	9. B	10. D

二、多项选择题

1. ABCD	2. ABCD	3. BD	4. BCD	5. ABCD

三、判断题

1. √	2. ×	3. √	4. √	5. √

四、简答题

1. 企业在采购业务中至少应注意以下三点风险：

(1) 企业采购计划安排不合理，市场变化趋势预测不准确，导致库存短缺或积压，企业生产停滞或资源浪费。

(2) 企业供应商选择不当、采购方式不合理、招标或定价机制不科学、企业授权审批不规范，可能导致企业采购资质低劣、价格过高、欺诈或欺诈。

(3) 企业采购验收以及付款审核环节有失严格与规范，极有可能导致采购物资、资金损失或信用损失。

2. 企业的投资业务内部控制具体控制措施如下：

(1) 企业应按照规定的权限和程序，确定投资方案的可行性，并且依此对投资项目进行决策和审批，看其是否符合企业的投资战略目标和计划，是否具有相应的资本能力，投入资本是否能够按时收回，预期收益是否能够实现，投资并购风险是否可控。

(2) 企业重大投资项目按照规定的权限和程序实行集体决策或联合签约制度。投资计划需经有关行政部门批准的，应当履行相应的批准手续。企业的投资方案发生重大变更时，需要重新研究。

(3) 企业应根据批准的投资计划与被投资单位签订投资合同或协议，明确双方和违约责任的时间、金额、方式、权利和义务，并按照规定的权限和程序经批准后执行投资合同或协议。企业必须指定机构或专门人员对项目进行监督管理，及时向被投资企业收集经认证的财务报告等相关资料，并定期组织对投资收益进行审查。企业必须关注投资者的财务状况、经营成果、现金流量和投资合同的执行情况，发现异常必须及时报告，并作出相应处理。

(4) 企业应加强对投资项目会计制度的控制，根据对被投资单位的影响，合理确定投资会计政策，建立投资管理台账，记录投资对象、金额、持股比例、期限等，详细了解收入等事项，妥善管理投资合同或协议、出资证明书等资料。企业财务会计部门应当在被投资单位当前财务状况恶化、市场价格大幅下跌时，按照国家统一的会计准则体系的规定，合理提取减值准备，确认减值损失。

(5) 企业应加强对投资回收和处置的控制，明确投资回收、转让、核销等的决策和审批程序。企业应注意回收到期投资本金。转让投资的，应当由有关机构或者人员合理确定转让价格，并报经授权审批部门批准，必要时可委托具有相应资质的专业机构进行评估。如果无法收回投资，应取得法律文件和相关证明文件，以取消投资。企业对到期不能收回的投资，应当建立责任追究制度。

第十一章课后练习题参考答案

一、单项选择题

1. B	2. C	3. C	4. D	5. A
6. B	7. B	8. B	9. D	10. C

二、多项选择题

1. CD	2. ABCD	3. ABC	4. ABCD	5. ABD

三、判断题

1. ×	2. √	3. ×	4. √	5. ×

四、简答题

1. 工程项目是指企业自行或者委托其他单位所进行的建造、安装工程。下列风险对企业来说,是不可忽视的:

(1)如若缺乏对其可行性进行审慎考量,造成了决策不当,导致项目盲目上马,难以实现预期效益或项目失败。

(2)企业项目招标存在暗箱操作、商业贿赂等行为;中标人实质上难以承担工程项目、中标价格失实以及相关人员涉案等。

(3)工程造价信息不对称,技术方案不落实,概预算脱离实际,增大了项目投资失控的风险。

(4)企业工程物资质次价高,工程监理不到位,项目资金不落实,从而导致工程质量低劣,进度延迟或中断。

(5)企业竣工验收不规范,最终把关不严格,导致后续使用中存在重大隐患。

首先,企业应建立和完善相关的管理制度,检查各个环节,预防或识别、应对可能存在的风险,规范立项、招标、造价、建设、验收等环节的工作流程,明确各个部门和岗位的职权;其次,企业还应确保做到不相容职务相互分离,如可行性研究与决策、概预算编制与审核、项目实施与价款支付、竣工决算与审计等职务需重点关注;最后,强化工程建设全过程的监控,确保工程项目的质量、进度和资金安全。

2. 财务报告是指反映企业某一特定日期财务状况和某一会计期间经营成果、现金流量的文件。企业在编制、对外提供和分析利用财务报告时,应需要关注的风险如下:

(1)编制财务报告违反会计法律法规和国家统一的会计准则制度,可能导致企业承担法律责任和声誉受损。

(2)提供虚假财务报告,误导财务报告使用者,造成决策失误,干扰市场秩序。

（3）不能有效利用财务报告，难以及时发现企业经营管理中存在的问题，可能导致企业财务和经营风险失控。

严格执行会计法律法规以及国家统一的会计准则制度，是对企业的必然要求。加强管理财务报告编制、对外提供和分析利用全过程等方面，使相关工作流程和要求得以准确落实；同时，落实责任制，确保财务报告合法、合规、真实完整和有效利用。总会计师或其他相关负责人应承担起组织领导财务报告的编制、对外提供以及分析利用等相关工作；而财务报告的真实性、完整性则由企业负责人对其承担责任。

第十二章课后练习题参考答案

一、单项选择题

1. A	2. D	3. C	4. B	5. B
6. A	7. C	8. D	9. D	10. A

二、多项选择题

1. ABC	2. ACD	3. ABC	4. ABCDE	5. ABCD

三、判断题

1. √	2. ×	3. √	4. ×	5. √

四、简答题

1. 企业的内部控制自我评价是指董事会类似机构对其有效性进行综合评价，并出具评价报告的过程，这是企业一个极其重要的环节。内部控制自我评价程序：一是企业制定评价控制计划；二是企业组成评价工作组；三是企业实施评价工作与测试；四是企业认定内部控制缺陷；五是企业内部控制缺陷的汇报；六是企业的评价结果汇总；七是企业编报内部控制评价报告。

2. 企业内控制度的基本要素是：

① 明确职责分工；

② 严格的审批制度；

③ 健全的会计、安全制度；

④ 严格的监督和安全制度；

⑤ 有效的内部审计制度；

⑥ 称职的员工。

企业严密的内部控制系统决定了会计核算的可靠性，审计总是以被现行的内部控制制度为出发点和重点，通过对制度的调查、验证和评价，确定审计工作的范围、深度和重点。

第十三章课后练习题参考答案

一、单项选择题

1. A	2. B	3. D	4. C	5. D
6. A	7. B	8. A	9. B	10. C

二、多项选择题

1. ABCD	2. ABD	3. BC	4. AC	5. ABCD

三、判断题

1. ×	2. ×	3. ×	4. ×	5. √

四、简答题

1. 内部控制审计与财务报表审计具体区别如下：

（1）财务报表审计直接评价的是财务报表，或者说直接评价资产、资金本身的安全状态，其目标对象是资产、资产本身，而内部控制审计直接评价的是内部控制能否保障资产、资金的安全，其目标对象是内部控制，而资产、资金只是作为中间的观察对象而存在。

（2）财务报表审计主要评价财务报表所反映的存量资产、资金的"静的安全"，一般不评价资产、资金的"动的安全"，即不评价资产、资金在流转中的增值性；而由于内部控制既要保障资产、资金静的安全，又要保障其动的安全，所以内部控制审计既检查资产、资金的"静的安全"，又检查资产、资金的"动的安全"。

2. 内部控制审计是企业内部各单位为实现经营目标、保护资产安全、确保会计信息的正确性、可靠性而采取的一系列的方法，确保业务政策的实施、业务活动手段以及措施的经济性、效率和有效性。企业内部控制审计的内容集中在内部环境、风险评估、控制活动、信息与沟通、内部监督等要素，当发现存在缺陷时应及时改进。

具体的内部控制审计内容包括：

（1）内部控制的审计计划和重大修改。

（2）相关审计的主要过程和结果以及待测试内部控制的选择。

（3）测试内部控制设计和运行有效性的程序和结果。

（4）已识别控制缺陷的评估。

（5）形成的企业审计结论和意见

（6）其他重要事项。

第十四章课后练习题参考答案

一、单项选择题

1. C	2. A	3. C	4. C	5. C
6. B	7. D	8. A	9. C	10. B

二、多项选择题

1. ABC	2. ABCD	3. ABD	4. ABC	5. ABD

三、判断题

1. √	2. √	3. ×	4. ×	5. √

四、简答题

1. 企业风险管理与内部控制的关系如下：

(1) 全面风险管理涵盖了内部控制。COSO 2003 年 7 月公布了全面风险管理框架的征求意见稿中明确地指出全面风险管理体系框架包括内控作为一个子系统。从时间先后和内容上来看,全面风险管理是对内部控制的拓展和延伸。

(2) 内部控制是全面风险管理的必要环节。内部控制的动力来自企业对风险的认识和管理,对于企业所面临的大部分运营风险,或者说对于在企业的所有业务流程之中的风险,内控系统是必要的、高效的和有效的风险管理方法。从国际国内发展趋势来看,随着内部控制或风险管理的不断完善和变得更加全面,它们之间必然相互交叉、融合,直至统一。

2. 企业人员的责任分工,以企业机构设置为基础。首先,企业需做到各部门责权责任独立划分,各机构都具有明确的职能安排。其次,要保证企业机构具备责权一致的层次性,有效避免职权分散和事务处理流程复杂情况发生。最后,机构之间必须具有相应弹性,以保证处理事务时的高配合度和实效性。

除了机构设置标准,人员分工需遵循取长补短、充分发挥自身优势原则。首先,企业以各季度工作量为参考,确定人资数量、分工方案和责权划分原则;其次,充分考虑企业发展要求,确定人才需求数量和类型,并将相应人才分配到适合岗位上;最后,有计划地改善考核制度,工作任务繁重和较清闲时,分别采取以绩效增量和管理加强为导向的企业建设。

第十五章课后练习题参考答案

一、单项选择题

1. D	2. D	3. C	4. A	5. B
6. A	7. C	8. C	9. D	10. B

二、多项选择题

| 1. ABC | 2. ABCD | 3. BD | 4. ABCD | 5. ABCD |

三、判断题

| 1. × | 2. √ | 3. √ | 4. × | 5. √ |

四、简答题

1. 进行单位层面的风险评估时,行政事业单位应当重点关注以下方面。

(1)内部控制工作的组织情况。内部控制工作的组织情况包括行政事业单位是否确定内部控制职能部门或牵头部门,是否建立单位各部门在内部控制中的沟通协调和联动机制。

(2)内部控制机制的建设情况。内部控制机制的建设情况包括行政事业单位的经济活动的决策、执行、监督是否实现有效分离,权责是否对等,是否建立健全议事决策机制、岗位责任制、内部监督等机制。

(3)内部管理制度的完善情况。内部管理制度的完善情况包括行政事业单位的内部管理制度是否健全,执行是否有效。

(4)内部控制关键岗位工作人员的管理情况。内部控制关键岗位工作人员的管理包括行政事业单位是否建立工作人员的培训、评价、轮岗等机制,工作人员是否具备相应的资格和能力。

(5)财务信息的编报情况。财务信息的编报情况包括行政事业单位是否按照国家统一的会计制度对经济业务事项进行账务处理,是否按照国家统一的会计制度编制财务会计报告。

(6)其他情况。其他情况是指除上述提到的五种情况之外的其他情况。

2. 行政事业单位对实物资产和无形资产管控的具体措施如下:

(1)对资产实施归口管理,明确资产使用和保管责任人,落实资产使用人在资产管理中的责任。贵重资产、危险资产、有保密等特殊要求的资产,应当指定专人保管、专人使用,并规定严格的接触限制条件和审批程序。

(2)按照国有资产管理相关规定,明确资产的调剂、租借、对外投资、处置的程序、审批权限和责任。

(3)建立资产台账,加强资产的实物管理。单位应当定期清查盘点资产,确保账实相符。财会、资产管理、资产使用等部门或岗位应当定期对账,发现不符的,应当及时查明原因,并按照相关规定处理。

(4)建立资产信息管理系统,做好资产的统计、报告、分析工作,实现对资产的动态管理。

参 考 文 献

［1］王如燕. 基于生命周期的煤炭企业安全成本投资模型探讨［J］. 煤炭经济研究,2007(4)：67-70.

［2］王如燕. 张家口煤机公司的存货管理内部控制实践及启示［J］. 财务与会计,2009(8)：34-35.

［3］王如燕. 瓶颈企业成本控制问题研究［J］. 山东工商学院学报,2004(6)：15-17.

［4］王如燕. 煤炭企业财务报告内部控制的研究——基于山西汾西矿业新裕煤矿有限责任公司的案例［J］. 煤炭经济研究,2012(6)：49-51.

［5］王如燕. 作业成本管理系统在煤炭企业的应用研究［J］. 山东工商学院学报,2012(8)：78-80.

［6］王如燕. 企业成本管理新模式探讨［J］. 内蒙古财经学院学报,1995(3)：55-57.

［7］王如燕. 刍议从目标成本出发的成本管理具体模式［J］. 内蒙古财经学院学报,1997(4)：89-91.

［8］王如燕. 强化企业成本管理,提高企业经济效益［J］. 内蒙古财经学院学报,2000(3)：45-47.

［9］王如燕. 论小企业内部控制［J］. 北京工商大学学报,2002(12)：67-68.

［10］王如燕. 大数据时代股权结构对公司绩效的影响［J］. 会计之友,2015(2)：77-79.

［11］王如燕. 杜邦分析体系的局限性及其改进研究——以保利地产为例［J］. 国际商务财会 2019(5)：82-84.

［12］王如燕,等.《内部控制与风险管理》课程中案例教学法的应用研究［J］. 中国多媒体与网络教学学报,2019(5)：87-89.

［13］王如燕,王勇,易阳. 政府审计介入与国企经营表现关联度研究［J］. 财会通讯,2019(8)：93-95.

［14］王如燕,吴丽梅,邬展霞,等. 对交通运输行业"营改增"试点问题的思考［J］. 税务研究,2013(4)：78-80.

［15］王如燕. 中国(上海)自贸试验区财税制度创新研究——基于租赁性投资效应分析［J］. 国际商务财会,2015(3)：34-36.

［16］王如燕. 基于 DEA 的部分城市保障性安居工程绩效审计实证研究［J］. 上海审计,2016(4)：36-38.

［17］王如燕,等. 政府腐败审计对保障性安居工程的建设绩效影响研究［J］. 国际商务财会,2017(4)：26-27.

［18］王如燕,等. 保障性安居工程追踪问效审计创新客观需求性与独特性研究［J］. 中国国际财经,2017(4)：79-81.

［19］王如燕. 薪酬激励审计下建筑监理企业员工忠诚度的研究［J］. 中国管理信息化,2009(2)：45-47.

［20］王如燕. 大数据在财政专项资金预算执行中的应用研究［J］. 现代营销,2019(8)：77-78.

［21］王如燕. 多源信息融合技术、审计信息资源库与分析性程序——基于东方电子案例再鉴定的思考［J］. 中国会计学会审计专业委员会,2010 年学术年会,2010(9)：103-105.

［22］王如燕. 北京市"三废"治理的环境绩效审计评价指标及模型［J］. 经济问题,2010(4)：65-67.

［23］王如燕. An EKC Dispersed Model to Analyzing Relations between Coal Production and GDP Growth

in Shandong Province[J]. 山东应用统计会议(ISTP),2009：667-669.

[24] 王如燕.审计技术与信息资源之整合[J].中国审计,2005(2)：67-68.

[25] 王如燕.多源信息融合技术、审计信息资源库与分析性程序——基于东方电子案例再鉴定的思考[J].中国会计学会审计专业委员会 2010 年学术年会论文集,2010(9)：217-219.

[26] 王如燕.重大突发危机事件紧急救助资金追踪问效审计成果公告研究[J].时代经贸,2011(8)：29-31.

[27] 王如燕.A Key Element for the Management Decision — Internal Audit Quality[J].2011 山东应用统计国际会议 Innovation and Development of Management Science in todays world(Volume 2)2011(8)：66-68.